CB134640

OS GRANDES ESCRITOS ANARQUISTAS

Livros relacionados publicados pela **L&PM** EDITORES

A alma do homem sob o socialismo – Oscar Wilde
A desobediência civil – Henry David Thoreau
História das ideias e movimentos anarquistas vol. I e II – George Woodcock
A propriedade é um roubo – Pierre-Joseph Proudhon
Textos anarquistas – M. Bakunin
Walden – Henry David Thoreau

SELEÇÃO, INTRODUÇÃO E NOTAS DE

GEORGE WOODCOCK

OS GRANDES ESCRITOS ANARQUISTAS

Tradução de Júlia Tettamanzi *e* Betina Becker

L&PM EDITORES

Texto de acordo com a nova ortografia
Título original: *The Anarchist Reader*

Primeira edição: outubro de 1981

Tradução: Júlia Tettamanzi e Betina Becker
Capa: Ivan Pinheiro Machado. Ilustração: iStock
Revisão: Lia Cremonese

CIP-Brasil. Catalogação na publicação
Sindicato Nacional dos Editores de Livros, RJ

G779

Os grandes escritos anarquistas / seleção, introdução e notas de George Woodcock; tradução Júlia Tettamanzi, Betina Becker. – Porto Alegre [RS]: L&PM, 2019.
432 p. ; 21 cm.

Tradução de: *The Anarchist Reader*
ISBN 978-85-254-3893-5

1. Anarquismo - Discursos, ensaios e conferências. I. Woodcock, George. II. Tettamanzi, Júlia. III. Becker, Betina.

19-59334 CDD: 335.83
CDU: 330.862

Leandra Felix da Cruz - Bibliotecária - CRB-7/6135

Rua Comendador Coruja, 314, loja 9 – Floresta – 90.220-180
Porto Alegre – RS – Brasil / Fone: 51.3225.5777

PEDIDOS & DEPTO. COMERCIAL: vendas@lpm.com.br
FALE CONOSCO: info@lpm.com.br
www.lpm.com.br

Impresso no Brasil
Primavera de 2019

Quem quer que seja que ponha as mãos sobre mim, para me governar, é um usurpador, um tirano. Eu o declaro meu inimigo.

Pierre-Joseph Proudhon

Deixem-nos pôr a nossa fé no espírito eterno que destrói e aniquila somente porque é a insondável e eterna fonte criativa de toda a vida. A ânsia de destruir é também uma ânsia de criar.

Michael Bakunin

Com que deleite deve todo o bem informado amigo da humanidade olhar adiante para o período auspicioso, a dissolução do governo político, esse engenho estúpido, que tem sido a única causa perene dos vícios da humanidade... e que tem, em sua própria substância, incorporados prejuízos de diversas espécies, e que não podem ser removidos de outra forma, a não ser por sua total aniquilação.

William Godwin

Proletários do mundo, olhem bem para os abismos de seu próprio ser, procurem a verdade e a compreendam vocês mesmos: vocês não a encontrarão em nenhum outro lugar.

Peter Arshinov

Dê flores para os rebeldes que falharam...

Canção anarquista italiana

SUMÁRIO

Agradecimentos

O autor e o editor agradecem a permissão para reproduzir os seguintes extratos:

"Federações sem governo", do livro *Anarchy in Action*, de Colin Ward, reeditado com a permissão do autor pelos editores George Allen and Unwin Ltd., e Harper & Row;

"Uma comuna em Aragon", reeditado com a permissão de Faber and Faber Ltd., do livro *The Spanish Cockpit*, de Franz Borkenau;

"Uma canção para os anarquistas espanhóis", reeditado com a permissão de Faber and Faber Ltd. e Horizon Press, Nova York, de *Collected Poems*, de Herbert Read;

"Uma Abordagem Estética da Educação", reimpresso com a permissão de David Higham Associates Ltd., do livro *The Grassroots of Art*, de Herbert Read, publicado por Faber and Faber Ltd.;

"O anarquismo e o impulso religioso", reeditado com a permissão de David Higham Associates Ltd., do livro *Anarchy and order*, de Herber Read, publicado por Faber and Faber Ltd.;

"Barcelona 1936", reeditado com a permissão de Mrs. Sonia Brownwell Orwell, Secker and Warburg Ltd. e Harcourt Brace Jovanovich, Inc., do livro *Homage to Catalonia*, de George Orwell;

"Revolução e realidade social", reimpresso com a permissão de David Higham Associates Ltd. e do autor de *Authority and Delinquency in the Modern State*, Alex Comfort, publicado por Routledge and Kegan Paul Ltd.;

"Grupos de afinidade", "Paris, 1968" e "Anarquismo e ecologia", reeditado com a permissão do autor e de Wildwood House Ltd. e Ramparts Press, Palo Alto, Califórnia, do livro *Post-Scarcity Anarchism*, de Murray Bookchin;

"A violência das leis", "Resistência ao serviço militar" e "Organizando nossas vidas," do livro *Leo Tolstoy's Works*, traduzido por Louisie e Aylmer Maude e publicado por Oxford University Press. Reimpresso com a permissão do editor;

"O anarquismo de Makhno na prática", reeditado com a permissão de Black and Red and Solidarity, Detroit, do livro *History of the Makhnovist Movement*, de Peter Arshinov;

"O fracasso da Revolução Russa", reeditado com a permissão de Doubleday and Co. Inc., do livro *My further disillusionment with Russia*, de Emma Goldman;

"Política normal e a psicologia do poder", reeditado com a permissão de Random House Inc., do livro *People and Personnel*, de Paul Goodman;

"Alternativas para a deseducação", reeditado com a permissão dos editores de Horizon Press, Nova York, do livro *Compulsory miseducation*, de Paul Goodman, copyright 1964.

Embora muitos esforços tenham sido feitos para encontrar os proprietários dos direitos autorais, isso não foi totalmente possível. Os editores ficariam honrados se fossem procurados por eles.

Anarquismo
Introdução histórica

GEORGE WOODCOCK

1. Tradição

Há uma grande confusão em torno da palavra "anarquismo". Muitas vezes a anarquia é considerada como um equivalente do caos, e o anarquista é tido, na melhor das hipóteses, como um niilista, um homem que abandonou todos os princípios e, às vezes, até confundido com um terrorista inconsequente. Muitos anarquistas foram homens com princípios desenvolvidos; uma restrita minoria realizou atos de violência que, em termos de destruição, nunca chegaram a competir com os líderes militares do passado ou com os cientistas nucleares de hoje. Em outras palavras, neste estudo estarão presentes anarquistas como foram e são, e não como aparentam ser nas fantasias de cartunistas, jornalistas e políticos, cuja forma predileta de ofender um oponente é acusá-lo de promover a anarquia.

Estamos interessados em definir um grupo de doutrinas e atitudes cuja característica comum é a crença de que o Estado é nocivo e desnecessário. A origem da palavra "anarquismo" envolve uma dupla raiz grega: *archon*, que significa governante, e o prefixo *an*, que indica sem. Portanto, anarquia significa estar ou viver sem governo. Por consequência, anarquismo é a doutrina que prega que o Estado é a fonte da maior parte de nossos problemas sociais, e que existem formas alternativas viáveis de organização voluntária. E, por definição, o anarquista é o indivíduo que se propõe a criar uma sociedade sem Estado.

O conceito de sociedade sem Estado é essencial para a compreensão da atitude anarquista. Rejeitando o Estado, o anarquista autêntico não está rejeitando a ideia da existência da sociedade; ao contrário, sua visão da sociedade como uma entidade viva se intensifica quando ele considera a abolição do Estado. Na sua opinião, a estrutura piramidal imposta pelo Estado, com um poder que vem de cima para baixo, só poderá ser substituída se a sociedade tornar-se uma rede de relações voluntárias. A diferença entre uma sociedade estatal e uma sociedade anárquica é a mesma que existe entre uma estrutura e um organismo: enquanto uma é construída artificialmente, o outro cresce de acordo com leis naturais. Metaforicamente, se pode comparar a pirâmide do Estado com a esfera da sociedade que é mantida por um equilíbrio de forças. Duas formas de equilíbrio têm muita importância na filosofia dos anarquistas. Uma delas é o equilíbrio entre destruição e construção, que domina suas táticas. A outra é o equilíbrio entre liberdade e ordem, que faz parte de sua visão da sociedade ideal. Para o anarquista a ordem não é algo imposto de cima para baixo. É uma ordem natural que se expressa pela autodisciplina e pela cooperação voluntária.

As raízes do pensamento anarquista são antigas. Doutrinas libertárias que sustentavam que, como ser normal, o homem pode viver melhor sem ser governado já existiam entre os filósofos da Grécia e da China Antiga, e entre seitas cristãs heréticas da Idade Média. Filosofias cuidadosamente elaboradas e que eram totalmente anarquistas começaram a aparecer já durante o Renascimento e a Reforma, entre os séculos XV e XVII, e principalmente no século XVIII, à medida que se aproximava a época das revoluções Francesa e Americana, que deram início à Idade Moderna.

Como movimento ativista, buscando mudar a sociedade por métodos coletivos, o anarquismo pertence unicamente aos séculos XIX e XX. Houve épocas em que milhares de operários e camponeses europeus e latino-americanos seguiram as bandeiras negras ou rubro-negras dos anarquistas, revoltando-se sob a sua liderança e estabelecendo modelos transitórios de um mundo livre, como na Espanha e na Ucrânia durante períodos da revolução. Houve também grandes escritores, como Shelley e Tolstói, que expressaram ideias essenciais do anarquismo em seus poemas, novelas e artigos. O sucesso do anarquismo, porém, variou muito, porque ele é um movimento e não um partido. É um movimento que tem mostrado grande poder de renovação. No início da década de 1960, parecia estar esquecido, mas hoje parece ser outra vez, como em 1870, 1890 e 1930, um fenômeno relevante.

Talvez a melhor forma de começar uma pesquisa sobre as atividades anarquistas seja estudar o primeiro homem a aceitar o título de anarquista: Joseph Proudhon, um profeta intelectual que uma vez afirmou que "Ser governado é ser cuidado, inspecionado, espionado, dirigido, legislado, regulamentado, identificado, doutrinado, aconselhado, controlado, avaliado, pesado, censurado e mandado por homens que não têm nem o direito, nem os conhecimentos, nem valor para fazê-lo".

Proudhon foi um gráfico quase totalmente autodidata, nascido na província montanhosa de Franche-Comté, na França, que em 1840 publicou um livro *Qu'est-ce que la propriété?* (O que é a propriedade?), que exerceu grande influência sobre os círculos mais radicais do século XIX, tendo sido elogiado por Marx, que se tornaria mais tarde um feroz adversário de Proudhon. A resposta de Proudhon à pergunta que dá nome ao livro foi: "Propriedade é um roubo". E essa frase, que identifica o capitalismo e o Estado como sendo os dois principais inimigos da liberdade, tornou-se um dos principais slogans do século.

Proudhon tomou parte na Revolução de 1848, ocorrida na França, e foi em grande parte por influência sua que a famosa e infeliz associação de socialistas europeus, a Associação Internacional Operária (mais conhecida como Primeira Internacional) foi fundada em 1864, ano anterior à sua morte. Os livros de Proudhon forneceram a infraestrutura intelectual do movimento anarquista europeu. Michael Bakunin, que se tornou um dos maiores ativistas anarquistas, sempre se referia a Proudhon chamando-o de "Mestre de todos nós".

Talvez um dos dados mais importantes sobre Proudhon seja que, apesar de sua influência e do número de adeptos que possuía, recusava-se a estabelecer uma doutrina dogmática como a que Marx transmitia a seus seguidores. Quando um admirador elogiava o sistema por ele criado costumava responder, indignado: "Meu sistema? Eu não tenho sistema!". Ele desconfiava das estruturas teóricas do mesmo modo como desconfiava das estruturas estatais. Para ele, nenhuma doutrina era completa: sua forma e seu significado mudavam de acordo com a situação. Proudhon sustentava que, assim como qualquer outro tipo de ideia, a teoria política também passava por um processo de evolução constante.

Proudhon também negava que tivesse fundado um partido político – pois condenava todos os partidos, vendo neles simples variantes do absolutismo –, e isso era a rigor verdadeiro, embora ele próprio tivesse reunido um grupo de discípulos que deu origem ao primeiro movimento anarquista. Quando eleito para a Assembleia Constituinte francesa durante a Revolução de 1848, agiu de acordo com suas ideias sobre a inutilidade dos partidos políticos. Integrava a pequena minoria de representantes que votou contra a Constituição aprovada pela Assembleia. Indagado sobre as razões do seu gesto, salientou que não havia votado contra uma determinada forma de constituição: "Votei contra a Constituição porque era a constituição", declarou. Ao fazer tal observação, estava sugerindo que não aceitava as formas fixas de organização política.

As atitudes de Proudhon, durante a década de 1840, em questões relacionadas ao sistema, ao partido ou à organização política, não apenas refletiam as ideias dos primeiros filósofos libertários – como William Godwin, que também levantara as mesmas objeções, mas anteciparam, antes mesmo da criação efetiva de um movimento anarquista, o comportamento que ele iria adotar em relação à ação política e às formas que assumiria essa ação. Foi impossível, portanto, falar no anarquismo como sistema político e filosófico semelhante ao marxismo – que pretende que acreditemos que os livros escritos por um homem que morreu em 1893 fornecerão respostas definitivas para todos os problemas que possam surgir. O anarquismo nunca chegou a ser representado por um partido político porque seus seguidores queriam manter a liberdade para agir espontaneamente diante de situações concretas e acreditavam que os partidos políticos compartilhavam dos mesmos erros do governo. Quanto à constituição, continuavam a considerá-la um sistema político fixo, que fortalece o Estado e institucionaliza o exercício do poder. Essas ideias não são aceitas pelos libertários, que acreditam que, no âmbito político, a organização da vida comunitária deveria ser substituída por outra forma de organização social e econômica baseada no livre acordo entre os indivíduos.

A liberdade não é algo que possa ser decretado e protegido por leis ou pelo Estado. Cada indivíduo deve forjar sua própria liberdade e reparti-la com seus companheiros. As leis e o Estado são os maiores inimigos da liberdade – com isso concordam unanimemente todas as correntes do anarquismo. O Estado é um mal que não traz a ordem, mas o caos. A autoridade impede os impulsos naturais dos homens e faz com que se tornem estranhos uns aos outros. Já em 1793, em seu livro *Justiça política*, William Godwin coloca a questão em termos retumbantes:

> *"O governo se apossa da mola que impulsiona a sociedade e impede o seu desenvolvimento. Dá substância e permanência aos nossos erros. Reverte a inclinação natural do pensamento e, em vez de obrigar-nos a olhar para a frente, ensina-nos a só encontrar a perfeição no passado. O governo nos induz a buscar o bem-estar público não através de inovações e aperfeiçoamento, mas de uma tímida aceitação das decisões de nossos ancestrais; como se fosse próprio da natureza humana piorar sempre e jamais avançar".*

As objeções que os anarquistas levantavam contra as formas fixas e autoritárias de organização não significam que neguem a organização como tal. O anarquista não é um individualista no sentido estrito da palavra. Ele acredita apaixonadamente na liberdade, mas reconhece que ela só pode ser mantida pela disposição em cooperar e pela aceitação da realidade da comunidade. Por esta razão, como veremos mais tarde, a discussão sobre os vários tipos possíveis de organização não coercitiva aparece frequentemente na literatura anarquista. Entretanto, se o anarquista se recusa a deixar-se guiar pela mão inerte do passado, também aceita as consequências dessa recusa. Não espera que o futuro seja determinado pelo presente e, por essa razão, é um erro identificar o anarquista com o utópico. A característica básica do pensamento utópico é o desejo de criar uma sociedade ideal, após o que não haverá mais nenhum progresso nem mudança, uma vez que – por definição – o ideal é sempre perfeito e portanto estático. Os anarquistas sustentam que não podemos utilizar a experiência do presente para planejar o futuro, pois as condições poderão ser bem diferentes. Se exigirmos liberdade de escolha, devemos esperar a mesma exigência de nossos sucessores. Podemos apenas tentar eliminar as injustiças que conhecemos.

O anarquista é, na verdade, um discípulo natural do filósofo grego Heráclito, que postulava que a unidade da existência consiste na sua constante mudança. "Sobre aqueles que entram no mesmo rio", disse Heráclito, "as águas que fluem são constantemente diferentes." Essa é uma boa imagem do anarquismo, já que exprime a ideia de uma teoria cheia de variações, que se move à margem dos conceitos comuns. Portanto, mesmo havendo diferentes opiniões anarquistas, existe uma filosofia definida, assim como uma tendência anarquista reconhecida. Essa filosofia envolve três elementos: uma crítica à sociedade como ela é, uma visão de uma sociedade alternativa e um planejamento para pôr em prática essa transformação.

Tendo decidido que o Estado é indesejado, podemos dar um passo à frente e demonstrar que ele também é desnecessário e que existem formas alternativas de organização humana que nos permitirão viver sem ele?

Essa questão nos leva a considerar a visão anarquista do papel do homem na sociedade. Generalizando, os anarquistas acreditam numa versão modificada da concepção do mundo natural, como foi observado na Renascença e, particularmente, no século XVII, com a Grande Cadeia da Vida. Na sua forma mais simples, a Grande Cadeia do Ser era considerada como uma continuidade que, partindo das mais primitivas formas de vida, chegava a Deus. Alexander Pope expressou admiravelmente esses conceitos em *Ensaio sobre o homem*:

> *"Longa corrente da vida que começou em Deus*
> *Naturezas etéreas, humano, anjo, homem*
> *Bestas, pássaros, peixes, insetos e tudo o que o olho não pode ver*
> *nem a lente atingir*
> *Do infinito a vós*
> *De vós ao nada..."*

Em outras palavras, tudo tinha o seu lugar marcado na cadeia da vida e, se seguisse a sua própria natureza, tudo acabaria bem. Mas se qualquer espécie rompesse a cadeia, afastando-se da sua natureza, sobreviria o desastre. Era uma doutrina capaz de atrair um ecólogo moderno. O conceito deriva basicamente de uma ideia grega, mais tarde desenvolvida com maior clareza pelos filósofos estoicos, de que o homem pertence à natureza, reage às suas leis naturais e que só na natureza poderá encontrar os modelos para suas próprias sociedades. Havia correntes filosóficas semelhantes na China Antiga, e há trinta anos os anarquistas gostavam de citar algumas observações que teriam sido feitas pelo sábio taoísta Lao-Tsé ao censurar Confúcio, por ter este criado os meios para dotar as pessoas de um comportamento moral.

> *"Quando os atos do povo são controlados por leis coercitivas, o país se torna cada vez mais pobre." O sábio costuma afirmar: "Eu não farei nenhum plano e deixarei que o povo encontre seus próprios caminhos; ficarei em*

silêncio e o povo permanecerá tranquilo. Não reivindicarei meus direitos e ele avançará. Desaprovarei a ambição e o povo retornará à sua simplicidade natural".

Só muito recentemente os anarquistas europeus descobriram a sabedoria chinesa. O conceito de unidade da lei natural chegou-lhes através dos neoplatônicos, da Alexandria helenística e pela redescoberta da filosofia dos antigos pensadores que ocorreu durante a Renascença e teve como consequência o desgaste da cosmogonia hierárquica da Idade Média. Quando a ideia básica da Grande Cadeia do Ser chegou a ser assimilada pelos anarquistas, Deus já não ocupava qualquer lugar no pensamento anarquista ou fora racionalizado, transformando-se num conceito de harmonia. O homem que mais contribuiu para a transmissão desse conceito foi o escritor suíço Jean-Jacques Rousseau, autor do famoso *Confissões*. Rousseau foi a um só tempo criticado e aclamado por declarar-se protocomunista, protoliberal e protoanarquista. Muitos dos seus críticos, vendo nele apenas o seu lado autoritário, consideram-no o principal responsável pela deificação do Estado, ideia que apareceu na Revolução Francesa e em todas as revoluções subsequentes. Sua teoria de um contrato social implícito, pelo qual a autoridade estabelecida no passado comprometera as gerações seguintes, era especialmente repugnante aos anarquistas, que pretendiam um futuro livre. Todos os principais teóricos anarquistas, de Godwin a Kropotkin, criticaram-no duramente por essa ideia. Entretanto, apesar das objeções ao contrato social primitivo, os anarquistas herdaram muitas das características de Rousseau, inclusive a maneira romântica com que defendia a espontaneidade, sua ideia de uma educação que desenvolva o que é latente na criança, de forma a aprimorar os seus instintos naturais e a sua percepção das virtudes primitivas.

Embora Rousseau não tenha sido o primeiro escritor a esboçar o conceito do nobre selvagem, não há dúvida de que os anarquistas herdaram dele a predileção pelo homem pré-civilizado. Em seus artigos, costumava descrever várias sociedades primitivas que tinham conseguido conciliar suas tarefas sociais e até mesmo criar culturas razoavelmente elaboradas, sem recorrer – pelo menos abertamente – a um sistema baseado na autoridade. Toda a filosofia anárquica está claramente resumida numa frase de Rousseau: "O homem nasceu livre, mas em toda a parte eu o vejo acorrentado".

Basicamente, os anarquistas acreditam que, se o homem obedecer às leis naturais da própria espécie, será capaz de viver em paz com seus semelhantes Em outras palavras, o homem pode não ser naturalmente bom, mas, segundo os anarquistas, é um ser naturalmente social. São as instituições autoritárias que deformam e atrofiam suas tendências cooperativas. Durante o século XIX, essa ideia foi apoiada por várias teorias sobre a evolução que foram aos poucos sendo aceitas pela opinião científica, à medida que o século se preparava para o aparecimento da marcante *A origem das espécies*, de Darwin, publicada em 1859. Darwin e seus antecessores estabeleceram que o homem pertence à cadeia da evolução e que as mesmas leis básicas que regem a sua estrutura física e o seu comportamento instintivo governam também o mundo animal. Admitiu-se finalmente, com relutância, que o homem pertencia ao mundo animal. Assim sendo, foi possível comparar as sociedades humanas às de outras espécies. Kropotkin, o anarquista russo que era também um cientista, estudou a evolução e reforçou as teorias de Darwin através de estudos de campo na Sibéria. Concluiu então que um dos fatores determinantes da evolução das espécies bem-sucedidas não era o seu poder de competição, mas a tendência à cooperação. Desenvolveu a teoria em seu livro *Auxílio mútuo*, publicado em 1802 e que se tornou uma das obras que deram origem à teoria anarquista. Kropotkin argumentava dizendo que mesmo a faculdade intelectual é eminentemente social, já que é estimulada pela comunicação, principalmente sob a forma de linguagem, pela imitação e pelas experiências acumuladas da raça. Admitia que a luta pela vida, que vários evolucionistas – entre eles Thomas Henry Huxley – consideravam um fator muito importante para o desenvolvimento do homem, era na verdade importante. Mas ele via nela uma luta contra uma série de circunstâncias adversas mais do que uma luta entre indivíduos da mesma espécie. Sugeria que, sempre que se manifestasse entre integrantes de uma mesma espécie, seria prejudicial. Kropotkin sustentava que, longe de desenvolver-se através da competição, a seleção natural procurava meios para evitá-la, e a esses meios dava o nome de ajuda mútua; este seria, daí por diante, um dos conceitos mais importantes do anarquismo.

Já que a teoria da evolução tinha reforçado os elos na corrente que ligava o homem ao mundo animal, Kropotkin afirmava que as mesmas leis podiam ser aplicadas tanto às sociedades humanas quanto à sociedade animal. O homem não é um ser solitário por natureza, como sugeria Rousseau. Era, ao contrário, um ser social, e sua forma natural de organizar-se socialmente baseava-se na cooperação voluntária. E, já que uma tal organização prescindia do Estado, acabaria por realizar um paradoxo aparente, a ordem na anarquia, e a ordem na anarquia é uma ordem natural. Qualquer organização que depende da ordem para existir representará uma perversão da ordem natural e, longe de produzir a paz social, acabará sempre em lutas e em violência.

Alguns anarquistas foram além da argumentação biológica e sociológica de Kropotkin, chegando até as margens da psicologia. Proudhon antecipou de certa forma a teoria do inconsciente coletivo de Jung na sua grande obra *De la Justice dans la Revolution e dans l'Eglise*. Ele chegou a sugerir que, no fundo da psique humana, na mente de todos nós, há um senso de justiça que precisa ser identificado para tornar-se ativo.

> *"Como uma parte integral da vida coletiva, o homem sente sua dignidade e a dos outros ao mesmo tempo e, portanto, interioriza o princípio de uma moral superior para si próprio. Este princípio não vem de fora; é secretado interiormente, é inerente. Constitui sua essência, a própria essência da sociedade. É a verdadeira forma do espírito humano, uma forma que só pode amoldar-se e desenvolver-se através das relações que todos os dias dão origem à vida social. Em outras palavras, a justiça existe em nós, tal como o amor, tal como as ideias sobre*

o que é belo, útil, verdadeiro, tal como todas as nossas qualidades e aptidões."

A conclusão final dessa crença de que o homem deve viver de acordo com a lei natural, e de que a lei natural estabelece a cooperação – a cooperação voluntária – como a característica básica da sociedade, é o raciocínio que diferencia a maior parte dos anarquistas dos individualistas puros, como Max Stirner; é o raciocínio de que a liberdade é uma virtude social.

Na verdade, o que os anarquistas desejam é encontrar uma forma para acabar com a alienação que no mundo contemporâneo, apesar das inúmeras ramificações que existem na organização do sistema – ou talvez por causa delas –, faz com que o homem se sinta sozinho em meio à multidão. O que aconteceu foi uma espécie de polarização em que o Estado assumiu as responsabilidades comunitárias do indivíduo, que davam à sua vida uma dimensão maior de participação. Não só em âmbito local mas no mundo em geral. Em quase todas as sociedades modernas, a responsabilidade corre o perigo iminente de ser estrangulada pela autoridade paternalista.

Mas o gigantismo e a impersonalidade do Estado moderno são rejeitados pelos anarquistas. Os anarquistas desejam não apenas criar um tipo de relacionamento vivo e individual entre os homens, mas eliminar a distância que a autoridade coloca entre eles e dar início a uma série de atividades sociais necessárias. Essa questão envolve dois conceitos básicos do anarquismo: a organização social, que é o princípio da descentralização, e a ação social, que pode ser resumida pela expressão "capacidade individual".

A base do conceito de descentralização está na visão anarquista que afirma que o que caracteriza o Estado, além do fato de que está alicerçado na autoridade e na coerção, é a maneira pela qual ele centraliza cumulativamente todas as funções sociais e políticas. E ao fazê-lo, coloca-as fora do alcance dos indivíduos cujas vidas elas determinam. Desse modo os homens são privados da liberdade de decidir sobre seu próprio futuro, o que significa que suas vidas passam a não ter objetivos definidos. Algumas pessoas são protegidas por riquezas e privilégios e não chegam a receber o impacto total desse processo, embora sejam também afetadas de uma maneira insidiosa, mas são os pobres e os desprotegidos que vivem intensamente as imposições do Estado paternalista.

Por essas razões é que o anarquismo propõe, como base necessária para efetuar qualquer transformação na sociedade, que sejam extintas as grandes corporações que dominam o trabalho e as comunicações e as gigantescas estruturas impessoais que são os organismos do Estado. Em vez de tentarmos concentrar as funções sociais em grande escala, o que aumenta progressivamente a distância que separa o indivíduo da entidade responsável (mesmo nas democracias modernas), deveríamos começar outra vez a partir da menor forma possível de organização, para que o contato entre as pessoas seja estabelecido cara a cara, substituindo as ordens emanadas à distância e todos os envolvidos na operação possam não apenas saber por que e como ela acontece, mas também participar diretamente de qualquer decisão sobre um problema que possa afetá-los diretamente, quer como profissionais, quer como indivíduos. Tal atitude implica, naturalmente, que a atividade dos vários grupos em que a sociedade se divide seja voluntária, o que já vem acontecendo em nossa sociedade naquelas áreas em que ainda não houve a interferência do Estado, como acontecia no passado com muito maior intensidade. Grande parte do trabalho socialmente útil é realizada por organizações totalmente voluntárias. Muitos anarquistas concluíram daí que, se a estrutura do Estado fosse destruída, poderia haver um período de desorganização inicial, mas que, dadas as inclinações sociais do homem, não haveria grande dificuldade em estabelecer uma rede de organizações voluntárias. Na verdade, elas provavelmente surgiriam para atender a essas necessidades. Tudo isso aparece novamente na teoria da democracia participante proposta por radicais americanos que sofreram a influência direta ou indireta das ideias anarquistas. O grande argumento que sempre foi usado contra a descentralização anarquista e a democracia participatória é afirmar que ambas conduzirão à fragmentação da sociedade.

Posso imaginar um teórico anarquista respondendo que, realmente, a descentralização implica a fragmentação do Estado, mas que essa, por sua vez, levará ao fortalecimento da sociedade e dos vínculos sociais que unem seus integrantes. Ele diria que a alienação social, que ocorre hoje na sociedade moderna graças ao controle que as corporações gigantescas exercem sobre o indivíduo, é a maior causa da fragmentação social e que, ao fazer com que as pessoas participem regularmente das decisões relativas às suas próprias vidas, a descentralização estará na verdade eliminando a alarmante atomização das comunidades modernas, que as transforma em grupos de indivíduos solitários que dependem de uma autoridade representada pelo policial ou pela assistente social.

Portanto, longe de pregar ao mesmo tempo a destruição da sociedade e da autoridade, os anarquistas esperam, na verdade, que seja possível reforçar os vínculos sociais fortalecendo as relações comunitárias nos seus aspectos mais primários. O que pretendem é inverter a pirâmide de poder que o Estado representa. Em vez de uma autoridade que emane de um paraíso político descendo pela escada da burocracia, acreditam que a responsabilidade deva começar entre os indivíduos e os pequenos grupos, que ganharão maior dignidade ao exercê-la. Em sua opinião, a mais importante unidade da sociedade é aquela em que o povo participa diretamente na realização de suas necessidades imediatas. Ninguém pode avaliar essas necessidades melhor do que aqueles que as sentem. Essa unidade nuclear básica aparece sob várias formas entre os escritores anarquistas: Godwin deu-lhe o nome de paróquia; Proudhon, comuna; os sindicalistas, oficina. O nome pouco importa: o importante é a participação, a colaboração, a consulta direta entre as pessoas mais diretamente envolvidas numa fase da vida.

A maior parte dos problemas sociais tem origem em nível de casa, rua, vila e oficina. Vários autores libertários, como Proudhon e Godwin, foram muito cautelosos ao discutir sobre as formas de organização além desse estágio. Vivendo no fim da era pré-industrial, Godwin julgava necessário que houvesse apenas uma assembleia nacional, cujos delegados seriam convocados ocasionalmente para discutir certas questões extraordinárias e de interesse comum, e um júri de arbitragem – e mesmo esses existiriam apenas como medida temporária para resolver os problemas até o dia em que os homens amadurecessem e não houvesse mais necessidade de qualquer máquina política.

A Revolução Industrial provocou uma transformação nessas brilhantes especulações: assim que as estradas de ferro e as fábricas começaram a aparecer, tornou-se óbvio que, mesmo que não houvesse governo, era preciso criar um sistema de coordenação bastante mais elaborado para substituir aquele que unia frouxamente as paróquias e comunas.

Nesta altura, talvez seja necessário um parêntese para determinar a diferença vital entre anarquistas e marxistas – pelo menos no que se refere à atuação marxista na história. A partir da teoria de Marx sobre o predomínio do fator econômico na exploração do homem pelo homem, seus seguidores tendem a ignorar as características letais de outras formas de poder. Como resultado disso, eles não só elaboraram uma teoria de ditadura do proletariado, mas provaram sua invalidade permitindo que nos países comunistas a ditadura se tornasse uma mesquinha regra partidária. Ao ignorarem os processos do poder, os revolucionários que se diziam seguidores de Marx destruíram a liberdade tão completamente quanto qualquer junta de generais sul-americanos.

Os anarquistas têm, sobre os marxistas, a irônica vantagem de jamais terem estabelecido uma sociedade livre moldada segundo seus ideais – exceto por períodos limitados e em áreas restritas – e portanto não podem ser acusados pelas falhas da sua evolução. Ao mesmo tempo, desde o início da década de 1870, Bakunin e seus seguidores previram acertadamente que a incapacidade marxista para entender que o poder tem bases psicológicas, além das econômicas, levaria à criação de uma nova forma de Estado. Reconheciam que as desigualdades econômicas e políticas eram interdependentes, e desde o início atacavam o que Godwin denominava de "propriedade acumulada", da mesma forma que criticavam o governo centralizado. Por isso, os anarquistas eram os verdadeiros descendentes das seitas heréticas da Reforma que associavam a condenação do governo terreno a um tipo de comunitarismo. Godwin substitui a ideia de justiça como faria Proudhon depois dele, pela de divindade, mas seu raciocínio fazia parte, essencialmente, da tradição oposta.

> *"Nossas necessidades animais, como se sabe, consistem em alimentação, vestimenta e habitação. Se a justiça tem algum significado, nada pode ser mais injusto do que isso faltar ao homem. Mas a justiça não para aí. À medida que aumentam as reservas de comodidades gerais, o homem requer não apenas os recursos necessários à vida, como também recursos para uma boa vida. É injusto que um homem trabalhe até aniquilar sua saúde ou sua vida, enquanto outro desperdiça em coisas supérfluas. É injusto que um homem não tenha lazer para desenvolver a sua cultura, enquanto outro não mova um dedo para o bem-estar geral. A justiça exige que, de fato, todo o homem, a não ser se estiver empregado para o benefício do povo, deva contribuir para o cultivo do comum, do qual cada homem consome uma parte. Essa reciprocidade é a verdadeira essência da justiça."*

Nenhum dos anarquistas modernos foi além da afirmação de Godwin, que dizia que a reciprocidade é a essência da justiça. Apenas modificaram sua aplicação. Uma vez que a Revolução Industrial mudou os padrões de manufatura e transporte, tornou-se impossível, mesmo para um protetor do pequeno camponês e do artesão autônomo, como Proudhon, ignorar o fato de que a complexidade da organização era uma necessidade social e política. Os anarquistas tentaram adaptar esse fato em termos industriais, recuando ao conceito do socialista utópico Saint-Simon: "Devemos substituir o governo dos homens pela administração dos objetos". No fim do século XIX, uma geração profundamente envolvida em atividades sindicais desenvolveu a teoria do anarcossindicalismo, que afirmava que as oficinas controladas pelo sindicato eram locais onde os homens podiam aprender a organizar a produção de mercadorias e serviços. Eles também reconheciam que, dentro de certos limites, pode ser possível delegar certas funções a técnicos, e mesmo um anarquista que receava a dominação dos sindicatos como Errico Malatesta dizia: "O governo significa delegação de poder, isto é, abdicação da iniciativa e soberania de todos os homens nas mãos de poucos. Administração significa delegação de trabalho, isto é, a livre troca de serviços baseada num livre acordo".

Hoje vemos com um cinismo justificado a confiança que os primeiros anarquistas como Malatesta depositavam nos administradores. Em qualquer nível, mesmo fora do Estado, aprendemos que facilmente o trabalho administrativo, ao contrário de outras formas de trabalho, pode converter-se em poder, e hoje, entre anarquistas e outros, há uma vigorosa vigilância quando a administração tende a se converter em burocracia. A administração é como um remédio, excelente em doses homeopáticas, mas fatal à liberdade em grandes doses. Porém a sua necessidade não pode ser negada, nem pelo homem que rejeita o Estado.

Se, em oposição ao Estado, a administração foi uma das formas que os anarquistas pensaram usar para mitigar as tendências centralizadoras de uma sociedade descentralizada, a outra foi o mecanismo semipolítico do federalismo. Até políticos que não são de modo algum anarquistas reconheceram os perigos de tentar fazer com que um país – quer seja ele grande ou pequeno – seja governado por uma máquina estatal centralizada e monolítica. O resultado tem sido o aparecimento de uma grande variedade de constituições semifederais como as que existem nos Estados Unidos, Canadá e Suíça. Em nenhum caso, esses países abandonaram inteiramente o princípio da autoridade e em todos eles há uma tendência a que o poder emane de cima para baixo, muitas vezes com muito vigor, como demonstra a história recente da América. O anarquista pretende um tipo diferente de sociedade federal, onde a responsabilidade comece a partir dos núcleos vitais da vida social, o local de trabalho e os bairros onde as pessoas vivem. Nessa visão, todas as questões que tenham interesse apenas local – e que não afetem os interesses externos – deveriam ser decididas em nível local pelas pessoas mais diretamente envolvidas.

Onde os países vizinhos têm interesses comuns é preciso formar federações para discutir métodos de cooperação e arbitrar as diferenças que possam surgir, reunindo desde as menores províncias até as maiores entidades geográficas até que, abolidas todas as fronteiras, o mundo se transforme numa federação de federações englobando todas as comunidades, numa forma de unidade simbiótica semelhante a uma grande estrutura de coral. Esse conceito radical de federalismo está ligado à ideia à qual chamei de "capacidade individual". Os anarquistas sempre afirmaram que, dadas as condições que permitissem o livre desenvolvimento, todo homem é capaz de decidir diretamente sobre questões políticas e sociais. Essa ideia tornou-se indispensável na metade do século XIX, quando os trabalhadores começaram a perceber pela primeira vez que seus interesses seriam mais bem defendidos se eles se desligassem de todos os partidos políticos liderados por membros da classe média burguesa. A Primeira Internacional foi fundada em 1864 como consequência disso, e um de seus conceitos básicos foi resumido num slogan: "A libertação dos trabalhadores é tarefa dos próprios trabalhadores". Alguns a interpretaram como uma indicação de que deveriam ser formados partidos políticos operários, e os vários partidos trabalhistas e socialistas-marxistas que surgiram na época têm origem nessa interpretação. Mas, segundo os anarquistas, a ideia envolvia a rejeição de todas as formas comuns de ação política, já que eles se opunham não apenas às formas mais autoritárias de governo mas também à forma tradicional de democracia parlamentar, em que o povo elege um representante por um determinado período e entrega a solução de seus problemas nas mãos desse representante até uma nova eleição. Proudhon sintetizou a atitude anarquista, em relação a esse sistema, em que qualquer demagogo pode subir ao poder e manter-se nele, bastando apenas que saiba manipular a vontade do povo, quando declarou que "O sufrágio universal é a contrarrevolução". Essa frase não pretendeu ser antidemocrática, mas apenas condenar um sistema em que os eleitores escolhem seu representante e depois abdicam de todos os seus direitos e deveres como cidadãos.

Os anarquistas preferem um sistema em que o povo tenha o poder de decisão direta sobre temas de interesse imediato e, sempre que as questões envolvam áreas mais amplas, seja convocada uma assembleia não de representantes, mas de delegados, escolhidos por um período limitado e sujeitos à revogação. Eles dão preferência a mecanismos capazes de expressar com a maior rapidez possível a opinião pública, tais como referendos (plebiscitos), mas também procuram assegurar que todas as minorias sejam, tanto quanto possível, independentes e, acima de tudo, que a vontade da maioria não se transforme numa forma de tirania exercida sobre os dissidentes. A visão anarquista sobre a organização social é, na verdade, sintetizada na expressão "ação direta", que também sintetiza suas ideias sobre a melhor maneira de efetuar as transformações sociais.

O significado prático da ação direta tem variado de geração para geração e de uma para outra forma de anarquismo. Deixarei que apareça na última parte desta introdução, quando trocar a teoria, sobre a qual tenho me detido até agora, pelo desenvolvimento histórico do anarquismo enquanto teoria modificada pela ação.

2. A ÁRVORE GENEALÓGICA DO ANARQUISMO

O anarquismo não é apenas uma teoria abstrata sobre a sociedade. Foi desenvolvido a partir de condições sociais existentes, moldado por influências culturais e expresso sob várias formas de ação, sendo por elas modificado.

Como doutrina que critica a sociedade contemporânea e propõe não só um arranjo alternativo mas os meios para atingi-lo, o anarquismo começou realmente a tomar corpo há cerca de quatro séculos, durante a Reforma. Significativamente, esse foi também o período em que a moderna nação-estado, da qual o anarquismo é a antítese absoluta, começou a aparecer. Mas, antes de tratar dessa importante combinação histórica, vale a pena examinar outros momentos históricos que através dos séculos contribuíram para formar o ponto de vista anarquista.

Ao mesmo tempo que proclamam seu urgente desejo de libertar-se da mão inerte da tradição, os anarquistas gostam de acreditar que suas raízes estão profundamente entranhadas no passado. O paradoxo é apenas aparente. Como vimos, a visão do mundo na qual o anarquismo se insere depende de uma aceitação das leis naturais, que se manifestam através da evolução, o que significa que o anarquista se considera um representante da verdadeira evolução da sociedade humana e vê as organizações políticas autoritárias como uma forma pervertida de evolução. Segue-se que os anarquistas deveriam preocupar-se em validar sua pretensão de que são os defensores naturais do homem. Kropotkin levou esse processo até o fim quando sustentou que as raízes do anarquismo encontravam-se no conflito entre liberdade e autoridade, que havia iniciado na Idade da Pedra. Em *Auxílio mútuo*, ele analisa o caráter anárquico das sociedades tribais que viviam através de padrões elaborados de cooperação usual sem nenhum sistema de autoridade visível. Kropotkin não levou em conta que a autoridade não precisava ser personificada por um rei ou chefe, isto também sucedia por sistemas elaborados de tabus e deveres que regiam os grupos mais primitivos. O homem primitivo não é livre, no sentido verdadeiro da palavra. O que Kropotkin provou, e isto tem grande importância no pensamento anarquista, foi que o homem primitivo parecia buscar naturalmente padrões de cooperação.

A liberdade, da forma que a conhecemos, é de certa maneira produto das ásperas e rochosas costas que se tornaram as cidades-Estado da Grécia Antiga. Mas a liberdade de que os atenienses desfrutavam não seria aprovada pelos anarquistas, já que era baseada na instituição da escravatura. Mesmo filósofos políticos utópicos como Platão e Aristóteles conceberam sociedades onde a liberdade de alguns dependeria da servidão de outros. Somente alguns místicos, como os devotos dos mistérios eleusinos e alguns filósofos malditos como Epicuro e Zeno, o estoico, conceberam uma sociedade que aceitava todos os homens dignos como iguais. Apenas Zeno e seus seguidores parecem haver unido essa visão a uma clara rejeição ao Estado.

Isso também se aplica à república romana, que na época das revoluções Francesa e Americana era considerada o berço da liberdade. Brutus era estimado como um grande herói republicano e, até hoje, os radicais têm-no como líder dos escravos. Espártaco, um predecessor espiritual. De fato, é discutível se tanto Brutus como Espártaco entenderiam liberdade como os anarquistas, já que não haviam feito a essencial associação entre liberdade e igualdade. Brutus representava a oligarquia patrícia; matou César em defesa da classe social a que pertencia. Mesmo a revolta social liderada por Espártaco era indiferente à liberação geral; Espártaco e os gladiadores associados a ele, na liderança da rebelião, queriam apenas retornar a seus países e retomar sua vida entre seu próprio povo.

Apesar do anarquista moderno encontrar poucas opiniões similares no mundo antigo, no século XIV a forma de manifestação dos descontentes mudou, como demonstram claramente as declarações de Froissart, através de John Ball.

> *"As coisas não podem andar bem na Inglaterra, nem nunca andarão, até que todos os produtos sejam de propriedade comum, e até não haver servos nem senhores, e todos serem iguais. Por que eles, a quem chamamos de senhores, tiram o melhor de nós? Como o mereceram? Por que nos mantêm na servidão? Se descendemos todos de um pai e de uma mãe, Adão e Eva, como podem afirmar ou provar que são mais amos do que nós? Exceto, talvez, porque nos fazem trabalhar e produzir para eles gastarem!"*

Essas palavras foram ditas quando o sistema feudal na Inglaterra estava sucumbindo, e os camponeses se revoltavam contra a imposição da servidão. John Ball foi um de seus líderes, e um fato significante é que ele foi um "padre obscuro", como eram chamados na época os pregadores ambulantes sem igreja que propunham uma forma herética e milenar do cristianismo.

Com o cristianismo milenar abordamos um dos dois principais cursos históricos na tradição anarquista: a linha de dissidência que tomou uma forma religiosa e que no século XVIII foi secularizada e consolidada por tendências mais racionais ligadas às mudanças na organização política precipitadas pela Renascença. Antes mesmo da Reforma, as seitas milenares mantinham os governantes da Igreja e do Estado em constante ansiedade. Bispos e reis se uniram na Grande Guerra no Sul da França para exterminar a chamada heresia albigense ou catarista, que era considerada uma grande ameaça à estabilidade da ordem social medieval. Antes do surgimento de Lutero, ideias radicais eram pregadas em reuniões secretas de pessoas humildes, que acreditavam que, num futuro próximo, os poderosos pereceriam e que os humildes herdariam a terra.

A rigorosa perseguição dos heréticos medievais tencionava apagar suas doutrinas do pensamento popular, e nossas informações sobre elas chegam da forma deturpada pela qual seus oponentes as mostraram. Entretanto, é sabido que muitos desses sectários foram além de meras argumentações doutrinárias. Chegaram a efetuar mudanças no comportamento através de radicais ajustes sociais e políticos, como a abolição da pobreza e a dissolução do Estado político. Tudo isso estava ligado à ideia do milênio, o reinado de mil anos de Cristo, no qual o homem poderia voltar à vida simples e santa, repartindo tudo e aceitando o governo direto de Deus e de seus santos. Internamente, as seitas milenares, como as seitas radicais modernas dos Douckoliors e menonitas, não eram tão libertárias quanto aparentavam, mas seu conflito com a autoridade terrena teve eventuais consequências políticas, como a dissidência secular que surgiu da necessidade de liberdade de culto exigida pela dissidência religiosa. Na Holanda, na França e na Inglaterra, os dissidentes lideraram movimentos contrários às monarquias despóticas estabelecidas na Europa, após a dissolução do feudalismo.

A longo prazo, as consequências mais importantes desse movimento que uniu dissidentes políticos e religiosos foi a Revolução Inglesa do século XVI, que atingiu seu auge na Guerra

Civil de 1640 e o Commonwealth (Protetorado), único intervalo republicano na história da Inglaterra.

Durante o Protetorado, entre vários grupos radicais, tais como "Os Cinco da Monarquia" e os "Niveladores" (The Levellers), surgiram os primeiros protoanarquistas, os Diggers, que, tal como os anarquistas modernos, identificavam o poder econômico com o poder político e sustentavam a necessidade de que ocorresse uma revolução mais social do que política para que fosse possível estabelecer a justiça.

Gerrard Winstanley, o líder dos Diggers, avançara tanto pelo caminho da dissidência que chegou a identificar Deus como o princípio da razão. Essa teoria de Winstanley, de Deus como sendo a razão, era idêntica à ideia de Tolstói, outro grande anarquista cristão, quando afirmava: "O Reino de Deus está em nós". Na verdade, Winstanley chegou a usar essas mesmas palavras.

> *"Onde está a Razão? Ela está em todas as criaturas, de acordo com a sua natureza e a sua essência, mas especialmente no homem. É por essa razão que o homem é chamado de criatura racional. Esse é o Reino de Deus dentro do Homem. Deixe que a razão o governe e ele não ousará pecar contra seus semelhantes, mas fará com eles apenas aquilo que eles lhe fizerem. Pois a razão lhe diz: teu semelhante hoje está nu e faminto? Dá-lhe de comer e o que vestir, pois amanhã poderá ser esse o teu destino e ele estará pronto a ajudar-te."*

Winstanley tomou como sua missão a defesa dos deserdados, pois o povo não havia tido qualquer lucro com a vitória de Cromwell. Em 1649 ele publicou um panfleto, "A nova lei da integridade", que começava com uma denúncia contra a autoridade e que é ainda hoje o documento mais completo do que qualquer outro que tenha sido escrito sobre o tema na literatura anarquista. "Todos aqueles que adquirem autoridade tiranizam os outros", afirmou Winstanley e seguiu mostrando que não somente senhores e magistrados, mas pais e maridos "se comportam como soberanos opressores sobre aqueles que dominam... sem saber que estes têm igual privilégio de compartilhar a bênção da liberdade". Ele liga a ausência de liberdade ao que chama de "propriedade minha e vossa", a cuja existência também atribui a existência do crime. Finalmente, depois de discorrer sobre o tema, Winstanley esboça a ideia de uma sociedade livre, baseada nos ensinamentos de Cristo, que denomina "Liberdade Universal". Vale a pena transcrever a passagem em que fala sobre a nova sociedade, já que ela se aproxima bastante – se considerarmos os dois séculos que as separam – do tipo de organização social imaginada pelos anarquistas do século XIX.

> *"Quando esta igualdade universal surgir em cada homem e mulher, ninguém deverá reivindicar seus direitos sobre qualquer criatura e dizer: isto é meu e aquilo é seu. Este é o meu trabalho, aquele é o seu. Mas todos devem arar a terra e criar o gado, e a bênção da terra será comum a todos; quando um homem precisar de milho ou gado, ele retirará do primeiro depósito que encontrar. Não haverá compra e venda, nem feiras e mercados. E todos trabalharão alegremente para fazer as coisas que são necessárias, um ajudando o outro. Não haverá senhores, mas cada um será senhor de si mesmo, sujeito à lei da integridade, razão e igualdade, que é Deus, que viverá dentro de si e o governará."*

Vivendo numa era agrícola, Winstanley via como problema principal a propriedade da terra e, como verdadeiro anarquista, acreditava que a questão seria resolvida apenas pela ação direta do povo. Na primavera de 1649, liderou um grupo de seguidores para tomar posse de terras não utilizadas no Sul da Inglaterra e cultivá-las para a própria subsistência. Os proprietários locais e o Estado se aliaram contra o pequeno e ameaçador grupo. Os proprietários mandaram homens para dispersar o gado e destruir sua colheita. Cromwell mandou soldados, mas retirou-os quando descobriu que estavam sendo convertidos pelos Diggers. Os

Diggers praticaram a resistência pacífica enquanto puderam, e então se retiraram.

Winstanley, considerado um dos primeiros anarquistas, caiu no esquecimento, e mesmo a data de sua morte não é lembrada, apesar de ter influenciado os militantes *quackers*. E, terminada a Revolução Inglesa, apenas na era da Revolução Francesa, depois de um século, apareceu uma linha reconhecível do pensamento anarquista.

Quando surgiu, combinava elementos da dissidência inglesa com a ideia renascentista de organização própria da sociedade. A ordem política da Idade Média havia sido orgânica, um equilíbrio entre a Igreja e o rei, entre os barões e as cidades livres, cuja natureza casual foi ilustrada pelo fato de que os reis não possuíam capitais permanentes, mas viajavam de castelo em castelo, seguidos de enormes comboios que levavam as propriedades reais. Ao mesmo tempo, existia, ao menos teoricamente, uma ordem fixa, de classes sociais, na qual cada homem sabia o seu lugar, o que compensava a falta de um sistema político elaborado. Também houve quebras na ordem medieval, quando alguns puderam gozar de liberdade e vida comunitária, como aconteceu em algumas cidades da Alemanha e Itália.

A organização social medieval, que nunca foi muito estável, desintegrou-se entre os séculos XII e XIV, coincidindo com a restauração do humanismo, que é uma forma de definir a Renascença. O homem tornou-se mais importante por suas qualidades individuais do que por sua posição social, mas, se isso foi um ganho real de liberdade, devemos julgar o fato de que a ordem orgânica medieval foi substituída por padrões políticos racionais.

O individualismo renascentista foi culturalmente revigorante, mas não necessariamente anarquista. Valorizava o desenvolvimento do indivíduo à custa de seus semelhantes; era uma liberdade sem igualdade, uma liberalidade sem participação que produziu excelentes artistas mas também bandidos desumanos. Podemos ilustrar a diferença entre o individualismo renascentista e o anarquismo histórico, comparando os dois homens que tornaram o nome Malatesta famoso na história italiana. Sigismondo Malatesta foi um mercenário cruel que vivou no século XV, governando seus domínios com tal brutalidade que ficou conhecido como o Tirano de Rimini. Era, ao mesmo tempo, um livre-pensador e conhecido mecenas, mas jamais poderia ser considerado um homem motivado socialmente. O outro Malatesta, Errico, foi um estudante de medicina do século XIX, que tornou-se um anarquista e abandonou sua carreira para percorrer o mundo como um homem pobre e ajudar uma dezena de países a se rebelarem contra a tirania. Esse Malatesta reunia um genuíno temperamento individualista com o sentido da indivisibilidade da liberdade.

Outro aspecto da Renascença é a importância que atribuía à ordem, o que se refletia nas inúmeras cidades racionalmente planejadas que surgiram na época, na busca de uma organização política que levou a concepções cruéis de ação política desenvolvidas por homens como Maquiavel e a planos de organizações sociais ideais, imaginados por Thomas Morus em seu *Utopia* e por Tomás Campanella em *A cidade do sol*. Mesmo quando defendiam a propriedade comum, a maior parte dos autores utópicos delineava sociedades essencialmente autoritárias, tão rigidamente controladas quanto as novas cidades que surgiam. Tal atitude era coerente com o aparecimento do Estado nacional moderno, que começou na Inglaterra de Cromwell, foi desenvolvido na França de Luís XIV e completado, por ironia, durante a Revolução Francesa, quando foi introduzido o recrutamento militar obrigatório que daria a Napoleão os meios para transformar o nacionalismo em imperialismo.

Mas, ao mesmo tempo, a tendência renascentista de liberar o pensamento do dogma produziu pensadores que ofereciam alternativas libertárias do controle da sociedade. Diderot e Étienne de la Boëtie foram exemplos na França. Na Inglaterra, os mais representativos desta tendência foram o filósofo John Locke e o radical Tom Paine, que participaram das revoluções Francesa e Americana e foram condenados à morte *in absentia* pelos ingleses por terem escrito *Os direitos do homem*. Paine estava próximo dos anarquistas, particularmente quando enfatizava a diferença vital entre sociedade e Estado. "A sociedade é produzida pelas nossas vontades", disse Paine, "e o Estado por nossas perversidades; a primeira promove nossa felicidade, unindo positivamente nossas inclinações; o segundo, negativamente, restringindo nossos vícios. O Estado, como a roupa, é o símbolo de nossa inocência perdida; os palácios reais são construídos sobre as ruínas dos jardins do paraíso."

Paine influenciou os movimentos libertários da América no século XX e ajudou a moldar o pensamento de anarquistas tão diferentes entre si como Henry David Thoreau, Josiah Warren e Benjamin Tucker. Um de seus amigos foi Godwin, cujo *Investigação sobre a justiça política*, de 1793, influenciou profundamente Coleridge, Wordsworth e Shelley e forneceu as bases para as tentativas utópicas de Robert Owen, sendo, provavelmente, o mais completo estudo já escrito sobre os erros do Estado. Godwin era um produto das duas tendências ancestrais do anarquismo moderno: a dissidência religiosa e o radicalismo renascentista. Quando jovem, pertenceu a uma pequena seita dos sandenianos, que negavam submeter-se à autoridade da Igreja, acreditavam na necessidade de repartir os bens entre os fiéis e sustentavam que os religiosos não deviam participar dos negócios do Estado. Por algum tempo Godwin serviu como pastor dissidente, mas logo converteu-se ao racionalismo e substituiu a fé pela razão, sem abandonar as ideias sociais originadas da dissidência religiosa. Também foi influenciado pelo iluminismo francês e escreveu *Justiça política*, em grande parte para aclarar suas próprias ideias sobre os acontecimentos da Revolução Francesa.

Havia, na verdade, protoanarquistas trabalhando na França naquela época, "raivosos" como Jacques Roux e Jean Varlet, mas estavam por demais ocupados agindo para que pudessem desenvolver uma ideologia escrita, e foi Godwin, em Londres, o primeiro a criticar a orientação autoritária que os jacobinos haviam imprimido à Revolução.

Em *Justiça política*, Godwin ataca a teoria e a prática do Estado, usando o que se tornou o "argumento anarquista clássico": a autoridade é contra a natureza e os problemas sociais existem porque o homem não tem liberdade para agir de acordo com a razão. Como alternativa, esboçou uma sociedade libertária descentralizada, na qual pequenas comunidades autônomas seriam as unidades básicas, onde as práticas políticas seriam reduzidas ao mínimo, porque o governo da maioria é uma forma de tirania e a eleição de representantes é na verdade uma forma de abdicação das responsabilidades individuais.

Godwin desenvolveu a teoria do anarquismo com mais profundidade do que qualquer outro escritor libertário mais atual. Estes apenas acrescentaram às suas ideias a dimensão da ação, à medida que abandonaram o estudo teórico para embrenhar-se na selva social.

3. Movimento anarquista clássico

As sementes dos grandes movimentos anarquistas surgem, frequentemente, do que pareceriam ser encontros sem importância.

Qualquer viajante do tempo que retornasse aos cafés de Paris e aos miseráveis quartos de hotel do Quartier Latin, onde se reuniam os revolucionários no início da década de 1840, dificilmente notaria os homens que se tornariam mais tarde os grandes nomes do século.

Na época, a França era novamente uma monarquia, embora governada pelo mais liberal dos Bourbon, Luís Felipe, o chamado Rei-Cidadão. Naquele tempo, quando o fermento do descontentamento começava a crescer, o que culminaria na Revolução de 1848, Paris deu asilo aos que fugiam de regimes mais duros. Podiam-se encontrar federalistas espanhóis, carbonários italianos e poloneses que conspiravam para unificar seu país, então dividido entre a Rússia, a Prússia e a Áustria-Hungria. Havia muitos russos que fugiam à tirania do tsar Nicolau I e um grande número de alemães que julgavam mais conveniente abandonar a Prússia e os medíocres estados da Renânia. Entre os mais obscuros expatriados que viviam nessa atmosfera de conspiração e expectativa, havia um russo e um alemão que eram vistos juntos com frequência e às vezes também em companhia de um jornalista radical que gostava de se misturar aos revolucionários estrangeiros. Eram todos muito jovens e muito pobres e, enquanto passavam as noites em claro conversando, ninguém poderia suspeitar das longas sombras que começavam a projetar sobre o futuro.

Pois aquele francês sólido, metido numa sobrecasaca verde, o rosto redondo de camponês emoldurado por costeletas iguais às de um macaco, era Pierre-Joseph Proudhon, que acabava de lançar um dos grandes gritos de batalha do século XIX: *A propriedade é um roubo*. Proudhon já se havia declarado anarquista e foi o primeiro homem a aceitar esse rótulo, com um misto de orgulho e desafio. O russo, um nobre falido, de elevada estatura e infinito encanto, era Michael Bakunin, que se ocupava em incitar as minorias eslavas do Império Austro-Húngaro à insurreição. Havia despertado as atenções por um ensaio intitulado *Reação na Alemanha*, onde, numa série de frases pungentes, resumia os paradoxos da teoria anarquista. "Devemos confiar no espírito eterno que destrói e aniquila só porque ele é a fonte inesgotável e eternamente criativa da vida? O instinto de destruição também pode ser um impulso criativo."

O alemão do trio era Karl Marx, ele próprio notável criador de frases históricas e que naquela época era fonte quase inesgotável de metafísica alemã. Sua contribuição às reuniões consistia, principalmente, de longas exposições sobre a filosofia de Hegel, para delícia de seus companheiros.

Marx viria a ser o precursor do moderno comunismo autoritário, embora só tivesse publicado o *Manifesto comunista* em 1840. Proudhon e Bakunin se tornariam os fundadores do anarquismo como movimento revolucionário social. Com o tempo, as rivalidades iriam separá-los, e mesmo em 1840 suas relações eram cautelosas. Existe uma correspondência entre Marx e Proudhon que levaria ao rompimento entre os dois, ocorrido em 1846. Nela, ambos discutem a possibilidade de estabelecer uma ligação entre os revolucionários sociais, e a diferença de abordagem é bastante evidente quando se comparam o dogmatismo rígido de

Marx e a flexibilidade experimental de Proudhon. Bakunin fez um relato de seus encontros com Marx em 1840:

> *"Eu e Marx éramos amigos naquela época e nos víamos com frequência. Eu o respeitava pela sua sabedoria e pela dedicação séria e apaixonada, ainda que misturada a uma certa dose de vaidade, à causa do proletariado. Costumava ouvir atentamente sua conversa inteligente e instrutiva, mas não havia intimidade entre nós. Nossos temperamentos não se adaptavam: ele me chamava de idealista sentimental – e estava certo. Eu o chamava de vaidoso, traiçoeiro e ardiloso – e também estava certo!"*

Durante algum tempo, Marx e os dois anarquistas compartilharam a opinião de que as grandes revoluções anteriores ao século XIX, tais como as revoluções Francesa e Americana do século XVIII, tinham percorrido apenas parte do caminho que conduzia a uma sociedade justa, porque tinham sido revoluções mais políticas do que sociais. Elas renovaram os padrões de autoridade, dando poder às novas classes, mas não modificaram basicamente a estrutura social e econômica dos países onde ocorreram. O grande slogan da Revolução Francesa – Liberdade, Igualdade, Fraternidade – se tornara uma piada, uma vez que a igualdade política não poderia ser obtida sem que houvesse igualdade econômica. Só poderia haver liberdade quando o povo não fosse mais escravo da propriedade, e a fraternidade era impossível num mundo ainda dividido entre ricos e pobres.

Nem Marx, nem Bakunin, nem Proudhon consideraram a possibilidade de que tais resultados pudessem ser inerentes ao próprio processo revolucionário, o que parece ser sugerido pelas experiências revolucionárias do século XX, em que a revolução impôs apenas a substituição de uma elite por outra. Mas Proudhon e Bakunin entenderam com mais clareza do que Marx que uma revolução que não eliminasse a autoridade acabaria por criar um poder mais abrangente e duradouro do que aquele que pretendia substituir. Eles defendiam a ideia de uma revolução sem autoridade, que destruísse as instituições do poder, substituindo-as por outras baseadas na cooperação voluntária.

Marx foi mais realista. Reconhecia o papel que o poder desempenha nas revoluções, mas acreditava ser possível criar uma nova forma de poder, o poder do proletariado, exercido através do partido, que ao fim se dissolveria, produzindo a sociedade anarquista ideal que ele também acreditava ser o objetivo final de todas as aspirações humanas. Bakunin tinha razão quando acusava Marx de um excessivo otimismo e ao profetizar que uma ordem política baseada nas suas ideias acabaria por se transformar numa rígida oligarquia de funcionários públicos e tecnocratas.

Quando Marx, Proudhon e Bakunin se encontravam no Quartier Latin tudo isso era futuro. Voltando ao passado, entre estes homens e a Revolução Francesa havia a geração dos chamados socialistas utópicos como Cabet, Fourrier e Robert Owen. Estes reconheciam que a Revolução Francesa havia falhado ao abordar as questões radicais de injustiça social. Propunham como solução várias formas de socialização da riqueza e produtividade. Denominavam-se socialistas utópicos porque queriam criar, aqui e agora, comunidades experimentais para demonstrar como funcionaria uma sociedade justa. De Proudhon em diante, os anarquistas foram influenciados de várias maneiras pelos socialistas utópicos, principalmente por sua ideia de pequena comunidade como base da sociedade. A diferença entre eles é que os anarquistas rejeitavam o planejamento rígido dos socialistas utópicos, porque acreditavam que este conduziria a novas formas de autoridade. Argumentavam que havia um elitismo condenável na ideia de um socialista demonstrar ao povo como uma sociedade deveria funcionar. O misticismo anarquista era baseado na ideia de que o homem pode criar espontaneamente, para si mesmo, as relações sociais e econômicas necessárias à sua vida. Não precisamos criar fórmulas sociais novas e artificiais, mas encontrar maneiras de ativar o povo para que, dos agrupamentos naturais e tradições populares, se desenvolvam instituições apropriadas para uma sociedade livre.

Somente em 1860 essas aspirações começaram a aglutinar-se num real movimento anarquista. Durante a onda de revoluções que varreu a Europa em 1848, tanto Bakunin como Proudhon se envolveram. Bakunin tomou parte nos levantes em Paris e Praga, e lutou ao lado de Wagner nas barricadas em Dresden. Capturado na Saxônia, terminou prisioneiro do tsar na famosa fortaleza de Pedro e Paulo. Em 1861, escapou pela Sibéria, Japão e Estados Unidos para a Europa Ocidental, onde retomou a atividade revolucionária. Proudhon tomou parte na Revolução de 1848 e foi um dos primeiros a se desiludir da Assembleia Nacional. Rapidamente percebeu como a atividade parlamentar faz com que um indivíduo perca contato com o povo, e passou a maior parte do ano revolucionário fazendo inflamadas reportagens, numa série de jornais independentes: *O Povo, O Representante do Povo* e *O Amigo do Povo*. Esses jornais foram sucessivamente suprimidos porque as autoridades revolucionárias não toleravam seus ataques imparciais a todos os lados da nova república, que ele acusava de não ter imaginação. Proudhon também tentou organizar economicamente os trabalhadores no Banco do Povo, que era um tipo de União de Crédito onde os produtos e serviços seriam trocados a preço de custo. Ele esperava que isso fosse o início de uma rede de relações livres entre produtores, como camponeses, artesãos e oficinas cooperativas, que substituiriam as relações comuns de mercado e libertariam o trabalhador da dependência econômica.

O Banco do Povo, que foi, provavelmente, a primeira organização de massa anarquista, tinha 27 mil membros quando Proudhon foi preso, em 1849, por suas críticas ao presidente recém-eleito, Luís Napoleão Bonaparte, que mais tarde se tornou imperador com o nome de Napoleão III.

Proudhon passou o resto de sua vida na prisão ou no exílio. Tornou-se uma minoria de uma pessoa. Justamente por ser independente, sua influência cresceu bastante durante o Segundo Império. No fim de sua vida, que se deu em 1865, escreveu *Da capacidade política das classes trabalhadoras*, no qual ele sustentava que os partidos políticos eram operados por membros de uma elite social e que os trabalhadores só controlariam seus próprios destinos quando criassem e controlassem suas próprias organizações para mudar a sociedade. Muitos trabalhadores franceses foram influenciados por essas ideias, formando um movimento que visava à regeneração da sociedade por meios econômicos. Se autodenominavam mutualistas, mas eram essencialmente anarquistas, que queriam atingir seus resultados pacificamente, através da cooperação entre produtores.

Das assembleias de 1862 e 1864, entre os discípulos franceses de Proudhon e os sindicatos ingleses, surgiu a Associação Internacional dos Trabalhadores, a Primeira Internacional. Os seguidores de Marx sustentavam que ele havia fundado a Internacional, mas, na verdade, não tomou parte das primeiras negociações. No encontro final em Londres, a 28 de setembro de 1864, onde a Associação foi estabelecida, Marx era apenas "uma figura muda na plataforma", como ele próprio declarou.

Portanto, a Primeira Internacional nunca foi de maioria marxista. Incluía socialistas, vários tipos de anarquistas e pessoas que não eram de nenhum dos dois. Ninguém sabe quantos membros teve. Tanto seus defensores, como seus inimigos, por várias razões, tendem a exagerar seu número de sócios e sua influência. Não há dúvida de que, principalmente nos países de língua latina da Europa Meridional, a Associação estimulou os operários e camponeses a lutar por seus direitos, como nunca haviam feito antes. Mas, apesar de toda a devoção e elevadas aspirações, a Internacional se tornou um campo de batalha de ideologias e de personalidades. Proudhon estava morto quando a Associação se tornou uma organização ativa, em 1865, e as diferenças que começaram a aparecer entre o trio de revolucionários, havia muitos anos em Paris, sobreviveram e se ampliaram na Internacional. O conflito entre Marx e os mutualistas e, mais tarde, pessoalmente, entre Marx e Bakunin, não apenas refletiu diferenças de temperamento entre os protagonistas, mas também diferenças fundamentais de ideias, ou seja, diferenças de finalidades entre socialistas autoritários e anarquistas libertários. Marx e seus seguidores, que tinham melhor tática, conseguiram firmar-se em posição de poder organizacional. Foi Marx que redigiu as regras da Associação e obteve controle virtual do Conselho Geral estabelecido em Londres. Sua influência nas sucursais, principalmente nos países latinos, não era tão forte, e os congressos anuais tornaram-se batalhas entre Marx e Bakunin, que liderava os contingentes espanhóis, italianos e franco-suíços. Já tendo criado uma irmandade secreta de revolucionários na Itália, Bakunin ligou-se à Internacional em 1868. Seus métodos como organizador eram excêntricos, mas curiosamente eficazes. Criou o maior movimento anarquista do mundo, na Espanha, mandando um engenheiro italiano a Barcelona que, embora não falando espanhol, tinha o carisma que tornava a linguagem desnecessária. Anselmo Lorenzo, que mais tarde tornou-se líder dos anarquistas espanhóis, deixou uma fascinante descrição do incidente que Gerald Brenan citou em *Labirinto espanhol*:

> *"Fanelli era um homem alto com uma expressão grave e bondosa, uma barba negra e espessa e grandes e expressivos olhos negros, que brilhavam ou tomavam aparência de compaixão de acordo com os sentimentos que o dominavam. Sua voz tinha um tom metálico e era suscetível a todas as inflexões apropriadas ao que estava falando; passando rapidamente de tons de raiva e ameaça contra os tiranos e exploradores para os de sofrimento, arrependimento e consolação, quando falava do sofrimento dos explorados, quer como alguém que, apesar de não sofrê-los, os entendia, ou que por possuir pensamentos altruístas se deliciava em mostrar um ideal ultrarrevolucionário de paz e fraternidade. Falava em francês e em italiano, mas podíamos entender sua expressiva mímica e seguir seu significado".*

O conflito na Internacional teve muitos aspectos. Era um duelo entre Marx e Bakunin. Era também uma batalha entre grupos latinos e germânicos. Mas as diferenças fundamentais não eram entre personalidades ou culturas e se delinearam em debates intermináveis que consumiram os anos entre 1868 e a cisão que destruiu a Internacional em 1872. Os marxistas sustentavam que a organização política visava à transformação do proletariado numa classe governante. Os anarquistas defendiam a organização espontânea dos trabalhadores de acordo com suas ocupações. Autoritários contra libertários, ação política contra ação industrial, ditadura do proletariado transitória contra abolição imediata de todos os poderes do Estado: o debate continuou, e os dois pontos de vista eram irreconciliáveis. O debate transformou-se em conflito. No Congresso de Basel, em 1872, os marxistas expulsaram Bakunin e transferiram o Conselho Geral para Nova York, onde ficaria fora do alcance dos anarquistas. Por isso, a organização morreu em 1874. No entanto, os anarquistas estabeleceram sua Internacional rival, que sobreviveu aos restos marxistas por três anos e terminou em 1877.

Entretanto, o movimento anarquista sobreviveu como uma ideologia e não como organização, em grupos isolados e indivíduos que se mantinham em contato, fazendo conferências melodramáticas que amedrontavam os doutores e raramente os convenciam. Alguns indivíduos dedicados e talentosos, como Peter Kropotkin e Errico Malatesta, moldaram a ideologia anarquista entre 1880 e 1900. Em um extremo estavam os seguidores de Leon Tolstói, que pregava a resistência não violenta, que influenciou Gandhi na sua estratégia do *Satyagraha*, ou desobediência civil, que finalmente deu independência à Índia. Outros devotaram-se às escolas livres ou às comunidades onde se tentava viver comunitariamente, sem as restrições impostas pela teoria utópica. Outros, ainda, buscaram a aliança entre o anarquismo e a revolução nas artes que, na virada do século, iniciou o movimento modernista na Europa e principalmente na França. Pintores como Pissarro, Signac, Valminck e o jovem Picasso se autodenominaram anarquistas, assim como o poeta Mallarmé e o escritor Oscar Wilde.

Todos os anarquistas se consideravam propagandistas da liberdade. Enquanto alguns limitavam sua propaganda a artigos e discursos, outros elaboravam a teoria e prática da propaganda pela ação. Essa foi a primeira manifestação de uma ideia muito popular no presente, segundo a qual a teoria política só é válida quando posta em prática. Ela não surgiu entre os anarquistas, mas de um italiano, um republicano extremista chamado Carlo

Pisacane, que havia desprezado seu título de Duque de San Giovanni. Expressando-a de forma sucinta, afirmou: "A propaganda do pensamento é uma quimera. As ideias são uma consequência da ação e não o contrário, e o povo não será livre quando for educado, mas educado quando for livre".

Inspirados por Pisacane, os anarquistas italianos colocaram em prática a ideia da propaganda pela ação, deflagrando uma série de pequenas insurreições quixotescas que não tinham a menor chance de sucesso mas que, pensavam eles erroneamente, acabariam por estimular o povo a lutar pela libertação. Então, durante um breve intervalo que vem marcando a história do anarquismo desde então, alguns indivíduos isolados dedicaram-se à prática de assassinar certas personalidades simbólicas para com isso despertar a atenção para as injustiças sociais. Durante a década de 1890, um rei da Itália, um presidente da França, um presidente dos Estados Unidos, a imperatriz da Áustria e um primeiro ministro espanhol seriam vítimas desses estranhos e terríveis fanáticos. A maioria dos anarquistas nada tinha a ver com tais atos, mantendo opiniões contraditórias sobre eles, mas finalmente muitos deles reagiram com horror – como o romancista e anarquista francês Octave Mirbeau – quando Emil Henry jogou uma bomba num café matando pessoas inocentes. "Um inimigo mortal do anarquismo não poderia ter agido com mais eficiência do que esse tal Henry quando jogou essa inexplicável bomba em meio a um grupo anônimo de indivíduos pacíficos. Isso é possível acontecer. Todos os partidos têm seus criminosos e seus tolos porque todos eles são integrados por homens", disse ele.

O terrorismo morreu rapidamente como método anarquista, exceto na Espanha e na Rússia, onde todos os métodos políticos têm sido tradicionalmente violentos. Apenas alguns anarquistas o praticaram, e pensar que o anarquista é um homem com uma bomba é o mesmo que considerar um católico como um dinamitador por causa de Guy Fawkes. Os movimentos são manifestados através das ações dos indivíduos, mas devemos distinguir uma pessoa de sua ideia, e a ideia do anarquismo nunca foi invalidada pelo extremismo de fanáticos.

O anarquismo do século XIX recuperou-se rapidamente dos danos causados pelos terroristas. No final do século, teve sua fase de grande influência através do desenvolvimento de um movimento de criação de uniões livres de sindicatos. O movimento se autodenominou anarcossindicalismo. Sua ideia essencial era que os sindicatos deviam ser considerados não apenas instrumentos para conseguir melhores salários, mas agentes de transformação da sociedade. Os sindicatos estariam em constante luta pela mudança da sociedade por meio do método clássico da greve geral, tomando e administrando os meios de produção durante a revolução, para formar a infraestrutura da nova sociedade.

O anarcossindicalismo obteve sucesso na França, onde a CGT foi administrada por anarquistas até 1914. Houve grandes movimentos sindicalistas na Itália e América Latina. Nos Estados Unidos, a Internacional dos Trabalhadores do Mundo (IWW) era sindicalista. Foi na Espanha que o anarcossindicalismo, assim como o anarquismo, atingiu seu apogeu. Atraía os espanhóis por suas qualidades morais e idealistas, tornou-se não apenas um movimento político, mas tinha uma articulação quase religiosa de caráter puritano que lhes deu uma Constituição Substituta. O anarquismo surgiu com os operários de Barcelona, espalhando-se rapidamente entre os camponeses sem terras da Andaluzia e de Valência. Na década de 30, no seu apogeu, a grande organização anarquista, a Confederação Nacional dos Trabalhadores (CNT), tinha mais de 2 milhões de membros. A Espanha representou o auge do movimento anarquista do século XIX, se estendendo ao século XX, porque atingiu seu apogeu e seu fim durante a Guerra Civil Espanhola dos últimos anos da década de 30.

Na Espanha, os anarquistas demonstraram que seus métodos podiam ser eficientes quando aplicados de forma espontânea e em âmbito local, mas fracassaram ao tentar coordená-los em escala maior. Em Barcelona, por exemplo, foi a competência dos anarquistas nas táticas da guerrilha urbana que provocou a derrota dos generais franquistas quando estes tentaram tomar o poder. Da mesma forma, nas áreas rurais, os camponeses estabeleceram comunas livres e até mesmo seus críticos mais ácidos ficaram impressionados pela eficácia natural e resistência espartana dos grupos que viviam de acordo com os ensinamentos dos profetas comunistas.

Toda essa camaradagem e autossacrifício, que demonstravam a possibilidade de prática da teoria anarquista por pequenos grupos, estavam condenados a desaparecer porque a espontaneidade e ação voluntária eram estranhas ao espírito de guerra, totalitário por natureza. Os anarquistas não puderam resistir aos fascistas que avançaram sobre as comunas do sul, destruindo--as; nem aos comunistas que minaram a posição anarquista atrás das linhas republicanas. Dois anos de guerra e intriga política enfraqueceram os anarquistas espanhóis.

O movimento histórico criado por Bakunin e Proudhon morreu quando os exércitos de Franco marcharam sem oposição sobre Barcelona. Mas isso não ocorreu ao movimento anarquista, que renasceu na última década como a gênese do fogo de sua própria transformação.

4. A FÊNIX NO DESPERTAR DO DESERTO

Nas páginas anteriores estabelecemos a diferença entre o anarquismo e as teorias políticas ortodoxas e dogmáticas, e, particularmente, entre os grupos anarquistas e as rígidas estruturas hierárquicas dos partidos políticos, cujo objetivo é o poder. Enquanto o anarquismo existia como um movimento identificável, não tinha uma liderança organizadora, apenas líderes intelectuais. Tinha, internamente, uma variedade de opiniões sobre táticas e sobre a natureza da sociedade ideal que coexistiam com um razoável grau de tolerância, como as seitas religiosas da Índia. Em última instância, sempre a ideia expressa diretamente em ação que era dinâmica, e não o movimento.

De fato, mesmo quando o anarquismo foi mais popular e suas organizações tinham milhões de membros, como a CNT na Espanha, a estrutura sempre era frágil e flexível, onde o poder do pensamento espontâneo seguiu sendo a força mais importante. Porque o anarquismo é antidogmático em sua essência, e um grupo desestruturado de atitudes relacionadas pode florescer quando existam condições favoráveis. Então, como uma planta no deserto, fica inativa durante várias estações e até mesmo anos, esperando pelas chuvas para florescer novamente. No pensamento político comum, o sentido é necessário como um tipo de igreja, como um veículo do dogma. O anarquismo tem estado mais próximo das crenças místicas do esplendor pessoal e, por isso, nunca necessitou de um movimento para mantê-lo vivo. Muitos de seus mestres importantes, como vimos, eram solitários, individualistas dedicados como Godwin, Thoreau e Stirner. Aqueles que aceitavam a necessidade da organização queriam que fosse mínima, e mesmo Pierre-Joseph Proudhon, mentor intelectual do movimento anarquista histórico, alertou seus seguidores contra a rigidez do pensamento ou da ação. Com raras exceções, os pensadores anarquistas evitaram a armadilha de tornarem-se gurus infalíveis, e é significativo que nunca houve um livro anarquista que fosse aceito como uma bíblia, da mesma forma que *O capital*, de Marx. De fato, obras bastante lidas como *As memórias de um revolucionário*, de Kropotkin, *Poesia e anarquismo*, de Herbert Read, ou os ensaios de Paul Goodman, para dar alguns exemplos dos que mantêm a atualidade, agradam justamente porque sua intenção é despertar o pensamento, e não dirigi-lo.

É esse elemento imparcial do pensamento anarquista que o torna elástico e durável e explica por que a queda do movimento na Espanha com a vitória de Franco significou o fim do movimento fundado por Bakunin e Proudhon, e apenas a eclipse temporária do pensamento anarquista. Entre 1939 e o início da década de 60, o anarquismo não participou significativamente dos problemas de qualquer país ou influenciou a filosofia moderna, a não ser entre alguns intelectuais libertários e entre alguns veteranos das batalhas passadas. Mas, no início dos anos 60, as ideias anarquistas ressurgiram em forma de ação, e perturbaram as hierarquias estabelecidas da esquerda e da direita. Nesse processo, as ideias e métodos anarquistas foram além dos remanescentes do velho movimento anarquista. Novas formas de organização apareceram, foram desenvolvidos novos métodos de ação, mas reproduzem com impressionante fidelidade, mesmo entre pessoas que mal sabem o que a palavra anarquismo significa, ou nunca ouviram falar nisso, as opiniões sobre a sociedade atual e a aspiração de uma sociedade melhor, que têm sido ensinadas pelos filósofos originais de tradição libertária, desde Winstanley até Herbert Read e seus sucessores de nossa geração.

Veremos agora a sequência dos fatos. A Segunda Guerra Mundial, que se seguiu à vitória de Franco, completou o colapso do movimento anarquista internacional. O processo iniciou em 1918. Na Rússia, depois da Revolução de Outubro de 1917, os bolcheviques consideravam os anarquistas seus principais rivais e eliminaram-nos. Mas isso se deu apenas depois do conflito em que grandes áreas da Ucrânia se tornaram um tipo de comunidade anarquista dos camponeses sob o líder Nestor Makhno, que lutou brilhantemente contra os Brancos e Vermelhos, mas finalmente fugiu para a Europa Ocidental para escapar à destruição das legiões de Trotski. O advento do fascismo na Itália e do nazismo na Alemanha significou o fim do movimento anarquista em ambos os países, e quando o Reichstag completou suas conquistas na Segunda Guerra Mundial, os únicos anarquistas livres e ativos estavam na Inglaterra, Estados Unidos, Suíça e em países latino-americanos mais liberais, dos quais o México era o mais importante. Todos os países onde havia existido um movimento anarquista de massa, como Rússia, França, Itália e Espanha, estavam sob regime totalitário em 1942.

Nessa época, surgiu uma nova situação na história anarquista. Durante a Segunda Guerra, foi nos países de língua inglesa que o anarquismo demonstrou a maior vitalidade e a tradição foi interpretada de uma forma totalmente nova. O estímulo não veio apenas dos refugiados espanhóis, russos e italianos que representavam o movimento criado por Proudhon, Bakunin e Kropotkin. Veio também de escritores originados do movimento modernista, que conheceram o anarquismo através de Oscar Wilde, William Morris e William Godwin.

Na Inglaterra, esse movimento interino, porque representa uma transição entre o anarquismo do século XIX e o atual, reuniu não apenas escritores e pintores que surgiram entre 1920 e 1940, mas também artistas refugiados da Europa Oriental, da França e da Bélgica. Havia pintores ingleses como Augustus John e John Minton, construtivistas russos como Naum Gago, e expressionistas poloneses como Jankel Adler. Herbert Read e John Cowper Powys representavam os escritores mais velhos, mas Dylan Thomas era um anarquista declarado, assim como Alex Comfort, George Woodcock e Denise Levertov. Também nos Estados Unidos, o anarquismo escapou de sua tradição para ser transformado por jovens intérpretes. Em Nova York, centralizava-se em Dwight MacDonald, que então publicava a revista *Politics*, e Paul Goodman, que já relacionava as doutrinas libertárias aos problemas americanos de decadência rural e caos urbano. Em São Francisco, mesmo no início da década de 40, surgiu um movimento anarquista sob a liderança do poeta Kenneth Rexroth, que mantinha ligações com o movimento mais tradicional entre os imigrantes italianos. Outros poetas como Robert Duncan e Philip Lamantia e, mais tarde, Kenneth Patchen e Allen Ginsberg, se envolveram e tornaram o anarquismo uma das filosofias que motivaram o movimento *beat* na Califórnia.

Esta tendência do anarquismo, de alojar-se durante a década de 40 como uma semente nas opiniões dos intelectuais de língua inglesa, levou a interessantes desenvolvimentos teóricos, principalmente no campo da ciência e da educação. Desde que Kropotkin modificou a teoria da evolução, ao publicar *Auxílio mútuo*, os pensadores libertários tentaram relacionar essa teoria às ciências conhecidas pelo homem. Durante o século XX, o papel ocupado pela biologia nas pesquisas de Kropotkin e seus companheiros, como Eliseé e Elie Reclus, foi substituído pela psicologia.

Antes de tornar-se o improvável guru da sexologia genética, Alex Comfort escreveu um tratado anarquista sobre a psicologia do poder, *Autoridade e delinquência*. Os ensinamentos de Erich Fromm, especialmente em *O medo da liberdade*, influenciaram os anarquistas em 1940, assim como a herética doutrina freudiana de Wilhelm Reich, que relacionava a repressão política com a psicologia e buscou na neurose as origens do poder coercitivo. O escritor anarquista mais influenciado pela teoria psicológica moderna foi Herbert Read, que adicionou às teorias de Freud, Adler e especialmente às de Jung outra característica concepção da teoria anarquista de 1940: o reconhecimento cada vez maior da necessidade de um novo tipo de educação capaz de dar ao homem condições para aceitar e suportar a liberdade (digo suportar deliberadamente, pois, tal como sugeria o próprio título da obra de Fromm, *O medo da liberdade*, a partir da metade do século XX, os libertários descobriram – como já ocorrera antes com Proudhon – que a liberdade é uma disciplina austera, cujas vantagens podem não ser imediatamente percebidas pela massa habituada à tutela do Estado). Herbert Read afirmava que o sistema educacional, já existente, com sua ênfase no estudo meramente acadêmico, preparava os homens não para a liberdade, mas para a obediência. Em livros como *Educação pela arte* e *A educação dos homens livres*, ele propunha que as escolas deveriam ser modificadas para que educassem os sentidos antes de atingir as mentes. A personalidade harmônica, que seria o resultado dessa educação pela arte, não seria apenas garantia de uma vida individual mais equilibrada, mas tornaria possível a transformação pacífica da sociedade, objetivo tão sonhado pelos anarquistas. Uma transformação em que as pessoas, em paz consigo mesmas e, portanto, em paz com o outro, poderiam fazer com que a igualdade e a fraternidade fossem compatíveis com a liberdade.

Quando a guerra terminou, em 1945, e países como a Itália e a França foram libertados, houve uma sacudida no movimento criado por Bakunin. Os velhos anarquistas se reencontraram, surgiu uma amedrontada ligação entre eles e os intelectuais que haviam desenvolvido a teoria anarquista durante a década de 40. Houve vários congressos internacionais, mas o de Berna, em 1946, foi o mais estranho deles. Velhos e jovens se reuniram diante do túmulo de Bakunin para rezar, ouvir Mozart e sonhar que poderiam repetir a sua façanha.

O velho movimento não chegou a renascer na prática, mas o pensamento anarquista certamente reviveu, e esse renascimento aconteceu em grande parte fora dos grupos integrados pelos corajosos mas escassos veteranos. A década crucial foi aquela que se iniciou em 1960. A década de 50 – época da cautelosa juventude carreirista – fora um período de hibernação para as ideias anarquistas, embora elas tivessem se mantido vivas graças a alguns poetas e ensaístas. Mas, à medida que a década ia chegando ao fim, o pensamento anarquista pareceu animar-se repentinamente e desenvolver-se em dois sentidos diferentes.

Em primeiro lugar, havia o interesse dos eruditos. Quando vemos o farto material que existe hoje sobre o assunto, fica difícil lembrar como havia pouca coisa escrita sobre o anarquismo dentro do âmbito da pesquisa erudita até 1950. Havia os elogios ao anarquismo e as críticas violentas contra ele, entretanto existiam poucos registros objetivos sobre o significado do movimento e as realizações dos anarquistas. A primeira história completa sobre o anarquismo, tanto em inglês como em qualquer outro idioma, foi meu livro *Anarquismo – Uma história dos movimentos e ideias libertárias*, publicado em 1962. Seguiram-se outras histórias do movimento, biografias dos anarquistas mais importantes, dos filósofos e ativistas, bem como novas edições de seus trabalhos, de modo que durante a década de 60 o anarquismo se tornaria finalmente respeitável sob o ponto de vista acadêmico.

Mas aquele era o anarquismo do passado, dos filósofos clássicos, um movimento histórico que estava moribundo desde 1939. O que começou a aparecer em 1960 foi na verdade o ressurgimento da corrente de pensamento anarquista acompanhada de movimentos ativistas que surgiram entre os jovens de vários países da Europa e da América. Muitas vezes o nome não era o mesmo; muitas vezes a doutrina acabava diluída por outras correntes de pensamento radical; raramente houve a tentativa de restabelecer a continuidade com algum movimento do passado. No entanto, a ideia ressurgiu, clara e facilmente reconhecível, em países tão diferentes quanto a Inglaterra e a Holanda, a França e os Estados Unidos. Ela conseguiu atrair seguidores numa escala nunca vista desde os dias que antecederam a Primeira Guerra Mundial.

Tal como a Nova Esquerda, com a qual mantinha um certo relacionamento, o movimento a que se poderia dar o nome de neoanarquismo tinha duas raízes distintas. Surgiu em parte da experiência daqueles que haviam participado do movimento pelos direitos civis nos Estados Unidos desde 1950, e em parte dos grandes protestos de massa contra o desarmamento nuclear que ocorreram na Inglaterra nos primeiros anos da década de 60. Na Inglaterra, o movimento de protesto surgiu a partir da Campanha para o Desarmamento Nuclear e, dentro da própria CDN, surgiria depois um grupo mais militante, o chamado Comitê dos 100, do qual participavam não só o filósofo Bertrand Russel mas um certo número de intelectuais anarquistas mais antigos. Bastante distantes desses vínculos com o anarquismo clássico, havia também no Comitê dos 100 – como sempre acontece quando pacifistas militantes enfrentam um governo irremediavelmente favorável à guerra – uma corrente espontânea de sentimentos antigovernistas, ou seja, um anarquismo ainda sem nome. Surgiram no Comitê dos 100 vários argumentos em favor dos métodos defendidos pelos anarquistas. Por toda a Inglaterra começaram a nascer grupos dedicados à prática da ação direta e à exploração das implicações de uma sociedade sem guerra nem violência e, portanto, sem coerção. Ao mesmo tempo, os remanescentes do movimento anarquista ganharam novo ânimo e os anarquistas – tanto velhos quanto novos – tornaram-se um elemento ativo e sonoro na vida política inglesa. Eram poucos, se comparados a outros partidos políticos maiores, mas bem mais numerosos e influentes do que jamais haviam sido no passado.

Uma das características marcantes desse neoanarquismo que surgiu na Inglaterra e nos Estados Unidos era que, tal como tantos outros movimentos de protesto modernos, ele expressava uma tendência essencialmente jovem e, especialmente, da classe média jovem.

No começo da ascensão do movimento na Inglaterra, o periódico anarquista *Freedom* fez uma pesquisa sobre as ocupações e a classe social de seus leitores. No passado, o movimento anarquista era integrado especialmente por artesãos, camponeses e apenas alguns intelectuais burgueses recrutados entre as classes média e alta. A pesquisa revelou que na década de 60 apenas 15% dos anarquistas que se haviam mostrado dispostos a responder ao questionário pertenciam a tradicionais grupos de camponeses e operários; dos restantes, 85% – o maior grupo – eram professores e estudantes, havia ainda muitos arquitetos, médicos, jornalistas e pessoas trabalhando independentemente como artistas ou artesãos. Ainda mais significativas eram as diferenças de classe entre os jovens: 45% dos leitores acima dos 60 anos eram trabalhadores manuais, enquanto 23% destes por volta dos 30 e 10% por volta dos 20. Proporções bastante similares existem nos movimentos anarquistas na maioria dos países do Ocidente. O novo libertarismo tem sido essencialmente uma revolta, não dos menos privilegiados e certamente não dos trabalhadores habilitados, os quais estão ocupados em defender suas recentes vitórias quanto ao padrão de vida, mas sim dos privilegiados que veem a futilidade da riqueza como uma meta.

Sem dúvida, um dos fatores que têm tornado o anarquismo popular entre os jovens é a sua oposição às culturas industriais tecnocráticas e progressivamente centralizadoras da Europa Ocidental, América do Norte, Japão e Rússia. Nesse contexto, uma importante figura moderadora, apesar de anarquistas ortodoxos nunca o terem aceitado, foi Aldous Huxley. O pacifismo de Huxley e sua visão da iminência de uma explosão demográfica, da destruição ecológica e da manipulação psicológica, tudo isso reunido numa visão social que, de várias maneiras, antecipou as preocupações do neoanarquismo durante as décadas de 50 e 60. Já em 1930, em seu *Admirável mundo novo*, Huxley apresentara pela primeira vez uma visão crítica e alarmante sobre a vida alienada e materialista que uma sociedade dominada pela tecnologia poderia proporcionar aos seus integrantes. No prefácio da edição de 1946, Huxley declarava que os perigos implícitos nas novas tendências da vida moderna só poderiam ser evitados por uma rápida mudança de orientação, em busca da descentralização e da simplificação em termos econômicos e de novas formas políticas que – como ele mesmo dizia – poderiam ser "kropotkinescas e cooperativas". Em livros posteriores e especialmente em seu romance *After many a summer*, Huxley ampliou sua aceitação das críticas anarquistas à ordem vigente e foi principalmente graças a esses seus últimos trabalhos, frequentemente discutidos nas universidades americanas, que a atitude libertária pôde ser transmitida às gerações dos anos 60, sendo acrescentada à preocupação já existente pela regeneração do meio ambiente.

Mesmo quanto à sua natureza, pela defesa que fazia da espontaneidade, da flexibilidade teórica, da vida simples, do amor e do ódio como elementos que se completavam, necessários tanto à ação social quanto à individual, o anarquismo exerceu uma atração especial sobre toda uma geração que rejeitava a impersonalidade das instituições massificadoras e o calculismo pragmático dos partidos políticos.

Em termos de organização social, a rejeição anarquista do Estado e a insistência na descentralização e na necessidade de assumir as responsabilidades básicas encontraram eco num movimento contemporâneo que exige que a democracia não seja representativa, mas participatória, e que sua ação seja direta. A repetição do tema do controle da indústria pelos operários também demonstra a influência duradoura das ideias criadas por Proudhon e que ele mesmo transmitiu aos anarcossindicalistas.

Um dos movimentos em que as ideias anarquistas tenham aparecido talvez com maior dramaticidade nos últimos anos foi a Insurreição de 1968 ocorrida em Paris. Foi um movimento espontâneo, sobre o qual os líderes dos partidos de esquerda e os sindicatos tiveram pouco controle e no qual algo semelhante a um programa anarquista para uma revolução libertária foi realmente organizado. Os estudantes ocuparam as universidades, hastearam a bandeira negra dos anarquistas no Bourse e incitaram os trabalhadores à greve e à paralisação dentro das fábricas. Por alguns dias, o poderio de De Gaulle foi ameaçado e só um acordo celebrado com seus inimigos no exército permitiu que sua autoridade se mantivesse por tempo suficiente para que as forças mais conservadoras da sociedade francesa pudessem se reagrupar. Os acontecimentos de Paris demonstraram – tal como aconteceria mais tarde em movimentos semelhantes ocorridos em Atenas, Bangkok e outros lugares – que, apesar das sofisticadas técnicas que o poder utiliza para manter-se, os governos modernos são quase tão vulneráveis quanto seus predecessores e até, de certa forma, mais vulneráveis, já que a sociedade contemporânea moderna transformou-se numa estrutura tão complexa de mecanismos burocráticos que se interligam, que a menor falha em seu funcionamento poderá ter efeitos imprevisíveis. Nessas circunstâncias, o rebelde se transforma em algo semelhante a um pequeno Estado num mundo dominado por grandes potências nucleares. Sua capacidade de desequilibrar a intrincada balança mundial lhe confere algumas vantagens, e não há dúvida que, pela própria dinâmica da situação, os radicais contemporâneos têm conseguido modificar a postura social e obtido certas concessões por parte das autoridades, o que provavelmente não teria ocorrido nem mesmo há dez anos. Porém, é preciso não esquecer que esses recuos são, em grande parte, táticos. Em nenhum lugar uma rebelião espontânea que tenha ocorrido recentemente conseguiu provocar verdadeiras mudanças na estrutura do poder. Os governos podem ter mudado, mas o padrão de autoridade não sofreu alterações básicas.

O reconhecimento desse fato tem levado alguns anarquistas contemporâneos a abandonar o ataque direto à cidadela do poder, na suposição de que poderão levá-los ao colapso pelo enfraquecimento interno de sua estrutura, o que será possível se conseguirem provocar mudanças básicas na atitude do povo. Dois exemplos interessantes desse tipo de abordagem – especialmente pelos contrastes que apresentam entre si – nos vêm da Holanda e da Índia.

Na Holanda – onde Domela Nieuwenhuis e Bart de Ligt haviam criado um apreciável movimento anarquista-pacifista antes da Segunda Guerra Mundial – ocorreram dois movimentos neoanarquistas: o Provo, nos anos 60, e o Kabouter, nos anos 70. As diferenças entre os dois grupos ilustram o grau de variação em termos de táticas aplicadas pelos anarquistas nos últimos anos. *Provo* é uma contração de *provocação*, e foi precisamente por provocação, sob a forma de ruidosas demonstrações, acontecimentos extravagantes e formas originais de auxílio mútuo que o Provo conseguiu despertar o povo holandês da aceitação demasiado complacente da situação existente num país dominado pela previdência social. As ações dos Provos faziam lembrar aqueles cartazes anônimos que apareceram em Paris durante a Revolta de 1968: "A sociedade alienada deve desaparecer da história. Nós estamos criando um mundo novo e original. A imaginação toma o poder". Usando a imaginação, o Provo buscou dar novas formas às táticas de rebelião, fazendo com que a falta de esperança que os anarquistas tinham de conseguir uma sociedade realmente livre – um mal que corrói secretamente a cada um deles – se transformasse numa arma utilizada para forçar os governos a tirar a máscara e mostrar sua verdadeira face. Os fracos desafiam; os fortes, contra a vontade, se desgastam.

Tendo provocado a imaginação dos holandeses, o Provo mostrou que era diferente dos partidos políticos comuns ao se dispersar voluntariamente. Três anos mais tarde, alguns Provos voltariam a se reunir formando um novo grupo, os Kabouters, dedicados a um trabalho cujo objetivo era atingir as administrações locais em nível municipal, sendo ignorados os níveis mais altos do governo.

Na Índia, o anarquismo tem sido um conceito respeitado, embora não muito desenvolvido, desde que Gandhi descreveu a si mesmo como "uma espécie de anarquista" e planejou uma sociedade descentralizada, baseada em aldeias e comunas independentes. Quando a Índia se tornou finalmente independente, graças principalmente ao movimento de desobediência civil criado por Gandhi a partir das ideias de Tolstói e Rousseau, seus companheiros abandonaram esse plano, pois pretendiam fazer da Índia um Estado dotado de um grande exército e de uma vasta burocracia, nos moldes da antiga administração britânica.

O resultado tem sido a virtual ditadura que a Sra. Indira Gandhi estabeleceu recentemente ao abolir todas as liberdades essenciais. Mesmo assim, alguns seguidores de Gandhi decidiram desenvolver seus pensamentos anarquistas, e um dos mais importantes movimentos de libertação do mundo contemporâneo tem sido Sarvodaya, o movimento liderado por Vinova Bhave e Jayaprakash Narayan, que se empenharam em tornar realidade o sonho de Gandhi por meio do *gramdan*, a propriedade da terra por comunidades autônomas. Por volta de 1969, um quinto das aldeias da Índia se declararam a favor do *gramdan* e, enquanto essas situações são geralmente muito mais cheias de intenções do que de fatos, elas representam um compromisso com certas ideias basicamente anarquistas. Sarvodaya tem sido também um dos mais significativos núcleos de resistência a Indira Gandhi e ao seu poder, obtido através da força.

O anarquismo é, em resumo, como a fênix que desperta num deserto que começa a florescer, uma ideia que renasceu pela única razão que faz com que as ideias renasçam: o fato de que preenchem alguma necessidade profundamente sentida pelo indivíduo, mesmo quando essa necessidade não chega a ser expressa abertamente.

A recente popularidade de que desfruta o anarquismo acontece, em parte, devido a uma reação generalizada contra o atual sistema monolítico de poder. Algumas das propostas libertárias, tais como a participação direta dos trabalhadores no controle da indústria, o poder de decisão do indivíduo sobre questões que o afetam diretamente em nível local ou em maior escala, começaram a tomar forma nos anos 60 como parte de uma virada em direção a uma democracia participante.

Até agora tem havido pouco progresso na aplicação prática dos conceitos anarquistas. E é justamente quando falam nas dificuldades de manipular a indústria de massa – e a própria massa – utilizando os métodos anarquistas que os críticos sentem estar pisando em terra firme. Entretanto, não é impossível que a tecnologia possa nos oferecer alguns dos meios para atingir esse objetivo. A tecnologia em si é neutra, como Lewis Mumford demonstrou muito tempo atrás em *Técnica e civilização*: não há nada que sugira que uma sociedade tecnologicamente desenvolvida deva ser, ao mesmo tempo, centralizada, autoritária ou ecologicamente destruidora. E é possível, para dar um exemplo, que chegue uma época em que o povo, no controle de sua tecnologia, possa usar as comunicações eletrônicas para informar-se de todos os aspectos de uma questão pública e usar os mesmos meios para tornar conhecidos e eficazes os seus desejos, sem intermediários. Desse modo, a instituição do plebiscito, que por ser hoje tão malfeita é raramente usada, poderia ser aplicada a todas as decisões importantes, e os plebiscitos poderiam ser ajustados às particularidades efetivamente afetadas por uma decisão. A democracia deve então ser direta e ativa novamente, como fora antes, pelo menos para os cidadãos, na antiga Atenas. E se uma democracia eficaz, participatória e direta não pode ser a sociedade naturalmente ordenada da anarquia, ela poderia ainda representar um passo histórico nessa direção.

Nota sobre o texto

Ao preparar a antologia dos artigos anarquistas que vêm a seguir, inevitavelmente tive que formular limitações intencionais, e, por serem intencionais, segui-las. Um bom livro pode ter apenas textos e tradições orais dos libertários que antecederam os do período pós-Revolução Francesa, que hoje reconhecemos como anarquistas. Para incluí-los neste volume, deveria ser feita uma compilação muito maior do que este livro. Me contentei, então, em mencionar e modestamente citar na introdução alguns dos mais interessantes precursores do anarquismo. Meus exemplos de textos anarquistas começam cronologicamente com William Godwin. Quando publicou *Inquérito sobre a justiça política*, em 1793, forneceu a primeira crítica libertária completa ao governo em vários aspectos, inclusive as formas de dominação econômica que estão inevitavelmente associadas ao exercício do poder. Com relutância, não incluí alguns antecessores de Godwin. Gostaria de ter mencionado principalmente alguns dos textos de Gerrard Winstanley, escritos em 1640. Porém, creio que as curtas citações de seus textos na introdução levarão os leitores a explorar a sua obra.

Quando decidi excluir todos os antecessores de Godwin ainda encontrei trinta ou quarenta anarquistas que a meu ver devem ser lidos. Um dia, espero compilar a imensa e volumosa antologia que representa todos eles. Mas mesmo o pequeno número de autores presentes nesta seleção mostra uma variedade de trabalhos e de estilos que não se esperaria encontrar em qualquer outra tradição revolucionária. A literatura marxista-leninista, por exemplo, consiste de textos de Marx, Engels e Lenin, geralmente apresentados fora do contexto e – parafraseando Orwell – muito pouca coisa mais que não pareça estar saindo de um gramofone.

Toda a posição ideológica do anarquismo é completamente diferente de qualquer outro movimento socialista autoritário. Ela tolera variações e rejeita a ideia de gurus políticos ou religiosos. Não existe um profeta fundador a quem todos devam seguir. Os anarquistas respeitam seus mestres mas não os reverenciam, e o que distingue qualquer boa compilação que pretenda representar o pensamento anarquista é a liberdade doutrinária com que os autores desenvolveram ideias próprias de forma original e desinibida. Creio que essa compilação mostrará claramente essa característica, a firmeza e a flexibilidade que essa atitude não doutrinária insere na explanação das várias facetas do homem como ser social. Pois o anarquismo apresenta apenas um aspecto da liberdade: a liberdade do homem entre os homens. Sua grande preocupação é a conquista da liberdade. O que essa liberdade poderá criar está dentro de cada um de nós e, portanto, além dos limites deste livro.

Alguns pensadores anarquistas clássicos, como Godwin, Proudhon, Bakunin, Kropotkin e Tolstói, tinham uma certa tendência para amoldar a linha geral do pensamento libertário, tanto pela precedência no tempo, quanto pela versatilidade mental que lhes permitiu compreender a visão anarquista tanto no seu aspecto geral quanto nos seus menores detalhes. Todos eles receberam mais espaço do que a maior parte dos escritores mais recentes porque foram eles que primeiro definiram – e algumas vezes melhor do que qualquer outro vindo depois deles – as questões mais importantes. Tentei corrigir qualquer desproporção que pudesse ocorrer, citando clássicos como *Auxílio mútuo*, *A conquista do pão* e *Campos, fábricas e oficinas*, de Kropotkin.

Limitei-me, quase sempre, a duas espécies de item: a exposição de ideias e argumentos e a descrição de episódios que dão projeção física a esses argumentos. Por isso, incluí relatos sobre a Comuna de Paris, a Revolução Russa, a Guerra Civil Espanhola e a Revolta de Paris em 1968. Embora me sentisse tentado a incluir algumas memórias, como as de Kropotkin, Emma Goldman e Rudolf Rocker, quase sempre evitei o uso de simples autobiografias. Evitei também reproduzir manifestos, proclamações e outros documentos, já que, seja qual for o seu valor histórico, eles mantêm sempre certas características de propaganda ou de crítica extremadas.

Incluí alguns textos apologéticos sempre que contribuíram para esclarecer certos pontos de vista. São exemplos disso o depoimento do terrorista Émile Henry à corte que o julgou e condenou, e o discurso de Pierre Monatte e Errico Malatesta, que ocupavam posições opostas no histórico debate sobre o sindicalismo, ponto alto do Congresso Anarquista de 1907 em Amsterdã.

Já que alguns poucos itens que incluí reproduzem *in totum* os artigos dos quais provêm, eu quase sempre criei meus próprios títulos que projetam, na medida do possível, o espírito deste livro. O título original do trabalho é mencionado no início do texto. Alguns artigos de Proudhon, Bakunin, Henry, Monatte, Malatesta e outros foram traduzidos especialmente para este trabalho, ou porque isso ainda não tivesse sido feito ou porque julguei as traduções inadequadas.

Confesso que fui derrotado quanto ao planejamento. Comecei esta seleção com um esquema em mente. Pretendia dividir a obra em três seções principais: 1. Crítica anarquista à sociedade; 2. Visão anarquista sobre como derrubar essa sociedade; e 3. Ideias anarquistas sobre a sociedade que deveria surgir após a revolução. Propus fazer uma série de subseções em cada seção principal, todas relacionadas entre si e tratando de tópicos como a distribuição, criminalidade, educação etc. Descobri, entretanto, que os autores anarquistas são demasiado idiossincráticos e demonstram total aversão a qualquer arranjo estruturado, sendo impossível estabelecer um modelo rígido de organização comumente utilizado nesse tipo de trabalho.

Tive que selecionar os artigos que me parecessem mais interessantes e a partir daí formaram-se grupos diversos que ilustram as principais áreas de interesse dos anarquistas. O que me surpreendeu, embora eu já conhecesse bem os textos anarquistas, foi a riqueza e a variedade com que eram exemplificados os aspectos positivos e construtivos do movimento. Ao rejeitar as tentações de utopia, os anarquistas não caíram na negação.

Primeira parte

A posição anarquista

Aqui são apresentadas as definições básicas do pensamento e da índole anarquista. O que é o anarquismo. Qual a posição dos anarquistas em relação à sociedade e ao mundo.

Sébastien Faure, o criador da primeira enciclopédia anarquista do século XIX, sugere a natureza aberta e não doutrinária da visão anarquista. Seu contemporâneo, Errico Malatesta, justifica a aceitação da denominação "anarquista". No texto de Proudhon, vamos descobrir ter sido ele o primeiro homem a aceitar essa denominação. Aprendemos as ideias básicas sobre a liberdade, considerada como sendo o destino social do homem, e sobre a autoridade, expressa claramente na instituição da propriedade, como uma barreira a qualquer tipo de progresso naquela direção.

Oscar Wilde, como todos os anarquistas, fala da desobediência como uma virtude necessária e criativa. Ele representa a corrente da revolta artística que tem sido, desde o início, forte componente do anarquismo. Um escritor e esteta, Herbert Read, reconheceu um elemento filosófico que distingue o anarquismo de outras correntes políticas. Considera que o anarquismo pode prever, eventualmente, um substituto para a qualidade espiritual que desapareceu da vida da maioria dos homens, já que as religiões tradicionais perderam seu ímpeto e sua credibilidade.

ANARQUIA - ANARQUISTA

SÉBASTIEN FAURE
(in *Enciclopédia anarquista*)

Não há, nem pode haver, um credo ou catequismo literário.

O que existe e que constitui o que se pode chamar de doutrina anarquista é um grupo de princípios gerais, conceitos fundamentais e aplicações práticas, segundo os quais foi estabelecido um consenso entre indivíduos cujo pensamento é contrário à Autoridade, e que lutam, coletiva e isoladamente, contra toda disciplina e repressão, sejam elas políticas, econômicas, intelectuais ou morais.

Ao mesmo tempo, pode haver, e realmente há, muitos tipos de anarquistas, mas todos têm uma característica comum que os distingue do resto da humanidade. O ponto de união é *a negação do princípio da Autoridade nas organizações sociais e o ódio a tudo que origina instituições baseadas nesse princípio.*

Portanto, quem nega a Autoridade e luta contra ela é um anarquista.

DEFINIÇÃO DE ANARQUIA

ERRICO MALATESTA
(in *Anarquia*, 1907)

Anarquia é uma palavra grega que significa literalmente, "sem governo", isto é, o estado de um povo sem uma autoridade constituída.

Antes que tal organização começasse a ser cogitada e desejada por toda uma classe de pensadores, ou se tornasse a meta de um movimento que hoje é um dos fatores mais importantes do atual conflito social, a palavra "anarquia" foi usada universalmente para designar desordem e confusão. Ainda hoje, é adotada neste sentido pelos ignorantes e pelos adversários interessados em distorcer a verdade.

Não vamos entrar em discussões filológicas, porque a questão é histórica e não filológica. A interpretação usual da palavra não exprime o verdadeiro significado etimológico, mas deriva dele. Tal interpretação se deve ao preconceito de que o governo é uma necessidade na organização da vida social.

O homem, como todos os seres vivos, se adapta às condições em que vive e transmite, através de herança cultural, seus hábitos adquiridos.

Portanto, por nascer e viver na escravidão, por ser descendente de escravos, quando começou a pensar o homem acreditava que a escravidão era uma condição essencial à vida. A liberdade parecia impossível. Assim também o trabalhador foi forçado, por séculos, a depender da boa vontade do patrão para trabalhar, isto é, para obter pão. Acostumou-se a ter sua própria vida à disposição daqueles que possuíssem a terra e o capital. Passou a acreditar que seu senhor era aquele que lhe dava o pão, e perguntava ingenuamente como viveria se não tivesse um patrão.

Da mesma forma, um homem cujos membros foram atados desde o nascimento, mas que mesmo assim aprendeu a mancar, atribui a essas ataduras sua habilidade para se mover. Na verdade, elas diminuem e paralisam a energia muscular de seus membros.

Se acrescentarmos ao efeito natural do hábito a educação dada pelo seu patrão, pelo padre, pelo professor, que ensinam que o patrão e o governo são necessários; se acrescentarmos o juiz e o policial para pressionar aqueles que pensam de outra forma, e tentam difundir suas opiniões, entenderemos como o preconceito da utilidade e da necessidade do patrão e do governo são estabelecidos. Suponho que um médico apresente uma teoria completa, com mil ilustrações inventadas, para persuadir o homem com membros atados que se libertar suas pernas não poderá caminhar, ou mesmo viver. O homem defenderia suas ataduras furiosamente e consideraria todos que tentassem tirá-las, inimigos.

Portanto, se considerarmos que o governo é necessário e que sem governo haverá desordem e confusão, é natural e lógico que a anarquia, que significa ausência de governo, também signifique ausência de ordem.

Existem fatos paralelos na história da palavra. Em épocas e países onde se considerava o governo de um homem (monarquia) necessário, a palavra "república" (governo de muitos) era usada exatamente como "anarquia", implicando desordem e confusão. Traços desse significado ainda são encontrados na linguagem popular de quase todos os países.

Quando essa opinião mudar e o público estiver convencido de que o governo é desnecessário e extremamente prejudicial, a palavra "anarquia", justamente por significar "sem governo", será o mesmo que dizer "ordem natural, harmonia de necessidades e interesses de todos, liberdade total com solidariedade total".

Portanto, estão errados aqueles que dizem que os anarquistas escolheram mal o nome, por ser este mal compreendido pelas massas e levar a uma falsa interpretação. O erro vem disso e não da palavra. A dificuldade que os anarquistas encontram para difundir suas ideias não depende do nome que deram a si mesmos. Depende do fato de que suas concepções se chocam com os preconceitos que as pessoas têm sobre a função do governo, ou "o Estado", como é chamado.

O NASCIMENTO DA ANARQUIA: A MORTE DA PROPRIEDADE

PIERRE-JOSEPH PROUDHON

(in *Qu'est-ce que la propriété?*, 1840, traduzido para o inglês por Benjamin Tucker, 1876)

Qual deverá ser a forma de governo do futuro? Alguns de nossos leitores jovens respondem: "Como você pode perguntar isto? Você é republicano!" – "Sim, mas a palavra não especifica nada. *Res publica*, isto é, a coisa pública. Agora, quem se interessa pelas coisas públicas pode autodenominar-se republicano. Até os reis são republicanos". – "Bem, você é democrata? – Não!" – "Você é monarquista? – Não" – "Um constitucionalista? – Não" – "Um aristocrata? – De jeito nenhum". – "Quer um governo misto? – Isso muito menos". – "Então, o que você é? – Eu sou um anarquista".

O homem que busca o mais rapidamente possível a satisfação mais profunda de suas necessidades procura a regra. No início, esta regra lhe é viva, tangível, visível. É o seu pai, seu mestre, seu rei. Quanto mais ignorante for o homem, mais obediente ele é, sua confiança é mais absoluta no seu guia.

Mas por ser da natureza do homem fazer as regras, isto é, descobri-las por seu próprio poder de reflexão e raciocínio, o homem raciocina sobre as ordens de seus chefes. Tal raciocínio é um protesto contra a autoridade, um início de desobediência. No momento em que o homem pondera sobre os motivos que governam a vontade de sua soberania, neste momento é que ele se revolta. Se ele não obedece mais porque o rei ordena, mas porque o rei demonstra sabedoria nas suas ordens, pode-se dizer que daí por diante ele não reconhecerá a autoridade, e tornar-se-á seu próprio rei. Infeliz daquele que tentar comandá-lo, e oferecer-lhe como autoridade apenas o voto da maioria. Mais cedo ou mais tarde, a minoria se torna a maioria, e esse déspota imprudente será derrubado e suas leis destruídas.

Na proporção em que a sociedade se torna esclarecida, diminui a autoridade real. A história testemunha esse fato. Ao surgirem as nações, os homens refletem e raciocinam em vão. Sem métodos, sem princípios, sem saber usar sua razão, não podem julgar suas conclusões. Quando a autoridade dos reis é enorme, não há conhecimento adquirido que possa contradizê-lo. Mas, aos poucos, a experiência produz hábitos, que se desenvolveram em costumes. Então os costumes são formulados em conceitos, enunciados em princípios, em suma, transformados em leis que o próprio rei, a lei viva, terá de obedecer. Vem o tempo em que os costumes e as leis são tão numerosos que a vontade do príncipe, por assim dizer, é submetida à vontade pública. E ao tomar a coroa o príncipe é obrigado a jurar que governará conforme os costumes e os usos estabelecidos; que ele é o poder executivo de uma sociedade onde as leis são feitas independentemente dele.

Nesse ponto, tudo é feito instintivamente, e, por isso, inconscientemente; mas veja onde esse movimento deve acabar.

Através da autodidática e da aquisição de ideias, o homem finalmente adquire a ideia da ciência, isto é, de um sistema de conhecimentos em harmonia com a realidade das coisas e inferida da observação. Ele procura a ciência, ou seja, o sistema dos corpos inanimados, o sistema dos corpos orgânicos, o sistema da mente humana, o sistema do universo; por que ele não deveria buscar o sistema da sociedade? Mas nesse ponto ele compreende que a verdade política, ou a ciência política, existe independentemente da vontade dos soberanos, da opinião das maiorias, das crenças populares. Vê que os reis, os ministros, os magistrados e as nações, assim como a vontade, não têm conexão com a ciência, e não devem ser considerados. Ele compreende, ao mesmo tempo, que, se o homem é um ser social, a autoridade de seu pai cessa quando, com sua personalidade formada e terminada a sua educação, ele se torna sócio do pai. Seu chefe e seu rei são a verdade demonstrada. A política é uma ciência, não uma estratégia, e a função do legislador se reduz, em última análise, à procura metódica da verdade.

Portanto, numa sociedade, a autoridade do homem sobre o homem é inversamente proporcional ao estágio de desenvolvimento intelectual que aquela sociedade atingiu. A provável duração daquela autoridade pode ser calculada pelo desejo mais ou menos forte de um governo verdadeiro, isto é, um governo científico. A justiça, como direito da força e direito do artifício, recua diante do avanço estável da justiça e, ao final, deve ser extinta pela igualdade; assim como a soberania da vontade sobre a soberania da razão, e deve ser abolida no socialismo científico. A propriedade e a realeza têm-se quebrado em pedaços desde que o mundo começou. Assim como o homem busca justiça na igualdade, a sociedade busca ordem na anarquia.

Anarquia – a ausência de um mestre, de um governante, é a forma de governo a que estamos nos aproximando dia a dia. Nosso hábito de tornar o homem como nossa regra, e sua vontade como lei, nos leva a considerá-lo com a máxima desordem e a expressão do caos.

Então, nenhum governo, nenhuma economia pública, nenhuma administração é possível se for baseada na sociedade.

O comunismo busca a igualdade e a lei. A propriedade, nascida da soberania da razão, do senso de mérito pessoal, quer, acima de tudo, independência e proporcionalidade. Mas o comunismo, confundindo uniformidade com lei e nivelamento com igualdade, se torna tirânico e injusto.

A propriedade, por seu despotismo e usurpação, logo se mostra apassiva e antissocial. Os objetivos do comunismo e da propriedade são bons. Mas os resultados são ruins. Por quê? Porque ambos são excludentes e cada um despreza dois elementos da sociedade. O comunismo rejeita a independência e a proporcionalidade; a propriedade não satisfaz a igualdade e a lei.

Se imaginarmos uma sociedade baseada nestes quatro princípios – igualdade, lei, independência e proporcionalidade, encontraremos:

1. A igualdade, se consistir apenas na igualdade de condições, isto é, dos meios, e não na igualdade de conforto (tarefa que os trabalhadores devem atingir por si mesmos, quando providos de meios iguais), de nenhuma forma viola a justiça e a *équité*.

2. A lei, resultado do conhecimento dos fatos e, consequentemente baseada na própria necessidade, nunca entra em conflito com a independência.

3. A independência individual ou a autonomia da razão individual, originada da diferença de aptidões e capacidades, pode existir sem perigo dentro dos limites da lei.

4. A proporcionalidade, admitida apenas na esfera da inteligência e dos sentimentos e não dos elementos materiais, pode ser observada sem violação da justiça e da igualdade social.

A essa terceira forma da sociedade, a síntese do comunismo e da propriedade, chamamos de liberdade.

Ao determinar a natureza da liberdade, não unimos o comunismo à propriedade indiscriminadamente. Tal processo seria de um elitismo absurdo. Buscamos a análise daqueles elementos que são verdadeiros e estão em harmonia com as leis da natureza e da sociedade, sem considerar o resto. O resultado mostra uma expressão adequada da forma natural da sociedade humana, isto é, a liberdade.

Liberdade é igualdade, porque não admite o controle da vontade, mas apenas o governo da lei, isto é, da necessidade.

Liberdade é a variedade infinita, porque respeita todos os desejos dentro dos limites da lei.

Liberdade é proporcionalidade, porque permite a expansão máxima à ambição do mérito, e a emulação da glória.

Hoje podemos dizer, nas palavras de M. Consin: "Nosso princípio é verdadeiro, é bom, é social. Não devemos ter medo de fazê-lo chegar à sua meta".

É da natureza social do homem justiça através da reflexão, *équité* por meio da classificação da capacidade. Ter a liberdade por norma é a verdadeira base da moralidade, o princípio regulador de todas as nossas ações. Este é o motor universal que a filosofia busca, que a religião reforça, que a vaidade suplanta e que a razão pura não pode preencher. O dever e o direito nasceram da necessidade que, se considerada em relação aos outros, é um direito, e em relação a nós um dever.

Necessitamos comer e dormir. É nosso direito buscar aquelas coisas que são necessárias ao descanso e à alimentação. É nosso dever usá-los quando a natureza exige. Necessitamos trabalhar para viver. Fazê-lo é tanto nosso direito como nosso dever.

Necessitamos amar nossa mulher e nossos filhos. É nosso dever sustentá-los e protegê-los. É nosso direito sermos amados em preferência a outros. A fidelidade conjugal é justiça. O adultério é uma alta traição contra a sociedade.

Necessitamos trocar nossos produtos por outros produtos. É nosso direito que essa troca seja feita por um equivalente, já que consumimos antes de produzir, seria nosso dever equilibrar as quantidades, ver se nosso último produto consumido é seguido de nossa produção respectiva. O suicídio é falência fraudulenta.

Necessitamos viver nossas vidas de acordo com o que dita nossa razão. É nosso direito manter nossa liberdade. É nosso dever respeitar a todos os outros.

Necessitamos ser estimados por nossos companheiros. É nosso dever merecer seu elogio. É nosso direito sermos julgados pelo nosso trabalho.

A liberdade não se opõe aos direitos de sucessão e de herança. Se contenta em prevenir violações da igualdade. "Escolha", diz ela, "entre duas heranças, mas não tome as duas." Toda a nossa legislação sobre transmissão, vinculação, adoção e, se podemos usar tal termo, assistência precisa ser reformulada.

A liberdade estimula a concorrência, em vez de destruí-la. Na igualdade a concorrência consiste em trabalhar em boas condições, e em sua própria recompensa. Ninguém sofre com a vitória.

A liberdade aplaude o autossacrifício e o honra com seu voto, mas pode renunciar a ele. Somente a justiça é suficiente para manter o equilíbrio social. O autossacrifício é um ato de exigência da sociedade. Feliz, entretanto, o homem que puder dizer: "Eu me sacrifico".

A liberdade é essencialmente uma força de organização. Para assegurar a igualdade entre os homens e a paz entre as nações, agricultura e indústria, entre centros de educação, comercialização e armazenamento, a liberdade deve ser distribuída de acordo com o clima, a posição geográfica do país, a natureza dos produtos, o caráter e as aptidões naturais dos habitantes etc., em proporções tão justas, tão sábias, tão harmoniosas de modo a nunca haver excesso ou falta de população, consumo ou produtos. Aí começa a ciência do direito público e privado, a verdadeira economia política. É tarefa dos autores de jurisprudência, livres do falso princípio de propriedade, escrever as novas leis, e trazer paz à terra. Não lhes faltam conhecimento e inteligência. As bases já estão lançadas para eles.

Cumpri minha tarefa, a propriedade foi dominada para nunca mais renascer. Onde este livro for lido e discutido, estará depositado o germe da morte da propriedade. Aí, mais cedo ou mais tarde, o privilégio e a escravidão desaparecerão, e o despotismo da vontade dará lugar ao reino da razão. Que sofismas, que preconceitos, mesmo obstinados, poderão manter-se diante da simplicidade das seguintes proposições?

1. A possessão individual é condição da vida social. Cinco mil anos de propriedade demonstram isso. A propriedade é o suicídio da sociedade. A possessão é um direito, a propriedade é contra o direito. Ao suprimir a propriedade mantendo a possessão, por esta simples modificação de princípio, revolucionaremos a lei, o governo, a economia e as instituições, eliminaremos o mal da face da Terra.

2. Quando todos têm direitos iguais de ocupação, a possessão varia com o número de possessores; a propriedade não pode se estabelecer por si própria.

3. Pelo efeito do trabalho ser igual para todos, a propriedade é perdida na prosperidade comum.

4. Por todo o trabalho humano ser o resultado da força coletiva, toda propriedade se torna, consequentemente, coletiva e unitária. Para falar com mais exatidão, o trabalho destrói a propriedade.

5. Sendo toda a capacidade para trabalhar, como todo o instrumento de trabalho, um capital acumulado e uma propriedade coletiva, a diferença de salários e oportunidades (em termos de diferença de capacidade) é, portanto, uma injustiça e um roubo.

6. As condições necessárias de comércio são a liberdade das partes contratantes e a equivalência dos produtos trocados. Por ser o valor expresso em quantidade de tempo e custo que cada produto requer, e a liberdade ser inviolável, os salários dos trabalhadores, como seus direitos e deveres, devem ser iguais.

7. Os produtos são comprados apenas por produtos. Sendo a condição de toda troca a equivalência de produtos, o lucro é impossível e injusto. Seguindo esse princípio elementar de economia, a pobreza, o luxo, a opressão, o vício e o crime desaparecerão.

8. Os homens se associam pela lei física e matemática da produção, antes de se associarem voluntariamente. Portanto, a igualdade de condições é exigida pela justiça, isto é, por estritas leis sociais: afeição, amizade, gratidão, admiração estão sob o domínio da lei: equitativa ou proporcional.

9. Livre associação, liberdade – cujas funções fundamentais são manter a igualdade em termos de produção e de equivalência de trocas –, é a única forma social possível, justa e verdadeira.

10. A política é a ciência da liberdade. O governo do homem sobre o homem, disfarçado sob qualquer nome, é opressão. A sociedade atinge a perfeição na união da ordem com a anarquia.

A velha civilização está terminada; um novo sol nasce e logo renovará a face da Terra. Deixemos a velha geração perecer, deixemos os velhos evasivos morrerem no deserto! A terra santa não cobrirá seus ossos. Jovem – exasperado pela corrupção dos tempos e absorvido em seu zelo pela justiça –, se você ama seu país, e se tem na realidade os interesses da humanidade, tenha a coragem de juntar-se à causa da liberdade! Abandone seu velho egoísmo e mergulhe na crescente onda de igualdade popular. Sua alma regenerada ganhará novo dia e vigor; seu espírito receberá uma energia invencível, e seu coração, talvez já fraco, será rejuvenescido.

Tudo será diferente diante de sua visão esclarecida; novos sentimentos engendrarão novas ideias. Religião, moralidade, poesia, arte, linguagem lhe aparecerão em formas mais nobres e justas. Daí por diante, seguro de sua fé e entusiasmo, você saudará a aurora da regeneração universal. E vocês, pobres vítimas de uma lei odiosa! Vocês, a quem este mundo zombeteiro rouba e ultraja! Vocês, cujo trabalho tem sido sempre infrutífero, e cujo descanso não tem expectativa, tenham coragem! Suas lágrimas estão contadas! Os pais semearam na aflição, as crianças colherão na alegria.

DESOBEDIÊNCIA: A VIRTUDE ORIGINAL DO HOMEM

OSCAR WILDE
(in *The soul of man under socialism*, 1891)

Pode-se até admitir que os pobres tenham virtudes, mas elas devem ser lamentadas. Muitas vezes ouvimos que os pobres são gratos à caridade. Alguns o são, sem dúvida, mas os melhores entre eles jamais o serão. São ingratos, descontentes, desobedientes e rebeldes – e têm razão. Consideram que a caridade é uma forma inadequada e ridícula de restituição parcial, uma esmola sentimental, geralmente acompanhada de uma tentativa impertinente, por parte do doador, de tiranizar a vida de quem a recebe. Por que deveriam sentir gratidão pelas migalhas que caem da mesa dos ricos? Eles deveriam estar sentados nela e agora começam a percebê-lo. Quanto ao descontentamento, qualquer homem que não se sentisse descontente com o péssimo ambiente e o baixo nível de vida que lhe são reservados seria realmente muito estúpido.

Qualquer pessoa que tenha lido a história da humanidade aprendeu que a desobediência é a virtude original do homem. O progresso é uma consequência da desobediência e da rebelião. Muitas vezes elogiamos os pobres por serem econômicos. Mas recomendar aos pobres que poupem é algo grotesco e insultante. Seria como aconselhar um homem que está morrendo de fome a comer menos; um trabalhador urbano ou rural que poupasse seria totalmente imoral. Nenhum homem deveria estar sempre pronto a mostrar que consegue viver como um animal mal alimentado. Deveria recusar-se a viver assim, roubar ou fazer greve – o que para muitos é uma forma de roubo.

Quanto à mendicância, é muito mais seguro mendigar do que roubar, mas é melhor roubar do que mendigar. Não! Um pobre que é ingrato, descontente, rebelde e que se recusa a poupar terá, provavelmente, uma verdadeira personalidade e uma grande riqueza interior. De qualquer forma, ele representará uma saudável forma de protesto. Quanto aos pobres virtuosos, devemos ter pena deles, mas jamais admirá-los. Eles entraram num acordo particular com o inimigo e venderam os seus direitos por um preço muito baixo. Devem ser também extraordinariamente estúpidos. Posso entender que um homem aceite as leis que protegem a propriedade privada e admita que ela seja acumulada enquanto for capaz de realizar alguma forma de atividade intelectual sob tais condições. Mas não consigo entender como alguém que tem uma vida medonha graças a essas leis possa ainda concordar com a sua continuidade

Entretanto, a explicação não é difícil, pelo contrário. A miséria e a pobreza são de tal modo degradantes e exercem um efeito tão paralisante sobre a natureza humana que nenhuma classe consegue realmente ter consciência de seu próprio sofrimento. É preciso que outras pessoas venham apontá-lo e mesmo assim muitas vezes não acreditam nelas. O que os patrões dizem sobre os agitadores é totalmente verdadeiro. Os agitadores são um bando de pessoas intrometidas que se infiltram num determinado segmento da comunidade totalmente satisfeito com a situação em que vive e semeiam o descontentamento nele. É por isso que os agitadores são necessários. Sem eles, em nosso estado imperfeito, a civilização não avançaria. A abolição da escravatura na América não foi uma consequência da ação direta dos escravos nem uma expressão do seu desejo de liberdade. A escravidão foi abolida graças à conduta totalmente ilegal de certos agitadores vindos de Boston e de outros lugares, que não eram escravos, não tinham escravos nem qualquer relação direta com o problema. Foram eles, sem dúvida, que começaram tudo. É curioso observar que, dos próprios escravos, eles só receberam pouquíssima ajuda material e quase nenhuma solidariedade. E, quando a guerra terminou e os escravos descobriram que estavam livres, tão livres que podiam até morrer de fome livremente, muitos lamentaram amargamente a nova situação. Para o pensador, o fato mais trágico da Revolução Francesa não foi que Maria Antonieta tenha sido morta por ser rainha, mas que os camponeses famintos da Vendée tivessem concordado em morrer defendendo a causa do feudalismo.

O ANARQUISMO E O IMPULSO RELIGIOSO

HERBERT READ
(in *The philosophy of anarchism*, 1940. Reeditado em *Anarchy and order*, 1954)

Reconhecemos que tanto um sistema baseado na igualdade quanto outro baseado nas leis exigem um mecanismo capaz de determinar e aplicar os seus princípios. Não posso imaginar nenhuma sociedade que não tenha determinados métodos de arbitragem. Mas, assim como se supõe que o juiz, que julga de acordo com os princípios da igualdade, utilize a ideia universal da razão, ignorando a lei estatutária sempre que esta entra em conflito com aquelas ideias, acreditamos que o árbitro de uma comunidade anarquista usará os mesmos princípios estabelecidos pela filosofia e pelo bom senso e o fará sem qualquer impedimento provocado pelos preconceitos legais e econômicos da atual organização da sociedade.

Dir-me-ão que estou apelando para as entidades místicas e para noções idealistas que todos os bons materialistas rejeitam. Não nego que o faça. O que nego é que se possa construir uma sociedade duradoura sem um caráter místico. Tal afirmação chocará um socialismo marxista que, apesar da advertência de Marx, geralmente é um materialista ingênuo.

Acho que Marx seria o primeiro a admitir que sua teoria não era universal. Não enfocava todos os fatos da vida, ou enfocava apenas alguns e superficialmente. Acertadamente, Marx rejeitou os métodos não históricos dos metafísicos alemães, que tentaram fazer com que os fatos se moldassem a uma teoria preconcebida. Firmemente, ele também rejeitou o materialismo mecânico do século XVIII. Esta teoria, apesar de poder explicar a natureza existente das coisas, ignorava todo o processo de desenvolvimento histórico: o universo como crescimento orgânico. A maioria dos marxistas esquece a primeira tese sobre Feuerbach: "O principal defeito de todo materialismo surgido até hoje, inclusive o de Feuerbach, é que objeto, realidade, sensibilidade são concebidos apenas na forma de *objeto* e não como *atividade humana sensível*, prática, não como subjetividade". Naturalmente, ao interpretar a história da religião, Marx a tratou como um produto social. Mas isso não é tratá-la como ilusão. A evidência histórica tende em outra direção, e nos compele a reconhecer uma necessidade social. Nunca existiu uma civilização sem uma religião correspondente, e o aparecimento do racionalismo e do ceticismo é sempre um sintoma de decadência.

Há um fundo geral de razão para o qual todas as civilizações contribuem e que inclui uma atitude de afastamento de uma determinada religião da época. Mas reconhecer a evolução histórica de um fenômeno como a religião não chega a explicá-lo. Seria mais apropriado dar uma justificativa científica, mostrá-la como uma "atividade humana sensível" necessária e portanto suspeitar de toda a filosofia social que excluísse arbitrariamente a religião da organização que propõe dar à sociedade.

Tornou-se claro, depois de vinte anos de socialismo na Rússia, que, se não oferecermos à sociedade uma religião nova, ela acabará voltando para a velha. O comunismo naturalmente tem seus aspectos religiosos e, além da readmissão gradual da Igreja Ortodoxa, da deificação de Lenin (mausoléu, efígies, lendas), é uma tentativa deliberada de criar uma válvula de escape para as emoções religiosas. Tentativas ainda mais calculistas de criar a parafernália de um novo credo foram feitas pelos nazistas na Alemanha, onde a necessidade de uma religião nunca chegou a ser admitida oficialmente. Na Itália, Mussolini quis entrar em acordo com a Igreja Católica e ainda hoje existe uma profunda e frustrante ambiguidade no pensamento de muitos comunistas italianos.

Longe de ridicularizar os aspectos irracionais do comunismo e do fascismo, devemos antes criticar esses credos políticos pela sua falta de conteúdo sensível e estético, pela pobreza do seu ritual e sobretudo pelo fato de que nenhum deles chegou a entender o papel que a poesia e a imaginação desempenham na vida da comunidade.

Pode ser que, das ruínas da nossa civilização capitalista, surja uma nova religião, assim como o cristianismo surgiu das ruínas da civilização romana. As civilizações repetem monotonamente certos padrões de pensamento no decorrer de sua história, elaboram mitos paralelos. O socialismo, tal como o concebem seus materialistas pseudo-históricos, não é uma religião e nunca o será. E, embora sob um certo ponto de vista possa se admitir que o fascismo tenha mais imaginação, ele é, por si só, um fenômeno tão evidente de decadência – o primeiro sinal do destino que aguarda a ordem vigente – que sua superestrutura ideológica não desperte muita atenção.

Pois uma religião jamais é uma criação sintética – não se pode selecionar lendas e santos do passado mítico e combiná-los num programa político ou radical para fazer surgir a religião mais eficiente. Um profeta, tal como um poeta, nasce profeta. E, mesmo que tenhamos o profeta, ainda estamos longe de poder criar uma religião. Foram necessários cinco séculos para construir a religião cristã, tendo como base as mensagens de Cristo.

A mensagem tem de ser moldada, aumentada e, até certo ponto, distorcida antes que forme o que Jung denominou "os arquétipos do inconsciente coletivo", aqueles fatores psicológicos complexos que dão coesão à sociedade. A religião, nos seus últimos estágios, pode se tornar o ópio do povo, mas enquanto for vital é a única força capaz de unir as pessoas dando-lhes a autoridade natural para que lutem quando seus interesses entram em conflito.

Creio que a religião é uma autoridade natural, mas ela é geralmente vista como uma autoridade sobrenatural. Talvez seja natural em relação à morfologia da sociedade e sobrenatural em relação à morfologia do universo físico, mas em ambos os aspectos se opõe à autoridade artificial do Estado. O Estado só adquire sua autoridade total quando a religião começa a entrar em decadência. Os grandes conflitos entre a Igreja e o Estado, quando terminam com a vitória do Estado – como na Europa atual –, são eventualmente fatais para a vida orgânica da sociedade. E, exatamente por não perceber essa verdade e por preferir ligar-se sempre à mão inerte do Estado, o socialismo está sendo derrotado em toda a parte. O aliado natural do socialismo é a Igreja, embora reconheçamos que era difícil perceber essa verdade, dadas as circunstâncias do século XIX. A Igreja era tão corrupta, tão dependente das classes dominantes, que apenas uns poucos puderam perceber a realidade e conceber o socialismo em termos de uma nova religião ou, simplesmente, como uma nova reforma do cristianismo.

Dadas as circunstâncias atuais, não creio que seja possível encontrar um caminho que faça da velha religião alguma coisa nova. Uma nova religião só pode surgir sobre as bases de uma nova sociedade e junto com ela. Talvez isso possa acontecer na

Rússia, na Espanha ou nos Estados Unidos. Não seria possível precisar onde, porque o germe de uma nova sociedade não aparece visivelmente em nenhum lugar, ele pertence ao futuro.

Não sou pregador, não recomendo nenhuma religião e não acredito em qualquer uma delas. Apenas afirmo, baseado nos exemplos colhidos através da história das civilizações, que a religião é um elemento necessário a qualquer sociedade orgânica. Estou tão consciente do vagaroso processo de desenvolvimento intelectual que não quero procurar uma nova religião e não espero encontrar nenhuma. Faria apenas uma observação: tanto em suas origens e desenvolvimento como em seu apogeu, a religião está associada à arte. Religião e arte são, se não formas alternativas de expressão, formas intimamente relacionadas. Além da natureza essencialmente estética do ritual religioso e da dependência da religião em relação à arte para a visualização de seus conceitos subjetivos, há uma identificação das mais altas formas de poesia e da expressão mística. A poesia, em seus momentos mais intensos e criativos, penetra no mesmo nível do inconsciente que o misticismo. Alguns dos grandes escritores – São Francisco, Dante, Santa Tereza, São João da Cruz, Blatce – se sobressaem igualmente como poetas e como místicos. Por essa razão, pode ocorrer que as origens de uma nova religião sejam encontradas, se não no misticismo, na arte, em vez de qualquer forma de pregação moralista.

O que tudo isso tem a ver com o anarquismo? Apenas isto: o socialismo de tradição marxista, isto é, o socialismo estatal, eliminou tão completamente as sanções religiosas e usou subterfúgios tão pobres na procura de substitutos para a religião que, em contraste com o anarquismo, que tem uma corrente mística, é por si próprio uma religião. E possível conceber o desenvolvimento de uma nova religião a partir do anarquismo. Durante a Guerra Civil Espanhola, muitos observadores se surpreenderam com a intensidade religiosa dos anarquistas. Naquele país de renascimento em potencial, o anarquismo inspirou não apenas heróis, mas até santos: uma nova raça de homens que devotaram suas vidas, na imaginação sensível e *na prática*, à criação de um novo tipo de sociedade humana.

Segunda parte

Os anarquistas acusam

A crítica anarquista da sociedade existente tem sido profunda e variada. E, baseada na suposição literária de que todas as instituições orientadas pelo poder são artificiais assim como restritivas, e no reconhecimento de que a autoridade tem formas claras ou obscuras, difunde-se em nossas vidas em todos os níveis e estágios, da escola ao asilo de velhos.

Na seleção que se segue, a ligação íntima que existe entre o governo político e as religiões organizadas é reconhecida tanto por Bakunin, o coletivista, como por Max Stirner, o individualista. Stirner teria rejeitado a ideia de Bakunin de que a liberdade humana só existe dentro de uma comunidade. Bakunin aceitaria a formulação de Stirner sobre a relação entre punição e a ideia do sagrado e mostra como a rebelião se torna associada a crime no pensamento dos governantes.

Os anarquistas preferem evitar usar a palavra "político", que para eles tem conotações de relações de poder, ao descrever suas ideias de relações econômicas e sociais. Entretanto, Paul Goodman vê a política como qualquer tipo de organização da comunidade. Sugere que a preocupação de obter e manter o poder é, na verdade, hostil à "política normal" de comunidades localizadas. Por implicações, ele confronta a descentralização anarquista com a política piramidal do Estado nacional.

Essa área de riscos de estruturas governamentais massivas tem sido explorada por americanos como Goodman, com maior profundidade, talvez porque seu próprio sistema é, ao menos nominalmente, federalista. Outros, como Randolph Bourne, demonstram quão íntimas e fatais são as relações entre o Estado e o militarismo. Lysander Spooner, um contemporâneo dos abolicionistas, discordava da ideia de que uma constituição fixa possa ser uma garantia de liberdade. Acreditava que não era mais que o baluarte da tirania e da imposição.

A ilusão de que um governo representativo realmente dá poder ao povo, que vota em homens sobre cuja ação não tem nenhum controle subsequente, tem sido exposta pelos anarquistas. Michael Bakunin analisa aqui a política cantonal suíça. Proudhon recorda sua sensação de impotência do outro lado da cerca eleitoral quando se tornou parlamentar com a frustrante tentativa de alcançar resultados que pudessem beneficiar o povo.

As leis são formas de sancionar a coerção aplicada pelos governos autoritários. Os anarquistas têm argumentado que a lei não é apenas uma forma de violência. Quando a propriedade e o governo forem abolidos, não haverá necessidade de leis para controlar explosões ocasionais de comportamento anormal, como demonstra Bakunin.

Se as leis são fórmulas abstratas, suas manifestações concretas são o castigo e as prisões. Por seu desafio à autoridade e à lei, os anarquistas muitas vezes sofreram punições e foram presos. Por isso, frequentemente dizem que suas experiências amargas inspiram suas palavras, como as de Kropotkin, quando escreveu sobre os efeitos das prisões. Ele passou anos em cadeias russas e francesas até se estabelecer na Inglaterra vitoriana. Porém, a experiência da punição não é necessária para que um libertário reconheça a sua injustiça e a sua futilidade em prevenir o crime. William Godwin, que apenas sofreu uma ameaça de punição durante a histeria antijacobina de 1790, a condenava tanto quanto qualquer anarquista que a sofreu de fato.

Precedido por Winstanley, Godwin foi um dos primeiros libertários a reconhecer a interdependência entre o governo e a "propriedade acumulada", como ele denominou o tipo de propriedade que vem da exploração do trabalho dos outros. Um dos resultados de tal exploração é a transformação de trabalho útil e agradável em formas de trabalho pesado que são penosos e supérfluos, além de física e mentalmente insalubres. Tolstói mostra isso claramente na sua crítica ao fenômeno aclamado pelos economistas vitorianos e desenvolvido pelos industriais da mesma época: a divisão do trabalho.

A autoridade, que transforma o trabalho agradável em um trabalho pesado, penetra nas mais íntimas regiões de nossa vida. Mesmo o ritmo de nossas vidas é condicionado por padrões (orientados pelo relógio) de sistemas autoritários, como demonstra George Woodcock em seu ensaio sobre "A tirania do relógio". Em todos os lugares, o anarquista vê a mão do poder estrangulando as potencialidades da vida e é impelido a rejeitá-la.

A IGREJA E O ESTADO

MICHAEL BAKUNIN
(in *Oeuvres*., vol. IV, 1910, traduzido por George Woodcock)

É óbvio que a liberdade não será restituída à humanidade e que os verdadeiros interesses da sociedade – quaisquer que sejam os grupos, organizações sociais, ou indivíduos que a compõem – só serão satisfeitos quando não existirem mais Estados. Está claro que todos os chamados interesses gerais que o Estado deveria representar são de fato uma abstração, uma ficção, uma mentira. Esses interesses, na realidade, não são nada mais que a negação total e contínua dos interesses reais das regiões, comunas, associações e da grande maioria dos indivíduos submetidos ao Estado. O Estado é um enorme matadouro, um vasto cemitério no qual, sob a sombra e o pretexto de abstração, todas as reais aspirações e forças ativas de um país deixaram-se enterrar generosa e pacificamente.

Já que nenhuma abstração existe por si ou para si mesma, já que não tem pernas para andar, nem braços para criar, nem estômago para digerir os milhares de vítimas que lhe são dadas para que devore, torna-se óbvio que essa abstração religiosa e celestial, o próprio Deus, representa na verdade os interesses muito positivos e reais de uma casta privilegiada, o clero. Da mesma forma que seu complemento terreno, a abstração política, que é o Estado, representa os interesses não menos reais e positivos da classe que é hoje o principal – se não o único agente da exploração e que, além disso, ainda demonstra uma certa tendência para absorver todas as outras classes: a burguesia. E assim como o clero sempre estava dividido e hoje tende a dividir-se ainda mais entre uma minoria rica e poderosa e uma maioria empobrecida que lhe é subordinada; assim também a burguesia e suas várias organizações – tanto sociais quanto políticas, na indústria, agricultura, bancos e comércio, bem como em todas as funções administrativas, financeiras, judiciárias, acadêmicas, policiais e militares do Estado – tendem a tornar-se uma verdadeira oligarquia. Transformar-se-ão em enorme massa de indivíduos pretensiosos e decadentes, vivendo numa ilusão perpétua, empurrados inevitavelmente e cada vez mais para o proletariado pela força irresistível da situação econômica atual e reduzidos a servir como instrumentos cegos dessa todo-poderosa oligarquia.

A abolição da Igreja e do Estado deve ser a primeira e indispensável condição para a verdadeira libertação da sociedade; só depois que isso acontecer é que a sociedade poderá ser organizada de outra maneira. Não de cima para baixo e segundo algum plano ideal sonhado por alguns sábios e eruditos, e menos ainda por decretos emanados de algum poder ditatorial, ou ainda por uma assembleia nacional eleita por sufrágio universal. Como já demonstrei, um tal sistema levaria inevitavelmente à criação de um novo Estado e, consequentemente, à formação de uma aristocracia oficial, isto é, uma classe de indivíduos que não teriam nada em comum com o povo e que começariam imediatamente a explorar e subjugar esse povo em nome do bem-estar geral ou para salvar o Estado.

A futura organização da sociedade deveria ser realizada de baixo para cima, pela livre associação e união dos operários; primeiro em associações depois em comunas, em regiões, em países e, finalmente, numa grande federação internacional e universal.

Só assim poderá ser estabelecida a liberdade e a felicidade geral da nova ordem, uma ordem que, longe de querer negar, garante e tenta harmonizar os interesses dos indivíduos e da sociedade.

Algumas pessoas acreditam ser impossível obter essa harmonia entre os interesses dos indivíduos e os interesses da sociedade como um todo, pois tais interesses são contraditórios, jamais alcançando um equilíbrio ou até mesmo chegando a um mínimo entendimento mútuo. A tais objeções respondo que, se até agora esses interesses jamais foram comuns, a culpa cabe ao Estado, que sempre sacrificou os interesses da maioria em benefício de uma minoria privilegiada. Aquela famosa incompatibilidade, aquele conflito entre os interesses pessoais e os da sociedade não são mais do que um artifício e uma mentira política nascidos de uma mentira teológica, que inventou a doutrina do pecado original para degradar o homem e destruir sua consciência íntima de seu próprio valor. Essa falsa ideia do antagonismo de interesses também foi disseminada pelas ilusões da metafísica que, como se sabe, é parente próxima da teologia.

Por não compreender a sociabilidade da natureza humana, os metafísicos consideravam a sociedade um agregado mecânico e artificial de indivíduos. Esse agregado seria formado abruptamente sob a bênção de algum tratado formal ou secreto, feito livremente ou influenciado por algum poder superior. Antes de entrar para sociedade, esses indivíduos, dotados de uma alma imortal, gozariam de liberdade total.

Os metafísicos, sobretudo os que creem na imortalidade da alma, afirmam que, fora da sociedade, os homens são seres livres. Então chegamos à conclusão de que os homens podem unir-se em sociedade apenas ao custo de sua liberdade, sua independência natural, e do sacrifício de seus interesses. Tal renúncia, tal sacrifício deve, portanto, ser mais imperativo quando a sociedade for populosa e sua organizarão mais complexa. Em tal caso, o Estado é a expressão de todos os sacrifícios individuais. Por existir de forma tão abstrata e ao mesmo tempo violenta, o Estado continua cada vez mais a impedir a liberdade individual em nome da mentira chamada “bem comum”, que obviamente representa os exclusivos interesses da classe dominante. Dessa forma, o Estado se mostra como uma negação inevitável, uma aniquilação de toda a liberdade, de todos os interesses individuais e gerais.

Todos os sistemas metafísicos teológicos estão unidos de tal forma que são mutuamente explanatórios. Essa é a razão por que os defensores desses sistemas podem e devem continuar a explorar as massas em nome da Igreja e do Estado. Enchendo seus bolsos e satisfazendo sua luxúria imunda, eles, ao mesmo tempo, podem consolar-se com a ideia de que estão trabalhando para a glória de Deus, pela vitória da civilização e pela causa do proletariado.

Mas nós, que não acreditamos em Deus, na imortalidade da alma, nem no livre-arbítrio individual, afirmamos que a liberdade deve ser entendida no seu senso mais amplo e profundo como o destino do progresso histórico do homem. Por um contraste estranho mas lógico, nossos adversários, os teólogos idealistas e os metafísicos, tomam o princípio da liberdade como o fundamento e a base de suas teorias e chegam facilmente à indispensabilidade da escravidão humana. Nós, que somos teoricamente materialistas, tendemos na prática a criar e fazer durar um idealismo nobre e racional. Nossos inimigos, os idealistas divinos e transcendentais, na prática caem num materialismo vil e sangrento. Praticam-no em nome da mesma lógica, de acordo com a qual todo progresso é a negação do princípio básico. Estamos convencidos de que toda riqueza do progresso intelectual humano, moral e material, assim como a aparente independência do homem, é produto da vida em sociedade. Fora da sociedade, o homem não seria livre, e nem mesmo se tornaria um homem verdadeiro, isto é, um ser autoconsciente que sente, pensa e fala. Apenas a combinação da inteligência com o trabalho coletivo pode tirar o homem do estágio selvagem e animalesco que constitui sua primeira natureza, ou melhor, seu primeiro passo em direção ao progresso. Estamos seriamente convencidos de que a verdade de toda a vida humana, isto é, interesses, tendências, necessidades, ilusões e mesmo estupidez, assim como atos de violência e de injustiça, toda ação que parece ser voluntária é apenas uma consequência das forças fatais na vida em sociedade. Não se pode admitir a ideia de independência mútua sem negar a influência recíproca da correlação de manifestações de natureza externa.

Na própria natureza, aquela maravilhosa correlação e filiação do fenômeno não podem ser obtidas sem conflito. Ao contrário, a harmonia das forças naturais parece ser o único resultado do conflito, que é a condição da vida e do movimento. Na natureza e na sociedade, a ordem sem conflito é mortal.

Se a ordem é natural e possível no universo, é porque o universo não é governado por nenhum sistema criado anteriormente e imposto por um poder supremo. A hipótese teológica de uma legislação suprema leva a um absurdo evidente, e à negação da ordem e da própria natureza. As leis naturais são reais apenas enquanto forem inerentes à natureza, isto é, enquanto não são fixadas por uma autoridade. Essas leis são somente simples manifestações, ou modalidades descontínuas do desenvolvimento das coisas e a combinação de fatos variados, transitórios, porém reais. Juntos constituem o que denominamos "natureza". A inteligência humana e a ciência observaram esses fatos e os controlaram experimentalmente. Então reuniram-nos num sistema e os denominaram leis. Mas a própria natureza não tem leis. Ela age inconscientemente, representando em si própria a infinita variedade dos fenômenos, que surgem e se repetem de acordo com a necessidade. Graças a essa inevitabilidade de ação é que a ordem universal pode existir e de fato existe.

Tal ordem também surgiu na sociedade humana, que parece evoluir de uma forma dita antinatural, mas na realidade ela se submete à marcha natural e variável dos fatos. Foi apenas a superioridade do homem sobre os outros animais que trouxe à sua evolução um elemento especial. Esse elemento é totalmente natural, no sentido de que, tal como tudo que existe, o homem é o produto natural da união e interação das forças. O elemento especial é o poder de raciocínio ou a faculdade de generalização e abstração, graças à qual o homem se projeta por meio do pensamento, se examina e se observa como um alienígena, como um objeto externo. Elevando-se sobre si mesmo por meio de ideias, e, dessa forma, elevando-se sobre o mundo circundante, ele chega à representação da abstração perfeita, que é o nada absoluto. Esse limite final da maior abstração do pensamento, esse nada absoluto é Deus.

Esse é o significado e a base histórica de todo dogma teológico. Não compreendendo a natureza nem as causas materiais de seus próprios pensamentos, não percebendo as leis naturais que lhes são próprias, os primeiros homens na sociedade não podiam saber que seus conceitos de *absoluto* eram apenas resultados da faculdade de conceber ideias abstratas. Essa é a razão por que eles consideravam essas ideias, tiradas da natureza, objetos reais diante dos quais a própria natureza deixou de ter significado. Então começaram a adorar suas próprias ficções, suas noções impossíveis do absoluto e a honrá-las. Mas era necessário, de uma forma ou de outra, incorporar e tornar palpável a ideia abstrata do nada – ou Deus. Com esse objetivo, exaltavam a ideia de divindade e dotavam-na de todas as qualidades e poderes, tanto bons quanto maus, que encontravam apenas na natureza e na sociedade. Essa foi a origem e a evolução histórica de todas as religiões, do fetichismo ao cristianismo.

Não temos intenção de investigar a história dos absurdos religiosos, teológicos ou metafísicos, e ainda menos de decidir o desenvolvimento das encarnações divinas e visões criadas por séculos de barbarismo. Todos sabem que a superstição sempre deu lugar a assustadores azares que terminavam em torrentes de sangue e lágrimas. Nos contentaremos em dizer que todas essas repulsivas aberrações da pobre humanidade foram circunstâncias históricas inevitáveis no crescimento normal e na evolução do organismo social. Tais observações, dominando a imaginação humana, geraram na sociedade a noção fatal de que o universo é governado por um poder e uma vontade sobrenaturais. Século após século, a sociedade acostumou-se tanto a essa ideia que acabou matando todas as inclinações em direção ao progresso e toda a capacidade de atingi-lo.

A ambição, inicialmente de alguns indivíduos e depois de classes sociais inteiras, fez surgir a escravidão e a conquista dos princípios vitais, e semeou profundamente a ideia da divindade. Desde aí, toda sociedade se tornou impossível sem ter, como fundamento, as instituições da Igreja e do Estado. Esses dois flagelos sociais ainda são defendidos por todos os dogmáticos.

Mal haviam surgido essas instituições quando duas castas foram organizadas imediatamente: a dos padres e a dos aristocratas que, sem perda de tempo, implantaram profundamente nos escravos a indispensabilidade, a utilidade e a santidade da Igreja e do Estado. Tudo isso teve por objetivo transformar a escravidão brutal em uma escravidão assegurada e legal, consagrada pela vontade do Ser Supremo.

Mas os padres e os aristocratas acreditavam sinceramente nestas instituições que eles mantinham com todo o seu poder e em função do próprio interesse? Eram apenas mentirosos e farsantes? Não, acredito que eram ao mesmo tempo crentes e impostores...

Mas, mesmo assim, como podemos reconciliar dois papéis aparentemente incompatíveis: crédulo e enganador, mentiroso e crente? Logicamente parece difícil, mas de fato, na vida diária, essas qualidades estão frequentemente associadas.

A grande maioria das pessoas vive em contradição consigo mesmas e sob contínuos mal-entendidos. Geralmente, não se dão conta disto até que algum fato extraordinário os tire do seu sonambulismo habitual e os force a olhar para si e ao redor.

Na política, como na religião, os homens são apenas máquinas nas mãos dos exploradores. Mas assaltantes e assaltados, opressores e oprimidos vivem lado a lado, governados por um punhado de indivíduos que devem ser considerados como os verdadeiros exploradores. São sempre o mesmo tipo de gente, livre de todos os preconceitos políticos e religiosos, que maltratam e oprimem quase como uma questão de consciência. Nos séculos XVII e XVIII até a Grande Revolução, assim como hoje, eles comandaram a Europa e tudo funcionou como eles queriam. Cremos que sua dominação não pode mais continuar.

Enquanto esses líderes iludem e enganam o povo deliberadamente, seus servos, os instrumentos da Igreja e do Estado, zelosamente dedicam-se a manter a santidade e a integridade dessas terríveis instituições. Se a Igreja é necessária para a salvação da alma, como afirmam os padres e a maioria dos estadistas, o Estado é, por sua vez, necessário para a conservação da paz, ordem e justiça. Proclamam os dogmáticos de todas as classes: "Sem a Igreja e o Estado, não haveria civilização nem progresso".

Não há necessidade de discutir o problema da salvação eterna, já que não acreditamos na imortalidade da alma. Estamos convencidos de que o pior mal, tanto para a humanidade quanto para a verdade e o progresso, é a Igreja. Poderia ser de outra forma? Pois não cabe à Igreja a tarefa de perverter as gerações mais novas e especialmente as mulheres? Não é ela que através de seus dogmas, suas mentiras, sua estupidez e sua ignomínia tenta destruir o pensamento lógico e a ciência? Não é ela que ameaça a dignidade do homem, pervertendo suas ideias sobre o que é bom e o que é justo? Não é ela que transforma os vivos em cadáveres, despreza a liberdade e prega a eterna escravidão das massas em benefício dos tiranos e dos exploradores? Não é essa mesma Igreja implacável que procura perpetuar o reino das sombras, da ignorância, da pobreza e do crime?

Se não quisermos que o progresso seja, em nosso século, um sonho mentiroso, devemos acabar com a Igreja.

O ESTADO E O SAGRADO

MAX STIRNER
(in *The ego and his own*, 1907)

O melhor Estado será aquele que tiver os cidadãos mais leais e, quanto mais perdido estiver o espírito da legalidade, menor será o poder e a qualidade do Estado, este sistema moral, essa própria vida moral. Junto com os "bons cidadãos", o bom Estado também desaparece e dissolve-se em anarquia e ausência de leis. "Respeito à lei", esse é o cimento que mantém a estrutura do Estado. "A lei é *sagrada*, e aquele que a desafia é um *criminoso*". Sem crime não haveria Estado: o mundo da moral – ou seja, o Estado – está cheio de vagabundos, mentirosos, ladrões. E, já que o Estado é o "domínio da lei", sua própria hierarquia, segue-se que, sempre que os lucros de um indivíduo vierem contra os interesses do Estado, ele só poderá obtê-los recorrendo ao crime.

O Estado não pode desistir da ideia de que suas leis e ordens são *sagradas*. E o indivíduo é considerado então como um *ímpio* (bárbaro, egoísta, primitivo) que está contra o Estado, tal como era antes considerado contra a Igreja; ante o indivíduo, o Estado assume a auréola de um santo. Tomemos o caso do duelo: o Estado promulga uma lei contra o duelo. Dois homens, que concordaram em duelar e estão dispostos a dar a vida por uma determinada causa (seja ela qual for), não podem fazê-lo porque o Estado os proíbe, e ainda castiga quem o desobedecer. Onde está a liberdade? A autodeterminação? Seria uma situação totalmente diferente se, tal como acontece na América do Norte, por exemplo, a sociedade determinasse que os duelistas devem aguentar as consequências do seu ato, que resultaria na retirada do crédito de que dispunham até aquela data. Ora, recusar o crédito é uma questão referente a todas as pessoas, e se a sociedade quiser tirar o crédito por esta ou aquela razão, o homem atingido não poderá queixar-se de que lhe tolheram a liberdade: a sociedade está apenas exercendo a sua própria liberdade. Não há punição para o pecado, não há punição para o crime. Lá o duelo não é crime, mas somente um ato contra o qual a sociedade adota certas medidas que são uma forma de defesa. O Estado, ao contrário, rotula o duelo de crime, isto é, considera-o uma ofensa à lei sagrada, faz disso um caso criminal. A sociedade deixa que o indivíduo decida se quer ou não sofrer as consequências e inconvenientes de seu ato. Desse modo reconhece o seu direito de decidir livremente. O Estado se comporta de maneira exatamente inversa e, em vez disso, atribui a si o direito de decisão, à lei do Estado. Assim, aquele que transgride as leis do Estado é olhado como alguém que transgride as leis de Deus – uma visão idêntica àquela mantida outrora pela Igreja.

Aqui Deus é o Sagrado e os mandamentos da Igreja, tal como os do Estado, são os comandos desse Ser Sagrado, que ele transmite ao mundo, através dos seus ungidos e dos seus

Senhores-pela-graça-de-Deus. Se a Igreja tem *pecados mortais*, o Estado tem *crimes capitais*; se a Igreja tem os seus heréticos, o Estado tem os seus traidores; a primeira tem *punições eclesiásticas*, o último tem *punições criminais*; um tem processos *inquisitoriais*, o outro, *fiscais*. Em resumo, lá pecados; aqui, crimes. Lá pecadores; aqui, criminosos. Lá inquisição; aqui – inquisição. Não poderá a santidade do Estado acabar tal como acabou a da Igreja? O respeito às leis, a reverência diante de sua majestade, a humildade de seus "súditos" permanecerão? Não serão as faces dos "santos" despidas dos seus adornos?

Que loucura seria pedir que a autoridade do Estado entrasse numa luta honrada com os indivíduos e, à medida que estas se posicionassem diante de questões como a liberdade de imprensa, tivessem igualdade de condições. Se o Estado, esse pensamento, quiser tornar-se um poder *de facto*, ele precisa simplesmente ser um poder superior usado contra o indivíduo. O Estado é *sagrado* e não deve se expor aos ataques atrevidos de certos indivíduos. E, se o Estado é sagrado, a censura deve existir. Os políticos liberais admitem a existência dessa última e disputam a interferência. Mas, seja como for, eles admitem a existência de medidas repressivas, pois – e insistem neste ponto – o Estado é mais importante do que o indivíduo e pode exercer uma vingança justificada que recebe o nome de "punição".

A punição só tem valor quando for um meio de expiar qualquer ofensa contra uma coisa sagrada. E, se alguma coisa for sagrada para um homem, ele certamente merecerá ser castigado quando agir como se fosse seu inimigo. Um homem que permite que outro homem continue vivendo, porque para ele a vida é algo sagrado e porque não admitiria a ideia de tirá-la, é simplesmente um homem religioso.

Weitling atribui o crime à "desordem social" e vive na esperança de que, num regime comunista, o crime se tornará impossível, pois as tentações que nos levam a cometê-lo – como, por exemplo, o dinheiro – já não existirão mais. Como, entretanto, a sociedade organizada que imaginou também é exaltada como sendo algo sagrado e inviolável, ele certamente estava errado, apesar de suas boas intenções. Não faltariam aqueles que, embora professassem abertamente sua lealdade à causa comunista, trabalhariam secretamente para arruiná-la. Além disso, Weitling precisa conservar as boas graças criando os seus "meios de regeneração e cura contra os resíduos naturais das doenças e fraquezas humanas", e esses "meios curativos" já anunciam que determinados indivíduos serão "escolhidos" para um determinado tipo de "salvação", sendo tratados de acordo com as necessidades desse chamado. Meios de regeneração ou de cura são o oposto do castigo; a teoria da cura corre paralela à teoria do castigo; se a última considera que uma determinada ação é um crime contra o direito, a primeira vê nele um pecado do homem contra si próprio, um sinal de decadência do corpo. Mas o certo seria que eu o considerasse como algo que me serve ou que não me serve, algo tão hostil ou amigável que eu poderia tratá-lo como se me pertencesse, cuidando dele ou destruindo-o. Nem "crime" nem "doença" chegam a ser uma visão egoísta do problema – isto é, um julgamento que não parte de mim mas de outra pessoa – a saber, se pode ser considerado algo que ofende o direito, o direito de todos ou a saúde não só do indivíduo doente como da sociedade em geral. O crime é tratado de forma impiedosa, a doença com amorosa gentileza e compaixão.

O castigo é uma consequência do crime. Se não existe o crime, não deve existir o castigo. Se já não existe mais nada que seja sagrado, não poderá mais haver o crime contra ele. As punições eclesiásticas desapareceram? Por quê ? Porque a atitude dos indivíduos em relação a Deus é algo que só a eles diz respeito. Mas, assim como desapareceu a penalidade eclesiástica, todas as outras punições também deveriam desaparecer. Assim como os pecados contra Deus só interessam a quem os praticou, o mesmo deveria ocorrer com os crimes contra o que chamam de "sagrado". As nossas teorias de direito penal – por cujo "aperfeiçoamento, para que se adaptem aos novos tempos", as pessoas ainda continuam lutando em vão – pretendem que o homem seja punido por certas "desumanidades". Mas tornam-se apenas tolices sem nenhuma coerência quando enforcam o ladrãozinho e deixam que o grande escape. Para castigar os danos à propriedade, criaram as casas de correção; para os "crimes de pensamento", a "suspensão dos direitos humanos", só representações e petições.

O código penal só continua existindo porque o sagrado existe e, com ele, o crime, mas desaparecerá por si mesmo no dia em que ambos desaparecerem. No momento, os homens discutem em toda a parte, pretendendo criar um novo código penal. Mas não questionam, nem por um momento, sobre a validade do castigo. Porém, é justamente ele que deve desaparecer, dando lugar à reparação, cujo objetivo não deve ser satisfazer a lei ou a justiça, mas garantir a melhor solução possível para nós. Quando alguém nos faz alguma coisa que julgamos insuportável, destruímos o seu poder e procuramos estabelecer o nosso e vingar-nos dele para nossa própria satisfação e não para cometer a tolice de satisfazer a lei (um fantasma). Não é o sagrado que deve se defender contra os ataques do homem, mas o próprio homem. O próprio Deus, como você sabe, também já não se defende contra o homem; esse mesmo Deus a quem antes (e na verdade, até hoje) todos os "servos de Deus" ofereciam as mãos para com elas punir o herege, assim como as oferecem ao sagrado. Essa devoção ao sagrado também faz com que não participemos ativamente do castigo, limitando-nos a entregar o criminoso nas mãos da polícia e dos tribunais: delegamos a nossa participação às autoridades que, "é claro, saberão administrar melhor essas questões".

As pessoas adoram lançar a polícia contra tudo aquilo que lhes pareça imoral, por mais tolo que seja, e essa fúria popular para defender a moral protege a instituição policial mais do que qualquer governo.

O egoísta até agora tem conseguido defender os seus direitos em relação ao crime e consegue até rir dele. Essa pode tornar-se a regra geral. Uma revolução nunca mais volta, mas um crime – será que você não é capaz de ver um crime poderoso, imprudente, orgulhoso, sem nenhuma vergonha e sem consciência, ressoando ao longe como o ruído de um trovão? E observe como o céu se torna cada vez mais silencioso e escuro...

A POLÍTICA NORMAL E A PSICOLOGIA DO PODER

PAUL GOODMAN
(in *People and personnel*, 1965)

As funções vitais, tanto biológicas quanto psicológicas e sociais, têm muito pouco a ver com aquele "poder" abstrato e preconcebido que controla ou obriga externamente as próprias funções específicas. É lugar-comum dizer-se que o poder abstrato – na forma de força de vontade, treinamento, disciplina, burocracia, reforma escolar, administração científica – impede uniformemente o funcionamento normal e corrompe as pessoas nele envolvidas. (Ele serve para situações de emergência, quando não utilizamos graus máximos de comportamento, mas justamente o oposto.) As atividades normais não necessitam de motivações extrínsecas, elas têm sua própria dinâmica e seus próprios objetivos intrínsecos; e as decisões são tomadas continuamente pelas próprias funções em ação, adaptando-se umas às outras e ao meio em que se inserem.

Podemos portanto definir o que é a política normal. São as relações constitucionais entre os interesses funcionais e os grupos de interesses dentro da comunidade em que interagem. Esse é o pão com manteiga (feijão com arroz) da antiga teoria política e obviamente não tem qualquer relação com a soberania ou até mesmo com o poder – pois para os antigos a existência do poder implicava uma inconstitucionalidade, uma tirania. Mas mesmo os autores modernos que aceitam a teoria da "soberania", como Spinoza, Locke, Adam, Smith, Jefferson ou Madison, entendem que a comunidade será mais forte quando os interesses funcionais puderem buscar seus próprios níveis e houver o menor exercício possível do "poder". Spinoza, por exemplo, trata o poder como um reforço, Jefferson procura retirar-lhe a energia, Madison tenta equilibrá-lo e Smith faz dele um árbitro. Façamos agora um rápido apanhado sobre o significado da importância que atualmente é dada ao "poder" e ao "dispor do poder", como se as comunidades não pudessem viver sem ele.

Em primeiro lugar, há o desenvolvimento natural, pacífico e inócuo de um tipo de poder abstrato, que existe numa sociedade não invadida. As funções da civilização incluem a produção, transporte, a educação dos jovens dentro dos padrões estabelecidos pelo grupo, bem como certas polaridades sutis mas essenciais, como a experimentação e a estabilidade; há também certas fantasias irracionais e supersticiosas, como vingar-se dos crimes e proteger os tabus existentes. Os diferentes interesses do grupo entrarão em contínuo conflito, envolvendo não só indivíduos como grupos. Mas, como todos necessitam da comunidade, há também um interesse funcional em conciliar, manter a paz, harmonizar ou pelo menos fazer concessões. É plausível pensar que, no interesse da paz e da harmonia, seja criado um tipo qualquer de instituição abstrata que paire sobre os conflitos para resolvê-los ou preveni-los por meio de planos ou leis; esse seria, sem dúvida, o poder. (Essa explicação sobre a origem do poder, embora plausível, não me parece histórica. Na verdade, qualquer comunidade viva do passado poderia ter alcançado os mesmos objetivos usando apenas a intuição, o tom de voz, uma mudança no olhar. Apenas isso e, de repente, surgiria a paz para surpresa do antropologista.) Sabemos que é muito mais provável que o poder abstrato tenha sido inventado nas sociedades simples diante de situações de perigo provocadas pela ameaça de invasões inimigas ou pela ira dos deuses. Mas essas "ditaduras" eram essencialmente *ad hoc* e desapareciam por si. Isso poderia parecer surpreendente, quando pensamos que o poder corrompe, mas faz sentido (psicologicamente falando), pois a emergência é uma função negativa, enfrentar uma ameaça sob pré-requisitos que garantem as funções mais importantes da vida. Uma vez passado o perigo, o "poder" não tem uma dinâmica própria, nenhum interesse ulterior que o justifique. Para citar um exemplo recente: pareceu um fato extraordinário para os europeus – mas não para os americanos – que Washington, como Cincinnatus, tivesse voltado para sua fazenda e que o Congresso Continental tivesse se acabado. Não havia condições para a manutenção do poder.

(Na verdade – e foi por isso que escolhi esse exemplo –, nas últimas décadas do século XVIII os americanos viveram, sob muitos aspectos, numa espécie de pacífica anarquia comunitária, temperada por algumas revoltas que não chegavam a receber o castigo devido. Como salientou Richard Lee, a Constituição lhes foi imposta por meio de truques e artimanhas, obra de grupos de interesses muito especiais; teria sido suficiente apenas acrescentar-lhe algumas emendas.) Totalmente diferente desse idílio é a história universal da maior parte do mundo, seja civilizado ou bárbaro. Por toda parte vemos invasão, conquista e dominação, que obrigavam os vitoriosos a manter e exercitar o poder e os outros a lutar para obtê-los como única forma de fugir do sofrimento e da exploração que lhes eram impostos. Isso também é inteiramente funcional. O conquistador é, basicamente, um pirata; ele e seu bando não participam da comunidade e não têm outro interesse além de roubá-la. Posteriormente, entretanto, a pirataria se transforma; o processo que faz com que as pessoas sejam levadas a agir movidas por razões extrínsecas, que vão do medo à punição até a chantagem, e mais tarde ao suborno e ao treinamento específico. Mas o que existe é apenas semelhante a uma verdadeira comunidade, pois a atividade que lá se desenvolve não é voluntária. Necessariamente, essas ações dirigidas e praticadas por motivos extrínsecos não serão tão fortes, eficientes, espontâneas, inventivas, bem planejadas nem tão agradáveis quanto as que normalmente ocorreriam numa comunidade livre. Muito cedo a sociedade se torna inanimada. Os meios que garantiam a ação comunitária, a iniciativa, a decisão foram esvaziados pelos poderosos. Mas os senhores de escravos, os exploradores e os governadores compartilham dessa sociedade e são eles próprios corrompidos por ela. Entretanto, jamais aprendem a deixar as pessoas em paz, a não pressioná-las e a renunciar ao poder que têm sobre elas. O povo, por sua vez, está derrotado e resignado demais para que possa protestar. Acontece então, inevitavelmente, que, à medida que as pessoas vão se tornando mais estúpidas e mais descuidadas, a administração vai se tornando mais poderosa, e vice-versa. De modo geral, as culturas que estudamos nas melancólicas páginas da história são misturas patéticas onde ainda é possível, muitas vezes, reconhecer os ingredientes que as compõem. Há sempre uma certa quantidade de funções normais que vivem ou sobrevivem – o pão continua a ser feito, as artes e as ciências ainda interessam a alguns poucos etc., mas, na maior parte das vezes, observamos o fracasso de qualquer funcionamento social ativo que foi impedido, pervertido, esgotado, paternalizado e explorado por um sistema de poder e de administração que esvazia os meios e toma decisões *ab extra*. E o pior é que todos acreditam que se não fosse assim não haveria sociedade. Se não houvesse licenças para os casamentos nem taxas a pagar, ninguém poderia casar-se e não nasceriam crianças; se não existisse o pedágio, não haveria pontes; se não houvesse bolsas de estudo para universitários, não haveria cultura; se a usura e a Lei de Ferro dos Salários não existissem, não haveria capital; se não houvesse inflação no preço dos medicamentos, não haveria mais pesquisa científica. E, quando uma sociedade adota esse tipo de raciocínio de que todas as atividades exigem licenças, assinaturas e a decisão de um poder abstrato, inevitavelmente acontece que qualquer homem dotado de ambição deseja obter o Poder e qualquer nação luta para tornar-se o Grande Poder. E, quanto maior for a ânsia de poder de alguns, mais necessário parecerá aos outros competir ou submeter-se, para que possam sobreviver – e estarão certos. Muitos se tornam cruéis e impiedosos, e outros vivem amedrontados.

Mas não é só isso que acontece; o pior ocorre quando os homens começam a pensar que o importante não são os benefícios que o poder lhes permitirá obter mas o poder em si, o prestígio que ele confere. Mas então o modelo de dominação-submissão já terá sido internalizado e terá dominado toda a situação. E assim, a menos que prove continuamente a sua própria potência, seu poder sobre os outros e sobre si mesmo, o homem será dominado pelo medo de ser derrotado ou enganado. Todas as funções vitais serão usadas para prová-lo, caso contrário parecerá um sintoma de fraqueza. Contentar-se apenas em desfrutar a vida, produzir, aprender, dar ou receber, amar ou enfurecer-se (em vez de manter-se calmo) é ser vulnerável. Isso é diferente e tem consequências diferentes do modelo de dominação-submissão que citamos anteriormente. Um povo que tem suas funções naturais tolhidas mas está vivo acabará por rebelar-se, quando puder fazê-lo, contra os dízimos feudais, o comércio de tamancos, a proibição de pensar e de falar, o fato de pagar taxas sem estar representado no parlamento, os privilégios de uns poucos, a Lei de Ferro dos Salários, o colonialismo. Mas o nosso povo não se rebela contra o envenenamento, a deformação genética e a iminente destruição total do mundo em que vive.

Em vez disso, as pessoas querem chegar à gerência, sejam quais forem os artigos e mercadorias produzidos. O importante é ser um dos organizadores da companhia e ponto final; ou um personagem célebre, e ponto final. O Produto Nacional Bruto deve crescer sempre, mesmo que o nível de vida do povo permaneça o mesmo. Não há qualquer espécie de limite natural, e portanto a única segurança é a repressão. O meio ambiente está repleto de inimigos. Há uma tendência a viver amontoados e a diluir-se entre a multidão para evitar que qualquer diferença observada em nós nos torne vulneráveis e há, ao mesmo tempo, o desejo de destacar-se. Além disso, há a emoção de descobrir quem são os realmente poderosos, os líderes, as grandes nações, aqueles que tomam as decisões realmente importantes e que aparecem nas primeiras páginas dos jornais. Mas é claro que até mesmo esses líderes sentem-se impotentes diante dos grandes acontecimentos. Pois é característico dessa síndrome que, tão logo surja a oportunidade de agir, de tomar medidas práticas para obter felicidade, espiritualidade, coragem ou simplesmente segurança, todos logo experimentem uma sensação de total impotência; a submissão internalizada assume o domínio da situação. A tecnologia moderna é demasiado complexa; há uma explosão demográfica; o computador saberá programar o melhor jogo bélico para nós; eles estão de olho em você, não se arrisque. "A poeira radioativa é um fato físico em nossa era nuclear e pode ser enfrentado, como qualquer outro fato" (Manual de Defesa Civil). "Sou forte, sexo é coisa que tanto faz ter, como não ter" (jovem de dezoito anos, acusado pela terceira vez de assalto criminoso). Em resumo, o outro lado da psicologia do poder é a ideia de que Nada Pode Ser Feito; e a resolução desse beco sem saída é explodir tudo. Esta é a Guerra Fria.

Já estudei várias vezes essa psicologia de provar alguma coisa, resignar-se e explodir catastroficamente (o masoquismo primário de Wilhelm Reich) e não pretendo fazê-lo aqui. Ela preenche o vazio deixado por uma função vital, identificando-se com o agente que frustrou essa função. Isso é seguido de um bem defendido orgulho que se transforma em pânico sempre que a situação exigir iniciativa, originalidade ou uma simples reação animal. Tentei aqui estabelecer uma relação entre essa psicologia e a aceitação unânime da ideia de "obter o poder para", ou apenas "obter o poder" como um fim em si mesmo. Há um círculo vicioso, já que (exceto em situações de emergência) o exercício do poder abstrato, do poder de comandar e coagir tende a alienar, a impedir a função e a diminuir a energia, e desse modo aumentar a psicologia do poder. Mas naturalmente a consequência desse processo é colocar-nos, de fato, num estado de emergência permanente, de modo que o poder possa criar sua própria necessidade. Tentei mostrar como, do ponto de vista histórico, essa psicologia tem sido exacerbada pelo infeliz sistema de motivação extrínseca através de incentivos e castigos (que incluem lucros, salários e desemprego), capazes de reduzir as pessoas ao estado de organismos inferiores, semelhantes aos pombos do Professor Skinner. Ao mesmo tempo, a função normal é motivada intrinsecamente, visando a alcançar determinados objetivos, e provoca o crescimento da criatividade e da liberdade. Enquanto as pessoas não tiverem contato direto com aquilo que precisa ser feito, nada poderá ser bem feito; elas estarão sempre atrasadas, e assim a emergência acaba por se tornar crônica. Mesmo quando estão cheios de boas intenções, alguns governantes não se importam o suficiente com as necessidades da sociedade, nem mesmo quando seus computadores são capazes de programar com a velocidade de um raio. Cheguei à conclusão de que o consenso a que chegaram os cientistas políticos, quando afirmam que a teoria política é basicamente o estudo das manobras do poder, é ela própria uma ideologia neurótica. A política normal trata das relações de determinadas funções dentro da comunidade e um tal estudo resultaria, muitas vezes, em descobertas práticas que poderiam resolver problemas – e não limitar-se-ia a predizer o resultado de eleições, sem nada solucionar ou brincar de guerra para destruir a humanidade. Deixem que resuma essas afirmações numa proposição simples e nada escandalosa. Em todo o mundo, é a má política doméstica que cria a mortífera política internacional. O pacifismo, ao contrário, é revolucionário. Jamais alcançaremos a paz enquanto não ocorrerem profundas mudanças na estrutura social, que deverão incluir a eliminação do poder nacional soberano.

A GUERRA É A SAÚDE DO ESTADO

RANDOLPH BOURNE
(in *The State*, 1919)

A guerra é a saúde do Estado. Ela coloca em movimento, automaticamente, em toda a sociedade, aquelas forças irresistíveis que buscam a uniformidade e cooperam com o governo entusiasticamente na tarefa de coagir os grupos minoritários e os indivíduos isolados sem identificação com o grupo, obrigando-os a obedecer. Os mecanismos do governo não só estabelecem as punições mas aplicam-nas, fazendo com que essas minorias sejam silenciadas pela força ou passem por um processo sutil de persuasão que acabará por convencê-las de que foram convertidas. Naturalmente o ideal de uniformidade e lealdade perfeitas é inatingível. As classes encarregadas de realizar esse trabalho de coação, embora compostas por amadores, mostra-se extraordinariamente dedicada à tarefa, mas muitas vezes seus esforços, em vez de converter os rebeldes, têm resultados opostos e acabam aumentando a resistência destes. As minorias se tornam teimosas, e algumas opiniões intelectuais são duras e satíricas. Mas, de modo geral, em tempo de guerra, a nação atinge uma uniformidade de sentimentos, uma hierarquia de valores que culmina com o ápice do ideal do Estado que só poderia ser obtido através da guerra. Outros valores, tais como a criação artística, o conhecimento, a razão, a beleza, a melhoria das condições de vida, são imediatamente sacrificados, quase por unanimidade, e as classes mais altas que se constituíram elas próprias em agentes do Estado ocupam-se não apenas em sacrificar esses valores mas a fazer com que os outros também os sacrifiquem. A guerra – ou pelo menos a guerra moderna promovida por uma república democrática contra um inimigo poderoso – parece dar a uma nação quase tudo aquilo que o mais inflamado dos idealistas políticos poderia desejar. Os cidadãos deixam de se mostrar indiferentes ao governo, e cada célula do organismo político vibra de atividade e vida. Estamos pelo menos a caminho de obter a realização completa do ideal de comunidade coletiva na qual cada indivíduo contém, de alguma maneira, a virtude de toda a comunidade. Numa nação em guerra, cada indivíduo se identifica com o todo e sente-se muito mais forte graças a essa identificação. Os objetivos e desejos da comunidade estão bem vivos em cada um de seus membros, que se lançam com entusiasmo à causa da guerra. A distinção sempre presente entre indivíduo e sociedade desaparece quase totalmente. Durante a guerra, o indivíduo passa a ser a sociedade. Ele adquire grande confiança em si mesmo, uma intuição de que todas as ideias e emoções que possa ter são certas e, assim fortalecido, pode enfrentar e vencer todos os oponentes e os descrentes da causa; sente que tem atrás de si todo o poder da comunidade. O indivíduo, como ser social, parece viver seu momento de apoteose durante a guerra. Nenhum instinto religioso teria feito a nação americana mostrar tal dedicação *en masse*, tanto sacrifício e esforço. Certamente nenhuma outra causa, quer fosse a luta por uma educação para todos ou pela defesa da natureza, teria despertado essa disposição do povo para oferecer suas riquezas e sua própria vida, nem teria permitido que fossem tomadas medidas tão severas e tão coercitivas contra o povo como requisitar seus bens materiais ou a vida de seus homens. Mas, por ser essa uma guerra de defesa ofensiva, empreendida para apoiar uma causa difícil sob o lema "democracia", ela atingiu o mais alto nível de esforço coletivo jamais visto.

Pois esses bens seculares, associados ao novo valor dado à vida, à educação do homem e ao uso da inteligência para atingir a razão e a beleza na vida comunitária da nação, são estranhos à nossa ideia tradicional sobre o que deve ser o Estado. O Estado está intimamente ligado à guerra, pois ele é a organização da comunidade coletiva quando esta age de maneira política, e agir de maneira política em relação a um grupo rival sempre significou, em toda a história, apenas uma coisa: guerra.

Não há nenhuma intenção de ofender quando usamos o termo "rebanho" em relação ao Estado. É apenas uma tentativa de reduzir a seus princípios básicos a natureza dessa instituição à sombra da qual vivemos. Os etnologistas geralmente estão de acordo, considerando que a sociedade humana surgiu em bandos, e não como uma coleção de indivíduos ou casais. Esse rebanho seria, na verdade, a primeira unidade e, só mais tarde, iria desenvolver-se a individualidade de cada ser humano. Os tipos humanos mais primitivos que ainda hoje sobrevivem demonstram viver num tipo de organização social bastante complexa e muito rígida, onde não há quase oportunidade para o exercício da individualidade. Essas tribos até hoje se mantêm como rebanhos muito bem organizados, e a diferença que existe entre eles e o Estado moderno é apenas em grau de sofisticação e em variedade de tipos de organização, mas não de espécie.

Os psicólogos reconhecem o impulso gregário como sendo um dos mais fortes impulsos que mantêm unidos os rebanhos compostos pelas diferentes espécies de animais mais evoluídos. A humanidade não é exceção. Nossa combativa história evolutiva não permitiu que esse impulso desaparecesse. Esse instinto gregário é que nos faz imitar, copiar uns aos outros, viver em grupos fechados, é o instinto que se torna mais forte quando o rebanho se julga ameaçado por um inimigo. Os animais se agrupam, buscando proteger-se, e os homens adquirem maior consciência da sua coletividade em tempo de guerra. Essa consciência desperta a confiança dos indivíduos e um sentimento de força no grupo. Esses dois sentimentos, por sua vez, despertam a combatividade – e a batalha começa. No homem civilizado, o impulso gregário não age apenas para produzir a ação conjunta da defesa, mas para produzir uma identidade de opinião. Já que o pensamento é uma forma de comportamento, o impulso gregário invade seus domínios e exige aquela uniformidade de pensamento que a guerra produz com tanto sucesso. E é justamente ao invadir a vida consciente da sociedade que o gregarismo trabalha para destruí-la.

Pois, assim como na sociedade moderna o instinto sexual existe em excesso, ultrapassando em muito o que seria necessário para a propagação da espécie, o impulso gregário também é excessivo para o trabalho de proteção que é chamado a executar. Seria suficiente que fôssemos sociáveis apenas para poder gozar a companhia uns dos outros, para cooperar mutuamente e sentir um pequeno mal-estar diante da solidão. Entretanto, infelizmente, esse impulso não se contenta com necessidades tão razoáveis. Ele insiste em que a igualdade de pensamento deva ser permanente, presente em todos os estágios da vida. Isso faz com que todas as formas de progresso humano existam contra a resistência que lhes é oferecida por esse instinto tirânico de grupo, que obriga o indivíduo à obediência e à submissão, aos desejos da maioria. Mesmo nas sociedades mais modernas e esclarecidas, esse impulso não mostra sinais de esmorecimento. À medida que é empurrado inexoravelmente pelas exigências da economia para fora do âmbito das qualidades úteis, parece agarrar-se com fúria ao domínio dos sentimentos e da opinião, de modo que a submissão passa a ser uma qualidade agressivamente desejada e até exigida.

O impulso gregário mantém sua influência de forma ainda mais virulenta porque, quando o grupo está em movimento ou agindo de qualquer maneira positiva, o sentimento de estar junto e de ser apoiado pelo grupo alimenta esse desejo pelo poder, esse alimento que cada organismo necessita receber constantemente. Sentimo-nos poderosos quando nos sentimos iguais ao grupo e parecemos abandonados e indefesos se estamos fora dele. Porque, mesmo que não tenha acesso ao poder quando pensa e sente as mesmas coisas que o seu grupo está pensando e sentindo, você sentirá pelo menos a sensação morna de obediência e a tranquilizadora irresponsabilidade de saber-se protegido.

Uma vez reunidas todas essas vigorosas características do indivíduo – o prazer que sente ao ter o poder nas mãos e o prazer de obedecer –, esse impulso gregário se torna irresistível na sociedade. A guerra o estimula ao mais alto grau imaginável, enviando as influências do misterioso "espírito de rebanho", com sua inflação de poder e obediência, até os mais longínquos recantos da sociedade, a cada indivíduo e cada grupo que possa ser afetado por ele. E são esses impulsos que o Estado – órgão que congrega e organiza todo o rebanho, toda a coletividade – usa como base.

Há, é claro, um forte elemento de puro misticismo filial em nossos sentimentos em relação ao Estado. A sensação de insegurança, o desejo de proteção nos leva a desejar outra vez a presença do pai e da mãe, nossa primeira fonte de proteção. Não é por nada que ainda pensamos no Estado em termos de Pátria Amada ou Mãe Terra, que nossas relações sejam concebidas em termos de afeição familiar. A guerra demonstrou que em nenhum lugar onde se experimentassem sensações de perigo iminente, tanto em nosso país como em qualquer outro, essas atitudes infantis deixaram de vir à tona. Se não temos o intenso desejo de ver a pátria como um Pai, tal como os alemães e sua Vaterland, temos ainda assim, na figura do Tio Sam, um símbolo de proteção, de autoridade bondosa. E nos inúmeros Postos-Mãe da Cruz Vermelha podemos observar como as funções mais delicadas da guerra são comandadas por uma organização que tem uma estrutura semelhante à da família. Um povo em guerra volta a ser criança no sentido mais literal do termo: são obedientes, respeitosos, confiantes, cheios da mesma fé ingênua na total sabedoria e no poder absoluto do adulto que toma conta deles, impondo-lhes suas regras firmes mas bondosas e em quem podem depositar todas as suas ansiedades, temores e responsabilidades. Há uma grande dose de alívio e até uma certa sensação de poder nessa volta à infância. Para a maior parte das pessoas, o esforço de manter-se como um ser adulto e independente é uma carga pesada, e ninguém sente mais esse peso do que os membros das classes mais importantes que herdaram, ou assumiram por sua livre vontade, a responsabilidade de governar. O Estado fornece o mais conveniente dos símbolos sob o qual essas classes podem manter a satisfação pragmática de governar ao mesmo tempo que se livram da carga psíquica que representa ser adulto. Eles continuam a dirigir a indústria, o governo e todas as outras instituições da sociedade tal como faziam antes, mas a seus próprios olhos, e aos olhos do público, deixaram de agir de forma egoísta e destruidora para tornarem-se súditos fiéis da sociedade ou de algo que é maior do que eles próprios – o Estado. O homem que deixa a direção de uma grande companhia em Nova York para ocupar um posto de gerente em alguma indústria bélica em Washington não altera, pelo menos aparentemente, sua técnica administrativa nem perde o seu poder. Mas fisicamente, que transformação! Ele agora não tem só o poder nas mãos, mas a glória! E seus sentimentos de satisfação são diretamente proporcionais não à quantidade de verdadeiro sacrifício pessoal que pudesse estar envolvido na mudança, mas ao grau de comando que ele mantém em sua nova posição.

Sempre que a passagem do investimento privado para o serviço estatal acarreta uma perda real de poder ou de privilégios pessoais, os membros dessa classe sentem-se tomados de indignação. Eles acreditam que, já que é inevitável que ocorram certos sacrifícios pragmáticos, melhor seria que ocorressem no campo de honra, nas tradicionalmente exaltadas mortes no campo de batalha, naquele desvio suicida, como Nietzsche chama a guerra. Em épocas de guerra, o Estado proporciona a satisfação desse desejo, mas seu principal valor é a oportunidade que dá a seus membros de que esses possam regredir a atitudes infantis. Ao reagir a um ataque imaginário contra o seu país ou ao insulto contra o seu governo, você se aproxima do rebanho para sentir-se mais protegido, você se submete a ele em palavras e atos, e insiste com veemência na necessidade de que todo mundo deve falar, pensar e agir junto. E você dirige um olhar cheio de adoração para o Estado, como um filho olha para o pai, como se o

Estado fosse o símbolo quase pessoal da força do rebanho, e o líder e determinante de todas as suas ações concretas e de todas as suas ideias.

A CONSTITUIÇÃO INDEFENSÁVEL

LYSANDER SPOONER
(in *No Treason*, 1870)

A Constituição não tem autoridade ou obrigação inerentes. Não tem nenhuma autoridade, a não ser pelo contato homem a homem. Nem mesmo pretende ser um contrato entre as pessoas. No máximo, pretende ser um contrato entre pessoas que viveram há 80 anos. E supõe-se que tenha sido um contrato apenas entre aquelas pessoas que haviam atingido a maioridade, tendo portanto a capacidade para fazer contratos razoáveis e compulsórios. Além disso, sabemos historicamente que apenas poucas pessoas daquela época foram consultadas, entrevistadas ou puderam expressar o seu consentimento ou sua discordância sobre a questão de maneira formal. Aqueles que deram seu consentimento formalmente, caso tenham existido, estão todos mortos. A maioria já morreu há 40, 50, 60 ou 70 anos. "E a Constituição, por ser seu contrato, morreu com eles." Não tinham poder natural ou o direito de torná-la obrigatória a seus filhos. Não é totalmente impossível, na natureza das coisas, que eles pudessem assegurar sua posteridade, mas nunca tentaram assegurá-la. Isto é, o instrumento pretende ser um acordo apenas entre "o povo" que havia então, não dando nenhum direito, poder ou disposição expressa ou implicitamente de vincular ninguém, mas a si próprio. Vejamos:

"Nós, o povo dos Estados Unidos (isto é, o povo daquela época nos Estados Unidos), a fim de formar uma união mais perfeita, assegurar a tranquilidade, providenciar a defesa comum, promover o bem comum, e assegurar as bênçãos da liberdade para nós e para nossa propriedade, sacramentamos e estabelecemos esta Constituição para os Estados Unidos da América".

Em primeiro lugar, está claro que essa linguagem "como um acordo" propõe ser o que era, isto é, um contrato entre as pessoas daquela época, e, por necessidade, um compromisso apenas entre aqueles que então viviam. Em segundo lugar, a linguagem não expressa nem sugere que tirassem algum propósito ou desejo, de que imaginassem ter algum direito ou poder para obrigar a "posteridade" a obedecê-la. Não diz que a "posteridade" irá ou deverá adotá-la. Apenas diz que sua expectativa e seus motivos de adotá-la eram que poderia ser útil à sua posteridade, assim como a eles próprios, promovendo a união, segurança, tranquilidade, liberdade etc.

Suponhamos que houvesse um acordo desta forma:

Nós, o povo de Boston, concordamos em manter um forte em Governor's Island para nos proteger e a nossa posteridade de invasões.

Esse acordo, como um acordo, só pode comprometer as pessoas existentes. Em segundo lugar, não asseguraria nenhum direito, poder ou disposição para compelir sua "posteridade" a manter tal forte. Apenas indicaria que um suposto bem-estar de sua posteridade foi um dos motivos que induziram as partes originais a entrar em acordo.

Quando um homem diz que está construindo uma casa para si e para sua posteridade, ele não quer dizer que gostaria de obrigar seus filhos, ou que seria estúpido a ponto de pensar que tem algum direito ou poder para obrigá-los a viver aí. Quanto a seus sucessores, ele apenas quer dizer que a sua expectativa e seus motivos são que eles, ao menos alguns deles, possam ser felizes ao viver na casa.

Assim, quando um homem planta uma árvore para si e para sua posteridade, deve ser entendido que ele não quer obrigar seus filhos a comer frutas. Também não se deve deduzir que ele seja tão simplório que pense que tem algum direito ou poder para obrigá-los a comer frutas. Quanto aos seus sucessores, ele apenas quer dizer que sua expectativa e seus motivos para plantar a árvore é que suas frutas façam bem a eles.

Assim foi com aqueles que originalmente adotaram a Constituição. Quaisquer que fossem suas intuições pessoais, o significado legal de sua linguagem quanto à posteridade era apenas que a expectativa e os motivos que os levaram a entrar no acordo é que este poderia promover sua união, segurança, tranquilidade e bem-estar. Poderia assegurar-lhes as bênçãos da liberdade. A linguagem não assegura ou subentende qualquer direito, poder ou disposição das partes originais do acordo, de obrigar a sua "posteridade" a adotá-la. Se quisessem obrigar sua posteridade a aceitá-la, eles deveriam ter dito que o objetivo era escravizá-los e não "assegurar-lhes as bênçãos da liberdade". Se sua "posteridade" fosse obrigada a adotá-la, eles não seriam mais do que os escravos de seus estúpidos e tirânicos avós mortos.

Não se pode dizer que a Constituição formava uma corporação do "povo dos Estados Unidos". Não cita o povo como uma corporação, mas como indivíduos. Uma corporação não se descreve como "nós" ou "povo". Na linguagem legal, uma corporação também não tem qualquer posteridade. Ela supõe ter, e diz que tem, existência perpétua, como uma individualidade única. Além disso, até hoje, nenhuma associação de homens pôde criar uma corporação perpétua. A corporação só se torna perpétua através da entrada voluntária de novos membros quando os velhos morrem. Mas, por essa entrada voluntária de novos membros, a corporação necessariamente morre com a morte daqueles que a integram originalmente.

Portanto, legalmente, na Constituição não há nada que professe ou tente obrigar a posteridade daqueles que a estabeleceram.

Em que autoridade o nosso governo se baseia se a própria Constituição não é uma autoridade? Em que base aqueles que pretendem administrá-la reivindicam o direito de confiscar a propriedade alheia, de restringir sua liberdade de ação, de indústria e de comércio, e de matar todos aqueles que negam sua autoridade de dispor da propriedade, liberdade e vida dos homens a seu bel-prazer ou a seu arbítrio?

Ao responder, o máximo que podem dizer é que metade, dois terços ou três quartos dos homens adultos do país têm um entendimento implícito de que eles manterão o governo sob a Constituição. Um acordo de que eles escolherão, por voto secreto, as pessoas que vão administrá-los. As pessoas que obtiverem a maioria, ou a pluralidade dos votos, serão seus representantes e administrarão a Constituição em seu nome e por sua autoridade.

Mas esse entendimento implícito, se é que existe, não pode justificar a conclusão obtida. Um entendimento implícito entre A, B e C, que, por voto secreto, irão escolher D como seu agente para privar-me de minha propriedade, liberdade ou vida, não autoriza de maneira alguma que D o faça. Ele não é menos ladrão, tirano e assassino, porque alega ser apenas agente, do que seria se agisse, declaradamente, sob sua própria e única responsabilidade.

Eu não posso reconhecê-lo como seu agente e nem ele pode afirmar ser seu agente legitimamente se ele não tem autoridade escrita por eles, creditando-o para tal. Não tenho nenhuma obrigação de acreditar no que me diz sobre seus chefes, se é que tem algum. Sem credenciais, tenho o direito de dizer que ele não tem a autoridade que alega ter e que, portanto, ele está tentando me roubar, escravizar ou matar por conta própria.

Portanto, esse entendimento implícito entre os eleitores do país não dá qualquer autoridade aos seus agentes. As eleições pelas quais eles selecionam seus agentes também não avaliam mais que seu acordo implícito, porque seus votos são secretos de forma a evitar qualquer responsabilidade pessoal sobre ações de seus agentes.

Nenhum grupo de pessoas pode autorizar um homem para agir como seu agente para prejudicar uma terceira pessoa, a não ser que o façam de maneira aberta e autêntica para que possam ser responsabilizados pessoalmente pelos seus atos. Nenhum dos eleitores deste país aponta seus agentes de forma aberta e autêntica ou de maneira a serem responsáveis pelos seus atos. Portanto, esses pretensos agentes não podem se declarar verdadeiros. Alguém deve ser responsável pelos atos desses pretensos agentes. Se eles não podem mostrar credenciais abertas e autênticas de seus mandantes, pela razão ou pela lei, não se pode dizer que eles têm mandantes. A máxima se explica: aqui, o que não aparece não existe. Se eles não podem mostrar mandatos, eles não têm nenhum.

Mesmo esses pretensos agentes não sabem quem são seus pretensos mandantes. Eles agem secretamente, porque o voto secreto é um ato secreto. É como se fossem reunir num conclave secreto na escuridão. São pessoalmente tão desconhecidos aos agentes que selecionam como para os outros. O pretenso agente não sabe pelo voto de quem ele foi selecionado e, consequentemente, quem são seus verdadeiros mandantes. Por não saber quem são seus mandantes, ele não tem direito de dizer que tem algum. No máximo, ele pode dizer que é um agente de um bando secreto de ladrões e assassinos, que estão ligados pela fé que prevalece entre os confederados no crime, para ajudá-lo, se seus atos, feitos em seu nome, tiverem resistência.

Os homens honestamente engajados na tentativa de estabelecer justiça no mundo não têm por que agir em segredo, ou por que nomear agentes para fazer o que eles, os mandantes, não querem se responsabilizar.

O voto secreto faz um governo secreto, e um governo secreto é um bando secreto de ladrões e assassinos. O despotismo aberto é melhor do que isso. Um único déspota se mostra a todos os homens e diz: "Eu sou o Estado, minha vontade é lei, eu sou o meu Mestre, eu me responsabilizo por meus atos. O único árbitro que reconheço é a espada: se alguém negar o meu direito, deixe-o tirar conclusões comigo".

Mas um governo secreto é um governo de assassinos. Sob esse governo não se sabe quem são os tiranos até que eles caiam, e talvez nem mesmo aí.

O homem a quem poderíamos pedir proteção mais facilmente poderá ser um inimigo quando o dia do juízo chegar.

Este é o tipo de governo que temos, e será o único que teremos até que os homens digam: "Não consentiremos em ter nenhuma Constituição, exceto aquela que não teremos medo nem vergonha de assinar. Não autorizaremos o governo a fazer qualquer coisa em nosso nome que não quisermos nos responsabilizar pessoalmente".

A ILUSÃO DO SUFRÁGIO UNIVERSAL

MICHAEL BAKUNIN
(in *Oeuvres*, Vol. II, 1907. Traduzido para o inglês por George Woodcock)

Os homens acreditavam que o estabelecimento do sufrágio universal garantiria a liberdade dos povos. Infelizmente essa era uma grande ilusão e a compreensão da ilusão, em muitos lugares, levou à queda e à desmoralização do partido radical. Os radicais não queriam enganar o povo, pelo menos assim asseguram as obras liberais, mas neste caso eles próprios foram enganados. Eles estavam firmemente convencidos quando prometeram ao povo a liberdade através do sufrágio universal. Inspirados por essa convicção, eles puderam sublevar as massas e derrubar os governos aristocráticos estabelecidos. Hoje, depois de aprender com a experiência, e com a política do poder, os radicais perderam a fé em si mesmos e em seus princípios derrotados e corruptos.

Mas tudo parecia tão natural e tão simples: uma vez que os poderes legislativo e executivo emanavam diretamente de uma eleição popular, não se tornariam a pura expressão da vontade popular e não produziriam a liberdade e o bem-estar entre a população?

Toda decepção com o sistema representativo está na ilusão de que um governo e uma legislação surgidos de uma eleição popular deve e pode representar a verdadeira vontade do povo. Instintiva e inevitavelmente, o povo espera duas coisas: a maior prosperidade material possível combinada com a maior liberdade de movimento e de ação. Isto significa a melhor organização dos interesses econômicos populares e a completa ausência de qualquer organização política ou de poder, já que toda organização política se destina à negação da liberdade. Esses são os desejos básicos do povo.

Os instintos dos governantes, sejam legisladores ou executores das leis, são opostos por estarem numa posição excepcional.

Por mais democráticos que sejam seus sentimentos e suas intenções, atingida uma certa elevação de posto, veem a sociedade da mesma forma que um professor vê seus alunos, e entre o professor e os alunos não há igualdade. De um lado, há o sentimento de superioridade, inevitavelmente provocado pela posição de superioridade que decorre da superioridade do professor, exercite ele o poder legislativo ou executivo. Quem fala de poder político fala de dominação. Quando existe dominação, uma grande parcela da sociedade é dominada e os que são dominados geralmente detestam os que os dominam, enquanto estes não têm outra escolha, a não ser subjugar e oprimir aqueles que dominam.

Esta é a eterna história do saber político, desde que o poder surgiu no mundo. Isto é, o que também explica como e por que os democratas mais radicais, os rebeldes mais violentos se tornam os conservadores mais cautelosos assim que obtêm o poder. Tais retratações são geralmente consideradas atos de traição, mas isso é um erro. A causa principal é apenas a mudança de posição e, portanto, de perspectiva.

Na Suíça, assim como em outros lugares, a classe governante é completamente diferente e separada da massa dos governados. Aqui, apesar da constituição política ser igualitária, é a burguesia que governa, e é o povo, operários e camponeses que obedecem suas leis. O povo não tem o tempo livre ou a educação necessários para se ocupar do governo. Já que a burguesia tem ambos, ela tem de fato, se não por direito, privilégio exclusivo. Portanto, na Suíça, como em outros países, a igualdade política é apenas uma ficção pueril, uma mentira.

Separada como está do povo, por circunstâncias sociais e econômicas, como pode a burguesia expressar, nas leis e no governo, os sentimentos, as ideias e a vontade do povo? É possível, e a experiência diária prova isso. Na legislação e no governo, a burguesia é dirigida principalmente por seus próprios interesses e preconceitos, sem levar em conta os interesses do povo.

É verdade que todos os nossos legisladores, assim como todos os membros dos governos cantonais, são eleitos, direta ou indiretamente, pelo povo.

É verdade que, em dia de eleição, mesmo a burguesia mais orgulhosa, se tiver ambição política, deve curvar-se diante de

Sua Majestade, a Soberania Popular. Mas, terminada a eleição, o povo volta ao trabalho e a burguesia, a seus lucrativos negócios e às intrigas políticas. Não se encontram e não se reconhecem mais. Como se pode esperar que o povo, oprimido pelo trabalho e ignorante da maioria dos problemas, supervisione as ações de seus representantes? Na realidade, o controle exercido pelos eleitores aos seus representantes eleitos é purificação, já que, no sistema representativo, o controle popular é apenas uma garantia da liberdade do povo – é evidente que tal liberdade não é mais do que uma ficção.

ISOLAMENTO PARLAMENTAR

PIERRE-JOSEPH PROUDHON
(in *As confissões de um revolucionário*, 1849)

Ingressei na Assembleia Nacional com a timidez de uma criança e o entusiasmo de um principiante. Assíduo, desde as 9 horas da manhã, às reuniões dos departamentos e comissões, eu só deixava a Assembleia ao anoitecer, exaurido de cansaço e desgosto. Tão logo punha os pés naquele Sinai parlamentar, afastava-me das massas; absorvido pelas tarefas legislativas perdia inteiramente de vista os acontecimentos do momento. Eu nada sabia, quer sobre a situação das oficinas nacionais e a política do governo, quer sobre as intrigas que surgiam no coração da Assembleia. É preciso ter vivido naquela câmara de isolamento chamada Assembleia Nacional para entender como, quase sempre, justamente os homens que mais completamente desconhecem a situação do país são aqueles que o representam...

A maior parte dos meus colegas de esquerda e extrema esquerda compartilhavam da mesma perplexidade, da mesma ignorância sobre os acontecimentos do dia a dia. Só se falava nas Oficinas Nacionais com uma espécie de terror, pois temer o povo é um mal que aflige todos aqueles que estão do lado da autoridade; para os que estão no poder, o inimigo é o povo.

A INUTILIDADE DAS LEIS

PETER KROPOTKIN
(in *Lei e autoridade*, 1886)

A um exame atento, as milhares de leis que existem para regular a humanidade parecem estar divididas em três categorias principais: proteção da propriedade, proteção dos indivíduos, proteção do governo. E, analisando cada uma dessas categorias, chegamos a uma única e inevitável conclusão lógica e necessária: a inutilidade e perniciosidade das leis.

Os socialistas sabem o que significa proteção da propriedade. As leis que regulam a propriedade não foram criadas para garantir, nem ao indivíduo nem à sociedade, o gozo do produto do seu trabalho. Pelo contrário, elas foram criadas para despojar o produtor de uma parte daquilo que ele produziu e para garantir a outras pessoas a posse daquela porção do produto que foi roubado, ou do produtor em particular ou da sociedade em geral. Quando, por exemplo, a lei assegura ao Senhor Fulano de Tal o direito sobre uma casa, ela não está estabelecendo seu direito sobre uma casinha que ele mesmo tenha construído, ou a um prédio erguido com a ajuda de alguns amigos. Se fosse assim, seus direitos nem seriam questionados. Mas, pelo contrário, a lei está estabelecendo seus direitos sobre uma casa que não é fruto do seu trabalho, em primeiro lugar porque ele a fez construir por outros, aos quais nem sequer pagou o preço justo pelo trabalho realizado, e, depois, porque a casa representa um valor social que ele não poderia ter produzido para si. A lei, no caso, está estabelecendo seu direito a algo que pertence a todas as pessoas em geral e nenhuma em particular. A mesma casa construída nos confins da Sibéria não teria o mesmo valor que tem numa grande cidade e, como sabemos, esse valor é o resultado do trabalho de cerca de cinquenta gerações de homens que construíram a cidade, embelezaram-na, dotando-a de água e gás, belas avenidas, universidades, teatros, lojas, vias férreas e estradas que levam a todas as direções. Assim, ao reconhecer os direitos do Sr. Fulano a uma determinada casa em Paris, Londres ou Rouen, a lei está lhe reservando, injustamente, certa porção do produto do trabalho da humanidade, como um todo. E é precisamente porque essa apropriação – e todas as outras formas de propriedade que tenham as mesmas características – é uma injustiça gritante que são necessários todo um arsenal de leis e um exército de soldados, policiais e juízes para mantê-las contra o bom senso e o sentimento de justiça inerentes à humanidade.

A metade das nossas leis – o código civil de cada país – não serve a qualquer outro propósito senão o de manter essa apropriação, esse monopólio em benefício de determinados indivíduos em detrimento de toda a humanidade. Três quartos das causas julgadas pelos tribunais não são nada mais do que disputas entre monopolistas – dois ladrões lutando pela posse do produto de seus roubos. E muitas das nossas leis criminais têm o mesmo objetivo em vista, tendo sido criadas para manter o trabalhador numa posição de subordinação em relação ao patrão, proporcionando a segurança necessária para que a exploração continue.

Quanto a garantir ao produtor o produto do seu trabalho, não há qualquer lei que ao menos tente fazê-lo, já que isso é algo tão simples, tão natural, de tal modo integrado aos usos e costumes da humanidade que o Direito nem sequer cogitou disso. O banditismo às escâncaras, com espada na mão, não é uma característica da nossa época. Nem jamais dois trabalhadores chegam a disputar o produto do seu trabalho. Se têm um desentendimento, eles o resolvem chamando uma terceira pessoa, sem que haja necessidade de recorrer à lei. O único ser capaz de arrancar de outro o produto do seu trabalho é o proprietário, que interfere sempre para ficar com a parte do leão. Quanto à humanidade em geral, ela em toda a parte respeita o direito de cada um àquilo que ele mesmo criou, sem recorrer a qualquer lei especial.

Como todas as leis sobre propriedade, que enchem grossos volumes de Códigos de Direito e fazem as delícias de nossos advogados, não têm qualquer outro objetivo senão o de proteger a apropriação injusta, garantir que certos indivíduos se apropriem indevidamente do trabalho de outros seres humanos, não há nenhuma razão que justifique a sua existência. No dia da revolução, os revolucionários sociais estão firmemente decididos a acabar com todas elas. E, na verdade, nada mais justo do que fazer-se uma grande fogueira ao ar livre lançando nela todas as leis que tratassem dos assim chamados "direitos de propriedade", todos os títulos de propriedade, todos os registros e escrituras: em uma palavra, tudo aquilo que tivesse qualquer ligação com uma instituição que logo será vista como uma nódoa na história da humanidade, tão humilhante quanto a escravidão ou o servilismo de outras épocas.

As observações que acabamos de fazer a respeito das leis sobre a propriedade poderiam ser aplicadas também à segunda categoria de leis: aquelas destinadas a manter os governos, ou seja, as leis constitucionais. E outra vez um arsenal de leis, decretos, disposições, decisões de conselhos e o que mais houver, criados com o fim de proteger as diversas formas de governo, seja ele representativo, delegado ou usurpado, sob cujo tacão a humanidade se contorce. Sabemos bem – e os anarquistas não cansam de demonstrá-lo em suas eternas críticas contra as várias formas de governo – que a missão de todos os governos, monárquicos, constitucionais ou republicanos, é proteger e manter, através da força, os privilégios das classes dominantes – a aristocracia, o clero e os comerciantes. Mais de um terço de todas as leis que existem – e cada país tem milhares delas, que regulam os impostos, as taxas, a organização dos departamentos ministeriais e suas repartições, as Forças Armadas, a Polícia, a Igreja etc. – não tem qualquer outro objetivo senão manter, remendar e desenvolver a máquina administrativa. E essa máquina, por sua vez, funciona quase que exclusivamente para proteger os privilégios da classe dominante. Analise essas leis, observe-as em ação no dia a dia e descobrirá que nenhuma delas merece ser preservada.

Sobre essas leis, não pode haver duas opiniões diversas – não apenas os anarquistas como os radicais mais ou menos revolucionários concordam que a única coisa a fazer com as leis que tratam da organização dos governos seria arremessá-las ao fogo.

Resta considerar a terceira categoria, aquela que diz respeito à proteção dos indivíduos e ao combate e prevenção do "crime", a mais importante delas, já que a maior parte dos preconceitos a ela estão vinculados; porque, se desfruta de uma certa consideração especial, é em consequência da crença de que esse tipo de lei é absolutamente indispensável à manutenção da segurança em nossas sociedades.

Essas leis, criadas a partir das práticas mais úteis às comunidades humanas, foram mais tarde aproveitadas pelos governantes como um dos meios para justificar sua própria dominação. A autoridade dos chefes das tribos, das famílias mais ricas da cidade e do rei dependia da função de juízes que desempenham o mesmo nos nossos dias: sempre que é discutida a necessidade da existência de um governo é o seu papel como juiz supremo que está sendo posto em questão. "Se não houvesse governo, os homens acabariam por destruir-se uns aos outros" – diz o orador da aldeia. "O principal objetivo de todos os governos é assegurar a cada acusado o direito de ser julgado por doze homens honestos", afirmou Burke. Pois bem, apesar de todos os preconceitos que ainda existem em torno do tema, já é tempo de que os anarquistas declarem, em alto e bom som, que essa categoria de lei é tão inútil e injuriosa quanto as precedentes.

Em primeiro lugar, quanto aos assim chamados "crimes" – assaltos contra pessoas – é sabido que pelo menos dois terços e frequentemente até três quartos deles são instigados pelo desejo de apossar-se da fortuna alheia. Essa imensa classe de "crimes e delitos" desaparecerá no dia em que a propriedade privada deixar de existir. "Mas – dirão alguns – se não tivermos leis para contê-los e castigos para detê-los, sempre haverá bandidos para tentar contra a vida de seus semelhantes, que levarão a mão à faca em todas as lutas nas quais se envolverem e vingarão a mais insignificante ofensa com a morte." Esse refrão é repetido sempre que se põe em dúvida o direito que a sociedade tem de punir os criminosos.

Entretanto, há um fato relacionado a esse assunto que hoje já foi suficientemente provado: a severidade da pena não diminui a quantidade dos crimes. Enforque e esquarteje os criminosos se quiser, e o número de crimes permanecerá igual. Elimine a pena de morte e não terá um crime a mais, eles diminuirão até. As estatísticas o provam. Mas, se a colheita for boa, o pão barato e fizer bom tempo, o número de crimes cairá imediatamente. Isso também pode ser provado pelas estatísticas. A quantidade de crimes sempre aumenta ou diminui em proporção direta aos preços dos alimentos e ao estado do tempo. Não que a fome seja a causa de todos os crimes. Não é esse o caso. Mas, se a colheita é boa e os alimentos podem ser comprados a um preço acessível e quando o sol brilha, os homens, de coração mais leve e menos infelizes do que de costume, não se entregam a paixões sombrias, nem mergulham a faca no peito de seu semelhante por motivos banais.

Além do mais, é também sabido que o medo do castigo nunca impediu que qualquer crime fosse cometido. Aquele que mata seu vizinho por vingança ou por miséria não pensa muito nas consequências; e houve, até hoje, bem poucos assassinos que não estivessem firmemente convencidos de que não deveriam ter sido acusados.

Não estamos falando de uma sociedade em que o homem receberá uma educação melhor, em que o desenvolvimento de todas as suas faculdades e a possibilidade de exercê-las irá proporcionar-lhe tantas alegrias que ele não procurará envenená-las com remorsos – mesmo numa sociedade como a nossa, mesmo com esses tristes produtos da miséria que hoje vemos entre o povo das grandes cidades. No dia em que os criminosos não sofrerem mais qualquer castigo, o número de crimes não aumentará e é extremamente provável que, pelo contrário, sofra o decréscimo de todos aqueles crimes que são hoje cometidos por criminosos reincidentes, homens que a prisão embruteceu.

Somos continuamente lembrados dos benefícios que a lei confere e dos efeitos benéficos do castigo, mas terão aqueles que nos falam tentado alguma vez fazer um balanço entre os benefícios atribuídos às leis e aos castigos e os efeitos degradantes que esses castigos tiveram sobre a humanidade? Tente calcular todas as perversas paixões que os atrozes castigos infligidos em nossas ruas despertaram na humanidade. O homem é o animal mais cruel que existe sobre a face da Terra. E quem terá estimulado e desenvolvido esses instintos cruéis, desconhecidos mesmo entre os macacos, senão o rei, o juiz e os padres apoiados em leis que permitiam que a pele fosse arrancada em tiras, o breu fervente derramado sobre as feridas, os membros arrancados, os ossos esmagados, os homens despedaçados para que sua autoridade fosse mantida? Tente avaliar a torrente de depravação libertada entre a sociedade humana pela política de delação encorajada pelos juízes e paga em dinheiro vivo pelos governos, a pretexto de auxiliar na descoberta dos "crimes". Basta apenas que entre nas prisões e veja no que se transforma um homem privado da liberdade e encerrado com outros seres depravados, mergulhados no vício e na corrupção que escorre das próprias paredes das nossas prisões. Basta lembrar que, quanto mais reformas sofrem essas prisões, mais detestáveis se tornam. Nossas modernas prisões-modelo são mil vezes mais abomináveis do que as masmorras da Idade Média. Finalmente, basta lembrar da corrupção e da depravação que existem entre os homens, alimentadas pela ideia da obediência – que é a própria essência da lei – da punição; da autoridade arrogando-se o direito de punir, de julgar sem considerar nem a nossa consciência nem a estima de nossos amigos; da necessidade de que haja carrascos, carcereiros e informantes – em uma palavra, de todos os atributos da lei e da autoridade. Pense em tudo isso e certamente concordará conosco quando afirmamos que uma lei que inflige punições é uma abominação que deveria deixar de existir.

Povos sem organização política e, portanto, menos depravados do que nós entenderam perfeitamente que o homem a quem chamam de "criminoso" é simplesmente um infeliz; que a solução não é açoitá-lo, acorrentá-lo ou matá-lo no cadafalso ou na prisão, mas ajudá-lo como a um irmão, dispensando-lhe um tratamento baseado na igualdade e nos costumes em vigor entre os homens honestos. Na próxima revolução, esperamos que o grito de guerra seja:

"Queimem as guilhotinas, destruam as prisões, expulsem os juízes, os policiais e os informantes – a raça mais imunda que existe sobre a face da Terra –; tratem como a um irmão o homem que foi levado pela paixão a praticar o mal contra seu semelhante; e, sobretudo, retirem dos ignóbeis produtos da ociosidade da classe média a possibilidade de exibir seus vícios sob cores atraentes, e estejam certos de que apenas uns poucos crimes virão perturbar a nossa sociedade".

Os principais incentivadores do crime são a ociosidade, a lei – leis que regem a propriedade, o governo, as punições e os delitos – e a autoridade que toma a seu cargo a criação e aplicação dessas leis.

Chega de leis! Chega de juízes! Liberdade, igualdade e solidariedade humana são as únicas barreiras efetivas que podemos opor aos instintos antissociais de alguns seres que vivem entre nós.

A VIOLÊNCIA DAS LEIS

LEON TOLSTÓI
(in *A escravidão de nosso tempo*, 1900)

Muitas Constituições foram criadas – a começar pela inglesa e a americana, terminando pela japonesa e a turca – de modo a fazer com que as pessoas acreditassem que todas as leis estabelecidas atendiam a desejos expressos pelo povo. Mas a verdade é que não só nos países autocráticos, como naqueles supostamente mais livres – como a Inglaterra, a América, a França e outros –, as leis não foram feitas para atender à vontade da maioria, mas sim à vontade daqueles que detêm o poder. Portanto, elas serão sempre, e em toda a parte, aquelas que mais vantagens possam trazer à classe dominante e aos poderosos. Em toda a parte e sempre, as leis são impostas utilizando os únicos meios capazes de fazer com que algumas pessoas se submetam à vontade de outras, isto é, pancadas, perda da liberdade e assassinato. Não há outro meio.

Nem poderia ser de outro modo, já que as leis são uma forma de exigir que determinadas regras sejam cumpridas e de obrigar determinadas pessoas a cumpri-las (ou seja, fazer o que outras pessoas querem que elas façam), e isso só pode ser obtido com pancadas, com a perda da liberdade e com a morte. Se as leis existem, é necessário que haja uma força capaz de obrigar as pessoas a respeitá-las. E só há uma força capaz de fazer com que alguns seres se submetam à vontade de outros, e essa força é a violência. Não a violência simples, que alguns homens usam contra seus semelhantes em momento de paixão, mas uma violência organizada, usada por aqueles que têm o poder nas mãos, para fazer com que os outros obedeçam à sua vontade.

Assim, a essência da legislação não está no sujeito, no objeto, no direito, na ideia do domínio da vontade coletiva do povo ou em qualquer outra condição tão confusa e indefinida, mas sim no fato de que aqueles que controlam a violência organizada dispõem de poderes para forçar os outros a obedecê-los, fazendo aquilo que eles querem que seja feito.

Assim, uma definição exata e irrefutável para legislação, que pode ser entendida por todos, é esta: "As leis são regras feitas por pessoas que governam por meio da violência organizada que, quando não acatamos, podem fazer com que aqueles que se recusam a obedecê-las sofram pancadas, a perda da liberdade e até mesmo a morte".

SOBRE O CASTIGO

WILLIAM GODWIN
(in *Investigação sobre a justiça política*, 1793)

Consideremos agora os três objetivos principais a que se propõe o castigo: controle, regeneração e exemplo. É preciso admitir que, embora convincentes, nenhum dos argumentos a favor desses objetivos chega a ser irresistível. Qualquer um deles provocará certas considerações que nos obrigarão a duvidar da conveniência do castigo.

O primeiro e mais inocente de todos os tipos de coação é aquele empregado para repelir uma demonstração concreta de força. Embora tenha muito pouco a ver com qualquer forma de instituição política, merece, mesmo assim, ser examinado em primeiro lugar. Suponhamos, por exemplo, que haja uma espada apontada contra o meu peito, ou de outra pessoa qualquer, sob ameaça de morte iminente. Nesse caso, devo ocupar-me de evitar um dano que parece inevitável e parece não haver tempo para experiências. E, no entanto, mesmo aqui, uma investigação rigorosa nos sugerirá dúvidas importantes. Os poderes da razão e da verdade são ainda incomensuráveis.

A verdade que um homem não consegue comunicar em menos de um ano outro poderá transmitir numa quinzena. A menor palavra pode ter uma compreensão proporcional ao seu tamanho. Quando Marius recebeu o soldado que fora enviado à sua cela para assassiná-lo, dizendo-lhe com olhar severo e expressão cheia de autoridade: "Miserável! Tens a temeridade de matar Marius!" e com essas poucas palavras colocou-o em fuga foi porque a grandeza da ideia concebida pela sua mente chegou com força irresistível à mente do seu algoz. Ele não tinha armas para resistir, nem ímpeto para ameaçar; estava debilitado e sozinho. Foi apenas pela força do sentimento que conseguiu desarmar seu exterminador. Mesmo que houvesse, nesse caso, falsidade e preconceito na ideia transmitida, podemos deixar de acreditar que a verdade é ainda mais forte? Seria bom para a espécie humana se a esse respeito todos pudessem ser como Marius, habituados a colocar uma confiança indômita na força da inteligência. Quem poderá dizer o que seria impossível para homens assim ousados e movidos apenas pelos sentimentos mais puros? Quem poderá dizer até onde poderia ir a espécie humana se deixasse de respeitar a força nos outros e se recusasse a utilizá-la em seu próprio proveito?

A diferença que existe, entretanto, entre essa espécie de coação e a outra espécie que geralmente recebe o nome de castigo é bastante óbvia. O castigo é utilizado contra um indivíduo cuja violência já cessou de existir. No momento, ele não está ocupado em qualquer atividade hostil contra a comunidade ou qualquer um de seus membros. É provável que esteja tranquilamente dedicado a ocupações que lhe são benéficas e não fazem mal a ninguém. Sob que pretexto deve esse homem sofrer qualquer tipo de violência?

Para prevenir. Prevenir o quê? Prevenir qualquer mal que ele pudesse vir a cometer. É esse exatamente o argumento que tem sido utilizado para justificar as mais medonhas formas de tirania. Que outros argumentos justificaram a inquisição, os espiões e as várias formas de censura dirigidas contra a opinião? Sob a alegação de que há uma íntima ligação entre as opiniões dos homens e a sua conduta; que sentimentos imorais levam, muito provavelmente, à prática de atos imorais. Em muitos casos, não há razão que nos leve a supor que um homem que já roubou uma vez tem mais probabilidade de voltar a fazê-lo do que aquele que dissipou sua fortuna nas mesas de jogo, ou do que um outro acostumado a afirmar que, numa emergência, não teria escrúpulos de recorrer a esse expediente.

Nada pode ser mais óbvio do que pensar que, sejam quais forem as precauções tomadas com relação ao futuro, só com extrema relutância a justiça concordaria em incluir entre essas precauções os atos de violência contra o meu vizinho. Atos que são tanto mais injustos, quanto supérfluos. Por que não me armar de cautela e energia, em vez de fazer encarcerar todos os homens que minha imaginação ordena que eu tema, para que eu possa passar meus dias em tranquila ociosidade?

Se, em vez de aspirar ao domínio sobre um vasto território, alimentando a sua vaidade com ideias de império como até agora fizeram, as comunidades se contentassem com um pequeno distrito e uma cláusula permitindo a formação de uma confederação em caso de necessidade, cada indivíduo viveria então aos olhos do público. A desaprovação dos vizinhos, um tipo de coação que não tem origem nos caprichos dos homens mas no sistema do universo, iria inevitavelmente obrigá-lo a regenerar-se ou a emigrar. Resumindo todos os argumentos contra esse tema, diríamos que todo o castigo infligido com o objetivo de prevenir é um castigo sob suspeita, a forma de punição mais contrária à razão e mais arbitrária quanto à sua aplicação que poderia ter sido imaginada.

O segundo objetivo a que se propõe o castigo seria, pelo que se pode imaginar, a regeneração. Sob esse aspecto, igualmente há várias restrições a fazer. A coação não convence nem concilia, mas, ao contrário, acaba por alienar a mente daquele contra o qual é utilizada. A coação não tem nada a ver com a razão, não sendo, portanto, a forma mais adequada de cultivar a virtude. É certo que a razão nada mais é do que um confronto e uma comparação entre várias emoções e sentimentos, mas é preciso que esses sentimentos sejam aqueles originalmente provocados pelos fatos e não quaisquer outros que uma vontade arbitrária, estimulada pelo poder de que dispõe, quiser provocar. A razão é onipotente; se minha conduta estiver errada, uma simples observação, partindo de uma visão clara e abrangente, fará com que pareça tal aos meus olhos. Nem é provável que haja em mim qualquer obstinação perversa que me leve a persistir no erro contra todas as recomendações com as quais a virtude pudesse estar investida e toda a beleza com que pudesse ser exibida.

Mas a isso poder-se-ia responder dizendo: "Essa visão sobre o assunto pode realmente ser verdadeira em sentido abstrato, mas não é no que concerne à presente imperfeição das capacidades humanas. O requisito essencial para a reforma e o aperfeiçoamento da espécie humana parece ser o estímulo da mente. É por essa razão que a escola da adversidade tem sido tantas vezes considerada como a escola da virtude. Quando a vida transcorre sem percalços, nossas capacidades permanecem adormecidas. Mas, quando surgem as dificuldades, dir-se-ia que a mente reage à altura. As dificuldades despertam a força e geram a energia. Muitas vezes acontece que quanto mais reprimido eu estiver, mais crescerão minhas capacidades, até que eu acabarei destruindo todos os obstáculos erguidos pela tirania".

A ideia sobre os benefícios da adversidade baseia-se num erro bastante óbvio. Se pusermos de lado o paradoxo e a singularidade, perceberemos que, se a adversidade é um mal, há um outro mal ainda pior. A mente humana não consegue desenvolver-se se não receber ideias. E crescerá mais em meio à desgraça do que no embotamento. Muitas vezes descobriremos que o homem que foi tratado com rigor terá se tornado mais sábio ao fim da sua vida do que aquele tratado com desdém. Mas o fato de que o rigor seja um dos meios para estimular o pensamento não significa que possa ser o melhor deles.

Já foi demonstrado que a coação, em termos absolutos, é injustiça. Poderá a injustiça ser a melhor maneira de difundir os princípios da equidade e da justiça? A tirania é a mais funesta de todas as coisas. Pois o que é a tirania senão aquilo que habituou a humanidade a tanta ignorância e tanto mal por tantos milhares de anos? Mas será possível que essa mesma tirania, que tão terríveis consequências teve, poderia, em outras circunstâncias, ser uma fonte de benesses? Qualquer tipo de coação exacerba a mente. Aquele que sofre a coação é persuadido, na prática, da necessidade de uma filantropia suficientemente ampla entre aqueles com os quais se relaciona. Ele aprende que a justiça só triunfa com grandes limitações e que ninguém deve esperar ser tratado com justiça. A lição que aprende é esta: "Submeta-se à força, renuncie à razão. Não se deixe guiar pelas suas convicções mas pelos aspectos mais vis da sua natureza – o medo da dor e um respeitoso temor pela injustiça praticada por outros. Foi assim que Elisabeth da Inglaterra e Frederico da Prússia foram educados na escola da adversidade. Mas o benefício que obtiveram com esse tipo de educação foi que com ela aprenderam a encontrar, dentro de si próprios, os recursos que lhes permitiram aceitar com espírito indômito a violência utilizada contra eles. Será essa a melhor maneira de formar o homem para a prática do bem? Em caso positivo, talvez se torne necessário, além disso, que a coação que usemos seja de uma injustiça flagrante, já que o progresso parece estar não na submissão, mas na resistência. Mas não há dúvida de que a verdade é a forma adequada de estimular a mente, sem que seja preciso recorrer à adversidade. Por verdade entendemos aqui uma visão justa de todos os atrativos do trabalho, do conhecimento e da bondade. Se eu sou capaz de reconhecer o valor de qualquer ocupação, por que não deverei entregar-me a ela? E, se sou capaz de entendê-la com toda a clareza, por que não haverei de empenhar-me com zelo e dedicação? Se souber como despertar a minha mente, apelando para os sentimentos mais nobres e verdadeiros da minha natureza. Mas, para que isso aconteça, é necessário que você mesmo entenda, em profundidade, aquilo que quer me recomendar; é preciso que seu cérebro tenha absorvido todos os dados e que você possa expressar com clareza e total convicção suas próprias opiniões. Se estivéssemos acostumados a uma educação em que a verdade não fosse jamais desprezada por preguiça, ou expressa de forma traiçoeira, capaz de diminuir seus méritos; uma educação na qual o professor se sujeitasse à eterna procura da melhor forma para transmiti-la com objetividade e vigor mas sem qualquer preconceito ou aspereza; é impossível deixar de acreditar que essa educação seria mais eficaz para o desenvolvimento da mente do que qualquer outra forma de coação, fosse ela agressiva ou benevolente, que jamais tenha sido inventada.

O último objetivo a que se propõe o castigo é o exemplo. Tivessem os legisladores limitado suas opiniões à reforma e prevenção, esse afã de usar o poder de que dispõem, embora equivocado, ainda teria a marca da humanidade. Mas, a partir do momento em que a vingança é apresentada como um estímulo para a ação, ou como uma medonha forma de exemplo, nenhuma barbárie foi considerada demasiado grande. E um engenho cruel ocupou-se em descobrir novas maneiras de torturar a vítima ou de tornar o espetáculo mais impressionante e horrível.

Há muito se observou que essa orientação raramente atinge os seus objetivos. Enquanto novas, todas as formas mais refinadas da crueldade produzem uma certa impressão que logo desaparece – e todo o alcance dessa invenção tenebrosa se esgota em vão. A razão disso é que, seja qual for a força com que a novidade atingiu a imaginação, a natureza inerente à situação logo reaparece e faz valer o seu poder supremo.

Sentimos então as necessidades prementes da conjuntura a que estamos sujeitos e sentimos – ou pensamos sentir – os ditames da razão instigando-nos a satisfazê-las.

Sejam quais forem as ideias que tivermos sobre as determinações da lei, elas surgem com sinceridade, embora talvez com alguns erros, das condições básicas da nossa vida. Comparamo-las com o despotismo que a sociedade exerce como entidade coletiva e, quanto mais o fizermos, maiores serão nossos murmúrios e a nossa indignação contra as injustiças que sofremos. Mas a indignação não é um sentimento que sirva para conciliar; a crueldade não possui qualquer das qualidades da persuasão. Ela pode inspirar terror, mas é incapaz de produzir em nós candura e docilidade. Assim feridos pela injustiça, nossos sofrimentos, nossas tentações e toda a eloquência dos nossos sentimentos manifestam-se repetidas vezes. É por acaso de admirar que acabem triunfando?

O castigo utilizado como exemplo está sujeito a todas as objeções já utilizadas contra o castigo como forma de prevenir ou regenerar e a outras mais que lhe são peculiares. Pois, no caso, o castigo é utilizado contra uma pessoa que no momento não está cometendo nenhuma ofensa e da qual podemos apenas suspeitar que alguma vez chegará a fazê-lo. Não admite discussão e exige de nós que consideremos esse tipo de conduta como um dever, apenas porque isso apraz aos nossos superiores e porque eles esperam que, através do exemplo, poderão fazer com que não nos obstinemos a pensar de qualquer outra maneira. Além disso, devemos lembrar que, quando me fazem sofrer um castigo – seja ele justo ou injusto –, apenas para que eu sirva de exemplo a outras pessoas, estou sendo tratado com arrogante desdém, como se eu fosse incapaz de qualquer sentimento. Se quem me castiga está sendo justo, seria necessário que houvesse em mim alguma coisa que me tornasse merecedor desse castigo – seja um deserto absoluto, o que seria absurdo, seja algum mal que eu pudesse praticar ou, finalmente, que existisse, no castigo que me infligem, alguma coisa capaz de provocar a minha regeneração.

Se qualquer uma delas for a razão que torna justo o sofrimento que me está sendo infligido, então não há nada que justifique a utilização do castigo como exemplo: ele pode ser uma consequência incidental do processo mas não é parte integrante do princípio. Fazer com que um indivíduo seja objeto de tortura ou morte, sem outra razão senão a de fazer com que aqueles que o assistem possam aprender alguma coisa com seu sofrimento, é, sem dúvida, uma forma extremamente superficial e injusta de guiar os sentimentos da humanidade.

A PRISÃO E SEUS EFEITOS

PETER KROPOTKIN
(in *Nas prisões russas e francesas*, 1887)

Na vida cinzenta de um prisioneiro, que corre sem paixões ou grandes emoções, logo desaparecem todos os sentimentos capazes de enobrecer o caráter dos homens. Mesmo os operários que amam o seu ofício, encontrando nele alguma forma de realização estética, perdem o gosto pelo trabalho. Lembro dos anos passados na prisão na Rússia. Entrei na minha cela com a firme resolução de não sucumbir. Para manter a energia física eu caminhava regularmente cinco milhas por dia e, duas vezes por dia, fazia exercícios com o auxílio de uma pesada cadeira de carvalho. Quando me permitiram usar pena e tinta, me propus a tarefa de revisar um trabalho que cobria um vastíssimo campo: submeter a uma revisão sistemática os índices de glaciação. Mais tarde, na França, uma outra paixão me inspirou a elaborar as bases daquilo que eu considerava ser um novo sistema filosófico – o anarquismo. Mas, em ambos os casos, logo senti que um grande desânimo tomava conta de mim. A energia física também logo desapareceu. E não me ocorre nenhuma imagem melhor do que comparar o estado de um prisioneiro ao inverno passado nas regiões árticas. Basta ler os relatos das expedições árticas, as mais antigas, escritas pelo bondoso Perry ou por Ross. Nelas é possível sentir que um toque de depressão física e mental vai aos poucos impregnando todo o diário, tornando-se cada vez mais intenso até que o sol e a esperança ressurjam no horizonte. É esse o estado em que vive um prisioneiro. O cérebro já não tem mais forças para manter-se atento por longos períodos; o pensamento se torna menos rápido, ou melhor, menos persistente: perde a capacidade de aprofundar-se. No ano passado, um relatório americano menciona o fato de que, enquanto o estudo de línguas geralmente alcança bons resultados entre os prisioneiros, poucos conseguem levar avante o estudo da matemática, o que é verdade.

Parece-me que essa falta de energia nervosa pode ser explicada pela ausência de impressões. Na vida comum, milhões de sons e de cores atingem nossos sentidos; milhares de pequenos e variados fatos chegam ao nosso conhecimento, estimulando a atividade do cérebro. O mesmo não acontece com o prisioneiro: suas impressões são poucas e sempre iguais. Isso explica o entusiasmo dos prisioneiros diante de qualquer fato ou impressão nova. Não posso esquecer o entusiasmo com que observava as mudanças na cor da agulha dourada que encimava a fortaleza durante meus passeios pelo pátio: rosada ao pôr do sol, tomava um tom azulado pela manhã, as cores variando de acordo com o tempo, a hora e as estações do ano: era a única coisa que mudava ali. O aparecimento de um papagaio no pátio da fortaleza também era um grande acontecimento, uma nova impressão. Essa é provavelmente a razão que faz com que todos os prisioneiros gostem tanto de ilustrações; elas são capazes de transmitir impressões de uma maneira nova. Todas as impressões que o prisioneiro recebe, seja através de suas leituras ou de seus próprios pensamentos, são recriadas pela sua imaginação. E o cérebro, já mal alimentado por um coração menos ativo e pelo sangue fraco, torna-se cansado e angustiado. Perde a força.

Essa circunstância também explica, provavelmente, a extraordinária falta de vigor e de entusiasmo que se observa no trabalho dentro da prisão. Na verdade, cada vez que eu via os prisioneiros em Clairvaux atravessando lentamente os pátios, seguidos também preguiçosamente por um guarda preguiçoso, minha imaginação sempre me transportava de volta à casa de meu pai e seus numerosos servos. O trabalho do prisioneiro é um trabalho escravo; e nenhum trabalho escravo consegue inspirar no homem o que de melhor existe no ser humano – o desejo de trabalhar e de criar alguma coisa. O prisioneiro pode até aprender uma profissão qualquer, mas jamais aprenderá a amar o seu trabalho e, na maioria dos casos, aprenderá a odiá-lo.

Há ainda outra importante causa que contribui para a desmoralização dentro das prisões, na qual nunca será demais insistir, já que ela existe em todas as prisões e é inerente ao próprio sistema de privação da liberdade. Todas as transgressões contra os princípios morais estabelecidos podem ser atribuídas à falta de força de vontade. Quase todos os internos em nossas prisões são pessoas que não tiveram firmeza suficiente para resistir às tentações que os cercam, ou que não foram capazes de dominar o impulso apaixonado que durante um breve instante tornou-se mais forte do que eles. Ora, nas prisões – tal como nos monastérios –, o prisioneiro é mantido afastado de todas as tentações do mundo exterior e suas relações com os outros homens são tão limitadas e de tal modo reguladas que ele raramente fica sob a influência de grandes paixões. Mas, exatamente por isso, ele quase não tem oportunidade de exercer e fortalecer sua força de vontade. Ele é como uma máquina. Não pode escolher entre duas maneiras de agir, e as pouquíssimas oportunidades que lhe dão para exercer sua vontade estão ligadas a assuntos sem a menor importância. Durante toda a sua vida ele foi manipulado e comandado antes que pudesse agir: precisa apenas seguir a corrente e obedecer para escapar a um castigo cruel. Sob tais condições, qualquer força que pudesse ter a sua vontade de entrar na prisão acaba por desaparecer. E onde irá ele encontrar forças para resistir às tentações que irão surgir diante de si, como por encanto, tão logo ultrapasse os muros da prisão? Onde encontrará forças para resistir ao primeiro impulso de um caráter apaixonado, se durante tantos anos tudo fizeram para matar nele a força interior da resistência, para fazer dele um instrumento dócil nas mãos daqueles que o governam?

Na minha opinião é esse fato – e parece-me que é impossível que alguém discorde – a mais forte razão para que condenemos todos os sistemas que tenham como base privar o condenado de seu direito à liberdade. A origem da supressão sistemática da vontade individual dos prisioneiros, a sistemática redução de homens à condição de máquinas irracionais, executada durante os longos anos de encarceramento, é facilmente explicável: ela surgiu do desejo de impedir qualquer quebra da disciplina e da necessidade de manter o maior número possível de prisioneiros sob o controle do menor número possível de carcereiros. E, ao examinar a volumosa literatura que trata das prisões-modelo, podemos verificar que os maiores elogios são reservados exatamente àqueles sistemas que obtiveram resultados utilizando menos carcereiros. Para nossas prisões, o ideal seria que houvesse um milhão de autômatos, acordando, trabalhando, comendo e dormindo, movidos por uma corrente elétrica operada por um só homem. Mas esse moderno e perfeito sistema penitenciário, embora conseguisse talvez alguma economia para os cofres do Estado, é também a melhor forma de fazer com que a reincidência atinja as cifras extraordinariamente altas que apresenta atualmente. E nem pode provocar espanto o fato de que esses homens, acostumados a funcionar como simples máquinas, provem não ser exatamente aqueles cidadãos de que a sociedade necessita.

Assim que é libertado, o prisioneiro recebe a visita de seus amigos companheiros. Eles o recebem como a um irmão e, assim, tão logo fica em liberdade, volta a ser apanhado na mesma corrente que já o levou uma vez à prisão. Nem as Sociedades de Auxílio aos Prisioneiros são capazes de ajudá-lo: elas só podem desfazer o mau trabalho feito pela prisão, contrabalançando seus maus efeitos sobre alguns dos prisioneiros libertados, enquanto a influência de homens honestos que pudessem ter estendido a mão àquele homem antes que ele tivesse sido mandado para a prisão teria impedido que ele cometesse os crimes que cometeu. Agora, depois que ele foi submetido à educação que é ministrada nas prisões, seus esforços serão – quase sempre – inúteis.

E que contraste entre a recepção fraternal dos pecadores e aquela que lhe é oferecida pelos cidadãos respeitáveis que escondem, sob um exterior cristão, um egoísmo farisaico! Para eles, o prisioneiro libertado é como um homem atacado pela peste. Quem o convidaria para entrar na sua casa dizendo simplesmente: "Aqui tens um quarto, trabalho. Senta-te a esta mesa e seja como um membro da nossa família"? Do que ele mais precisa é de um auxílio fraternal, uma mão estendida em sua direção. Mas, depois que fizemos tudo que estava ao nosso alcance para transformá-lo num inimigo da sociedade, depois de tê-lo inoculado com os vícios que caracterizam uma prisão, quem irá estender-lhe a mão fraterna de que tanto necessita?

SOBRE A PROPRIEDADE

WILLIAM GODWIN
(in *Inquérito sobre a justiça política*, 1793)

A propriedade é a base que completa o sistema de justiça social. Segundo o erro ou acerto das ideias que tivermos sobre o tema, seremos capazes de entender as consequências de uma forma simples de sociedade sem governo, eliminando os preconceitos que nos mantêm presos à complexidade. Não há nada que possa distorcer tanto o nosso julgamento e as nossas opiniões do que as ideias erradas que tivermos sobre os benefícios da fortuna. Finalmente, o período que deverá pôr um fim no sistema de coerção e castigo está intimamente ligado às circunstâncias que colocarão a distribuição da propriedade em bases mais equitativas.

Há três tipos de propriedade.

O primeiro e mais simples deles é aquele que garante o meu direito permanente sobre determinadas coisas, as quais, ao me ser atribuído o seu uso, poderão proporcionar-me uma soma muito maior de benefícios e prazeres do que ocorreria caso pertencessem a qualquer outro. Nesse caso não importa saber como cheguei à posse dessas coisas, sendo a única condição necessária para tal a grande utilidade que possam ter para mim e o fato de que meu direito a elas é aceito unanimemente pelos membros da comunidade em que vivo. E será injusto todo aquele que, com respeito a tais coisas, se conduzir de forma a infringir, em qualquer grau, a minha capacidade de desfrutá-las no momento em que seu uso for realmente importante para mim.

Já vimos que um dos direitos essenciais do homem é aquele que me garante a compreensão dos meus semelhantes; não apenas o meu direito a que evitem fazer qualquer coisa que, como consequência direta, possa vir a afetar a minha vida ou a posse dos meus poderes, mas que evitem interferir na minha compreensão dos fatos, concedendo-me uma determinada esfera de ação para que eu possa exercitar a minha própria capacidade de julgamento. É preciso que seja assim, em primeiro lugar porque, assim como eu posso errar, eles também poderão fazê-lo; em segundo, porque o exercício da compreensão é essencial ao desenvolvimento do ser humano e, finalmente, porque, mesmo que a interferência de outrem em assuntos que são de real importância para mim exista apenas na minha imaginação, a dor e o desconforto que eu vier a sentir diante dessa interrupção serão tão reais como se ela tivesse realmente existido. Segue-se ao acima exposto que, em circunstâncias normais, nenhum homem poderá fazer uso dos meus aposentos, móveis, roupas e alimentos, seja por empréstimo ou por troca, sem que primeiro tenha obtido o meu consentimento.

O segundo grau de propriedade é o império que todo o homem deve ter sobre o produto do seu próprio trabalho, mesmo daquela parte dele cujo uso não lhe for atribuído. Ele não tem direito de escolha na disposição geral de qualquer coisa que lhe venha a cair nas mãos. Cada centavo que lhe pertença, e até mesmo cada produto do seu esforço por menor que seja, já receberam um destino determinado pelas medidas da justiça. Ele é apenas o administrador, mas, ainda assim, um administrador. Todas as coisas devem ser confiadas à sua decisão, controlada apenas pelo poder de censura e pela opinião favorável ou contrária do grupo em que ele vive. Quando é impedido de agir segundo os ditames da sua inteligência, todo homem se transforma, de indivíduo capaz e dotado de infinitas qualidades, na pior e mais desprezível coisa que a imaginação seria capaz de criar.

Logo se poderá perceber que esse segundo tipo de propriedade é, a rigor, mais importante do que o primeiro. Ele é, sob um determinado ponto de vista, uma usurpação, pois confere a mim a preservação daquilo que, por direito, pertence a outro.

O terceiro tipo de propriedade é aquele que recebe as maiores atenções dos Estados civilizados da Europa. É o sistema, estabelecido seja de que modo for, pelo qual um determinado homem passa a ter o direito de dispor sobre o produto do trabalho de outro homem. Não há quase nenhuma forma de riqueza, consumo ou luxo em qualquer país civilizado que não seja, de alguma forma, consequência do trabalho manual e do esforço conjunto dos homens que nele vivem. Os recursos naturais de um país são quase sempre poucos e em quase nada contribuem para o aumento da riqueza, do consumo e do luxo. Basta que cada homem calcule, a cada cálice de vinho que bebe ou diante de cada objeto que usa como adorno, quantos indivíduos foram condenados à escravidão, ao suor, a uma labuta incessante, a uma vida de dificuldades permanentes, má alimentação, ignorância e à mais brutal insensibilidade para que ele pudesse dispor desses luxos. Uma das grandes imposturas que os homens costumam lançar sobre si mesmos é falar nos bens que lhes foram legados por seus antepassados, pois na verdade esses bens são resultado do trabalho diário de seres que vivem no presente. Seus antepassados deixaram-lhes apenas um papel embolorado que eles apresentam como um título que lhes concede o direito de extorquir dos seus semelhantes tudo aquilo que estes produziram com seu próprio esforço. Fica portanto claro que o terceiro grau de propriedade contradiz frontalmente o segundo.

A sociedade ideal exigiria que a quantidade do trabalho manual e esforço físico a ser feito – e especialmente aquela parte dele que não fosse realizada por nossa própria vontade, mas que nos fosse imposta pela necessidade do nosso sustento – fosse reduzida ao máximo. Pois o fato de que um determinado homem possa desfrutar dos confortos mais rudimentares enquanto esses mesmos confortos permanecem inacessíveis à maioria dos membros da comunidade é, em termos absolutos, um erro. Todos os refinamentos, todos os luxos supérfluos, todas as inovações que exijam o emprego de um grande número de trabalhadores são diretamente contrários à propagação da felicidade. Cada novo imposto criado, cada nova forma encontrada para aumentar os gastos do erário público – a menos que sejam compensados (o que raramente acontece) por uma diminuição proporcional da riqueza das classes privilegiadas – é um pouco mais que se acrescenta ao capital da ignorância, servidão e sofrimento...

Uma das fontes inesgotáveis do crime consiste no fato de que um homem possa ter em abundância tudo aquilo de que um outro carece. Antes que possamos impedir que a mente seja poderosamente influenciada quando colocada diante dessa situação, seria preciso mudar a sua natureza. Seria necessário que o homem esquecesse os sentidos, os prazeres da gula, a vaidade, antes que pudesse assistir sem revolta ao monopólio desses prazeres. Seria preciso que deixasse de ter o sentido da justiça antes que pudesse aceitar sem reservas o mundo em que vive, misto de miséria e supérfluo. E, se é certo que a melhor forma de curar essa desigualdade seria através da razão e não da violência, a tendência instintiva dos governantes é convencer os homens de que a razão é impotente. A injustiça, contra a qual tanto reclamam, é sustentada pela força, e eles se deixam induzir por ela com demasiada facilidade para que sequer pensem em lançar mão dela para corrigir as injustiças do mundo em que vivem. Limitam-se apenas a tentar corrigir parcialmente essas injustiças que a educação lhes diz serem necessárias, mas que a razão, mais poderosa, afirma serem tirânicas.

A força tem origem no monopólio. Isso poderia ter acontecido pela primeira vez acidentalmente entre os selvagens cujos apetites excedessem as provisões de que dispunham, ou cujas paixões tivessem sido demasiado inflamadas pelo objeto de seus desejos. Mas logo teria desaparecido gradualmente à medida que a razão e a civilização avançassem. Porém a prioridade acumulada fixou o poder supremo e, a partir de então, tudo se resume numa competição, na luta aberta entre a força e a astúcia de outro. Sendo assim, as lutas violentas e prematuras que possam surgir entre os necessitados serão sempre um erro, pois, na maior parte das vezes, acabarão provocando a derrota das causas que mais de perto os interessam, contribuindo para adiar o triunfo da justiça. Mas o verdadeiro crime estará sempre na predisposição que todo o homem tem para o egoísmo e a parcialidade, para pensar apenas em si mesmo, desprezando as necessidades do outro. E é de homens iguais a esse que são feitas as classes privilegiadas.

A opressão, o servilismo e a fraude são os frutos imediatos da atual forma de administração da propriedade, tão hostis ao progresso moral quanto ao desenvolvimento intelectual do ser humano. Outros males tais como a inveja, a malícia e a vingança são seus companheiros inseparáveis. Numa sociedade em que todos vivessem em meio à abundância, compartilhando igualmente das riquezas que a natureza oferece, esses sentimentos desapareceriam inevitavelmente. Se nenhum homem fosse obrigado a guardar o pouco que lhe pertence, ou tivesse que prover, com sofrimento e angústia, todas as necessidades incessantes, cada um deixaria de pensar apenas em si para pensar no bem comum. Nenhum homem seria o inimigo do seu vizinho, pois não teriam razões de disputa e, em consequência, a filantropia voltaria a ocupar o lugar supremo que lhe foi concedido pela razão. Liberta da angústia permanente de prover o sustento físico, a mente estaria livre para exercer as funções para as quais foi criada. Cada homem poderia responder às indagações de todos.

A DITADURA DO RELÓGIO

GEORGE WOODCOCK
(in *A rejeição da política*, 1972)

Não há nada que diferencie tanto a sociedade ocidental de nossos dias das sociedades mais antigas da Europa e do Oriente do que o conceito de tempo. Tanto para os antigos gregos e chineses quanto para os nômades árabes ou para o peão mexicano de hoje, o tempo é representado pelos processos cíclicos da natureza, pela sucessão dos dias e das noites, pela passagem das estações. Os nômades e os fazendeiros costumavam medir – e ainda hoje o fazem – seu dia do amanhecer até o crepúsculo e os anos em termos de tempo de plantar e de colher, das folhas que caem e do gelo derretendo nos lagos e rios. O homem do campo trabalhava em harmonia com os elementos, como um artesão, durante tanto tempo quanto julgasse necessário. O tempo era visto como um processo natural de mudança, e os homens não se preocupavam em medi-lo com exatidão. Por essa razão, civilizações que eram altamente desenvolvidas sob outros aspectos dispunham de meios bastante primitivos para medir o tempo: a ampulheta cheia que escorria, o relógio de sol inútil num dia sombrio, a vela ou lâmpada onde o resto de óleo ou cera que permanecia sem queimar indicava as horas. Todos esses dispositivos forneciam medidas aproximadas de tempo e tornavam-se muitas vezes falhos pelas condições do clima ou pela inabilidade daqueles que os manipulavam. Em nenhum lugar do mundo antigo ou da Idade Média, havia mais do que uma pequeníssima minoria de homens que se preocupassem realmente em medir o tempo em termos de exatidão matemática.

O homem ocidental civilizado, entretanto, vive num mundo que gira de acordo com os símbolos mecânicos e matemáticos das horas marcadas pelo relógio. É ele que vai determinar seus movimentos e dificultar suas ações. O relógio transformou o tempo, transformando-o de um processo natural em uma mercadoria que pode ser comprada, vendida e medida como um sabonete ou um punhado de passas de uvas. E, pelo simples fato de que, se não houvesse um meio para marcar as horas com exatidão, o capitalismo industrial nunca poderia ter se desenvolvido, nem teria continuado a explorar os trabalhadores, o relógio representa um elemento de ditadura mecânica na vida do homem moderno, mais poderoso do que qualquer outro explorador isolado ou do que qualquer outra máquina. Vale a pena, portanto, traçar o processo histórico através do qual o relógio influenciou o desenvolvimento social da moderna civilização europeia.

Na história acontece frequentemente que uma civilização ou uma cultura criem o instrumento que será mais tarde utilizado para destruí-la. Os antigos chineses, por exemplo, inventaram a pólvora, que foi depois aperfeiçoada pelos pesquisadores militares do Ocidente, o que eventualmente levou à destruição da própria civilização chinesa pelos poderosos explosivos utilizados na guerra moderna. Da mesma forma, a suprema realização dos artesãos das cidades medievais da Europa foi a invenção do relógio, que, ao provocar uma mudança revolucionária no conceito de tempo, contribuiu materialmente para a morte da Idade Média.

Segundo a tradição, o relógio surgiu no século XI como um mecanismo utilizado para fazer com que os sinos dos monastérios tocassem a intervalos regulares. Pela vida regrada que impunham aos seus moradores, os monastérios seriam a instituição que mais se aproximaria, em espírito, às fábricas de nossos dias. O primeiro relógio autenticado, entretanto, só iria aparecer no século XIII, e seria apenas a partir do século XIV que os relógios passariam a fazer parte da decoração dos prédios públicos de algumas cidades da Alemanha.

Esses primeiros relógios, que funcionavam com um sistema de pêndulos, não eram muito exatos. A partir do século XIV é que eles passariam a desfrutar de um certo grau de confiabilidade. Na Inglaterra, por exemplo, dizia-se que o relógio de Hampton Court, fabricado em 1540, foi o primeiro instrumento que conseguiu marcar as horas com certa precisão e mesmo assim relativa, já que dispunha apenas do ponteiro das horas. A ideia de medir o tempo em minutos e segundos já havia sido cogitada pelos matemáticos do século XIV. Mas só depois da invenção do pêndulo, em 1657, foi possível obter um grau de precisão que permitisse a inclusão do ponteiro dos minutos, enquanto o ponteiro dos segundos surgiria apenas no século XVIII. É preciso ressaltar que foi durante esses dois séculos que o capitalismo cresceu de tal modo que teve condições de aproveitar as técnicas da Revolução Industrial para estabelecer seu domínio econômico sobre a sociedade.

O relógio, como observou Lewis Mumford, é a máquina mais importante da Idade da Máquina, pela enorme influência que exerceu sobre a vida profissional e os hábitos do homem. Tecnicamente, foi ele a primeira máquina que conseguiu ter alguma importância na vida do homem. Antes do seu aparecimento, todas as máquinas que existiam eram de tal natureza que seu funcionamento dependia sempre de uma força externa e instável, tal como a força dos músculos de animais ou do homem, das águas e dos ventos. É verdade que os gregos já haviam inventado alguns mecanismos primitivos, mas estes eram usados, tal como a "máquina a vapor" de Hero, para obter "efeitos" sobrenaturais nos templos ou para divertir os tiranos nas cidades do Levante. Mas o relógio foi a primeira máquina automática que conseguiu adquirir uma função social. A fabricação de relógios passou a ser uma atividade na qual os homens aprendiam os elementos da fabricação de outras máquinas, adquirindo conhecimentos técnicos que ajudariam mais tarde a produzir a complicada maquinaria da Revolução Industrial.

Socialmente, o relógio teve uma influência mais radical do que qualquer outro instrumento, pois foi através dele que se tornou possível a regulamentação e arregimentação da vida dos homens, condições necessárias para assegurar o funcionamento de um sistema de trabalho baseado na exploração.

O relógio forneceu os meios através do quais o tempo – algo tão indefinível que nenhuma filosofia conseguira ainda determinar sua natureza – passou a ser medido concretamente em termos mais palpáveis de espaço, dado pela circunstância do mostrador do relógio. O tempo, como duração, perdeu sua importância, e os homens começaram a falar em extensões de tempo como se estivessem falando em metros de algodão. Assim, o tempo, agora representado por símbolos matemáticos, passou a ser visto como uma mercadoria que podia ser comprada e vendida como qualquer outra.

Os novos capitalistas, em particular, bem depressa se tornaram cônscios do novo valor do tempo, passando a ver nele – que aqui simbolizava o trabalho dos operários – quase a principal matéria-prima da indústria. "Tempo é dinheiro" era um dos mais importantes slogans da ideologia capitalista e o "marcador de tempo" era um dos mais importantes entre os novos funcionários criados pelo sistema.

Nas primeiras fábricas, os patrões chegavam ao ponto de manipular os relógios ou de fazer com que as sirenes soassem fora de hora para roubar dos trabalhadores um pouquinho dessa nova e valiosa mercadoria. Mais tarde, essas práticas se tornariam menos frequentes, mas a influência do relógio imporia uma certa regularidade à vida da maior parte dos homens, regularidade que antes só era observada nos monastérios. Na verdade, os homens se transformaram em relógios, a repetir sempre as mesmas ações com uma regularidade que em nada se parecia ao ritmo natural da vida. Tornaram-se, para usar uma expressão vitoriana, "tão regulares quanto os ponteiros de um relógio". Só no campo, onde a vida natural das plantas, dos animais e dos elementos ainda dominava, é que uma grande parte da população não sucumbia ao mortal tique-taque da monotonia.

A princípio, essa nova atitude em relação ao tempo, esse novo ritmo imposto à vida foi ordenado pelos patrões, senhores dos relógios, e os pobres o recebiam a contragosto.

E o escravo da fábrica reagia, nas horas de folga, vivendo na caótica irregularidade que caracterizava os cortiços encharcados de gim dos bairros pobres no início da Era Industrial do século XIX.

Os homens se refugiavam no mundo sem hora marcada da bebida ou do culto metodista. Mas, aos poucos, a ideia da regularidade espalhou-se, chegando aos operários. A religião e a moral do século XIX desempenharam seu papel, ajudando a proclamar que "perder tempo" era um pecado. A introdução dos relógios, fabricados em massa a partir de 1850, difundiu a preocupação com o tempo entre aqueles que antes se haviam limitado a reagir ao estímulo do despertador ou à sirene da fábrica. Na igreja e na escola, nos escritórios e nas fábricas, a pontualidade passou a ser considerada como a maior das virtudes.

E dessa dependência servil ao tempo marcado nos relógios, que se espalhou insidiosamente por todas as classes sociais no século XIX, surgiu a arregimentação desmoralizante que ainda hoje caracteriza a rotina das fábricas.

O homem que não conseguir ajustar-se deve enfrentar a desaprovação da sociedade e a ruína econômica – a menos que abandone tudo, passando a ser um dissidente para o qual o tempo deixa de ser importante. Refeições feitas às pressas, a disputa de todas as manhãs e de todas as tardes por um lugar nos trens e nos ônibus, a tensão de trabalhar obedecendo horários, tudo isso contribui, pelos distúrbios digestivos e nervosos que provoca, para arruinar a saúde e encurtar a vida dos homens.

Nem se poderia afirmar que a imposição financeira da regularidade de horários tenha contribuído, a longo prazo, para o aumento da eficiência. Na verdade, a qualidade do produto parece ter até diminuído, pois o empregador que vê o tempo como uma mercadoria pela qual tem de pagar obriga o operário a trabalhar numa velocidade tal que a produção forçosamente será de qualidade inferior. O critério passa a ser de quantidade e não de qualidade, e já não há mais o prazer do trabalho pelo trabalho. O operário transforma-se, por sua vez, num especialista em "olhar o relógio", preocupado apenas em saber quando poderá escapar para gozar as escassas e monótonas formas de lazer que a sociedade industrial lhe proporciona; onde ele, para "matar o tempo", programará tantas atividades mecânicas com tempo marcado, como ir ao cinema, ouvir rádio e ler jornais, quanto permitir o seu salário e o seu cansaço. Só quando se dispõe a viver em harmonia com sua fé ou com sua inteligência é que o homem sem dinheiro consegue deixar de ser um escravo do relógio.

O problema do relógio é em geral semelhante ao da máquina. O tempo mecanizado serve como uma das formas utilizadas para coordenar as atividades numa sociedade altamente desenvolvida, assim como a máquina serve como um dos meios para reduzir ao mínimo todo o trabalho desnecessário. Ambos são válidos pela contribuição que dão no sentido de tornar a vida mais fácil, e devem ser usados na medida em que auxiliam o homem a cooperar eficientemente e a eliminar as tarefas monótonas e a desordem social. Mas não se deve permitir que nenhum deles passe a dominar a vida do homem como hoje acontece.

Agora são os movimentos do relógio que vão determinar o ritmo da vida do ser humano – os homens se tornaram escravos de uma ideia de tempo que eles mesmos criaram e são dominados por esse temor, tal como aconteceu com Frankenstein. Numa sociedade livre e saudável, essa dominação do homem por máquinas por ele mesmo construídas chega a ser ridícula, mais ridícula até do que o domínio do homem pelo homem. A contagem do tempo deveria ser relegada à sua verdadeira função, como uma forma de referência e um meio para coordenar as atividades do ser humano, que voltaria a ter uma visão mais equilibrada da vida, já não mais dominada pelos regulamentos impostos pelo tempo e pela adoração ao relógio. A liberdade completa implica a libertação da ditadura das abstrações, tanto quanto a libertação do comando dos homens.

Terceira parte

O caminho errado para as mudanças

Se, durante quase dois séculos, os anarquistas se mantiveram fiéis às suas exigências de que a sociedade em que viviam deveria passar por uma transformação radical, por mais de um, permaneceram igualmente fiéis à sua decisão de rejeitar os meios propostos por seus rivais da esquerda – os socialistas autoritários. Quando Marx e aqueles que o sucederam, aderindo às ideias de alguns estrategistas políticos declaradamente mais reacionários, afirmavam que os fins justificam os meios, os anarquistas respondiam quase invariavelmente que os meios condicionam qualquer fim. Em outras palavras: consentir em utilizar-se do poder para aboli-lo, como sugeriam os marxistas ao pregar uma ditadura de transição do proletariado, é uma impossibilidade, um paradoxo que não admite qualquer explicação.

Esse conflito é muito mais do que uma simples disputa entre marxistas e anarquistas: na verdade, é um conflito entre todos os socialistas que se propõem a chegar a uma sociedade justa através do aumento dos poderes do Estado e os libertários que acreditam que o simples fato de utilizar o Estado condenará ao fracasso qualquer tentativa de obter um aumento, por menor que seja, na igualdade libertária.

Como vimos, esse conflito surgiu antes mesmo que tivessem surgido movimentos organizados para lançar essas duas atitudes antagônicas. Em 1846 Proudhon escreveu uma carta pessoal dirigida a Marx na qual expõe as bases da discussão. Marx nunca chegou a responder, pelo menos não diretamente.

Mais tarde, no auge da brecha que surgiu entre anarquistas e autoritários, durante a Primeira Internacional, Bakunin delineou com extraordinária perspicácia e discernimento profético os perigos do Estado Marxista e a ameaça que um impiedoso controle tecnocrático poderia representar numa tal sociedade. O tema foi depois aprofundado por Benjamin Tucker, um anarquista individualista americano que, na década de 1880, ao examinar as afirmações de ambos os lados, repetiu as advertências de Bakunin.

Os anarquistas que voltavam para a Rússia depois da Revolução de 1917 viram cumpridas as profecias de Bakunin com tal intensidade que, quando lemos o relato em que Emma Goldman fala da sua desilusão (uma desilusão que quase sessenta anos de história justificaram amplamente), o fazemos com uma extraordinária sensação de *déjà vu*. Os primeiros anarquistas já sabiam de tudo, já tinham previsto o futuro com exatidão, e nada conseguiu provar mais completa ou dolorosamente quanto a Revolução Russa como tinham estado certos ao enfatizar a qualidade corruptora do poder conquistado e mantido.

O que torna o relato de Emma Goldman especialmente interessante é o toque nietzschiano evidente na conclusão a que chegou: só através de uma transposição dos nossos valores, isto é, só através da criação de uma nova moral mais condizente com o momento em que vivemos é que poderemos ter a esperança de assegurar a vitória de qualquer revolução. Qualquer outra coisa nos fará mergulhar outra vez no velho atoleiro da ditadura e da corrupção, como certamente aconteceu no mundo comunista. Alguns anarquistas concederam aos bolcheviques o benefício da dúvida e não aceitaram os relatos de Emma Goldman na década de 20, mas certamente nenhum deles faria o mesmo agora.

PARA KARL MARX, 1846

PIERRE-JOSEPH PROUDHON
(in *Correspondência*, 1874-1875)

Lyon, 17 de maio de 1846.
Meu Caro Senhor Marx,

Concordei de bom grado em ser uma das pessoas incumbidas de receber suas cartas, cujos objetivos e organização são, a meu ver, extremamente úteis. Porém não posso prometer respostas muito extensas ou frequentes, já que minhas múltiplas atividades, combinadas a uma preguiça natural, favorecem tais esforços epistolares. Devo também tomar a liberdade de fazer certas ressalvas que me foram sugeridas por várias passagens da sua carta.

Em primeiro lugar, embora minhas ideias quanto à organização e realização do movimento estejam no momento mais ou menos definidas, pelo menos no que diz respeito aos seus princípios básicos, creio ser meu dever – como é dever de todos os socialistas – manter ainda por algum tempo uma atitude crítica e dubitativa. Resumindo: eu em público professo um antidogmatismo quase absoluto.

Procuremos juntos, se assim o desejar, as leis da sociedade, a forma pela qual essas leis poderão ser executadas, o processo que utilizaremos para descobri-las. Mas, por Deus, depois que tivermos destruído *a priori* todos os dogmatismos, não sonhemos por nossa vez em doutrinar as pessoas; não nos deixemos cair na contradição de seu compatriota Martin Lutero que, depois de ter demolido a teologia católica, lançou-se imediatamente à tarefa de criar as bases de uma teologia protestante, utilizando-se da excomunhão e do anátema. Nestes últimos três séculos, uma das principais preocupações da Alemanha tem sido desfazer o mau trabalho de Lutero. Não deixemos pois à humanidade a tarefa de desfazer uma embrulhada semelhante como resultado de nossos esforços.

Aplaudo, de todo o coração, sua ideia de trazer todas as opiniões à luz. Iniciemos sim uma boa e leal polêmica; tentemos dar ao mundo um exemplo de tolerância sábia e perspicaz, mas não nos transformemos, pelo simples fato de que somos os líderes de um movimento, em líderes de uma nova forma de intolerância; não posemos de apóstolos de uma nova religião, mesmo que seja a religião da lógica e da razão.

Vamos reunir e estimular todas as formas de protestos, vamos rechaçar toda a aristocracia, todo o misticismo; jamais consideremos qualquer tema esgotado e, quando tivermos lançado mão do nosso último argumento, comecemos outra vez – se preciso for – a discussão, com eloquência e ironia. Sob tais condições eu alegremente unir-me-ei a vós. De outra forma – não!

Também tenho algumas observações a fazer sobre esta frase da sua carta – o momento da ação. Talvez o senhor ainda mantenha a opinião que no momento é impossível haver qualquer reforma sem que haja um *coup de main*, sem o que era antes chamado revolução e que na verdade não é nada mais do que um choque. Esta segunda ideia que eu entendo, perdoo e que estaria disposto a discutir, tendo eu mesmo compartilhado dela durante um longo tempo, meus estudos mais recentes me fizeram abandoná-la totalmente. Não creio que tenhamos de lançar mão dela para triunfar e, consequentemente, não devemos colocar a ação revolucionária como um meio para alcançar a reforma social, já que esse pretenso meio seria apenas um apelo à força, à arbitrariedade, em resumo, uma contradição. Eu coloco assim o problema: provocar o retorno à sociedade por meio de uma combinação econômica, da riqueza que ela perdeu graças a uma outra combinação. Em outras palavras, utilizar a economia política para transformar a teoria da propriedade contra a propriedade de forma a criar aquilo que os socialistas alemães – vocês – chamam de comunidade e que eu pessoalmente me limitarei, por ora, a chamar de liberdade ou igualdade. Creio ter os meios para resolver esse problema dentro de muito pouco tempo: preferiria, portanto, queimar a propriedade em fogo lento a lhe dar novo alento fazendo uma noite de São Bartolomeu com aqueles que a têm nas mãos.

OS PERIGOS DE UM ESTADO MARXISTA

MICHAEL BAKUNIN
(in *Obras*, v. IV, 1910)

Para o Estado é natural destruir a solidariedade da espécie humana e dessa forma negar a humanidade. O Estado só consegue manter-se forte e íntegro surgindo para seus próprios cidadãos (ou, usando uma linguagem mais brutal, para os seus súditos) como o fim supremo e absoluto. Isso leva, inevitavelmente, ao aparecimento de uma moral e de razões "de Estado", a um rompimento com a moral e a razão humanas em suas manifestações universais. O conceito de moral política do Estado é muito simples: sendo o Estado o objetivo supremo, tudo o que possa contribuir para o aumento dos seus poderes é bom e tudo que se opuser a esse objetivo, mesmo que seja a melhor das causas, é mau. A isso se dá o nome de patriotismo. A Internacional é a negação do patriotismo e, consequentemente, é a negação do Estado. Segue-se que, se Marx e seus amigos do Partido Democrático Alemão conseguissem introduzir o conceito de Estado em nosso programa, acabariam com a Internacional.

Para manter-se, o Estado deve ser necessariamente poderoso externamente, mas, se é assim em suas relações com o mundo, certamente também deverá sê-lo no plano interno. Todo o Estado deve ser inspirado e orientado por uma moral especial, adaptada às condições particulares de sua existência, uma moral que é a negação de toda a ética humana e universal. E o Estado deve assegurar-se de que todos os seus súditos são inspirados – em pensamentos e, sobretudo, em atos – apenas pelos princípios dessa moral patriótica e particular, permanecendo surdos aos ensinamentos da moral puramente humana ou universal. Daí a necessidade da criação de uma censura oficial, já que demasiada liberdade de pensamento e opinião – como acredita Marx com boas razões, se aceitarmos seu ponto de vista eminentemente político – é incompatível com a concordância unânime às exigências da segurança do Estado. Que esta é realmente a opinião de Marx fica suficientemente provado pelas tentativas que fez de introduzir – sob pretextos plausíveis – uma forma velada de censura na Internacional. Entretanto, por mais vigilante que possa ser a censura, e mesmo quando o governo toma a seu cargo toda a educação e a instrução do povo, como deseja Mazzini e como Marx também quer, o Estado jamais pode estar seguro de que pensamentos proibidos e perigosos não se insinuaram, como perigoso contrabando, na consciência dos indivíduos que governa. O fruto do demônio é tão atraente para os homens, e o demônio da revolta – essa eterna inimiga do Estado – pode ser tão facilmente despertado nos seus corações quando estes não foram suficientemente embrutecidos, que nem a educação nem mesmo a censura podem garantir efetivamente a tranquilidade do Estado. Ele necessita de uma polícia integrada por agentes dedicados, encarregados de supervisionar e dirigir, discretamente e em segredo, as opiniões e paixões populares. Já vimos que o próprio Marx está tão convencido dessa necessidade que julgou necessário infiltrar seus agentes secretos em todas as regiões da Internacional, sobretudo na Itália, na França e na Espanha.

Entretanto, por mais perfeita que possa ser, do ponto de vista da segurança do Estado, a organização de ensino do povo, da polícia e dos serviços de censura, o Estado nunca pode estar totalmente seguro de sua sobrevivência, a menos que disponha de forças armadas para defendê-lo dos inimigos internos.

O Estado é um sistema de governo de cima para baixo, em que uma minoria comanda uma imensa massa de homens das mais variadas classes sociais, ocupações, interesses e aspirações. A minoria dominante, mesmo que tivesse sido eleita um milhão de vezes por sufrágio universal e tivesse todos os seus atos supervisionados por instituições populares, ainda assim não poderia de forma alguma – a menos que fosse dotada de onisciência, onipresença e onipotência que os teólogos atribuem a Deus – entender e antecipar as necessidades ou satisfazer com igual justiça os interesses legítimos e imediatos de todos. Sempre haverá descontentes porque sempre haverá aqueles que são sacrificados.

Seja como for, tal como a Igreja, o Estado é, por sua própria natureza, um grande sacrificador de homens. Ele próprio é um ser arbitrário, que centraliza todos os interesses positivos, vivos e individuais do povo, que lutam e se destroem uns aos outros para que sejam absorvidos por essa abstração que se chama interesse comum, o bem público, a segurança pública; e onde todas as vontades individuais se anulam umas às outras formando aquela outra abstração que é chamada de "vontade popular". Na verdade, essa assim chamada "vontade popular" não é outra coisa senão o sacrifício e a negação de todas as verdadeiras aspirações individuais. Da mesma forma que o assim chamado "bem comum" é simplesmente o sacrifício dos interesses individuais. Mas, para que tal abstração onívora possa ser imposta a milhões de homens, ela deve ser representada e apoiada por um ser real, por uma força viva. E este ser, essa força sempre foi representada na Igreja pelo clero e no Estado pela classe dominante. Entretanto, no Estado popular do Sr. Marx, segundo nos dizem, não haverá nenhuma classe privilegiada. Todas serão iguais, não apenas sob o ponto de vista jurídico e político, mas quanto ao ponto de vista econômico. Pelo menos essa é a promessa que nos fazem, embora eu duvide que ela venha a ser cumprida. Talvez já não haja mais uma classe privilegiada como tal, mas haverá um governo e, deixem-me enfatizá-lo, um governo extremamente complexo que não se contentará em governar e conduzir as massas politicamente como fazem agora todos os governos, mas passará a orientá-las também economicamente, concentrando em suas mãos a produção e a "justa divisão da riqueza, da agricultura, da criação e desenvolvimento das fábricas, a organização e exploração do comércio e, sobretudo, a aplicação do capital para a produção, que será feita por um único banqueiro – o Estado". Tudo isso tornará necessário um imenso desenvolvimento da ciência e a presença no governo de muitas "cabeças pensantes". Será o reinado da "inteligência científica", o mais aristocrático, despótico, arrogante e desdenhoso de todos os regimes. Haverá uma nova classe, uma nova hierarquia de verdadeiros e pretensos sábios, e o mundo ficará dividido entre uma minoria que governará em nome da ciência e uma enorme maioria ignorante. Então essa massa ignorante que tome cuidado!

Um tal regime não poderá deixar de despertar um formidável descontentamento entre as massas, e para contê-las o esclarecido e liberado governo do Sr. Marx precisará de um exército não menos formidável. Pois, como diz o Sr. Engels, o governo precisa ser forte para manter a ordem entre os milhões de ignorantes, cujo levante brutal seria capaz de destruir e derrubar qualquer coisa, até mesmo um governo dirigido por "cabeças pensantes". Podemos ver como sob todas as frases democráticas e socialistas do programa do Sr. Marx sobreviveriam no Estado por ele criado as características cruéis e despóticas de todos os Estados, seja qual for a forma de governo de que se utilizam e que, em última análise, o Estado do Povo tão entusiasticamente recomendado pelo Sr. Marx e o Estado aristocrático-monárquico mantido com tanta habilidade e poder pelo Sr. Bismarck são completamente idênticos tanto nas suas metas internas, quanto nas externas.

Do ponto de vista externo, há a mesma exibição de poder militar, que significa conquista e, internamente, o mesmo emprego de forças armadas, último argumento de todos os poderes políticos ameaçados contra as massas, que, cansadas de sempre acreditar, esperar, aceitar e obedecer, levantam-se em revolta.

SOCIALISMO ESTATAL E ANARQUISMO

BENJAMIN TUCKER
(in *Socialismo estatal e anarquismo*, 1888)

É provável que nenhuma agitação tenha jamais atingido a magnitude obtida pelo socialismo moderno, seja quanto ao número de seus partidários, seja quanto à área de sua influência e, ao mesmo tempo, tenha sido tão pouco entendida, não apenas por aqueles que lhe eram hostis e indiferentes, mas pelos que eram seus aliados e até pelas pessoas que aderiram a ele. Essa situação lamentável e altamente perigosa deve-se, em parte, ao fato de que as relações humanas que esse movimento (se é que alguma coisa tão caótica pode ser chamada de movimento) pretende transformar não envolvem nenhuma classe ou classes em particular, mas, literalmente, toda a humanidade; em parte, ao fato de que esses relacionamentos são infinitamente mais variados e complexos em sua natureza do que quaisquer outros que qualquer tipo de reforma fora chamada a tratar; e, em parte, ao fato de que as grandes forças que moldam a nossa sociedade, os canais de informação e esclarecimento estão, quase que exclusivamente, nas mãos daqueles cujos interesses pecuniários imediatos se opõem à exigência básica do socialismo: a de que a classe operária deve ser a dona de seu próprio destino.

As únicas pessoas das quais se poderia dizer que têm uma compreensão pelo menos aproximada do significado, princípios e objetivos do socialismo são os líderes das alas extremadas das forças socialistas e, quem sabe, alguns dos próprios donos do dinheiro. Esse é um tema que ultimamente tem sido muito abordado por pregadores, professores e conferencistas e, na maior parte das vezes, com lamentáveis resultados, provocando o escárnio e a piedade daqueles que têm competência para julgar. Que as figuras mais proeminentes das divisões intermediárias do socialismo não têm uma compreensão exata daquilo a que ele se propõe é evidente pelas posições que ocupam. Se entendessem, se fossem pensadores coerentes e lógicos; se fossem aquilo que os franceses chamam de homens consequentes, seu raciocínio já os teria levado há muito tempo para um outro extremo. Pois é um fato curioso que os dois extremos deste vasto exército que agora examinamos, embora unidos – como já foi sugerido acima – pela crença comum de que a classe operária deve ser dona do seu próprio destino, estão mais diametralmente opostos um ao outro quanto aos princípios fundamentais de ação social e aos métodos utilizados para atingir os objetivos pretendidos do que qualquer um deles o é isoladamente em relação ao inimigo comum: a sociedade estabelecida.

Eles se baseiam em dois princípios, e a história do conflito entre ambos equivale quase à história do mundo desde o aparecimento do homem, e todos os outros partidos, incluindo aqueles aos quais pertencem os que sustentam a sociedade estabelecida, são o resultado de um acordo entre eles. Fica claro, portanto, que qualquer forma de oposição inteligente e bem fundamentada à ordem vigente deve partir de um desses extremos, pois qualquer coisa vinda de outra fonte, longe de ter um caráter revolucionário, seria apenas uma modificação superficial, incapaz de concentrar sobre si os graus de atenção e interesse conferidos ao socialismo moderno.

Os dois princípios a que nos referimos são *autoridade* e *liberdade*, e o nome das duas escolas de pensamento socialista que os representam total ou integralmente são respectivamente: o socialismo estatal e o anarquismo. Quem quer que saiba o que pretendem essas duas escolas e como se propõem a consegui-lo é capaz de entender o movimento socialista. Pois, assim como já tem sido dito que não há meio caminho entre Roma e a razão, também se pode dizer que não há meio caminho entre o socialismo estatal e o anarquismo...

Primeiro então, o socialismo estatal, que pode ser descrito como a doutrina que afirma que "todos os assuntos do homem devem ser administrados pelo Estado, sem considerar a escolha individual".

Marx, seu fundador, conclui que a única maneira de abolir os monopólios classistas seria centralizar e consolidar todas as empresas comerciais e industriais, todas as atividades produtivas e distributivas num vasto monopólio nas mãos do Estado.

O governo passará a ser fabricante, fazendeiro, transportador e comerciante, sem sofrer qualquer concorrência no desempenho dessas funções. A terra, as máquinas e todos os instrumentos utilizados na produção devem ser retirados das mãos do indivíduo, passando a ser propriedade da coletividade. Ao indivíduo devem pertencer apenas os produtos que consumir, não os meios para produzi-los. Um homem pode ser dono das roupas que veste e do alimento que come, mas não da máquina que costura suas camisas nem da pá que colhe as suas batatas. Produto e capital são duas coisas totalmente distintas: o primeiro pertence aos indivíduos, o último à sociedade. A sociedade deve tomar posse do capital que lhe pertence pelo voto, se for possível; pela revolução, se preciso for. Uma vez de posse dele, deve administrá-lo segundo a vontade da maioria através do seu órgão representativo, o Estado, utilizando-o na produção e na distribuição, fixando preços de acordo com o trabalho envolvido na produção e empregando toda a população em suas oficinas, fábricas, fazendas, lojas etc. A nação deve ser transformada numa grande burocracia, e cada indivíduo, num funcionário do Estado. Tudo deve ser feito segundo o princípio do custo, não tendo o povo qualquer razão para tirar seu próprio lucro. Não sendo permitido aos indivíduos a posse do capital, ninguém será patrão de ninguém, nem mesmo poderá ser seu próprio patrão. Aquele que não trabalhar para o Estado deverá morrer de fome ou, mais provável, ir para a prisão. O livre comércio desaparecerá. A concorrência será radicalmente eliminada. Toda atividade comercial e industrial será centralizada num grande monopólio. O remédio para os monopólios será a criação de um vasto MONOPÓLIO.

As outras aplicações que o princípio da autoridade irá ter, uma vez adotado no campo econômico, são bastante evidentes. Elas implicarão o controle absoluto da maioria sobre a conduta individual de cada um. O direito de que esse controle seja exercido já é admitido pelos socialistas estatais, embora eles afirmem que na verdade o indivíduo desfrutará de uma liberdade bem maior do que atualmente acontece. Mas essa liberdade seria uma liberdade consentida, e ele não poderia pretender que ela lhe pertencesse. A sociedade não teria como base o fato de que todos desfrutariam igualmente da maior liberdade possível. A liberdade que porventura existisse seria uma liberdade apenas tolerada e poderia ser tomada a qualquer momento. As garantias constitucionais não teriam o menor valor. A constituição de um país que vivesse sob um regime de socialismo estatal poderia ter apenas um artigo: "O direito da maioria é absoluto".

A alegação dos socialistas estatais, entretanto, de que esse direito não seria exercido em assuntos que se referissem aos aspectos mais íntimos e particulares da vida de cada um não é confirmada pela história dos governos. O governo teve uma tendência para aumentar seus poderes, alargar sua esfera de ação, ir além dos limites estabelecidos. Onde o hábito de não resistir a essa usurpação não é cultivado e o indivíduo não é ensinado a zelar pelos seus direitos, o individualismo acaba por desaparecer aos poucos e o governo passa a ser todo-poderoso. O controle naturalmente acompanha a responsabilidade. Sob o sistema de socialismo estatal, portanto, que atribui à comunidade a responsabilidade pela saúde, riqueza e sabedoria dos indivíduos, é evidente que essa comunidade, pela vontade expressa da maioria, insistirá cada vez mais em determinar as condições ideais de saúde, riqueza e sabedoria, desse modo enfraquecendo e finalmente destruindo a independência individual e com ela o sentido da responsabilidade individual...

Tal é o ideal do socialismo estatal, tal o objetivo que se encontra ao fim do caminho escolhido por Marx. Acompanhemos agora a sorte de Warren e Proudhon, que escolheram a outra estrada: a estrada para a liberdade.

Isso nos traz ao anarquismo, que pode ser descrito como "a doutrina em que todos os assuntos do homem deveriam ser administrados pelos próprios indivíduos ou por associações voluntárias e na qual o Estado deveria ser abolido".

Quando, ao levar adiante sua busca por justiça para a classe operária, Warren e Proudhon viram-se face a face com o obstáculo dos monopólios classistas, perceberam que esses monopólios fiavam-se na autoridade. Concluíram que o melhor seria não reforçar essa autoridade e, desse modo, torná-la ilimitada, mas sim erradicar totalmente a autoridade, dando soberania ao princípio oposto, a liberdade através da livre concorrência. Para eles, a concorrência era o grande nivelador dos preços ao custo real da mão de obra da produção. Nisso concordavam com os economistas políticos. A pergunta que surgia então naturalmente era por que todos os preços não descem ao nível do custo, por que havia lugar para bens adquiridos de outra forma que não através do trabalho? Numa palavra: por que existem agiotas, gente que vive de rendimentos, lucros, aluguéis? A resposta foi encontrada na atual unilateralidade da concorrência. Descobriu-se que o capital manipula de tal modo as leis que se permite uma concorrência sem limites no fornecimento de mão de obra produtiva, mantendo os salários a nível de fome (ou tão perto disso quanto for possível); que se permite a existência da livre concorrência no fornecimento da mão de obra produtiva, ou na mão de obra das classes mercantis, mantendo, desse modo, não o preço das mercadorias, mas os lucros reais dos comerciantes sobre essas mercadorias a um nível que se aproxima bastante do que seria um salário justo pelo seu trabalho; mas que quase nenhuma forma de livre concorrência é admitida no fornecimento do capital, de cuja ajuda depende o desenvolvimento, tanto do trabalho produtivo quanto do distributivo, mantendo assim o valor dos juros sobre o dinheiro e do aluguel de imóveis e arrendamentos da terra a um nível tão elevado quanto suportarem as necessidades das pessoas.

Ao fazer essa descoberta, Warren e Proudhon acusaram os economistas políticos afirmando que eles temiam suas próprias doutrinas. Os homens de Manchester foram chamados de incoerentes, pois acreditavam na liberdade para utilizá-la na concorrência com o trabalhador com o objetivo de reduzir seu salário, mas não na liberdade para utilizá-la na redução da usura dos capitalistas. O *laissez-faire* era bom para o trabalhador, mas não servia para o capitalista. Mas como corrigir essa incoerência, como fazer com que o *laissez-faire* passasse a servir a ambos, como colocar o capital a serviço tanto dos homens de negócio quanto dos trabalhadores a preço de custo? Eis o problema.

Como já vimos, Marx resolveu o problema afirmando que o capital e o trabalho eram duas coisas distintas e sustentando que o capital pertencia à sociedade e que esta deveria apossar-se dele e utilizá-lo para o bem de todos igualmente. Proudhon zombava dessa distinção entre capital e trabalho. Ele acreditava que capital e trabalho não são dois tipos diferentes de riqueza; que toda a riqueza sofre um processo contínuo, passando de capital a trabalho e de trabalho a capital, ininterruptamente, e que as mesmas leis de justiça que regulam a posse de um deveriam regular a posse do outro.

Por essas e outras razões, Proudhon e Warren não foram capazes de levar avante qualquer plano que permitisse à sociedade apossar-se do capital. Entretanto, embora se opusessem à socialização do capital, pretendiam, no entanto, socializar seus efeitos, fazendo com que seu uso beneficiasse a todos e que não servisse apenas como um meio de empobrecer muitos para enriquecer uns poucos. E, quando viram a luz, perceberam que isso poderia ser feito submetendo o capital às leis naturais da concorrência, fazendo com que seu preço baixasse ao nível do custo – isto é, nada além daquilo que fora gasto na produção e no transporte. Assim, levantaram a bandeira do livre comércio absoluto, tanto internamente quanto com outros países; a execução lógica da doutrina de Manchester, o *laissez-faire* como regra universal. Sob essa bandeira, iniciaram a luta contra os monopólios, fossem eles os monopólios totais dos socialistas do Estado ou os vários monopólios de classe que hoje predominam.

Entre estes, destacam-se quatro espécies mais importantes: o monopólio do dinheiro, da terra, das tarifas e das patentes. Para eles, o primeiro pela importância de sua influência maléfica era o monopólio do dinheiro, que consiste no privilégio de emitir o meio circulante, concedido pelo governo a determinados indivíduos ou àqueles que possuem certas propriedades. Um privilégio que atualmente é posto em vigor neste país por um imposto nacional de 10% sobre todas as outras pessoas que tentam fornecer meio circulante e por leis governamentais que consideram crime a emissão de notas como moeda corrente. Afirma-se que os detentores desse privilégio controlam a taxa de juros, o valor dos aluguéis de casas e edifícios e o preço das mercadorias. O primeiro, diretamente; o segundo e o terceiro, indiretamente. Pois, segundo Proudhon e Warren, se o negócio bancário fosse aberto a todos, um número cada vez maior de pessoas ingressaria nele até que a concorrência se tornaria suficientemente acirrada, fazendo com que o preço do dinheiro descesse ao nível do custo, que as estatísticas demonstram ser menos do que três quartos de 1%. Nesse caso, os milhares de pessoas, atualmente impedidas de criar suas próprias empresas pelos juros escorchantes que devem pagar sobre o capital necessário para iniciar e levar avante o negócio, veriam desaparecer essa dificuldade. Se não desejarem obter dinheiro pela venda das propriedades que possuem, os bancos aceitarão essas propriedades como garantia pelo empréstimo de uma quantia proporcional ao seu valor no mercado, com uma dedução de menos de 1%. Se não tiverem propriedades, mas forem trabalhadores honestos e capazes, eles geralmente terão condições de ver suas notas endossadas por um número suficiente de pessoas conhecidas e idôneas. Com isso, obterão empréstimos no banco em condições igualmente favoráveis. Desse modo, os juros cairão rapidamente. Na verdade os bancos não estarão emprestando capital, mas usando o capital de seus clientes num tipo de transação que consiste na troca do crédito bancário bem conhecido e disponível, pelos desconhecidos e não disponíveis – mas igualmente válidos – créditos de seus clientes e uma taxa, portanto de menos de 1%, não como juro pelo uso do capital, mas como pagamento pelo trabalho de administrar o banco. Essa facilidade para obter capital trará um novo ímpeto aos negócios e, consequentemente, uma nova demanda que será sempre maior do que a oferta, ou seja, exatamente o oposto das condições atuais do mercado de trabalho... A classe operária poderá então fixar seus salários, garantindo a obtenção do salário natural, o produto total do seu trabalho. Desse modo, o mesmo golpe que derrubará os juros fará com que os salários subam. Mas isso não é tudo. Os lucros também diminuirão, pois os comerciantes, em vez de comprar a crédito, pagando altos preços, farão empréstimos nos bancos a juros inferiores a 1% comprando à vista por menores preços e vendendo a mercadoria por quantias proporcionalmente menores aos seus clientes. Os aluguéis também baixarão, pois ninguém consentirá em pagar aluguel ao senhorio quando pode obter um empréstimo de capital a juros de 1% utilizando-o para construir sua casa própria. Tal é a tese de Proudhon e Warren sobre as consequências que advirão da simples eliminação do monopólio do dinheiro.

Em segundo lugar, por ordem de importância, vem o monopólio da terra, cujos efeitos daninhos são observados especialmente em países exclusivamente agrícolas, como a Irlanda. Esse monopólio consiste na observância, pelo governo, de títulos de propriedade de terras que não são ocupadas nem cultivadas pelos próprios donos. Warren e Proudhon julgavam óbvio que tão logo esses proprietários deixassem de contar com a proteção de seus companheiros, a menos que passassem a explorar suas terras, o arrendamento do solo desapareceria e a usura passaria a ter uma perna a menos onde se apoiar...

Em terceiro lugar, o monopólio das tarifas, que consiste em favorecer a produção a altos preços sob condições favoráveis, punindo com altos impostos aqueles que defendem a produção a preços baixos e condições favoráveis. O mal que esse monopólio causa poderia ser chamado mais apropriadamente de *desusura* do que de usura, uma vez que obriga o trabalho a pagar não exatamente pelo uso do capital, mas pelo mau uso que faz dele. A abolição desse monopólio traria, como consequência, uma grande redução nos preços dos artigos tabelados, e a economia resultante para todos os trabalhadores que consomem esses artigos seria mais um passo para assegurar ao trabalhador o seu salário natural, o produto total do seu trabalho.

Quarto, o monopólio de patentes, que consiste em proteger os inventores e autores contra a concorrência por um período suficientemente longo para permitir que arranquem das pessoas uma retribuição que vai muito além do esforço despendido – em outras palavras, consiste em dar a determinadas pessoas direitos de propriedade, durante um determinado período, sobre leis e fatos da natureza e o poder de extorquir tributos de outros pelo uso dessa riqueza natural que deveria estar ao alcance de todos. A abolição desse monopólio teria como consequência encher os que se beneficiam com ele de um saudável receio da concorrência, o que deveria fazer com que se contentassem em receber pelos seus serviços um pagamento igual àquele recebido pelos outros trabalhadores, e a assegurar esse pagamento colocando seus produtos no mercado a preços tão baixos que tornasse seu ramo de negócio tão tentador aos olhos dos concorrentes quanto qualquer outro.

O desenvolvimento do programa econômico, que consiste na eliminação desses monopólios, substituindo-os pela livre concorrência mais absoluta, levou seus autores à percepção do fato de que todo o seu pensamento estava baseado num princípio fundamental, a liberdade do indivíduo, seu direito de ser senhor dele mesmo, de seu trabalho, de seus problemas, e à rebelião contra qualquer forma de autoridade externa. Assim como a ideia de retirar o capital dos indivíduos, dando-o para o governo, iniciada por Marx por um caminho que acaba fazendo com que o governo saiba tudo e o indivíduo, nada, a ideia de colocar o capital ao alcance de todos lançou Warren e Proudhon na trilha onde o indivíduo é tudo e o governo nada. Se o indivíduo tem o direito de se governar, toda a forma de governo externo é uma tirania. Daí a necessidade de abolir o Estado. Essa conclusão lógica a que Warren e Proudhon foram obrigados a chegar tornou-se o artigo básico de sua filosofia política. É a doutrina que Proudhon chamou de "a-narquismo", uma palavra de origem grega e que não significa necessariamente ausência de ordem, como geralmente se supõe, mas ausência de governo. Os anarquistas são, simplesmente, democratas sem medo, ao estilo de Jefferson. Acreditam que "o melhor governo é aquele que menos governa" e que aquele que governa menos não é governo. Eles negam a um governo sustentado por impostos compulsórios até mesmo a simples função de proteger os indivíduos e a propriedade. A taxação compulsória é para eles o princípio que garante a existência de todos os monopólios e consideram a resistência passiva e organizada ao cobrador de impostos como um dos métodos mais efetivos para atingir seus objetivos.

O plano anarquista também não se preocupa em impor nenhum código moral. "Cuida de tua vida" é a única lei moral. Interferir na vida do próximo é um crime, o único crime que existe e, como tal, deve ser evitado.

De acordo com esse ponto de vista, os anarquistas encaram a tentativa de eliminar arbitrariamente o pecado como um crime. Acreditam que a liberdade e o consequente bem-estar social serão o remédio capaz de curar todos os vícios. Mas reconhecem o direito que têm o bêbado, o jogador, o libertino e a prostituta de viverem suas próprias vidas até que, por livre e espontânea vontade, decidam abandoná-la.

Quanto à questão dos cuidados e educação dispensados às crianças, os anarquistas não instituiriam os berçários comunistas preferidos pelos Estados socialistas, nem manteriam o sistema escolar comunista atualmente usado. A enfermeira e a professora, assim como o doutor e o pregador, devem ser escolhidos voluntariamente. Seus serviços devem ser pagos por aqueles que se utilizam deles.

Os pais não devem perder seus direitos sobre os filhos, e suas responsabilidades não podem ser delegadas a outrem.

Mesmo num assunto tão delicado quanto as relações entre os sexos, os anarquistas não evitam aplicar esses princípios. Reconhecem e defendem o direito de qualquer homem ou mulher, ou quaisquer homens e mulheres, de se amarem por um período, tão longo ou tão curto quanto desejarem, gostarem e puderem. Para eles, tanto o casamento quanto o divórcio são igualmente absurdos. Eles esperam pelo dia em que todo o indivíduo, homem ou mulher, será economicamente independente e em que todos poderão ter seu próprio lar, seja ele uma casa só para si ou algumas peças numa casa dividida entre várias pessoas; um dia em que as relações amorosas entre esses indivíduos independentes serão tão variadas quanto forem as inclinações e atrações de cada um; e quando as crianças nascidas dessas relações pertencerão exclusivamente às mães, até que tenham idade suficiente para pertencerem a si próprias.

Tais são as principais características do ideal social anarquista. Há grande divergência de opiniões entre aqueles que compartilham desse ideal quanto ao melhor método de realizá-lo. O tempo não permite que esse aspecto do assunto seja tratado aqui. Limitar-me-ei apenas a chamar atenção para o fato de que é um ideal totalmente distinto daquele defendido pelos comunistas que falsamente se intitulam anarquistas, enquanto ao mesmo tempo defendem um regime anarquista tão despótico quanto aquele que vigora nos Estados socialistas. E é um ideal que poderá ser tão pouco favorecido pelas expropriações forçadas recomendadas por John Most e pelo príncipe Kropotkin quanto retardado pelas vassouras das senhoras Partingtons dos tribunais que os mandaram para a prisão; um ideal que os mártires de Chicago ajudaram muito mais a elevar morrendo gloriosamente no patíbulo pela causa comum do socialismo do que pela infeliz defesa que fizeram dele em vida em nome do anarquismo, da força utilizada como um agente da revolução e da autoridade como uma salvaguarda da nova ordem social. Os anarquistas acreditam na liberdade tanto como um fim quanto um meio e são hostis a tudo que é contra ela.

O FRACASSO DA REVOLUÇÃO RUSSA

EMMA GOLDMAN
(in *My further disillusionmet with Russia*, 1924)

Ficam agora bem claros os motivos que fizeram com que a Revolução Russa, tal como foi conduzida pelo Partido Comunista, fosse um fracasso. O poder político do partido, organizado e centralizado no Estado, procurou manter-se utilizando todos os meios de que dispunha. As autoridades centrais tentaram fazer com que o povo agisse de acordo com modelos que correspondiam aos propósitos do Partido, cujo único objetivo era fortalecer o Estado e monopolizar todas as atividades econômicas, políticas e sociais e até mesmo as manifestações culturais. A Revolução tinha objetivos totalmente diferentes pelas suas próprias características, era a negação do princípio da autoridade e da centralização. Ela lutava para alargar ainda mais os meios de expressão do proletariado e multiplicar as fases do esforço individual e coletivo. Os objetivos e as tendências da Revolução eram diametralmente opostos àqueles do partido governante.

Igualmente opostos eram os métodos da Revolução e do Estado. Os da primeira eram inspirados pelo espírito da Revolução, ou seja, buscavam libertar-se de todas as forças de opressão e todos os limites – eram, em resumo, princípios de livre-arbítrio. Os métodos do Estado, pelo contrário – tanto do Estado bolchevique quanto de todo o governo –, baseavam-se na coação, que com o decorrer do tempo transformou-se, necessariamente, em violência sistemática, tirania e terrorismo. Desse modo, duas tendências opostas lutavam pela supremacia: o Estado bolchevique contra a Revolução. Essa era uma luta de vida e morte: as duas tendências, contraditórias tanto nos seus objetivos quanto nos métodos que utilizavam, não conseguiam agir harmoniosamente: o triunfo do Estado significava a derrota da Revolução.

Seria um erro presumir que o fracasso da Revolução deveu-se inteiramente ao caráter dos bolcheviques. Basicamente, esse fracasso foi uma consequência dos princípios e métodos do bolchevismo. Eram os princípios e o espírito autoritários do Estado sufocando as aspirações libertárias e liberalizantes. Fosse qual fosse o partido que estivesse no controle do governo da Rússia, os resultados teriam sido essencialmente os mesmos.

Não foram tanto os bolcheviques que acabaram com a Revolução Russa quanto a ideia bolchevique. Era uma ideia marxista, embora modificada. Era, em resumo, um governismo fanático. A Revolução Russa é um reflexo, em pequena escala, da luta de séculos entre o princípio do livre-arbítrio e o autoritarismo. Pois o que é o progresso senão uma aceitação mais ampla do princípio da liberdade contra aquele da coação? A Revolução Russa foi um passo em direção à liberdade, frustrado pelo Partido Bolchevique, pela vitória temporária de reacionários conceitos governistas...

O princípio do livre-arbítrio era forte nos primeiros dias da Revolução, a necessidade de expressar-se livremente absorvia tudo. Mas, quando a primeira onda de entusiasmo recuou na maré baixa da vida cotidiana e prosaica, era preciso que houvesse uma convicção muito firme para que o fogo permanecesse aceso. Havia apenas um punhado de gente em toda a vastidão da Rússia capaz de manter aquela chama viva – os anarquistas, uma minoria cujos esforços, totalmente suprimidos sob o governo do tsar, ainda não tinham tido tempo de dar frutos. O povo russo, até certo ponto anarquista por instinto, conhecia ainda muito pouco os verdadeiros princípios e métodos do livre-arbítrio para aplicá-los na vida diária. A maioria dos anarquistas russos ainda estava, infelizmente, enredada nas malhas de atividades de pequenos grupos e de tentativas individuais contra os esforços coletivos bem mais importantes e eficazes...

Mas o fracasso dos anarquistas na Revolução Russa – no sentido a que acabamos de aludir – não prova a derrota do conceito de livre-arbítrio. Ao contrário, a Revolução Russa demonstrou, além de qualquer dúvida, que a ideia do Estado, de Estado socialista em todas as suas manifestações (econômicas, políticas, sociais e educacionais), está inteira e completamente falida. Nunca antes, em toda a história, a autoridade, o governo e o Estado demonstraram ser tão inerentemente estáticos, reacionários e até mesmo contrarrevolucionários em seus efeitos, em resumo: a própria antítese da Revolução.

Permanece uma verdade hoje, como ocorreu durante todo o processo, que somente o espírito e os métodos do livre-arbítrio podem fazer com que o homem dê mais um passo na sua eterna busca por uma vida melhor, mais bela e mais livre... Não obstante todas as doutrinas e partidos políticos, nenhuma revolução pode ser verdadeira e permanentemente bem-sucedida se não rejeitar enfaticamente todas as formas de tirania e centralização e lutar com determinação para provocar uma verdadeira reavaliação de todos os valores econômicos, sociais e culturais. Não a simples substituição de um partido político por outro no controle do governo, não a autocracia mascarada por slogans proletários, não qualquer tipo de mudança no cenário político, mas a completa e total reversão de todos os princípios autoritários.

No campo econômico, a transformação deve ficar nas mãos das massas industriais: estas podem escolher entre um Estado industrial e o anarcossindicalismo. Se a escolha recair sobre o primeiro, a ameaça ao desenvolvimento construtivo da nova estrutura social será tão grande quanto aquela representada pelo Estado político. O Estado industrial acabaria por se transformar num peso morto, impedindo o aparecimento de outras formas de vida. Por essa mesma razão, o sindicalismo (ou industrialismo) por si só não é, como alegam seus representantes, suficiente. Apenas quando o espírito do livre-arbítrio se integrar às organizações econômicas dos trabalhadores é que as ilimitadas energias criativas do povo conseguirão se manifestar e a revolução poderá ser salvaguardada e defendida. Só a livre iniciativa e a participação popular nos assuntos da revolução poderão evitar que se repitam os terríveis erros cometidos na Rússia.

As reservas de combustível de Petersburgo, por exemplo: como elas ficam a apenas cem verstas de Petrogrado, a cidade não teria por que passar frio desde que a organização econômica dos operários que lá vivem tivesse liberdade para exercer a livre iniciativa em prol do bem comum. Se tivessem acesso aos instrumentos agrícolas empilhados nos depósitos de Kravia e outros centros industriais aguardando ordens de Moscou para que pudessem ser distribuídos, os camponeses da Ucrânia não teriam sido impedidos de cultivar a terra que lhes pertencia. Esses são exemplos característicos da centralização do governo bolchevique que deveriam servir de advertência aos trabalhadores da Europa e da América quanto aos efeitos destruidores do poder do Estado.

O poder industrial das massas, expresso através de suas associações libertárias – socialismo anárquico –, é o único capaz de organizar com sucesso a vida econômica e levar adiante a produção. Por outro lado, as cooperativas, trabalhando em harmonia com as organizações industriais, servem como um meio de distribuição e troca entre a cidade e o campo e, ao mesmo tempo, ligam por laços fraternais as massas industriais e agrícolas. Cria-se um laço comum de serviço e auxílio que se constitui no mais forte sustentáculo da Revolução – muito mais eficaz do que o trabalho obrigatório, o Exército Vermelho ou o terrorismo. Só assim a Revolução poderá agir como um fermento, apressando o desenvolvimento de novas formas sociais e inspirar as massas para que busquem maiores realizações.

Mas as organizações industriais partidárias do livre-arbítrio e as cooperativas não são o único meio de ação recíproca das complexas fases da vida social. Há também as forças culturais que, embora mantenham estreitos vínculos com as atividades econômicas, têm ainda funções próprias a desempenhar. Na Rússia, isso se tornou quase impossível desde o início da Revolução de Outubro pela violenta separação entre a *intelligentsia* e as massas.

É verdade que no caso da Rússia quem primeiro errou foi a classe intelectual que – tal como acontece em outros países – agarrou-se tenazmente aos fraques da burguesia. Esses elementos, incapazes de compreender o significado dos atos revolucionários, tentavam deter a maré com a sabotagem em grande escala. Mas havia na Rússia um outro tipo de *intelligentsia* que tinha atrás de si cem anos de glorioso passado revolucionário e que, embora não pudesse aceitar sem reservas a nova ditadura, mantinha a fé no povo. O erro fatal dos bolcheviques foi que não fizeram distinção entre esses dois tipos de *intelligentsia*: enfrentaram a sabotagem com o terror indiscriminado contra a classe intelectual como um todo, inaugurando uma campanha de ódio mais intensa do que a perseguição movida à burguesia. Isso fez com que se abrisse um abismo entre os intelectuais e o proletariado e criou uma barreira ao trabalho produtivo.

Lenin foi o primeiro a perceber esse erro criminoso. Ele observou que era um grave erro fazer com que os operários acreditassem que poderiam criar indústrias e ocupar-se com atividades culturais sem a cooperação da classe intelectual. O proletariado não tinha nem conhecimento nem o preparo necessários para a tarefa e, assim, foi preciso reintegrar os intelectuais à direção da vida industrial.

Mas o reconhecimento de um erro não impediu que Lenin e seu partido imediatamente cometessem outro. Os técnicos de nível superior foram chamados de volta em termos que acrescentaram a desintegração ao antagonismo contra o regime. Enquanto os operários continuavam morrendo de fome, os engenheiros e técnicos recebiam altos salários, privilégios especiais e as melhores rações. Eles logo se tornaram os funcionários mimados do Estado e os novos feitores das massas. Estes, alimentados durante anos pelos falaciosos ensinamentos de que para fazer uma revolução bem-sucedida são necessários apenas músculos e que só o trabalho físico é produtivo e influenciados pela campanha de ódio que classificava cada intelectual como um contrarrevolucionário e um especulador, não podiam aceitar aqueles aos quais tinham sido ensinados a odiar, desconfiar e escarnecer.

Infelizmente a Rússia não é o único país onde essa atitude da classe proletária contra os intelectuais predomina. Em toda a parte, os políticos demagogos jogam com a ignorância das massas, ensinando-lhes que educação e cultura são preconceitos burgueses, que os trabalhadores podem passar sem eles e que só os operários são capazes de reconstruir a sociedade.

A Revolução Russa tornou muito claro que tanto músculos quanto cérebros são indispensáveis para a tarefa de reconstrução social. Há uma interdependência tão grande entre o trabalho intelectual e físico no organismo social quanto entre o cérebro e a mão no organismo humano. Um não pode funcionar sem o outro...

Nas páginas anteriores, tentei demonstrar por que os princípios, métodos e táticas bolcheviques fracassaram e por que princípios e métodos semelhantes aplicados em outros países, mesmo em países altamente desenvolvidos, também devem fracassar.

Mostrei ainda que não foi apenas o bolchevismo que fracassou, mas o próprio marxismo. A experiência da Revolução Russa provou que o CONCEITO DE ESTADO e o princípio da autoridade estavam falidos. Se tivesse de resumir meu ponto de vista numa só frase, eu diria que a tendência do Estado é concentrar, limitar e monopolizar todas as atividades sociais; a natureza da revolução é, ao contrário, crescer, alargar, espalhar-se em círculos cada vez maiores. Em outras palavras, o Estado é institucional e estático; a revolução é fluente, dinâmica. Essas duas tendências são incompatíveis e mutuamente destrutivas. O conceito de Estado acabou com a Revolução Russa e deve ter provocado os mesmos resultados em todas as outras revoluções, a menos que o espírito libertário prevaleça.

Entretanto, é preciso que eu vá além. Não apenas o bolchevismo, o marxismo e o governamentalismo são fatais tanto à revolução quanto a todo o progresso humano. A verdadeira causa do fracasso da Revolução Russa é bem mais profunda e pode ser encontrada na própria concepção socialista da revolução.

A ideia dominante e quase geral sobre a revolução, especialmente o conceito socialista, é a de que a revolução é uma mudança violenta das condições existentes, através da qual uma classe social – a classe operária – passa a dominar outra classe, a classe capitalista. Esse é um conceito de mudança puramente físico e como tal implica apenas transformações no cenário político e novas formas institucionais. A ditadura da burguesia é substituída pela ditadura do proletariado – ou pela ditadura de sua "guarda avançada", o Partido Comunista; Lenin toma o lugar dos Romanov, o Gabinete Imperial é rebatizado, passando a ser chamado de Soviete dos Comissários do Povo, Trotski é nomeado ministro da Guerra e um operário torna-se governador geral militar de Moscou. Essa é, em resumo, a tradução na prática da teoria bolchevique de revolução. E, com algumas pequenas alterações, é também o conceito de revolução de todos os outros partidos socialistas.

Essa concepção é inerente e fatalmente falsa. A revolução é, na verdade, um processo violento. Mas se a única consequência fosse uma mudança de ditadura, uma troca de nomes e personalidades políticas, nem valeria a pena fazê-la. Pois certamente esta mudança não mereceria tanta luta e sacrifício, a perda de milhares de vidas humanas e valores culturais, consequência inevitável de todas as revoluções. Se uma tal revolução chegasse algum dia a trazer o bem-estar social (o que não aconteceu na Rússia), nem assim valeria o preço terrível que se deve pagar por ela: uma simples melhora nas condições existentes pode ser obtida sem que seja necessário fazer uma revolução sangrenta. Os verdadeiros objetivos e propósitos da revolução, tal como eu os vejo, não são meramente paliativos ou superficiais.

Na minha opinião – mil vezes reforçada pela experiência russa –, a grande missão da revolução, da REVOLUÇÃO SOCIAL, é uma transposição fundamental de valores. Uma transposição não apenas dos valores sociais mas dos valores humanos, estes até mais importantes, já que são a base de todos os outros. Nossas instituições e as condições em que vivemos estão fundadas em ideias profundamente enraizadas. Mudar essas condições, deixando ao mesmo tempo intactas as ideias e valores subjacentes, significa que houve apenas transformações superficiais que não poderiam ser permanentes nem trariam qualquer melhora real. E que seriam apenas mudanças de forma, não de substância, como ficou tragicamente provado na Rússia.

E o grande fracasso e tragédia da Revolução Russa é que ela tentou mudar (sob a liderança do partido político do governo) não apenas as instituições e as condições de vida, enquanto, ao mesmo tempo, ignorava totalmente os valores sociais e humanos envolvidos na Revolução. Pior ainda, na sua louca ambição pelo poder, o Estado comunista procurou até reforçar e aprofundar as próprias formas que a Revolução tinha se proposto a destruir. Apoiou e estimulou as piores características antissociais e destruiu de forma sistemática a ideia já despertada dos novos valores revolucionários. O sentido de justiça e igualdade, o amor pela liberdade e pela fraternidade humana – bases da verdadeira regeneração da sociedade, tudo isso o Estado comunista sufocou até acabar com eles. O senso instintivo de justiça foi chamado de sentimentalismo; a dignidade e a liberdade humanas transformaram-se numa superstição da burguesia; o sentido do valor sagrado da vida, que é a própria essência da reconstrução social, foi condenado como antirrevolucionário, quase contrarrevolucionário. Essa atemorizante perversão de valores fundamentais trazia dentro de si a semente da destruição. Com a ideia de que a Revolução era apenas um meio de obter o poder político, era inevitável que os valores revolucionários ficassem subordinados às necessidades do Estado socialista; que fossem, na verdade, explorados para aumentar a segurança do recém-adquirido poder governamental. "Razões de Estado" mascarados de "interesses da revolução e do povo" tornaram-se o único critério da ação e até mesmo do sentimento. A violência, a trágica inevitabilidade dos levantes revolucionários, tornou-se um costume estabelecido, um hábito que foi finalmente entronizado como a instituição mais poderosa e ideal. Pois não foi o próprio Zinoviev quem canonizou Dzerzhinsky, o líder da sangrenta Tcheka, como "Santo da Revolução"? O Estado não dedicou as maiores honrarias públicas a Uritsky, o fundador e sádico chefe da Tcheka de Petrogrado?

Essa perversão dos valores éticos cedo se cristalizou no lema dominante do Partido Comunista: os fins justificam os meios. Da mesma forma no passado, a Inquisição e os jesuítas adotaram esse lema e subordinaram a ele toda a moral. E ele se vingou dos jesuítas, da mesma forma como se vingou da Revolução Russa. No rastro desse lema vieram a mentira, a falsidade, a hipocrisia, a traição, o crime às claras ou em segredo. Deveria ser do maior interesse para os estudantes de psicologia social o fato de que dois movimentos tão distantes no tempo e nas ideias quanto o bolchevismo e o jesuitismo atingiram resultados exatamente semelhantes na evolução do princípio de que os fins justificam os meios. Esse paralelismo histórico, quase totalmente ignorado até agora, contém uma lição importantíssima, não só para todas as revoluções futuras, como para o futuro da própria humanidade.

Não há maior falácia do que a crença de que objetivos e propósitos são uma coisa e métodos e táticas, outra. Essa concepção é uma poderosa ameaça à regeneração social. Toda a experiência humana ensina que métodos e meios não podem ser separados do objetivo principal. Os meios empregados acabaram por se tornar, através dos hábitos individuais e da prática social, parte e parcela do objetivo final; eles exercem sua influência sobre ele, modificam-no até que objetivos e meios se tornam uma coisa só. Desde o dia da minha chegada na Rússia eu senti isso, a princípio vagamente, depois com clareza cada vez maior. Os grandes e elevados objetivos da Revolução tornaram-se tão enevoados e obscurecidos pelos métodos utilizados pelo poder político para atingi-los que é difícil distinguir entre os meios temporários e o propósito final. Psicológica e socialmente, os meios irão necessariamente influenciar e alterar os fins. Toda a história do homem é uma prova contínua da máxima de que retirar os conceitos éticos dos métodos utilizados significa mergulhar nas profundezas da desmoralização total. É aí que reside a verdadeira tragédia da filosofia bolchevique tal como foi aplicada à Revolução Russa. Que essa lição não tenha sido em vão.

Nenhuma revolução pode ser bem-sucedida como um fator de liberação, a menos que os meios utilizados para incrementá-la sejam autênticos em espírito e tendência aos propósitos a serem atingidos.

A revolução é a negação de tudo o que existe, um violento protesto contra a desumanidade do homem para com o homem, com as mil formas de escravidão que daí resultam. É o agente que se propõe a destruir os valores dominantes sobre os quais um sistema complexo de injustiça, opressão e maldade foi construído pela ignorância e a brutalidade. É o arauto dos NOVOS VALORES, anunciando uma transformação nas relações básicas dos homens entre si e entre estes e a sociedade. Não é um simples reformador que vem consertar alguns erros sociais, não é um mero transformador de formas e instituições; não é apenas um redistribuidor de bem-estar social. É, em primeiro lugar, o que traz novos valores. É a grande mestra da nova ética, é quem inspira no homem um novo conceito de vida e suas manifestações nas relações sociais. É um regenerador mental e espiritual.

Seu primeiro preceito ético é a identidade entre meios utilizados e objetivos propostos. O principal objetivo de todas as mudanças sociais revolucionárias é estabelecer o sagrado valor da vida humana, da dignidade do homem, o direito que todo o ser humano tem à liberdade e ao bem-estar. A menos que esses sejam os objetivos essenciais da revolução, não haveria nada que justificasse as violentas mudanças na sociedade. Pois mudanças sociais de fachada podem ser – e têm sido – obtidas pelos processos normais da evolução. A revolução, ao contrário, significa não apenas mudanças externas, mas transformações internas básicas, fundamentais. Essas transformações de ideias vão penetrando nas camadas sociais cada vez mais simples e culminam finalmente num violento levante conhecido como revolução. Será possível que esse processo possa reverter o processo de transvalorização, voltar-se contra ele, traí-lo? Foi isso o que aconteceu na Rússia.

Ao contrário, a própria revolução deve apressar e aprofundar o processo do qual é a expressão cumulativa; sua principal missão é inspirá-la, elevá-la a maiores alturas, dar-lhe um âmbito maior de expressão. Só assim é que a revolução poderá ser fiel a si mesma.

Aplicada na prática, isso significa que o período de revolução real, o assim chamado estágio transitório, deve ser a introdução, o prelúdio de uma nova condição social. É a fronteira para uma NOVA VIDA, A NOVA CASA DO HOMEM E DA HUMANIDADE. Como tal, deve estar em harmonia com o espírito da nova vida, com a construção do novo edifício.

Hoje é o pai de amanhã. O presente projeta a sua sombra no futuro. Essa é a lei da vida, tanto da vida individual quanto social. A revolução que se despoja dos valores éticos lança, por esse meio, as bases da injustiça, da falsidade e da opressão para a sociedade do futuro. Os meios utilizados para preparar o futuro transformam-se na pedra angular desse futuro.

Observe as trágicas condições em que se encontra a Rússia. Os métodos de centralização estatal paralisaram a iniciativa e o esforço individual. A tirania da ditadura acovardou o povo, lançando-o numa submissão servil e extinguiu quase totalmente a chama da liberdade; o terrorismo organizado rebaixou e brutalizou as massas, sufocando todo o idealismo, todo o sentido da dignidade do homem e do valor da vida, que foram finalmente eliminados. A coação a cada passo transformou o esforço numa coisa amarga, o trabalho num castigo, tornou todos os aspectos da vida numa trama de enganos mútuos e reavivou os instintos mais baixos e mais brutais do homem. Uma triste herança para começar a vida de liberdade e fraternidade.

Nunca será demais salientar que a revolução terá sido feita em vão, a menos que seja inspirada por um verdadeiro ideal. Os métodos revolucionários devem estar em harmonia com os fins revolucionários. Os meios utilizados para promover a revolução devem estar em harmonia com seus propósitos. Em resumo, é preciso que os valores éticos que a revolução pretende estabelecer na nova sociedade sejam aplicados desde o início das atividades revolucionárias do assim chamado "período de transição", pois eles só poderão servir como uma verdadeira e segura ponte para a nova vida se forem construídos com os mesmos materiais da vida que se quer alcançar. A revolução é o espelho dos dias futuros...

Quarta parte

Revolução? Rebelião? Insurreição?

Certamente nenhum daqueles que poderiam ser descritos como anarquistas veria a si próprio como revolucionário, muito embora todos desejassem uma transformação radical na sociedade e nos seus objetivos. É basicamente uma questão semântica. Godwin, Tolstói e Gandhi teriam feito objeções à sugestão de violento cataclisma que o mito da revolução implantou na mente do povo. No trecho citado nesta sessão, Max Stirner estabelece a diferença (semelhante àquela feita mais tarde por Herbert Read e Albert Camus) entre revolução e insurreição. Mas, na verdade, ao examinarmos suas palavras, parece claro que ele via a revolução como um novo arranjo das relações do poder e que aquilo a que chamou de insurreição tem, na realidade, muito em comum com o levante geral de que costumava nos falar o revolucionário Bakunin quando pensava incitar os camponeses à revolta. Kropotkin sempre afirmava que a revolução era apenas uma forma de acelerar a evolução e inclinava-se a minimizar seus aspectos violentos, sem jamais negá-los. Enquanto isso, Proudhon, embora falasse sem parar na revolução, usava esse termo para designar mais uma transformação social pacífica, mas arrasadora, do que um ato cataclísmico e previa que essa transformação se daria através de uma mudança radical nas relações econômicas – aquilo que chamava de "guerra das oficinas".

Ao mesmo tempo, quase todos os anarquistas estudavam os meios práticos que poderiam utilizar para derrubar a ordem vigente ou miná-la construindo uma nova ordem dentro da velha estrutura. Em *Ação anarquista*, o escritor inglês contemporâneo Nicolas Walter nos dá um resumo bastante útil sobre os vários tipos de abordagem utilizados por diferentes espécies de anarquistas no problema de obter uma transição da velha para a nova ordem. O livro de Murray Bookchin, *Grupos afins*, é uma interessante nota de rodapé sobre a organização de grupos anarquistas ativistas – um tipo de organização bem diferente daquela dos partidos políticos comuns. Em *Revolução e realidade social*, Alex Comfort faz uma crítica da história revolucionária tradicional e sugere alternativas anarquistas mais de acordo com a realidade moderna.

O debate sobre a moralidade e viabilidade dos métodos violentos continuou a existir entre os anarquistas durante mais de um século e ainda hoje é capaz de dividi-los. É provável que a maior parte deles esteja disposta a usar a violência, mas não deseja fazê-lo, embora inclinados a salientar – como fez Kropotkin na passagem que reproduzimos – que estão longe de deter o monopólio sobre ela.

A violência anarquista atingiu uma notoriedade especial no começo do século, quando um pequeno número de anarquistas – agindo quase todos isoladamente – assassinou uma série de personalidades políticas importantes e também algumas pessoas sem qualquer envolvimento político. Não há dúvida de que, na ocasião, os atos cometidos por esses homens e a ampla publicidade que receberam prejudicaram a causa do anarquismo, mas os anarquistas tinham um ponto de vista próprio e o expressaram. Assim, para que possamos compreender em profundidade o comportamento anarquista, é preciso ouvir o que eles têm a dizer. Alexander Berkman atentou contra a vida do magnata do aço Clay Frick em 1892 e incluímos aqui o seu relato sobre o atentado em que revela detalhes sobre os seus sentimentos na ocasião. Reproduzimos também os ataques que fez, muitos anos depois, à violência que impregna o mundo legal. É evidente que, como muitos outros anarquistas do seu tipo, Berkman julgava que seus atos poderiam ajudar a abrir caminho para uma nova era de confiança e paz. Essa visão dicotomista é revelada, dramaticamente, nas declarações feitas por Émile Henry à corte que o julgou. Embora haja uma repugnante e fria precisão nas declarações de Henry, principalmente se pensarmos que a bomba que ele jogou contra o Café Terminus destinava-se a matar pessoas que individualmente ele não teria qualquer motivo para condenar, ainda assim, atrás do assassino frio e audacioso esconde-se uma visão generosa de um futuro feliz, do qual ele sabe que não poderá participar e que, no entanto, prevê com uma espécie de sombria alegria.

Diametralmente opostos – em termos de métodos anarquistas – aos atos dos terroristas são os atos de desobediência civil não violentos recomendados pelos anarquistas que são também pacifistas. *A desobediência civil*, de Thoreau, é o texto clássico desse tipo de negativa pacífica a toda e qualquer forma de cooperação e *Resistência ao serviço militar* não apenas defende a causa dos "opositores conscientes" de todas as guerras como precede as grandes campanhas de Gandhi de Satyagraha por meio das quais os ingleses foram persuadidos a deixar a Índia em paz.

O anarcossindicalismo – a organização dos trabalhadores em sindicatos que servirão como estruturas de combate para obter vantagens na greve geral e depois como a infraestrutura das indústrias livres – gozou de grande prestígio nos últimos oitenta anos e muitos viram nele a solução ideal para o problema da vitória revolucionária. Embora se inclinassem a repudiar uns aos outros, na verdade havia muita coisa em comum entre os sindicalistas revolucionários e os defensores da desobediência civil, uma vez que ambos davam grande importância à negação total de qualquer forma de cooperação. Nos três extratos que se seguem, George Woodcock define o anarcossindicalismo num panfleto de 1940; os discursos de Monatte e Malatesta nos dão a parte mais importante do debate ocorrido no Congresso Anarquista de Amsterdã, em 1907, entre aqueles que estavam dispostos a aceitar os sindicatos como principal instrumento da luta anarquista e os outros que, como Malatesta, desejavam manter o objetivo fundamental do anarquismo, a luta pela libertação não apenas da classe operária, mas de todos os homens, e que temiam que os sindicatos viessem a se transformar em instituições de classe totalmente petrificadas.

A ORIGEM DA REVOLUÇÃO

PIERRE-JOSEPH PROUDHON
(in *Confissões de um revolucionário*, 1849)

Todos os homens são iguais e livres, e a sociedade é, portanto, por natureza e predestinação, ingovernável. Se o campo de atividade de cada cidadão é determinado pela divisão natural do trabalho e pela escolha de uma profissão, se as funções sociais são combinadas de maneira a produzir um efeito harmonioso, a ordem é uma consequência da atividade livre de todos os homens; não existe governo. Quem quer que coloque a mão sobre mim para governar-me é um usurpador, um tirano, e eu o declaro meu inimigo.

Mas a filosofia social não admite imediatamente essa organização igualitária; a ideia de cautela, uma das primeiras a surgir na sociedade, sempre se opôs a ela. A igualdade chega até nós através de uma sucessão de tiranias, governos nos quais a liberdade está constantemente sob o domínio do absolutismo, como Israel e Jeová. Desse modo, para nós a igualdade nasce frequentemente da desigualdade; a liberdade tem seu ponto de partida no governo... a autoridade foi a primeira ideia social da raça humana. A segunda foi lançar-se imediatamente à tarefa de aboli-la, cada um desejando usá-la como instrumento de sua própria liberdade contra a liberdade do outro...

A origem da revolução, sabemos ainda, é a liberdade. Liberdade! Ou seja: 1. emancipação política, pela criação do sufrágio universal, pela centralização das funções sociais, pela revisão contante e perpétua da Constituição; 2. emancipação industrial, pela garantia mútua de crédito e venda. Em outras palavras: não mais o governo do homem pelo homem através da acumulação de poderes; não mais a exploração do homem pelo homem através do acúmulo do capital.

REVOLUÇÃO E INSURREIÇÃO

MAX STIRNER
(in *O ego e ele próprio*, 1907)

Revolução e insurreição não devem ser consideradas sinônimos. A primeira consiste na derrubada das condições ou do *status* vigentes, do Estado ou da sociedade e, como tal, é um ato político ou social; a segunda traz, como consequência inevitável, uma transformação nas circunstâncias que entretanto não são provocadas por ela, mas pela própria insatisfação dos homens. A insurreição não é um levante armado mas um levante de indivíduos, uma tomada de posição que não tem qualquer compromisso com as consequências que dela poderão advir. A revolução visava obter novas condições de vida; a insurreição nos leva a não aceitar mais a ideia de que alguém pode determinar as condições sob as quais deveremos viver, mas nos induz a determinar por nós mesmos essas condições, sem depositar grandes esperanças nas instituições. Ela não é uma luta contra a ordem estabelecida, já que seu sucesso determinará o fim dessa ordem; seu objetivo é fazer com que eu mesmo a abandone, pois no momento em que eu o fizer ela estará morta e já terá começado a apodrecer. Meu objetivo não é, portanto, derrubar a ordem estabelecida, erguendo-me acima dela; meus propósitos e atos não têm qualquer cunho político ou social, mas, na medida em que dizem respeito apenas à minha própria pessoa, são puramente egoístas.

AÇÃO ANARQUISTA

NICOLAS WALTER
(in *Sobre o anarquismo*, 1969)

A diferença entre teorizar sobre o anarquismo e colocá-lo em prática implica uma mudança de estrutura. O típico grupo de discussão ou propaganda, aberto à participação de estranhos e à vigilância das autoridades e que tem como base o fato de que cada um pode fazer o que quiser e não fazer o que não quiser tornar-se-á mais exclusivo e formal. Este é um momento de grande perigo, já que uma atitude demasiado rígida levará ao autoritarismo e ao sectarismo, e a indulgência resultará em confusão e irresponsabilidade. É um momento de perigo ainda maior também porque, no momento em que o anarquismo passa a ser um assunto sério, os anarquistas passam a representar uma ameaça real e a verdadeira perseguição começa.

A forma de ação anarquista mais comum é fazer com que a agitação provocada por uma determinada questão se transforme em participação ativa numa campanha. Esta tanto poderá ser reformista, tentando mudar alguma coisa sem alterar todo o sistema; ou revolucionária, pregando uma transformação do próprio sistema; poderá ser legal, ilegal ou ambas; violenta, pacífica ou apenas não violenta. Pode ter possibilidades de sucesso ou ser, desde o início, uma causa perdida. Os anarquistas tanto poderão ter grande influência, e até mesmo dominar a campanha, quanto ser apenas um dos grupos participantes.

Não é difícil pensar numa grande variedade de possíveis campos de ação, e durante séculos os anarquistas experimentaram todos eles. Mas a forma de atuação que os anarquistas mais apreciam e que é mais típica do movimento é, sem dúvida, a ação direta.

O conceito de ação direta é muitas vezes mal interpretado, tanto pelos anarquistas quanto por seus inimigos. Quando a frase foi usada pela primeira vez, em 1890, ela designava apenas o antônimo de ação política, ou seja, parlamentar; e no contexto do movimento operário significava "ação industrial", em especial as greves, boicotes e sabotagens que eram vistos como uma forma de preparação e ensaio para a revolução. O importante é que a ação não fosse exercida pelas pessoas mais envolvidas na situação em causa e diretamente sobre ela, o objetivo principal sendo obter algum resultado concreto e não apenas publicidade para o movimento.

E, embora isto nos pareça bastante claro, o que aconteceu na verdade é que a ação direta foi confundida com propaganda através da ação e, especialmente, com uma forma de desobediência civil.

A técnica de ação direta surgiu durante o movimento sindicalista francês como uma reação às formas mais radicais de propaganda através da ação; em vez de desviar-se do caminho, perdendo-se em gestos dramáticos mas pouco eficazes, os sindicalistas lançavam-se a um trabalho mais monótono mas eficaz – esta era pelo menos a teoria. Mas, à medida que o movimento sindicalista entrou em conflito com o sistema na França, Espanha, Itália, Estados Unidos, Rússia e até mesmo na Inglaterra, os aspectos positivos da ação direta começaram a assumir as mesmas funções dos atos de propaganda pela ação. Então, quando Gandhi começou a descrever como ação direta o que era na verdade uma forma não violenta de desobediência civil, os três tipos de ação acabaram por se confundir, adquirindo um significado mais ou menos único, quando passaram a designar qualquer forma de atividade pública que fosse contra a lei ou de qualquer forma que contrariasse as regras aceitas pela etiqueta constitucional.

Para a maior parte dos anarquistas, entretanto, a ação direta ainda conserva seu significado original, embora, a par de formas tradicionais, tenha adquirido outras – tais como invasão de bases militares, ocupação de universidades, casas particulares ou fábricas. O que a torna tão atraente aos olhos dos anarquistas é a sua coerência com os princípios libertários e consigo própria.

Quase todas as formas de ação política executadas por grupos de oposição têm como objetivo principal a obtenção do poder. E, embora determinados grupos utilizem a técnica de ação direta para atingir seus objetivos, tão logo o obtêm, não apenas abandonam a ação direta como até impedem qualquer outro grupo de lançar mão dessa técnica. Os anarquistas estão sempre a favor da ação direta, em qualquer circunstância encarando-a como uma ação normal, que reforça a si mesma e ganha força à medida que é utilizada, sendo o tipo de ação que pode ser usada para criar ou manter uma sociedade livre.

Mas há certos anarquistas que não acreditam na possibilidade de criar uma sociedade livre e que agem de acordo com essa descrença. Uma das mais fortes tendências pessimistas que existem dentro do movimento anarquista é o niilismo. Niilismo foi uma palavra criada por Turguêniev (em seu livro *Pais e filhos*) para descrever a atitude cética e desdenhosa dos jovens populistas russos do século passado, mas que desde então passou a designar também uma visão que nega qualquer valor não apenas ao Estado, à moral vigente, mas à sociedade e à própria humanidade. Para o niilismo convicto, nada tem valor, inclusive ele próprio – assim o niilismo nada mais é do que um passo além do mais absoluto egoísmo.

Uma forma extrema de ação inspirada no niilismo é o terrorismo gratuito, usado não como uma forma de vingança ou propaganda mas gratuitamente. Embora os anarquistas não detenham o monopólio do terror, ele às vezes passou a ser moda em algumas sessões do movimento. Depois da frustrante experiência de pregar uma teoria minoritária para uma sociedade hostil e muitas vezes indiferente, é sem dúvida tentador atacá-la fisicamente. Tal ação pode não atenuar a hostilidade, mas, certamente, acabará com a indiferença; "odeiem-me, contanto que me temam!" parece ser o raciocínio do terrorista. Mas, se o assassinato racional tornou-se improdutivo, o terror gratuito demonstrou ser contraproducente, e não seria demais afirmar que nada prejudicou tanto o anarquismo quanto esse traço de violência psicopata que sempre existiu e ainda existe nele.

Uma forma mais suave de ação inspirada no niilismo é a boemia, que tem sido um fenômeno constante, embora o nome pareça mudar a cada nova manifestação. Esta também se tornou moda em algumas sessões do movimento anarquista e, é claro, também fora dele. Em vez de atacar a sociedade, o boêmio sai dela – embora, mesmo que viva indiferente aos valores da sociedade, ele continue a viver nela e dela. Há uma série de tolices sobre essa tendência: é verdade que os boêmios podem ser considerados parasitas, mas isso também pode ser dito de muitos indivíduos. Por outro lado, eles não fazem mal a ninguém, exceto a si próprios. O melhor que se poderia dizer deles é que podem fazer bem enquanto se divertem e desafiam os valores vigentes de uma forma ostensiva mas inofensiva. E o pior é que eles não têm condições de provocar qualquer mudança real na sociedade e gastam, na vida boêmia, energias necessárias à tarefa reformista que, para a maioria dos anarquistas, é a razão de ser do anarquismo.

Uma forma mais coerente e construtiva de sair da sociedade e abandoná-la é criar um novo modelo de comunidade independente. Este tem sido um fenômeno bastante comum entre os fanáticos religiosos da Idade Média, por exemplo, e entre vários grupos de pessoas das mais variadas classes, especialmente nos Estados Unidos e, naturalmente, na Palestina. No passado, os anarquistas se deixaram influenciar por essa tendência, mas isso já não acontece com frequência em nossos dias. Tal como acontece em outros grupos de esquerda, é mais provável que formem uma comunidade informal, integrada por um grupo de pessoas que vivem e trabalham juntas dentro da sociedade do que fora dela. Podemos ver nesse tipo de agrupamento a semente de uma nova forma de sociedade crescendo dentro das velhas formas, ou, ainda, como um modelo viável para fugir às exigências da autoridade que pode ser aceita pelas pessoas comuns.

Uma outra forma de ação, que tem sua origem numa visão pessimista das perspectivas do anarquismo, é o protesto permanente. De acordo com esse ponto de vista, não há qualquer esperança de que se possa mudar a sociedade, destruir o sistema de governo ou de colocar em prática o anarquismo. O mais importante não é o futuro, a rigorosa fidelidade a um ideal imutável, a elaboração cuidadosa de uma bela utopia, mas o presente, o reconhecimento tardio de uma realidade amarga e a resistência constante a uma situação terrível. O protesto permanente é a teoria de muitos ex-anarquistas que não abandonaram suas crenças, mas já não têm esperanças de sucesso; é também a prática de muitos anarquistas na ativa que ainda mantêm intactas as suas crenças e prosseguem como se ainda esperassem vencer, embora saibam – consciente ou inconscientemente – que nunca alcançarão a vitória. Quando examinados em retrospecto, poderíamos afirmar que, durante este último século, a maior parte dos anarquistas esteve envolvida no que se poderia chamar de protesto permanente; mas seria tão dogmático afirmar que as coisas jamais mudarão quanto garantir que elas poderão mudar um dia, e ninguém pode adivinhar quando o protesto poderá tornar-se eficiente e o presente transformar-se de repente, no futuro.

A única diferença é que o protesto permanente é visto como uma ação de retaguarda de uma causa sem esperança, enquanto a maior parte da atividade anarquista é considerada como uma ação de vanguarda ou, pelo menos, como uma sentinela avançada numa batalha que talvez jamais será ganha, e que talvez nunca se acabe, mas que, ainda assim, vale a pena combater.

As melhores táticas que se poderiam utilizar nesta guerra são aquelas coerentes com a estratégia geral da guerra pela liberdade e pela igualdade, e que incluem desde as escaramuças guerrilheiras da nossa vida pessoal até as batalhas declaradas das grandes campanhas sociais. Os anarquistas constituem quase sempre uma pequena minoria, e assim dificilmente têm condições de escolher o campo de batalha, mas devem lutar onde as coisas estão acontecendo. Em geral têm tido mais sucesso naquelas ocasiões em que a agitação anarquista culminou com a participação de anarquistas em movimentos esquerdistas mais amplos – especialmente em movimentos trabalhistas, mas também em campanhas antimilitaristas, e até mesmo pacifistas, em países que se preparavam para a guerra ou já lutavam; em movimentos anticlericais e humanistas nos países religiosos, ou em movimentos que lutavam pela libertação nacional ou colonial, pela igualdade sexual ou racial; pela reforma legal ou penal, ou pelas liberdades civis em geral.

Esse tipo de participação implica, fatalmente, uma aliança com grupos não anarquistas e algum comprometimento dos princípios anarquistas; e todos os anarquistas que se envolvem nesse tipo de ação correm sempre o risco de abandonar de vez a causa. Por outro lado, a recusa em assumir tal risco geralmente significa esterilidade e sectarismo, e a tendência do movimento anarquista é de exercer alguma influência apenas quando se entrega totalmente.

Nessas ocasiões, a contribuição particular do anarquismo tem assumido dois aspectos: primeiro, dar maior ênfase ao objetivo a ser atingido: uma sociedade libertária; segundo, insistir para que esse objetivo seja atingido através de métodos libertários. Essa é, na verdade, uma contribuição única, pois a conclusão a que podemos chegar não é apenas a de que os fins justificam os meios, mas a de que os meios determinam os fins – os meios são o fim, na maioria dos casos. Podemos estar certos das ações que praticamos, mas não das suas consequências.

Uma boa oportunidade que é dada aos anarquistas para que levem a sociedade ao anarquismo parece ser a participação ativa, dentro dessas linhas de ação, em movimentos não sectários, tais como o Comitê dos Cem, na Inglaterra; o Movimento 22 de Março, na França; o Zengakuren, no Japão; e os vários grupos que lutam pelos direitos civis, na resistência ao recrutamento militar obrigatório, e para que seja concedido mais poder aos estudantes dos Estados Unidos. Nos velhos tempos, a maior oportunidade para um crescimento realmente substancial dos movimentos anarquistas estava nos episódios de sindicalismo militante que ocorriam na França, Espanha, Itália, Estados Unidos e Rússia e, sobretudo, nas Revoluções da Rússia e Espanha. Hoje isso já não acontece, tanto nas violentas revoluções da Ásia, África e América do Sul, como em levantes e insurreições como as da Hungria em 1956 e da França em 1968 – e na Inglaterra, quando?

GRUPOS DE AFINIDADE

MURRAY BOOKCHIN
(in *Anarquismo pós-escassez*)

O termo "grupos de afinidade" é a tradução do espanhol "grupos de afinidad", nome de um tipo de organização criada na época anterior a Franco e que serviu de base à temível F.A.I. (que congregava os militantes mais idealistas da C.N.T., a imensa organização anarcossindicalista). Criar hoje uma imitação servil do tipo de organização e dos métodos utilizados pela F.A.I. não seria possível, nem desejável. Os anarquistas espanhóis da década de 30 certamente enfrentavam problemas sociais inteiramente diferentes daqueles com que hoje se defrontam os anarquistas americanos. O modelo, entretanto, tem certas características que podem ser aplicadas a qualquer situação social, e que muitas vezes foram adotadas intuitivamente pelos radicais americanos que chamaram as organizações resultantes de "coletivas", "comunas" ou "famílias".

Os grupos de afinidade poderiam ser facilmente considerados como um novo tipo de prolongamento da família, em que os laços de parentesco foram substituídos por um relacionamento humano extremamente intenso, relacionamento que é alimentado por ideias e práticas revolucionárias comuns. Muito antes que a palavra "tribo" ganhasse popularidade no movimento da contracultura americana, os espanhóis anarquistas já chamavam suas reuniões de "asambleas de las tribus" – assembleias das tribos. Cada grupo de afinidade tem um número limitado de participantes para garantir o maior grau de intimidade possível entre seus membros. Autônomos, comunitários e francamente democráticos, os grupos combinam as teorias revolucionárias a um estilo de vida e um comportamento igualmente revolucionários, criando um espaço livre onde os seus integrantes podem reestruturar-se, tanto individual quanto socialmente, como seres humanos.

Grupos de afinidade pretendem funcionar como catalisadores dentro do movimento popular, não como "vanguardas"; eles proporcionam iniciativa e conscientização, não um estado-maior e uma fonte de comando. Os grupos proliferam em nível molecular e têm um "movimento Browniano" próprio. A união ou separação de cada grupo é determinada pelas circunstâncias do momento e não por ordens burocráticas vindas de um centro distante. Durante períodos de opressão política, os grupos de afinidade são altamente resistentes à infiltração policial. Devido ao alto grau de intimidade que existe entre os participantes, muitas vezes se torna difícil penetrar no grupo e, mesmo quando isso acontece, não há um mecanismo centralizado que dê aos infiltrados uma visão geral do movimento como um todo. Mesmo sob condições tão difíceis, os grupos de afinidade ainda conseguem manter contato através da literatura e de revistas.

Durante períodos de atividade mais intensa, por outro lado, nada impede que os grupos trabalhem juntos em qualquer nível que se fizer necessário. Eles podem unir-se através de grupos locais, regionais ou nacionais para formular planos de ação comum; podem criar comitês temporários (como os que congregavam estudantes e operários franceses em 1968) para coordenar determinadas tarefas. Entretanto, os grupos de afinidade sempre têm suas raízes nos movimentos populares e são sempre leais às formas sociais criadas pelos revolucionários, não a uma burocracia impessoal. Como resultado de sua autonomia e regionalismo, os grupos são capazes de manter uma avaliação crítica sensível sobre as novas perspectivas. Intensamente experimentais e diversificados quanto ao estilo de vida, eles funcionam como uma fonte de estímulo mútuo, influenciando também o movimento popular. Cada grupo procura adquirir os recursos necessários para funcionar com quase total autonomia, desenvolvendo um perfeito sistema de conhecimentos e experiências para vencer as limitações sociais e psicológicas impostas pela sociedade burguesa ao desenvolvimento individual. Agindo como um núcleo de conscientização e experiência, cada grupo tenta levar adiante uma forma de movimento revolucionário espontâneo do povo, fazendo-o atingir um ponto em que o grupo possa finalmente desaparecer, integrando-se às formas sociais orgânicas criadas pela revolução.

REVOLUÇÃO E REALIDADE SOCIAL

ALEX COMFORT
(in *Autoridade e delinquência no Estado moderno*, 1950)

Esta é uma era de revolucionários sem ânimo. O modelo de violentas transformações sociais a partir das camadas mais baixas da sociedade, típico do século XIX, só desperta o entusiasmo dos sociólogos nos países que ficaram para trás no ideal de centralização – como os Estados balcânicos, a Espanha, a Itália, os Estados comunistas e os movimentos nacionalistas emergentes do Oriente.

No sentido original, radical e liberalizante, a revolução sempre foi um movimento a favor e não contra a centralização. Ela encampa todas as pretensões que existem na tradição parlamentar quanto às prerrogativas do Estado – na verdade, seu objetivo final é a tomada das instituições para vingar as injustiças.

Parte da confusão dos organismos revolucionários ingleses – seja qual for a sua natureza – vem da percepção de que as ideias do século XIX sobre uma *levée-en-masse* contra os opressores eram bem pouco objetivas, as revoluções bem-sucedidas foram invariavelmente organizadas em torno de um governo rival, um organismo diretivo extremamente coeso, que dependia da simpatia popular para manter-se, mas cuja maior preocupação sempre foi a tomada dos mecanismos legislativos e das instituições encarregadas de fazer cumprir as leis. Outro fator negativo é que o inevitável avanço da população urbana para uma insurreição provocada pelo descontentamento, prevista pelos primeiros socialistas, foi decididamente paralisado em algumas sociedades pelos efeitos paliativos de algumas das piores características da industrialização e pelo nítido aumento dos confortos materiais. A sociedade centralizada já não fornece mais um proletariado militantemente revolucionário. A principal ameaça a esse tipo de estabilidade superficial vem dos altos e baixos das economias centralizadas, mas as manifestações de descontentamento, quando ocorrem, são desviadas pelo conjunto de padrões da vida social urbana para canais que levam a uma exacerbação do modelo centralizante. Sempre que esses governos social-democráticos forem derrubados pela violência, eles serão substituídos por formas mais extremadas de hierarquia, baseadas na intensificação de suas próprias atitudes irracionais – como o fascismo, o nazismo e o comunismo totalitário. Sob essas condições, a Revolução serve, geralmente, para fixar definitivamente um modelo de economia de guerra permanente, adotado como solução para as notáveis dificuldades que deverão enfrentar. Tal como a guerra, essa economia ganha o apoio pela criação de uma consciência cívica e porque a atenção do povo é desviada pela ameaça de inimigos estereotipados. A primeira tarefa de qualquer administração revolucionária é assegurar-se de que a mudança de comando não irá perturbar o funcionamento da comunidade – a segunda é munir-se de um organismo executivo capaz de fazer cumprir as leis, interpondo-se entre a administração e o público em geral.

Entre todos os movimentos anarquistas da Europa, só o Anarquismo discorda das ideias preconcebidas sobre as prerrogativas do Estado, defendidas pelos governos atualmente no poder. Os primeiros teóricos do anarquismo, como William Godwin e Kropotkin, anteciparam de forma extraordinária os achados da sociologia na avaliação que fizeram sobre o comportamento humano e os meios que poderiam ser utilizados para alterar a conduta. A originalidade da sugestão, feita por Godwin, de que nenhum indivíduo livre deveria aceitar a ideia de tocar numa orquestra sob as ordens de um maestro, torna-se menos óbvia se nós a expressarmos em termos de que a arte estava restrita aos profissionais. Godwin não podia prever que a tecnologia moderna iria proporcionar uma grande expansão nesse tipo de arte centralizada, colocando-a ao alcance de todos – e provavelmente não teria lhe dado qualquer valor. Kropotkin exerceu uma profunda influência sobre a biologia humana com sua teoria de ajuda mútua proposta como uma forma de reação enérgica às conclusões retiradas a partir da "luta pela vida" de Darwin. Ele foi um dos primeiros a estudar de forma sistemática as comunidades animais e pode ser considerado o fundador da moderna ecologia social.

A concreta e visível tendência a favor da organização centralizada como um dos requisitos do progresso tecnológico fez com que a balança pendesse fortemente contra a ala anarquista do movimento radical. O anarquismo só mantém a sua força como um poderoso movimento de massas na Espanha – onde a comunidade anarquista foi organizada durante a Guerra Civil – e na Itália. Ele só é capaz de conservar a ideologia do século XIX naquelas culturas em que a industrialização não chegou a desintegrar totalmente o modelo de vida rural comunitária, e onde o conceito de autossuficiência jamais pareceu ser uma quimera ou uma ideia retrógrada. As forças que moldam cada revolucionário são pelo menos tão complexas quanto as que moldam os governos. Psicopatas com sede de poder, esquizofrênicos, teóricos que se refugiam em planos utópicos, todos podem participar e pelo menos alguns entre eles são pessoas que, num outro contexto, bem poderiam ser governantes institucionais.

Entretanto, seria tão sem fundamento identificar todo o pensamento revolucionário com a psicopatia quanto detectar sinais de loucura em todos os governantes institucionais. As atitudes irracionais que podem surgir durante uma revolução – sejam quais forem – são suscitadas por defeitos reais da sociedade... A psiquiatria que identifica todas as formas de insatisfação social como sintomas de doença mental que necessitam de "reajustamentos" nega a própria vocação...

Podemos pelo menos admitir que o processo inconsciente desempenha um papel tão importante na psicologia da agitação social quanto na psicologia do governo, sem perder de vista o fato de que o mérito da adaptação depende das circunstâncias às quais o paciente está sendo solicitado a adaptar-se. A inquirição dos impulsos agressivos produzidos pelo modo de vida não social, contra um modelo de ausência de socialização, ao invés de contra estereótipos externos, não é mais do que o reverso do mecanismo que a humanidade utilizou para vencer a varíola e a cólera, sendo um meio inteiramente aceitável de descarregar esses impulsos, desde que assuma a forma de uma desobediência racional e totalmente consciente, de indivíduos inteligentes, às instituições irresponsáveis. Que o material para tal revolução existe, torna-se evidente pelos exemplos encontrados na prática clínica. Sempre que o psicólogo mostra ao indivíduo as razões que o tornam incapaz de aceitar os padrões da sociedade atual, ele está realizando um trabalho de subversão obrigatório e totalmente necessário.

Verificamos que é bem mais fácil aceitar as obrigações revolucionárias da psiquiatria dentro do contexto do fascismo ou do comunismo do que no nosso próprio sistema. Muito poucos psicoterapeutas – se é que existe algum – desejariam "reajustar" os homens da SS ou o líder do Totenkommando à sua antiga ocupação. Tanto a ciência quanto o povo que vive sob um regime de ordem centralizada subestimam seu próprio poder de conter a negligência para com o grupo através da ação individual. Já foi sugerido, repetidas vezes, que a concentração de poder militar nas mãos do Estado torna impossível qualquer tipo de resistência eficaz. Em termos das fantasias dos radicais do século XIX, isto é sem dúvida verdadeiro, mas também é verdade que o Estado-guerreiro centralizado é, provavelmente, mais vulnerável à violência individual do que qualquer outro tipo de organização social que já tenha existido, pela sua total dependência da tecnologia e submissão. Já vimos o precário equilíbrio que tais estados mantêm sempre que se lançam à guerra ou a qualquer forma de perseguição contra a população civil. As guerras defensivas e ofensivas conduzidas pelos grandes Estados utilizando civis estão totalmente à mercê da disposição guerreira de cada soldado, e os poderes militares dedicam grande energia para que esta seja mantida num nível elevado. A ameaça de dominação por inimigos externos conseguiu muitas vezes obscurecer o fato de que a própria guerra defensiva é uma escolha consciente do governo – é provável que um organismo legislativo que tenha que enfrentar um povo totalmente inconstante exiba uma cautela diplomática semelhante à dos Estados que não têm qualquer probabilidade razoável de resistir a uma agressão armada. Nas atuais condições, em que tanto as guerras defensivas quanto as ofensivas são compatíveis com a sobrevivência nacional e individual, tais atitudes bem poderiam ser consideradas como uma forma de proporcionar uma salvaguarda valiosa...

Já foi sugerido que o desenvolvimento de uma consciência nacional poderá tornar as nações incapazes de resistir aos ataques de seus vizinhos menos escrupulosos. Esse não é, entretanto, um processo que possa ser invertido. Não é possível ter-se as duas coisas: ou a psicologia social se dedica a cultivar atitudes positivas, baseadas na responsabilidade humana, sejam quais forem as consequências, ou deve deixar de existir como ciência, aceitando um *status* puramente veterinário... Tal como acontece com os efeitos da energia atômica, não é possível escolher apenas algumas das consequências do conhecimento, rejeitando as outras – a única coisa que podemos fazer é ajustarmo-nos a todas elas.

A irrelevância das vitórias militares em termos de guerra total e o conhecimento sobre a natureza dos efeitos que a defesa poderá ter sobre a vida cultural e econômica nos dão motivos ainda maiores para que nos recusemos a abandonar a luta. Até certo ponto, a ideia da indefensibilidade das culturas nacionais é verdadeira apenas se pensarmos em termos daquele tipo de defesas militares e institucionais patrocinadas pelo Estado. Tais culturas são altamente resistentes a qualquer tipo de interferência do Estado e essa resistência torna-se ainda mais eficaz porque não depende de organização. As sociedades centralizadas como a nossa não têm qualquer tipo de defesa cultural em profundidade: sua derrota é sempre total. Uma vez quebrada a casca da proteção militar, o Estado esgotou todos os seus recursos e poderá até considerar como seu dever entregar o poder aos vitoriosos, no interesse da lei e da ordem. As sociedades predominantemente sociais dependem para a sua integridade dos padrões de vida e das crenças dos indivíduos e dos pequenos grupos. Uma das fraquezas básicas da ausência de uma forma organizada de socialização é que ela não tem defesas adequadas contra os tiranos, sejam eles domésticos ou estrangeiros. Ao propor padrões de vida que se expressam sob a forma de independência e resistência a uma autoridade central quando isso se torna necessário, estamos na verdade criando mais um tipo de povo capaz de tomar conta de si mesmo do que a sociedade de conformistas da qual depende a defesa militar. Se a resistência à agressão externa por esses meios traz consigo a aceitação da perda, do risco, do sofrimento e de uma regressão parcial da sociedade, defendemos a ideia de que tais riscos não serão maiores do que aqueles provocados por uma guerra defensiva moderna e bem-sucedida.

As características da vida nacional de um país – soberania política, instituições, o próprio Estado que os líderes militares se propõem a defender – são menos importantes na escala de valores da civilização do que a sociabilidade, a individualidade e a capacidade de julgar de cada um.

Entretanto, qualquer sociologia responsável reconhecerá a urgência de conduzir o processo, pois o estágio de transição, durante o qual os indivíduos perdem a confiança e chegam a sentir repulsa pelo modelo existente sem que tenham tido tempo suficiente para criar outro modelo mais estável, é extremamente propício à ocorrência de uma catástrofe. Tendo em vista os mecanismos que deverão ser acionados para que se criem novas atitudes, essa fase de transição nunca poderá durar menos do que uma geração e, se pretendemos estabilizar nossa cultura no mundo moderno, é evidente que deveremos dedicar mais tempo ao trabalho prático e educativo fora dos padrões ora existentes e baseados, antes de mais nada, em princípios.

O fato de que a revolução possa acontecer de repente ou gradualmente é mais uma questão de circunstância e de acaso do que de escolha. A revolução histórica, geralmente, não é mais do que a culminância de um processo gradual de mudança nas atitudes. Uma ação decisiva poderá vir a se tornar necessária, mas não como um dos elementos de uma fantasia de revolução. A transição de vida associal para social acontece mais a um nível que os apóstolos religiosos chamam de "mudança de vida" do que nas barricadas, e é mais provável que qualquer violência que possa estar envolvida no processo tenha origem entre os defensores dos modelos mais antigos, que ainda consideram a coação institucionalizada como uma forma de "salvar a República", do que entre os próprios revolucionários...

De longe, as mais sérias críticas à concepção marxista e ortodoxa da revolução surgem pela extensão das mudanças que se espera que a revolução possa trazer, utilizando métodos essencialmente institucionais. A questão não é saber se os governos revolucionários podem introduzir uma nova forma de integração social entre o povo; quanto a isso, não há dúvida de que a revolução modifica e melhora o ajustamento do indivíduo naquelas culturas em que a falta de objetividade é uma das causas do seu mau funcionamento. Isso entretanto pode ocorrer sem qualquer referência aos objetivos sociais do movimento. O nazismo foi bem-sucedido ao reviver os sentimentos de grupo entre os alemães. Os métodos dos revolucionários são quase sempre, no entanto, idênticos àqueles utilizados por grupos governantes não socialistas durante a guerra – a projeção, mobilização dos ressentimentos do grupo contra inimigos estereotipados, e um nacionalismo de classe ou de estado político ou geográfico. Mesmo no caso em que essa projeção seja limitada a uma classe inimiga – como aconteceu nos dias da Internacional Comunista –, é difícil reinterpretar as ideias revolucionárias marxistas em termos que coincidam com os mais modernos estudos antropológicos. Qualquer mudança fundamental nos padrões de uma cultura depende de transformações na estrutura do caráter de seus membros, tanto como causa quanto como efeito.

Foi demonstrando repetidas vezes que tais mudanças dependem menos das instituições públicas e políticas do que de forças ambientais relativamente obscuras da nossa infância. Seria perfeitamente possível defender a tese de que as mudanças sofridas por uma determinada cultura que poderiam ser provocadas por uma alteração nos padrões de comportamento ligados à alimentação infantil são provavelmente mais extensas do que as que ocorrem após uma revolução na distribuição do poder econômico e político.

Com isso não pretendemos sugerir que as transformações econômicas são impraticáveis, mas apenas que devem ser conduzidas com um tipo diferente de mudança social e não simplesmente associadas a uma cultura já existente. Hoje o adversário da revolução não é mais a natureza humana, mas a necessidade de modificar o conjunto dos padrões culturais existentes através de métodos científicos. Nenhuma dessas modificações poderá ocorrer pela ação recíproca de agressões e projeções que constituem a quase totalidade do pensamento político, seja ele governamental ou revolucionário. O *status* dos mecanismos do poder utilizados como um meio de expressar os impulsos agressivos limita de modo eficaz a sua utilização como uma forma de transformação social baseada na pesquisa observacional.

Até aí poder-se-ia dizer que a sociologia moderna prefere – embora com certas reservas – o conceito libertário-anarquista de mudanças sociais às ideias totalitário-institucionais. O repúdio à autoridade pode ser um sintoma tanto de imaturidade quando de maturidade e numa determinada porção de agitadores chega a ser, por si só, um traço psicopata. No entanto, a doutrina básica dos primeiros escritores anarquistas: a sociabilidade do ser humano, a impropriedade de utilizar meios coercitivos para modificar os padrões culturais e a ideia de que as mudanças políticas poderiam ocorrer quando os indivíduos fossem capazes de assumir a responsabilidade pelos seus atos, através da "ajuda mútua" e da "ação direta", ainda continua válida em termos de uma nova concepção da sociologia que não depende das forças inconscientes que poderiam ter inspirado aqueles que as expressaram.

> *"Embora contenha alguns elementos de fantasia no que se refere à ação, o que é uma característica do pensamento radical do século XIX, o objetivo do anarquismo não é tanto a criação de um futuro utópico quanto retornar a um naturalismo primitivo, onde o homem viverá livre do estado político e da exploração econômica. Nesse sentido, o anarquismo tem muito em comum com a mitologia da volta a um passado bucólico."*
> (Kimball Young, *Manual de psicologia social*, 1946)

Entretanto, tal como o "estado da natureza", a "Idade de Ouro" também desapareceu do pensamento social e as fantasias de ação desapareceram com ela. O estudo sistemático do ser humano fez com que os mitos criados por Godwin e Shelley sofressem profundas transformações, tornando-os mais de acordo com a realidade. Tais como outros mitos, eles não são programas de ação, mas apenas possibilidades que poderão ser aceitas ou descartadas em termos de realidade e experiência. Se existe ou existiu uma Idade de Ouro, ela está mais na mente humana do que na realidade concreta. A esse respeito, o mito da sociabilidade, tal como o mito da saúde humana, é uma das aspirações que a humanidade tem tentado eternamente reconciliar com a realidade; primeiro, através de magias e orações; depois, pela ação empírica; e, mais tarde ainda, pela pesquisa e aplicação de métodos científicos. Todas as revoluções feitas com base numa crença demasiado literal dos seus mitos, no sentido histórico do termo, e que tem como meta promover a regressão da sociedade, abandonando as máquinas e todas as formas de progresso técnico, entram em contradição com as verdadeiras tendências dos valores humanos. Se a sociedade não consegue atender às conhecidas necessidades do homem, podemos alterá-la numa direção apenas, isto é, no sentido de um maior controle sobre nós mesmos e sobre o meio ambiente. Esse tipo de revolução contrasta fortemente com a orientação política daqueles revolucionários que desejam mergulhar no futuro de forma empírica, e de outros obcecados por um passado quase totalmente ilusório.

> *"Uma receita um tanto curiosa foi sugerida para o estado atual de insatisfação em que nos encontramos. Infelizmente ela não tem base na etiologia científica mas na psicopatologia. Seu objetivo é abandonar toda a organização industrial moderna, retornando ao modelo de sociedade pré-industrial. Esse plano foi posto em prática com toda a seriedade alguns anos atrás por Gandhi na Índia e também teve adeptos no Estado Livre Irlandês. A vida porém só pode avançar. Nem os indivíduos, nem os grupos conseguem fazer com que ela volte ao passado, e esse desejo de regressão, comum em épocas difíceis, pode ser acompanhado por ideias e fantasias que tornarão as coisas ainda mais difíceis para aqueles que tentam colocá-las em prática."*
> (J. Halliday, *Lancet*, 10 de agosto de 1946)

Com o fim do século, todos os conceitos místicos e regressivos que tentavam substituir a ideia de um Estado centralizado deixaram de fazer parte do pensamento científico. Nesse sentido, os que hoje se opõem à abordagem institucional pisam num terreno psicologicamente mais seguro.

> *"Não somos uma sociedade primitiva e não há necessidade de que nos tornemos uma como forma de garantir os*

elementos básicos da liberdade democrática. Desejamos manter todas as nossas conquistas científicas – a eletricidade, as máquinas, a produção em massa e todo o resto... Não propomos a volta à economia do tear manual e do arado. A verdade fundamental sobre a economia é que, se usados com liberdade e justiça, os métodos e instrumentos de produção sempre poderão dar a todos os homens um nível de vida decente."

(Herbert Read, *Ao diabo a cultura*, 1944)

As críticas que fazemos à centralização e à sociedade institucional não nos levam a rejeitar os métodos que tornaram nossas indagações possíveis, mas nos estimulam a fazer um esforço cada vez maior no sentido de selecionar seus aspectos positivos, eliminando os negativos. A única perspectiva realmente séria de descentralização estaria na possibilidade de que a sociedade ocidental fosse arrasada pela guerra, pela fome ou pelo esgotamento total de seus recursos, e tal revolução devolveria o governo, por tempo indeterminado, à selva e aos bacilos.

Se a palavra "anarquismo" – servindo para designar uma tentativa de efetuar mudanças capazes de transformar a sociedade institucionalizada e centralizadora numa sociedade "social" e orientada para a vida – tem implicações irracionais ou sugere uma ideologia preconcebida sobre o homem ou a sociedade, podemos hesitar em adotá-la. Nenhum ramo da ciência pode aliar-se sem riscos a fantasias revolucionárias, ideias sobre a conduta humana que tenham bases emocionais ou a condutas psicopatas. Por outro lado, as alternativas propostas – "civilização biotécnica" (Mumford), "sociedade paraprimitiva" (G. R. Taylor) – apresentam poucas vantagens, além de serem novas e não reconhecerem nenhuma das nossas dívidas para com os pioneiros. A "sociedade livre" é igualmente indesejável, porque parte de uma ideia puramente emocional e indefinida de liberdade.

Portanto, se a intervenção da sociedade nos problemas modernos tende a propagar uma forma de anarquismo, é um anarquismo baseado na pesquisa evolucional, que, além de objetivos comuns, tem muito pouco a ver com as teorias revolucionárias mais antigas, sendo ainda baseado em critérios científicos de avaliação, aos quais se opunham tanto os propagandistas quanto os elementos de ação do pensamento revolucionário do século XIX. Ela é também mais experimental e hipotética, em oposição ao caráter dogmático e messiânico do anarquismo tradicional. Como teoria da revolução, reconhece que não é possível impor limitações ainda maiores ao processo revolucionário, já que uma revolução desse tipo não é um ato isolado de reparação ou vingança seguido por uma idade de ouro, mas uma atividade humana contínua, cujos objetivos diminuem à medida que ela avança.

ANARQUISMO E VIOLÊNCIA

PETER KROPOTKIN

(De um discurso pronunciado durante a comemoração da Comuna em Londres, citado por Woodcock e Avakumovic em *O príncipe anarquista*)

O anarquismo sempre é apresentado como O partido da violência. Mas, quando relembro os atos de violência que presenciei durante estes últimos vinte anos, vejo os operários de Paris sendo massacrados pelos capitalistas franceses em maio de 1871, os atentados do Social Democrata Hoedel e do republicano Nobiling contra o imperador Alemão, os atentados do socialista Otero na Espanha e o de Passanante, que era antes de tudo um mazzinista, na Itália; os 32 condenados à forca na Rússia – e nenhum anarquista entre eles; a fúria dos nacionalistas irlandeses e os atos de violência dos anarquistas durante estes últimos anos, e afirmo que a violência é uma característica comum a todos os partidos e que todos recorrem a ela quando perdem a confiança nos outros meios e começam a desesperar.

De todos os partidos que conheço, só um deles – o anarquista – respeita a vida humana, luta pela abolição da pena de morte, da tortura e de qualquer forma de castigo imposta ao homem pelo homem. Todos os outros demonstram a cada dia seu mais total desrespeito pela vida humana. Matar o inimigo, torturá-lo na prisão, eis os princípios que defendem. Para defender os seus interesses, serão capazes de massacrar os mineiros dentro de suas minas, matar os passageiros de um trem ou bombardear Alexandria, trucidando mulheres e crianças. Eles apenas colhem os frutos de seus próprios ensinamentos. O valor sagrado da vida humana! É uma verdade, sem dúvida – mas é preciso que, antes de mais nada, a sociedade aprenda a reconhecer esse valor sagrado e que não demonstre exatamente o oposto.

A VIOLÊNCIA DO MUNDO DAS LEIS

ALEXANDER BERKMAN
(in *O que é o comunismo anarquista?*, 1929)

Para onde quer que nos voltemos, descobriremos que a nossa vida é baseada na violência ou no medo que ela nos inspira. Desde a mais tenra infância sofremos a violência dos nossos pais ou dos mais velhos. Em casa, na escola, no escritório, nas fábricas, nos campos, nas lojas, é sempre a autoridade exercida por alguém que nos mantém submissos e nos leva a obedecer às suas ordens.

Chama-se autoridade o direito de obrigar alguém a fazer alguma coisa. E é nessa atmosfera de violência e de força, de autoridade e obediência, de dever, medo e castigo que crescemos – é ela o ar que respiramos pela vida afora. Tão impregnados estamos do espírito da violência que jamais nos detemos a pensar se ela é certa ou errada. Interessa-nos apenas saber se é legal, se é autorizada por lei. Não questionamos o direito que o governo tem de matar, confiscar e aprisionar. Se um indivíduo o cometesse num só ano todos os erros que o governo comete todos os dias, nós o chamaríamos de criminoso, ladrão e patife. Mas, desde que a violência cometida seja legal, nós a aprovamos e nos submetemos a ela. Assim, na verdade, não fazemos objeções à violência em si, mas apenas àqueles que a usam ilegalmente.

Essa violência legal e o medo que ela nos inspira é que são os fatores dominantes da nossa vida individual e coletiva.

Do berço ao túmulo, há sempre uma autoridade que controla a nossa vida, seja ela a autoridade dos pais, dos sacerdotes ou a autoridade divina, política, econômica, social e moral, ela será sempre o mesmo carrasco que detém o poder sobre nós pelo medo que nos inspira o castigo. Tememos a Deus e ao Diabo, ao padre e ao vizinho, ao empregado e ao patrão, ao político e ao policial, ao juiz e ao carcereiro, à lei e ao governo. Toda a nossa vida é uma corrente de medos – um medo que fere o nosso corpo e dilacera o nosso coração. A autoridade de Deus, da Igreja, da Nação, dos capitalistas e dos governantes está baseada no terror.

Examine seu coração e veja se não é verdade o que acabo de dizer. Ora, se até mesmo entre as crianças observamos que o Joãozinho, que tem apenas dez anos, comanda seus irmãos baseado apenas na sua maior forma física, da mesma forma que seu pai manda nele por ser mais forte e porque o menino depende dele.

Submetemo-nos à autoridade do patrão, do juiz e do governo porque eles têm o poder de nos tirar o emprego, arruinar nossos negócios, jogar-nos na prisão. Um poder que, diga-se de passagem, fomos nós mesmos que colocamos em suas mãos.

Assim, é a autoridade que governa toda a nossa existência – a autoridade do passado e do presente, dos mortos e dos vivos, e a nossa vida não passa de uma invasão contínua e de uma violação perpétua de nós mesmos, de uma sujeição constante aos pensamentos e desejos do outro.

E, à medida que vamos sendo invadidos e violentados, vingamo-nos inconscientemente invadindo e violentando a vida daqueles para os quais nós representamos a autoridade e sobre quem podemos exercer alguma forma de pressão, seja ela física ou moral. Assim, toda a nossa vida se transforma numa doida colcha de retalhos, que mistura autoridade, domínio e submissão, ordens e obediência, coação e sujeição, governantes e governados, violência e força ocultos sob mil disfarces.

Será portanto de espantar que até mesmo os idealistas acabem presos nas redes desse espírito de autoridade e violência e sejam frequentemente levados, pelos seus próprios sentimentos e pelo meio ambiente, a agir inteiramente em desacordo com suas ideias?

Ainda somos bárbaros que recorrem à força e à violência como forma de saldar nossas dívidas e resolver nossas dificuldades e problemas. A violência é o método dos ignorantes e dos fracos. Aqueles que têm a mente e o coração fortes não precisam lançar mão dele porque são irresistíveis na sua convicção de que a razão está com eles.

Quanto mais nos afastarmos do homem primitivo e da Idade da Pedra, menos teremos que recorrer à força e à violência. Quanto mais sábio se tornar o homem, menos desejos terá de utilizar os métodos da coerção e violência. Ele se erguerá do pó e permanecerá ereto e não se inclinará diante de nenhum tsar, tanto na terra quanto no céu.

O homem só se tornará totalmente humano quando desprezar o governo e recusar-se a ser governado.

Só será verdadeiramente livre quando já não houver mais senhores.

O anarquismo é o ideal de tal condição: uma sociedade em que os métodos de força e de coerção não serão utilizados, e onde todos os homens serão iguais e viverão em liberdade, paz e harmonia.

A TENTATIVA DE UM ASSASSINO

ALEXANDER BERKMAN
(in *Memórias de um anarquista na prisão*, 1912)

Quando o recepcionista negro abriu a porta do gabinete de Frick à esquerda, eu pude ver de relance o vulto de um homem barbudo e bem-vestido sentado atrás de uma mesa no fundo da sala.

– O sr. Frick está ocupado e não pode atender o senhor agora –, disse o negro, devolvendo o meu cartão.

Pego o cartão, volto a colocá-lo na pasta e caminho vagarosamente para a porta. Mas logo, voltando atrás, cruzo o portão que separa funcionários e visitantes e, empurrando o surpreso empregado, entro na sala à esquerda e me encontro diante de Frick.

Por um momento a luz do sol que se derrama pela janela me ofusca. Consigo adivinhar dois homens sentados na outra extremidade da mesa.

– Fr... –, começo. A expressão de terror que vi no rosto dele me deixa sem fala. Era o terror que inspira a certeza da morte próxima. "Ele entende", pensei.

Com um movimento rápido, saco o revólver. Quando ergui a arma, percebi que Frick apoia as mãos nos braços da cadeira, tentando erguer-se. Aponto a arma para a cabeça dele.

"Talvez use um colete à prova de balas", penso.

Com um olhar aterrorizado ele desvia rapidamente a cabeça no exato instante em que eu aciono o gatilho. Há um clarão, e a sala de teto alto reverbera como com o troar de um canhão. Ouço um grito agudo e penetrante e vejo Frick de joelhos, a cabeça apoiada num dos lados da cadeira. Sinto-me calmo e estranhamente sob controle, atento a cada gesto do homem. Ele continua caído, a cabeça e os ombros sob a cadeira, sem fazer o menor ruído, imóvel.

"Terá morrido?", eu me pergunto. "Preciso ter certeza." Dou alguns passos em sua direção e então, repentinamente, o homem cuja presença eu havia esquecido completamente salta sobre mim. Luto para libertar-me. Ele me parece ser magro e pequeno – não gostaria de machucá-lo, pois não tenho nada contra ele. De repente ouço alguém que grita:

– Assassinato! Crime!

Meu coração para quando percebo que é Frick que está gritando.

"Então você está vivo?!", penso. Jogo o estranho para longe e atiro outra vez contra o vulto rastejante de Frick. Aperto o gatilho e ouço o click – mas nenhuma explosão. Seguro o estranho pelo pescoço enquanto ele continua agarrado a mim, mas de repente sinto que alguma coisa pesada me golpeia a nuca. Uma dor aguda me escurece a visão. Caio no chão, vagamente consciente de que a arma escorrega das minhas mãos.

– Onde está o martelo? Bata nele, carpinteiro! – Vozes confusas soam nos meus ouvidos. Tento erguer-me com dificuldade. O peso de muitos corpos me prende ao chão. Agora – mas é a voz de Frick! Então não está morto?... Tento arrastar-me em direção ao som, carregando comigo os homens que lutam para me prender. Tenho que tirar a faca do bolso! Consegui! Golpeio com ela repetidas vezes as pernas do homem que está perto da janela. Ouço Frick gritar de dor – há um ruído de vozes e pés que se agitam – meus braços são puxados e torcidos para trás e me levantam à força do chão.

Policiais, funcionários, operários de macacão, todos me cercam. Um oficial empurra minha cabeça, puxando-me pelos cabelos e meus olhos encontram os olhos de Frick. Ele está de pé diante de mim, amparado por vários homens. Tem o rosto cinzento, a barba negra salpicada de vermelho e o sangue jorra do seu pescoço. Por um instante, uma sensação estranha – como se fosse vergonha – me assalta, mas no momento seguinte encho-me de raiva diante desse sentimento tão indigno de um revolucionário. Com um ódio desafiador eu o enfrento, olhando dentro dos olhos dele:

– Sr. Frick, reconhece neste homem o seu assaltante?

Frick acena debilmente com a cabeça.

A rua está tomada por uma multidão compacta e excitada. Um jovem em trajes civis que acompanha a polícia indaga, sem grosseria:

– Está ferido? Parece estar sangrando.

Passo a mão pelo rosto. Não sinto nenhuma dor, mas há alguma coisa estranha com os meus olhos.

– Perdi os óculos –, observo involuntariamente.

– Terá sorte se não acabar perdendo a cabeça –, retruca um policial.

A DEFESA DE UM TERRORISTA

ÉMILE HENRY
(in *A Gazeta dos Tribunais*, 27-28 abril, 1894)

O que vou dizer-lhes não é uma defesa. Não estou tentando escapar do castigo imposto pela sociedade que ataquei. Além do mais, só reconheço um tribunal capaz de julgar-me – eu próprio – e o veredito de qualquer outro não tem nenhuma importância para mim. Desejo apenas dar-lhes uma explicação sobre os meus atos e dizer-lhes como fui levado a praticá-los.

Faz pouco tempo que me tornei um anarquista. Foi só na metade de 1891 que ingressei no movimento revolucionário. Até então, frequentava ambientes inteiramente imbuídos da moral vigente. Tinha sido educado para respeitar e até mesmo amar os conceitos de pátria, família, autoridade e propriedade.

Pois a verdade é que os professores desta geração moderna esquecem muitas vezes de uma coisa importante: que a vida, com suas lutas e derrotas, suas injustiças e iniquidades, se encarrega de abrir indiscretamente os olhos daqueles que ainda ignoram a realidade. Isso aconteceu comigo, assim como acontece com todo o mundo. Disseram-me que a vida era fácil, que estava aberta a todas as pessoas inteligentes e cheias de entusiasmo; a experiência me ensinou que só os cínicos e os servis conseguiam bons lugares no banquete. Disseram-me que as instituições sociais baseavam-se na justiça e na igualdade: eu observava à minha volta e só via mentiras e falsidade. Cada dia que passava me fazia perder as ilusões. Por onde quer que andasse, testemunhava sempre a mesma coisa: a miséria de alguns e as alegrias de outros. Não tardei a entender que as grandes palavras que me haviam ensinado a venerar – honra, dedicação, dever – eram apenas máscaras que escondiam a mais vergonhosa baixeza.

O dono da fábrica, que amealhava uma fortuna colossal graças ao trabalho de operários que nada tinham, era um cavalheiro; os deputados e ministros, cujas mãos estavam sempre estendidas à espera do suborno, eram homens dedicados ao bem comum; o policial, que experimentava um novo tipo de rifle alvejando crianças de sete anos, cumprira seu dever e era cumprimentado publicamente no parlamento pelo presidente do conselho. Tudo isso me enojava, e minha inteligência foi aos poucos atraída pelas críticas feitas à organização social vigente. Essas críticas já foram tantas vezes repetidas que não vale a pena voltar a fazê-lo. Basta apenas dizer que logo me tornei inimigo de uma sociedade que eu julgava criminosa.

Atraído, no início, pelo socialismo, não tardei a afastar-me desse partido. Amo demais a liberdade, tenho demasiado respeito pela iniciativa privada e demasiada repulsa pela organização militar para que pudesse tornar-me apenas um número no exército ordenado do quarto Estado. Além disso, cedo entendi que o socialismo não chegava a modificar a ordem estabelecida, pois mantinha o conceito da autoridade e – seja qual for a ideia que os livres pensadores autodidatas possam ter a respeito – tal conceito representa a sobrevivência de uma crença antiquada num poder superior.

Estudos científicos me fizeram ir percebendo o papel que as forças naturais desempenham no universo. Tornei-me materialista e ateu, entendi que a moderna ciência rejeita a hipótese da existência de Deus porque não precisa dele. Da mesma maneira, a moral religiosa e autoritária, baseada em falsas premissas, também deveria desaparecer. Perguntava a mim mesmo como harmonizar essa nova moral com as leis da natureza, capazes de regenerar o velho mundo, para que fosse possível tornar a humanidade mais feliz.

Foi nesse momento que entrei em contato com um grupo de camaradas-anarquistas que ainda hoje considero entre os melhores que já conheci. O caráter desses homens me cativou de imediato. Percebi neles uma grande sinceridade, uma franqueza total, uma vigorosa desconfiança de todos os preconceitos e quis entender as ideias capazes de produzir homens tão diferentes daqueles que eu até então conhecera.

Essas ideias, tal como consegui entendê-las, encontraram em minha mente um solo totalmente preparado – graças a observações e reflexões pessoais – para recebê-las. Elas vieram apenas dar objetividade ao que já existia de forma vaga e indecisa. E, por minha vez, eu também me tornei um anarquista.

Não é necessário que eu desenvolva aqui toda a teoria dos anarquistas. Desejo apenas salientar seu lado revolucionário e os aspectos negativos e destrutivos que me trouxeram à sua presença.

Neste momento de amargo e acirrado combate entre a classe média e seus inimigos, sou quase tentado a dizer, como Souvarine em *Germinal*: "Todas as discussões sobre o futuro são criminosas, já que impedem a destruição pura e simples e retardam a marcha da revolução".

Como contribuição pessoal à luta, eu trouxe um ódio profundo e renovado a cada dia pelo espetáculo desta sociedade onde tudo é baixo, equívoco e feio; onde tudo serve de impedimento ao fluxo das paixões humanas, aos impulsos generosos do coração, ao voo livre do pensamento.

Desejava golpeá-la com tanta força e tanta justiça quanto fosse possível. Comecemos com a primeira tentativa, a explosão na Rue des Bons-Enfants. Tinha acompanhado de perto todos os acontecimentos de Carmaux. As primeiras notícias sobre a greve me encheram de alegria. Os mineiros pareciam enfim ter abandonado as inúteis greves pacíficas, nas quais o operário confiante espera pacientemente que seus poucos francos triunfem sobre os milhões da companhia. Pareciam ter finalmente escolhido o caminho da violência, que se manifestou decididamente no dia 15 de agosto de 1892. Os escritórios e prédios da mina foram invadidos por uma multidão de gente cansada de sofrer sem protestar; revoltados, os operários estavam prestes a justiçar o odiado engenheiro quando os mais medrosos decidiram interferir.

E quem eram esses homens? Os mesmos que fazem abortar todos os movimentos revolucionários porque temem que, uma vez livre, o povo não obedecerá mais ao seu comando. Os mesmos que convencem milhares de homens a suportar privações mês após mês para que, ao protestar contra essas privações, possam criar para si uma popularidade capaz de fazer com que se elejam. Tais homens – falo nos líderes socialistas – assumiram de fato a liderança do movimento grevista. Imediatamente surgiu na região uma nuvem de cavalheiros loquazes que se colocavam inteiramente à disposição dos operários, para organizar listas para arrecadação de fundos, arranjar conferências e buscar recursos em todos os lugares possíveis. Os mineiros entregaram a eles toda a organização do movimento – e todos sabem o que aconteceu...

A greve continuou, estendeu-se durante dias, e os mineiros estabeleceram relações muito íntimas com a fome, que se tornou sua mais fiel companheira. Logo esgotaram a pequena reserva de fundos de seu próprio sindicato e das outras organizações que tinham vindo em seu auxílio e então, ao fim do segundo mês de greve, cabisbaixos e humilhados, voltaram aos poços da mina mais miseráveis do que nunca. Teria sido tão simples no começo atacar a companhia no seu único ponto sensível – o financeiro – queimando os estoques de carvão, destruindo as máquinas e as bombas de recalque das minas. Se tivessem feito isso, a companhia certamente não tardaria a capitular. Mas os grandes pontífices do socialismo não permitiriam a utilização desses métodos por serem típicos do anarquismo. Ao lançar mão deles, estamos arriscados a levar um tiro e até, quem sabe, a receber uma daquelas balas que deram resultados tão miraculosos em Fourmies. Essa não é, certamente, a melhor maneira de ganhar um lugar na câmara municipal ou na assembleia legislativa. Em resumo, após uma interrupção momentânea, a ordem voltou a reinar em Carmaux, uma vez eliminados alguns problemas passageiros. Mais poderosa do que nunca, a companhia continuou a explorar o povo, e os cavalheiros acionistas cumprimentaram-se pelo feliz desfecho da greve, sentindo um redobrado prazer ao receber seus dividendos.

Foi então que decidi introduzir naquele concerto de sons tão alegres uma voz que os burgueses já conheciam, mas que julgavam ter morrido em Ravachol: a voz da dinamite.

Queria mostrar à burguesia que, a partir daquele momento, seus prazeres já não seriam tão completos, que as vitórias insolentes seriam perturbadas, que o bezerro de ouro balançaria violentamente no pedestal até o golpe final, que o faria rolar em meio ao sangue e à imundície. Ao mesmo tempo desejava fazer com que os mineiros entendessem que só há um tipo de homem capaz de se preocupar sinceramente com os seus sofrimentos e dispostos a vingá-los: os anarquistas. Tais homens não ficam sentados no parlamento como o sr. Guesde e seus associados, mas marcham até a guilhotina.

Assim, preparei uma bomba. Num certo momento, lembrei-me da acusação que havia sido feita em Ravachol. E as vítimas inocentes? Mas logo resolvi esse problema. Os edifícios onde a Companhia Carmaux mantinha seus escritórios eram habitados apenas por burgueses: não haveria, portanto, vítimas inocentes. Todos os burgueses vivem da exploração dos menos afortunados e justos e deveriam pagar pelo seu crime. Assim, foi com a mais absoluta confiança na legitimidade do meu ato que deixei a bomba diante da porta dos escritórios da companhia.

Já falei aqui sobre a minha esperança de que, caso fosse descoberta antes de explodir, minha bomba acabaria por detonar na delegacia, onde aqueles que por acaso viessem a sofrer ferimentos também seriam inimigos. Tais foram os motivos que me levaram a cometer o primeiro atentado de que sou acusado.

Vejamos o segundo: o incidente no Café Terminus. Eu acabara de voltar a Paris na época do caso Vaillant e fora testemunha da terrível repressão que se seguiu à explosão no Palácio Bourbon. Vi as medidas draconianas que o governo decidiu tomar contra os anarquistas. Havia espiões, buscas e prisões por toda a parte. Um grupo de indivíduos detidos indiscriminadamente, arrancados de seus lares e jogados nas prisões. Ninguém se preocupou em saber o que aconteceria às suas esposas e filhos enquanto esses camaradas permanecessem confinados.

O anarquista já não era mais considerado um ser humano, mas uma besta selvagem que devia ser caçada sem tréguas enquanto a imprensa burguesa, abjeta escrava da autoridade, exigia em altas vozes que todos eles fossem eliminados.

Ao mesmo tempo, panfletos e papéis libertários eram confiscados e aboliu-se o direito de reunião. Pior do que isso: quando parecia aconselhável livrar-se de um camarada, um informante deixava no seu quarto um pacote que, segundo ele, continha tanino; no dia seguinte procedia-se a uma busca com um mandato datado do dia anterior e encontrava-se uma caixa com um pó suspeito. O camarada era então levado a julgamento e condenado a cinco anos de prisão. Se quiserem saber se o que digo é verdade, perguntem ao espião miserável que conseguiu penetrar na casa do camarada Mérigeaud!

Mas tais métodos eram válidos, pois atacavam um inimigo que havia espalhado o medo, e todos aqueles que tinham tremido de pavor queriam agora demonstrar coragem. Como coroamento dessa cruzada contra os heréticos, ouvimos o ministro do Interior, Sr. Reynal, declarar na Câmara dos Deputados que as medidas tomadas pelo governo tinham implantado o terror entre os anarquistas. Mas isso ainda não era suficiente: um homem que nunca havia matado ninguém foi condenado à morte. Era necessário mostrar bravura até o fim, e numa bela manhã ele foi guilhotinado. Mas, senhores da burguesia, ao fazer tais planos, vocês esqueceram do principal: prenderam centenas de homens e mulheres, violaram dezenas de lares, mas, fora dos muros da prisão, ainda restavam homens que vocês desconheciam e que observavam, escondidos nas sombras, enquanto vocês caçavam anarquistas, esperando apenas o momento propício para que eles, por sua vez, pudessem caçar os caçadores.

As palavras de Reynal eram um desafio arremessado aos anarquistas. O desafio foi aceito. A bomba encontrada no Café Terminus é a resposta a todas as violações à liberdade, às prisões, às buscas, às leis contra a imprensa, às deportações em massa, às guilhotinas. Mas – perguntarão vocês – por que atacar os pacíficos clientes de um café que estavam apenas sentados ouvindo música e que, sem dúvida, não eram nem juízes, nem deputados, nem burocratas?

Por quê? É muito simples. Os burgueses não faziam distinções entre os anarquistas. Vaillant, um homem que agia sozinho, jogou uma bomba; mais de metade de seus camaradas nem ao menos o conhecia, mas isso não teve nenhuma importância: era uma perseguição em massa e qualquer pessoa que tivesse ligações com os anarquistas, por menores que fossem, deveria ser caçada. E, já que vocês responsabilizam todo um partido pelas ações de um só homem e atacam indiscriminadamente, nós também atacaremos sem escolher as vítimas. Acham talvez que devêssemos atacar apenas os deputados que fazem as leis contra nós, os juízes que aplicam essas leis, a polícia que nos prende? Não concordo. Tais homens são apenas instrumentos. Não agem em seu próprio nome. Suas funções foram criadas pela burguesia como uma forma de defesa. Não são mais culpados do que qualquer um de vocês. Esses bons burgueses que não têm qualquer cargo público, mas que colhem seus dividendos e vivem ociosamente graças aos lucros obtidos com o trabalho árduo dos operários, eles também devem sofrer a sua quota de vingança! E não só eles, mas todos aqueles que concordam com a ordem vigente, que aplaudem os atos do governo e assim se tornam seus cúmplices; os funcionários que ganham 3 ou 5 mil francos por mês e que odeiam o povo com fúria ainda maior que a dos ricos, aquela massa estúpida e pretensiosa de gente que sempre escolhe o lado mais forte – em outras palavras, a clientela diária do Terminus e de outros grandes cafés!

Foi por essa razão que ataquei ao acaso e não escolhi as minhas vítimas. Devemos fazer com que a burguesia entenda que aqueles que sofrem estão enfim cansados de sofrer. Começam a mostrar os dentes e quando atacarem serão tanto mais brutais quanto maior tiver sido a brutalidade usada contra eles. Eles não têm nenhum respeito pela vida humana porque os próprios burgueses já demonstraram que não se preocupam com ela. Não cabe aos assassinos responsáveis por aquela semana sangrenta e por Fourmies considerar que os outros são os assassinos.

Não pouparemos as mulheres e as crianças burguesas porque as mulheres e crianças daqueles que amamos também não foram poupadas. Não deveríamos incluir entre as vítimas inocentes as crianças que morrem lentamente de anemia nos cortiços porque quase não há pão em suas casas? As mulheres que vão se tornando cada vez mais pálidas trabalhando nas fábricas, esfalfando-se para ganhar alguns tostões por dia e podendo se considerar felizes se a pobreza não as levar à prostituição? Ou os velhos que foram tratados como máquinas durante toda a vida e que agora são lançados ao monte de refugos nos asilos, quando já não têm mais forças para trabalhar?

Tenham ao menos a coragem de assumir seus crimes, cavalheiros da burguesia, e reconheçam que nossas represálias são totalmente válidas. É claro que não tenho ilusões. Só que as massas ainda não estão preparadas para entender meus atos. Mesmo entre os operários pelos quais lutei, muitos ainda serão enganados pelos jornais e me condenarão como a um inimigo. Mas isso não importa. Não estou preocupado com o que os outros pensam de mim. Nem ignoro o fato de que há muitos indivíduos que se dizem anarquistas, mas que se apressam a negar solidariedade aos que pretendem difundir a ação.

Eles procuram estabelecer uma diferença sutil entre os teóricos e os terroristas. Demasiado covardes para arriscar a própria vida, negam aqueles que têm essa coragem. Mas a influência que pretendem exercer sobre o movimento revolucionário é absolutamente nenhuma. Hoje o campo está aberto à ação, sem fraquezas ou desistências.

Certa vez, Alexander Herzen, o revolucionário russo, disse: "Devemos escolher entre duas coisas: condenar e marchar para a frente ou perdoar e dar meia-volta no meio do caminho". Não pretendemos nem perdoar, nem voltar atrás e marcharemos sempre para a frente, avançando até que a revolução, objetivo final de todos os nossos esforços, finalmente aconteça para coroar nosso trabalho com a criação de um mundo livre.

Nessa guerra sem piedade que declaramos contra a burguesia, não queremos que ninguém tenha pena de nós. Matamos e sabemos suportar a morte. É portanto com indiferença que aguardo a sentença. Sei que minha cabeça não será a última que vocês cortarão: outras ainda irão rolar, porque os que morrem de fome começam a aprender os caminhos que levam aos cafés e aos restaurantes, aos Terminus e Foyots. Outros nomes serão acrescentados à lista sangrenta dos nossos mortos.

Vocês podem ter enforcado em Chicago, decapitado na Alemanha, garroteado em Jerez, fuzilado em Barcelona, guilhotinado em Montbrison e Paris, mas nunca conseguirão acabar com o anarquismo. Suas raízes são demasiado profundas, ele nasceu no coração de uma sociedade que está apodrecendo e se desintegrando. Representa todas as aspirações libertárias e igualitárias que se levantam contra a autoridade. Está em toda a parte, o que faz com que seja possível controlá-lo. Acabará por matá-los a todos!

DESOBEDIÊNCIA CIVIL

HENRY DAVID THOREAU
(in *Resistência ao governo civil*, 1849)

Eu aceito com entusiasmo o lema que afirma – "O melhor governo é aquele que menos governa"; e gostaria de vê-lo posto em prática de forma sistemática. Uma vez posto em prática, ele acabaria resultando em algo que também acredito – "O melhor governo é aquele que não governa"; e quando os homens estiverem preparados, será exatamente este o tipo de governo que irão ter. O governo é sempre, na melhor das hipóteses, um mal necessário; mas a maioria deles é geralmente – e todos eles são, algumas vezes – um mal desnecessário. As mesmas objeções que foram levantadas contra a existência de um exército permanente – e elas foram muitas e válidas, merecendo ser ouvidas – poderiam ser também levantadas contra a existência de um governo permanente. O exército permanente é apenas uma subdivisão do governo permanente, e o próprio governo, que é a única forma pela qual o povo desejou ver executadas as suas vontades, também pode estar sujeito a ser desrespeitado e corrompido antes que o povo possa agir através dele. Exemplo disso é a atual guerra no México, obra de um número relativamente pequeno de indivíduos que utilizaram o governo permanente como instrumento, pois no início o povo não teria consentido nessa medida.

E o próprio governo americano, que outra coisa é senão uma tradição, embora recente, que procura transmitir-se intacta para a posteridade, mas que perde a cada momento um pouco de sua integridade? Pois ele não tem nem a vitalidade nem a força de um único homem, já que um único homem é capaz de dobrá-lo de acordo com seus desejos. Para o próprio povo ele é uma espécie de arma de brinquedo, o que não o torna menos necessário, pois o povo precisa ter sempre um mecanismo qualquer e ouvir o ruído que ele produz para satisfazer a ideia que tem sobre como deve ser um governo. Os governos demonstram dessa forma como é possível enganar o povo e até mesmo enganar-se uns aos outros em seu próprio proveito. Devemos convir que isso pode ser excelente. Entretanto, esse mesmo governo jamais conseguiu promover qualquer iniciativa, a não ser pela disposição que sempre demonstrou para manter-se afastado de todas elas. Assim, não é o governo que mantém o país livre; não foi ele que conquistou o oeste nem é ele que educa o povo. Os únicos responsáveis por tudo que se conseguiu obter até agora foram os traços inerentes ao caráter do próprio povo americano, que teria conseguido ainda muito mais se o governo não tivesse muitas vezes atrapalhado...

Mas, para falar na prática e como cidadão que sou, eu diria que, ao contrário daqueles que se intitulam contra qualquer forma de governo, o que eu peço não é que ele deixe de existir imediatamente, mas que se transforme imediatamente num governo melhor. Que todos os homens possam dizer qual o tipo de governo capaz de merecer o seu respeito, pois esse seria um passo decisivo para que esse governo pudesse ser obtido.

Pois, afinal, a razão prática que faz com que, uma vez o poder nas mãos do povo, permita-se que uma maioria continue a governar – e por um longo período – não é o fato de que esta maioria possa estar certa, nem porque ela pareça mais justa aos olhos da minoria, mas apenas porque é mais forte fisicamente. Mas um governo em que a palavra final seja sempre dada pela maioria não pode estar baseado na justiça, mesmo na justiça tal como ela é entendida pelos homens. Não será possível haver um governo em que não seja a maioria a decidir sobre virtualmente tudo o que possa estar certo ou errado, mas a consciência? – um governo em que a maioria tenha a palavra final apenas nas questões às quais possam ser aplicados critérios de subordinação dos princípios morais às razões da conveniência.

Por que deverá o cidadão entregar sua consciência aos governantes, mesmo que seja apenas por um instante e em grau mínimo? Para que então dotar todos os homens de uma consciência? Creio que devemos ser antes de tudo homens e só depois súditos.

Parece-me muito mais desejável cultivar o respeito pelo que é direito do que pelo que é legal. A única obrigação que devo assumir é aquela que me leva a fazer sempre e em qualquer tempo apenas aquilo que me pareça certo. A afirmação de que uma corporação não tem consciência pode ser verdadeira, mas toda corporação integrada por homens conscientes terá uma consciência. A lei jamais conseguiu fazer com que os homens se tornassem mais justos e muitas vezes o próprio respeito que ela inspira transforma o mais justo dos homens num agente da injustiça. Uma das consequências naturais e mais comuns desse respeito indevido à lei é aquela que nos faz ver um batalhão marchando para a guerra. Contra a vontade, contra o bom senso e a consciência de cada um deles, coronéis, capitães, cabos e soldados rasos atravessam colinas e vales em admirável ordem unida, e a cada passo a jornada se torna mais difícil, chegando mesmo a provocar palpitações...

Assim, a grande maioria dos homens serve ao Estado com seus próprios corpos, como máquinas. São eles que constituem o exército permanente, a milícia, são eles os carcereiros, os delegados etc. Na grande maioria dos casos, jamais chegam a exercer livremente o seu bom senso ou a sua capacidade de julgamento, mas colocam-se ao mesmo nível da madeira, da terra e das pedras; e talvez fosse possível fabricar homens de madeira capazes de desempenhar suas funções ainda melhor do que eles. Tais homens merecem tanto respeito quanto os espantalhos ou um monte de lixo. Valem menos do que os cavalos ou os cães, e mesmo assim são geralmente considerados bons cidadãos.

Qual deverá ser hoje a atitude do homem americano diante do seu governo? Afirmo que ele não poderá manter qualquer tipo de ligação com esse governo sem que sofra graves prejuízos. Não posso nem por um instante reconhecer como meu governo uma organização política que é também responsável pelo governo de um povo escravo.

Todos os homens reconhecem o direito à revolução, isto é, o direito a recusar aliança e resistir ao governo sempre que sua tirania e ineficiência provarem ser demasiado intensas e insuportáveis. Mas quase todos estão de acordo ao afirmar que tal não é o caso no momento, embora pudesse ter sido na Revolução de 75. Se me dissessem que este governo era mau apenas por ter estabelecido a cobrança de taxas sobre determinados produtos estrangeiros que chegam aos nossos portos, é possível que eu não lhes tivesse dado atenção, pois posso viver perfeitamente sem tais artigos. Além disso, todas as máquinas têm seu ponto de fricção, e é provável que tais taxas trouxessem benefícios maiores do que qualquer mal que pudessem causar. Fosse como fosse, julgaria um erro provocar agitações apenas por esses fatos. Mas quando a fricção acaba tomando conta da máquina inteira e a tirania e o roubo passam a ser atividades organizadas, afirmo que já é tempo de se acabar com a máquina. Em outras palavras, quando um sexto da população é composto de escravos e um país inteiro é injustamente invadido, conquistado e submetido às leis militares de um exército estrangeiro, creio que chegou o momento de os homens honestos se revoltarem e iniciarem uma revolução. E o que torna ainda mais premente esse dever é saber que o nosso não é o país invadido mas o exército invasor...

Num capítulo sobre "Deveres de submissão ao governo civil", Paley, uma reconhecida autoridade em questões morais, reduz a questão da obediência civil a uma necessidade, afirmando que "enquanto os interesses da sociedade como um todo assim o exigirem, isto é, enquanto o governo estabelecido deva ser obedecido e nada além disso... Uma vez aceito esse princípio, a justiça de cada caso particular de resistência será reduzida a avaliar, de um lado, a quantidade de perigo e a intensidade das queixas e, de outro, a probabilidade de que tais queixas possam ser atendidas e os custos dessa reparação". A esse respeito, diz ele, é preciso que cada homem julgue por si mesmo. Mas parece que Paley jamais examinou certos casos em que a regra do mal necessário não pode ser aplicada, casos nos quais um povo, ou um indivíduo, deve fazer justiça custe o que custar. Se por acaso eu tiver retirado injustamente o pedaço de madeira ao qual um homem prestes a se afogar se agarrava, é preciso que eu o devolva mesmo correndo o risco de afogar-me.

De acordo com Paley, isso não seria conveniente. Mas aquele que salvaria a sua vida, em tal caso, deverá perdê-la. Assim, é preciso que as pessoas deixem de ter escravos, e não façam mais a guerra contra o México, mesmo que isso lhes custe a sobrevivência como povo.

Todas as formas de votação são uma espécie de jogo, semelhante ao xadrez ou ao gamão, com uma leve conotação moral, uma forma de brincar com o certo e o errado, com as questões morais, e as apostas são um complemento natural desse processo. Não está em jogo o caráter dos votantes. Eu voto de acordo com aquilo que me parece ser mais certo, mas não estou grandemente preocupado em fazer com que o que é certo vença. Estou disposto a deixar que a maioria vença. Seu compromisso jamais ultrapassa, portanto, os limites da conveniência. Mesmo ao votar pelo que nos parece justo não estamos fazendo nada em prol da causa. É apenas uma maneira de expressar, debilmente, aos outros homens o nosso desejo de que o que é direito acabe por triunfar. Um homem sábio jamais entregaria a defesa do que lhe parece certo aos azares da sorte, nem desejaria que vencesse graças ao poder da maioria. Há muito pouco mérito na ação das massas. Quando a maioria tiver enfim concordado em votar a favor da abolição da escravatura, será porque ela lhe é indiferente... ou porque já não haverá mais quase escravidão que possa ser abolida pelo seu voto. Eles serão então os únicos escravos. E o único voto capaz de apressar a abolição será aquele depositado por quem afirma a sua própria liberdade através dele.

Ouvi falar de uma convenção em Baltimore ou qualquer outro lugar, reunindo quase exclusivamente editores de jornal e políticos profissionais com o objetivo de escolher um candidato à presidência. Pergunto então que importância poderá ter a decisão a que chegaram esses senhores para qualquer homem, independente, inteligente e respeitável? Ela não nos impedirá de desfrutar os benefícios da sua sabedoria e honestidade. E será possível que não possamos contar com alguns votos independentes? Não haverá neste país homens que não frequentem tais convenções? Mas não – descubro que aquele que se convencionou chamar de homem respeitável abandona imediatamente as opiniões que mantinha e passa a afirmar que não espera mais nada deste país, quando na verdade o país teria muito mais razões para não esperar mais nada dele. Logo adota um dos candidatos escolhidos como se fosse o único disponível, provando dessa forma que ele é que está disponível para servir aos propósitos de qualquer demagogo. Seu voto vale tanto quanto o de um estrangeiro sem princípios ou o de um mercenário, que podem ser comprados. Um homem que seja realmente um homem e que, como diz meu vizinho, tenha tutano! Nossas estatísticas são falhas – elas afirmam que a população é maior do que a realidade prova. Quantos homens de verdade há em cada quilômetro quadrado deste país? Talvez nem ao menos um. Mas a América não oferece vantagens a todos aqueles que desejam se estabelecer em seu território? Entretanto, o americano acabou reduzido à condição de Ser Singular, conhecido pelo desenvolvimento de seus órgãos de comunicação, por uma manifesta deficiência intelectual e por uma bem-humorada confiança em si. É um ser cuja primeira e principal preocupação ao chegar ao mundo é verificar se os asilos estão em bom estado. Alguém que, mesmo antes de atingir a maioridade e tornar-se legalmente um homem, preocupa-se em recolher fundos para sustentar a viúva e os filhos que porventura vier a ter. Um homem que, em resumo, só encontra força para viver se puder contar com a Companhia de Seguros Mútuos para garantir-lhe um enterro decente.

Nenhum homem tem a obrigação de dedicar a sua vida a corrigir os erros que encontra, por maiores que sejam. Ele pode ter outras preocupações, mas é seu dever, já que decidiu lavar as mãos e não pensar mais neles, negar-lhes também qualquer espécie de apoio prático. Mas, antes de me entregar a outras formas de atividade e reflexões, devo pelo menos certificar-me de que não o faço sentado sobre os ombros de meu semelhante. E necessário que eu o liberte primeiro para que ele também seja livre e possa dedicar-se aos seus próprios interesses. Entretanto, vejam quantas incoerências admitimos. Já ouvi alguns homens na minha cidade afirmando: "Queria que eles me mandassem acabar uma revolta de escravos ou que me enviassem para o México só para verem se eu iria!". Entretanto, cada um deles forneceu um substituto, seja através da sua adesão à causa, seja indiretamente, através de suas contribuições em dinheiro. O soldado que se recusa a servir numa guerra injusta é aplaudido pelas mesmas pessoas que não se recusam a sustentar o governo que promove a guerra; é aplaudido por aqueles cujos atos e cuja autoridade ele contesta; é como se o Estado se sentisse culpado, mas não tão culpado a ponto de abandonar a prática do pecado. Assim, sob o nome de Ordem e Governo Civil, somos obrigados a prestar homenagens e a sustentar nossa própria maldade. E, depois que o mal nos faz corar pela primeira vez, vem a indiferença; e, de imoral, ele passa apenas a sem moral, algo que se torna totalmente irrelevante.

O maior e mais banal dos erros exige o apoio da mais desinteressada virtude. Os nobres são mais propensos a incorrer na leve censura a que está sujeita essa qualidade a que chamamos de patriotismo. Aqueles que, ao mesmo tempo que desaprovam o caráter e as medidas tomadas pelo governo, concedem-lhe a sua lealdade e apoio são sem dúvida seus defensores mais conscientes e, portanto, frequentemente, os maiores obstáculos a qualquer mudança. Alguns deles exigem que o Estado dissolva a União e desrespeite as ordens do presidente. Por que então eles próprios não dissolvem os laços que os mantêm ligados ao Estado, recusando-se a pagar suas dívidas com o Tesouro? Pois não ocupam em relação ao Estado a mesma posição que o Estado em relação à União? E não foram as mesmas razões que impediram que o Estado resistisse à União que os impediram de resistir ao poder do Estado?

Como pode um homem contentar-se apenas em manter uma opinião? Poderá haver alguma satisfação em defendê-la se, na sua opinião, ele foi prejudicado em seus direitos? Se um vizinho consegue ludibriá-lo roubando-lhe uma quantia qualquer, por menor que seja, você não se contentará em saber que foi enganado, ou em anunciar que ele o enganou ou até em pedir-lhe que devolva o que lhe deve, mas tomará imediatamente medidas práticas para recuperar o que lhe foi roubado e certificar-se de que isso não voltará a ocorrer. Só a ação por princípio, a percepção e a realização do que é direito serão capazes de transformar as coisas e as relações entre as pessoas; essa é uma ação totalmente revolucionária que não condiz com qualquer outra coisa que tenha existido anteriormente. Serve não apenas para dividir as nações e as igrejas, mas para dividir as famílias e até mesmo os indivíduos, separando o que neles houver de divino e de diabólico.

Já que as leis injustas existem, devemos contentar-nos em obedecê-las, pretender corrigi-las para só então atendê-las ou transgredi-las imediatamente? Geralmente os homens que vivem sob um tal governo pensam que deveriam esperar até que tenham conseguido convencer a maioria sobre a necessidade de alterá-las, caso contrário o remédio seria muito pior que o mal. Mas, se isso acontece, a culpa é do próprio governo. E ele o culpado: por que não é capaz de tratar a minoria sábia com carinho? Por que grita e resiste antes de ser atingido? Por que não estimula seus cidadãos para que estejam sempre prontos a apontar seus erros, tentando logo corrigi-los? Por que se obstinam em crucificar Cristo, excomungar Lutero e Copérnico e afirmar que Washington e Franklin foram rebeldes?

Poder-se-ia pensar que o governo jamais consideraria a hipótese de negar deliberadamente, na prática, a sua própria autoridade. Mas, nesse caso, por que não terá ele fixado um castigo definitivo, adequado e proporcional a este crime? Se um homem, que não tem nada de seu, recusar-se uma única vez a ganhar nove *shilings* para o Estado ele será preso por um período de tempo que não será determinado por qualquer lei que eu conheça, mas pela vontade daqueles que o colocaram na prisão; mas, se esse mesmo homem tivesse roubado noventa vezes essa quantia do Estado, logo seria posto em liberdade.

Mas, se a injustiça faz parte da ficção necessária ao funcionamento da máquina do governo, que seja: talvez ela acabe por desgastar-se – certamente a máquina acabará desgastada. Se a injustiça tiver uma mola, uma roldana, uma corda, uma manivela, o remédio não será maior que o mal; mas se for de tal natureza que exija que você próprio se torne seu agente, então eu digo que o melhor será desrespeitar a lei. Deixe que sua vida funcione como um agente de fricção capaz de fazer parar a máquina. Seja como for, é preciso ficar sempre atento para impedir que alguém me utilize para praticar os erros que condeno.

Quanto a adotar os meios que o Estado me faculta para remediar o erro, desconheço tais meios e além disso eles são demasiado lentos, minha vida terá acabado antes. Tenho outros assuntos a tratar. Não vim ao mundo para transformá-lo num bom lugar para viver mas para viver nele, fosse o mundo bom ou mau.

Um homem não tem a obrigação de fazer todas as coisas mas apenas algumas delas e, já que não pode fazer tudo, isso não lhe dá o direito de fazer coisas erradas. Assim como o governador ou o Legislativo não têm o direito de exigir nada de mim, eu também não tenho o direito de exigir nada deles. E se não ouvirem o meu pedido, que outra coisa poderei fazer? Mas neste caso o Estado não me oferece qualquer meio, o erro está na própria constituição. Essa afirmação poderá parecer grosseira e hostil, mas ela é feita para tratar com bondade e consideração o único espírito capaz de apreciá-la e merecê-la. Assim também como todas as mudanças que convulsionam o corpo, tais como o nascimento e a morte, serão sempre para melhor.

Não hesito em afirmar que aqueles que se consideram abolicionistas deveriam retirar imediatamente o apoio moral e material que concedem ao governo de Massachusetts e não esperar que se constituam numa maioria de um voto, antes que possam permitir que o direito vença graças a eles. Creio que será suficiente saber que Deus está do lado deles, sem esperar que os outros também estejam. Além disso, qualquer homem que esteja mais certo do que seu vizinho já constitui uma maioria.

RESISTÊNCIA AO SERVIÇO MILITAR

LEON TOLSTÓI
(in *O Reino de Deus está dentro de vós*, 1893)

Os governos foram criados para livrar o homem da crueldade dos conflitos individuais e para dar-lhe a segurança na permanência de uma vida em grupo. Mas, em vez disso, submetem o homem à mesma necessidade de lutar e apenas substituem os conflitos entre vizinhos pelas guerras entre nações, embora o perigo de destruição permaneça exatamente igual, tanto para o indivíduo quanto para a nação.

A criação de um serviço militar obrigatório se assemelha ao que acontece ao homem que deseja manter de pé uma velha casa prestes a ruir – para evitar que as paredes caiam, ele coloca escoras; para impedir que o teto afunde, coloca mais escoras; quando o espaço livre entre as escoras ameaça vir abaixo, providencia novas escoras como reforço, e o que acaba acontecendo é que, embora a casa permaneça de pé, as mesmas vigas que a impedem de cair também não permitem que ninguém possa viver nela. O mesmo ocorre com o serviço militar obrigatório: ele destrói todos os benefícios do sistema que deveria defender.

Os benefícios desse tipo de sociedade consistem na segurança que é dada à propriedade e ao trabalho e na ação conjunta de todos os seus integrantes visando o bem-estar geral, mas o serviço militar obrigatório destrói tudo isso.

Os impostos recolhidos ao povo e destinados aos preparativos de guerra consomem a maior parte da produção, cuja proteção deveria ser o objetivo prioritário do exército.

O fato de que, para servir ao exército, todos os homens sejam obrigados a interromper o curso normal de suas vidas representa uma violação ao seu direito de produzir.

A ameaça constante de uma guerra que poderá eclodir a qualquer momento torna vãs e inúteis todas as tentativas de reforma social.

Em outros tempos, se dissessem a um homem que, ao recusar-se a reconhecer a autoridade do Estado, ele ficaria à mercê dos ataques de homens perversos – inimigos internos e externos – e que teria de lutar sozinho, sujeitando-se a ser morto em combate, sendo portanto vantajoso suportar algumas dificuldades em troca de proteção, ele poderia acreditar, já que os sacrifícios que viesse a fazer pelo Estado seriam apenas pessoais e lhe garantiriam pelo menos a esperança de uma vida tranquila numa nação estável. Mas no momento em que não apenas os sacrifícios parecem ter se tornado mil vezes mais penosos, mas os benefícios parecem ter desaparecido, é natural que os homens tenham chegado à conclusão de que a submissão à autoridade é algo totalmente inútil.

Mas a importância decisiva do serviço militar obrigatório como manifestação das contradições inerentes à concepção social da vida não está apenas nisso. A principal manifestação dessa contradição reside no fato de que, sob o sistema de serviço militar obrigatório, todo o cidadão, ao tornar-se um membro do exército, transforma-se num esteio da organização oficial e num participante de todas as ações de um governo cuja integridade ele próprio não admite.

Os governos garantem que o exército serve, basicamente, para proteger o país do ataque de inimigos externos, mas isso não é verdade. Ele é necessário, antes de qualquer outra coisa, contra os próprios cidadãos, e todos os homens que prestam serviço militar tornam-se, involuntariamente, cúmplices em atos de violência que o governo inflige aos seus próprios súditos...

O serviço militar obrigatório é o último estágio da violência que o governo utiliza para manter íntegra a estrutura do poder e é o limite extremo a que pode chegar a submissão. Ele é a pedra angular do arco que mantém de pé o edifício, e sua remoção derrubaria todo o sistema...

E se a maioria dos homens prefere submeter-se em vez de recusar, eles não o fazem, não porque tenham se empenhado numa avaliação cuidadosa das vantagens e desvantagens do sistema, mas apenas porque sofrem um processo de hipnose que os induz à obediência. Ao submeter-se, estão simplesmente cedendo às exigências do Estado, sem que seja necessário refletir e sem qualquer esforço da vontade. A resistência exige pensamento independente e uma força de que nem todos são capazes. Mas, além do significado moral da submissão ou da recusa em submeter-se, e considerando-a apenas sob o ponto de vista das vantagens pessoais que dela poderiam advir, poder-se-ia dizer que a recusa traria mais benefícios do que a submissão.

Seja eu quem for, quer pertença à rica classe dominante ou à oprimida classe operária, as desvantagens da minha recusa a submeter-me às ordens do governo serão maiores do que a minha concordância.

Caso pertença à minoria dominante, as desvantagens que poderão advir da minha recusa a submeter-me às exigências do governo consistirão em que serei julgado pela minha rebeldia e, na melhor das hipóteses, desligado do exército ou forçado a cumprir meu período de serviço militar obrigatório em algum tipo de trabalho não militar (como acontece na Rússia com os menonitas). O pior que pode me acontecer é ser condenado ao exílio, ou a dois ou três anos de prisão (digo isso baseado em casos ocorridos na Rússia), ou talvez até a uma pena mais longa e até mesmo à morte – embora a possibilidade de que isso venha a ocorrer seja bastante remota.

Essas são as desvantagens de não me submeter ao serviço militar. As desvantagens de me submeter seriam que, na melhor das hipóteses, eu não seria obrigado a matar gente e não correrei o risco de ser aleijado ou morto, limitando-me apenas a me tornar um escravo. Andarei vestido como um palhaço, dominado por qualquer homem que tenha um posto acima do meu, desde o cabo até o marechal. Serei obrigado a contorcer meu corpo ao bel-prazer desses senhores e depois de permanecer de um a cinco anos nessa prisão, terei que passar mais dez anos à disposição deles, sujeito a ser convocado a qualquer momento para começar tudo outra vez. Se ocorrer o pior, além de me submeter a essa vida de escravidão, poderei ser mandado para a guerra, onde me verei obrigado a matar homens de outros países que jamais me fizeram mal algum, podendo eu próprio ser ferido ou morto ou (como aconteceu em Sebastopol e acontece em todas as guerras) serei mandado para a morte certa ou ainda (a coisa mais terrível que poderia me acontecer) exigiriam que eu lutasse contra meus próprios compatriotas e matasse meus irmãos por razões dinásticas ou qualquer outro problema que não me dissesse respeito.

Essas são as desvantagens.

As vantagens relativas da submissão e da recusa em servir ao exército são as que seguem.

Para aquele que concorda em se submeter, as vantagens serão que, depois de suportar todas as humilhações e executar todas as crueldades que exigirem dele, esse homem poderá – se não tiver sido morto antes disso – receber uma bela condecoração vermelha e dourada para adornar sua roupa de palhaço e até mesmo, se tiver muita sorte, obter o comando de centenas de milhares de homens tão embrutecidos quanto ele, receber o título de marechal e ainda muito dinheiro.

As vantagens de quem não se submeter serão que, ao recusar, estará preservando a sua dignidade de homem, ganhando o respeito dos homens de bem e, acima de tudo, a certeza de que está agindo segundo os preceitos divinos e, dessa forma, fazendo o bem ao seu semelhante.

Tais são as vantagens e desvantagens da submissão e da rebeldia para todos aqueles que pertencem à classe opressora e abonada. Os membros da classe pobre e operária terão as mesmas vantagens e desvantagens além de um acréscimo importante às desvantagens – aquele que não se recusou a cumprir o seu serviço militar estará, pela sua participação e aparente aprovação aos atos do governo, legitimando a opressão a que ele próprio está submetido.

Mas a questão da necessidade da existência do Estado ou da sua abolição não será decidida por reflexões para descobrir se o homem necessita ou não do governo que exigem que ele defenda através da sua participação no serviço militar, e ainda menos por considerações sobre as vantagens e desvantagens que cada homem poderá ter concordando em obedecer às ordens do Estado ou recusando-se a fazê-lo. Essa questão será decidida definitivamente pelos escrúpulos religiosos ou pela consciência de cada homem que, diante do serviço militar, devem enfrentar involuntariamente o problema de saber se o Estado deve ou não deve continuar existindo.

SINDICALISMO, UMA DEFINIÇÃO

GEORGE WOODCOCK
(in *As estradas de ferro e a sociedade*, 1943)

O sindicalismo é um método de organização industrial que difere de todos os conceitos tradicionais sobre o que seja autoridade e governo, capitalismo e Estado. Enquanto o comunismo, ao abolir o capitalismo individual, criou em seu lugar um monstro ainda pior sob a forma do Estado econômico, o sindicalismo abandona os modelos de administração que no passado sempre resultaram na opressão e na exploração do homem pelo homem e parte para a construção de um modelo de organização que se preocupa mais em atender às necessidades naturais do homem do que os interesses da classe dominante, um modelo que não tem como base a autoridade imposta, mas a cooperação voluntária entre indivíduos livres e iguais, com o objetivo de prover as necessidades econômicas dos homens que constituem a sociedade. O sindicalismo não é a manifestação industrial do anarquismo. Este defende a ideia de que, em lugar da coação que o governo exerce sobre o indivíduo, e que existe nas sociedades mais democráticas que ainda mantêm Estados organizados, deveria haver uma sociedade baseada na cooperação entre homens e mulheres livres para a satisfação de suas necessidades sociais e econômicas. Seria necessário manter uma forma qualquer de organização para garantir o bom desempenho dos meios de produção e dos serviços públicos desejáveis mas não haveria lugar para nenhum tipo de organismo centralizado e autoritário, com seus parlamentos, polícia, burocracia, código de leis, impostos, exércitos e intrigas secretas sobre a política interna e externa nesta sociedade baseada na justiça e na razão. Na anarquia, o indivíduo pode viver como quiser, desde que não interfira na liberdade de seus semelhantes e cumpra suas funções econômicas contratuais.

Os anarquistas acreditam que os meios de produção deveriam ser propriedade comum da sociedade e que essa seria a única forma de eliminar a influência limitadora da propriedade privada e fazer com que todos os recursos da natureza e da ciência fossem explorados até os últimos limites em benefício da humanidade. Para afastar qualquer possibilidade de que esses benefícios privados ressurgissem, defendem a ideia de que, uma vez retirados das mãos dos usurpadores que os controlam, os meios de produção sejam administrados não por qualquer autoridade ou elite de líderes, mas pelos indivíduos mais interessados na produção, ou seja, os próprios operários.

Como já disse, o sindicalismo seria o método utilizado para organizar e controlar os trabalhadores. Seria, além disso, o método através do qual os operários que vivem numa sociedade baseada na propriedade privada poderiam ser mobilizados para chegar a uma sociedade livre e sem classes.

O sindicato é uma forma de União que difere da associação de classes comum, no sentido de que seu objetivo não é apenas a obtenção da melhoria dos salários e condições de trabalho em vigor no sistema, mas a derrubada do próprio sistema por meio de uma revolução social baseada na ação econômica direta dos operários. Isso não significa que ele descuide da luta diária, mas apenas que seus membros reconhecem que só com a destruição total da estrutura de propriedade e autoridade é que os trabalhadores poderão obter justiça e segurança.

O sindicato difere também da associação de classes comum quanto aos métodos de organização. Esta segue o modelo da sociedade governamental, isto é, tem uma forma centralizada, com uma autoridade central e uma burocracia permanente que, como qualquer outra burocracia, vai ganhando rapidamente certos privilégios e poderes e acaba por se transformar numa classe com uma posição econômica consideravelmente mais elevada que a dos operários responsáveis pelo pagamento dos salários que recebem cujos interesses deveriam defender. O sindicato, por outro lado, baseia-se na organização dos operários por indústria, no próprio local de trabalho. Os operários de cada fábrica, oficina ou propriedade rural constituem uma unidade autônoma, responsável pela solução de seus próprios problemas de trabalho. Essas unidades se reúnem federativamente num sindicato, cuja tarefa é coordenar as ações dos operários de cada indústria. A organização federal não tem nenhuma autoridade sobre os operários nem pode impor seu veto a nenhuma decisão, como acontece com o poder executivo de uma união classista. Não tem um corpo de funcionários permanente, e os poucos voluntários são escolhidos por um período limitado e não gozam de privilégios que os distinguem dos operários comuns, nem exercem qualquer tipo de autoridade sobre eles.

Sendo governado de baixo para cima e não contaminado pelos conceitos ou instituições da autoridade, o sindicato representa, mais do que qualquer outro tipo de organização, a vontade dos operários. O fato de que não existe burocracia, centralização, privilégio ou interesse em manter a atual ordem social lhe confere grande flexibilidade de ação e uma verdadeira solidariedade, tornando-o instrumento ideal para canalizar e influenciar, no bom sentido, toda a atividade revolucionária espontânea do povo.

Os sindicatos desempenharão seu papel na revolução social, organizando a ação econômica direta dos trabalhadores. Nas estradas de ferro, por exemplo, poderão orientar os operários na expropriação de linhas ou estoques móveis para que estes passem a ser utilizados não mais em benefício dos chefes destituídos mas dos revolucionários. Depois da revolução, os sindicatos formarão a estrutura sobre a qual será erguida a primeira fase da nova sociedade livre. Os anarquistas não fazem planos a longo prazo sobre como deverá ser essa sociedade, pois acreditam no crescimento aberto e contínuo das instituições e reconhecem que qualquer plano rígido poderá criar uma sociedade rígida e estéril.

Reconhecem, entretanto, que, depois que a velha sociedade tiver desaparecido, será preciso criar algum tipo de estrutura social capaz de assumir os meios de produção e mudar as bases econômicas existentes na sociedade de classes, trocando-as por outras mais de acordo com um mundo livre. E é nos sindicatos que será possível encontrar os meios para efetuar essa reorganização. A organização da indústria, do transporte e das atividades agrícolas dentro dos sindicatos seguirá as mesmas linhas que presidiram a organização dos operários nos dias anteriores ao fim da sociedade que tinha como base a propriedade privada, só que agora, em vez de se organizarem para a luta, os operários se organizarão para a construção de uma base econômica compatível com a liberdade e a justiça. Cada unidade de trabalho, seja ela fábrica ou pátio de estrada de ferro, será dirigida pelos próprios operários que lá trabalham. Não haverá autoridade nem administração superiores, e cada operário será igualmente responsável, junto aos companheiros, pelo bom funcionamento da unidade onde exerce suas funções.

Isso não significa que o sindicalista vê a operação de uma indústria como uma tarefa simples. Pelo contrário, conhecendo por experiência própria sua complexidade, sabe que uma burocracia divorciada da força de trabalho é incapaz de operar com máxima eficiência uma organização tão complexa como é uma estrada de ferro. Só os operários que nela trabalham é que têm condições de conhecer a fundo o seu funcionamento e, certamente, se lhes fosse dada a oportunidade de estudar os problemas de operação e coordenação da empresa, seriam capazes de administrá-la com mais eficiência do que os burocratas. Naturalmente essa oportunidade lhes é negada. E utilizo aqui o termo "operário" em seu sentido mais amplo, para designar tanto a equipe técnica ligada à engenharia civil e à fabricação de locomotivas quanto o pessoal burocrático encarregado de coordenar a operação dos trens, não só porque ambos têm importância vital para o bom desempenho da estrada, mas porque só através da cooperação direta entre eles e seus camaradas é que, eliminada a burocracia, os trabalhadores terão condições de assumir efetivamente o controle da ferrovia.

As várias unidades e sessões de cada indústria serão ligadas, formando federações, de modo a coordenar as operações através do país. As federações e sindicatos industriais serão, por sua vez, reunidos numa federação nacional de indústrias que coordenará as atividades dos seus vários setores – produção, distribuição e serviços.

Os velhos temas do lucro e dos interesses privados deixarão de dominar a vida econômica. Em vez disso, o incentivo será o bem dos membros da sociedade, sem distinção. Em tais circunstâncias, não haverá nada que impeça a exploração total dos recursos da natureza e da ciência. As pessoas poderão escolher o nível de vida que desejam ter e lutarão para atingi-lo, sendo difícil acreditar que se resignarão a suportar as dificuldades que hoje enfrentam. O mais provável é que a possibilidade de uma vida melhor, aliada à natural inclinação do homem pelo trabalho, garanta que, uma vez entregues a si mesmos, os operários encontrarão meios para fazer com que as indústrias funcionem de forma bem mais eficiente do que ocorria sob o regime capitalista...

A hierarquia administrativa desapareceria, e os próprios operários desempenhariam as funções de administração. Sempre que essa participação direta se tornasse inviável, seriam escolhidos delegados encarregados de coordenar o funcionamento dos vários setores, sempre segundo os desejos dos companheiros que os tivessem escolhido. Esses delegados não teriam qualquer autoridade, nem poderiam tomar decisões sobre questões ligadas à política administrativa, limitando-se a desempenhar tarefas de coordenação em bases totalmente voluntárias.

Tais delegados não ocupariam posições de superioridade em relação a seus camaradas, nem desfrutariam de poderes ou privilégios. Sob o anarquismo, desapareceria o sistema salarial, uma das principais formas de coerção que os governantes utilizam contra os operários. Ao desempenhar as tarefas que garantem o funcionamento da sociedade, os operários receberiam em troca os artigos de que necessitassem para garantir uma vida confortável e feliz. Nenhum operário poderia ganhar mais do que o seu companheiro apenas porque a tradição afirma que as funções que desempenha lhe garantem um salário semanal duas vezes superior, e nem haveria diretores ou gerentes vivendo em meio ao luxo, enquanto seus empregados morrem de fome. Os homens não ganhariam pelo que valem, pois o valor social de uma pessoa não pode ser estimado, mas de acordo com suas necessidades, única maneira justa de repartir a riqueza.

EM DEFESA DO SINDICALISMO

PIERRE MONATTE
(in *Congresso anarquista, realizado em Amsterdã*, agosto 1907)

O que me proponho a fazer aqui não é uma simples exposição teórica sobre o sindicalismo revolucionário, mas mostrá-lo em ação, deixando que os fatos falem por si. Diferente de outras formas de socialismo e anarquismo que o precederam, ele se manifesta menos nas teorias do que em atos concretos, e devemos procurá-lo na prática e não nos livros.

Seria preciso estar cego para não ver as semelhanças entre o anarquismo e o sindicalismo. Ambos tentam eliminar o capitalismo e o sistema salarial através de uma revolução social. O sindicalismo existe como a prova de um recrudescimento do movimento operário, e ele faz renascer no anarquismo uma consciência de suas origens entre os trabalhadores; por outro lado, não foram poucas as contribuições dos anarquistas no sentido de levar o movimento operário para o caminho da revolução e da popularização do conceito de ação direta. Assim o sindicalismo e o anarquismo se influenciaram mutuamente em benefício de ambos.

Foi na França que as ideias do socialismo revolucionário surgiram e se desenvolveram entre os militares da *Confédération Generale du Travail*. Essa Confederação ocupa uma posição singular no movimento operário internacional. É a única organização que, embora se declare totalmente revolucionária, não tem qualquer ligação com nenhum partido político, nem mesmo com os mais avançados. Em quase todos os países, com exceção da França, a social-democracia exerce um papel de liderança política. Na França, a CGT vence de longe o partido socialista, tanto em termos de força numérica quanto em relação à influência que exerce; afirmando representar tão somente a classe operária, a CGT repeliu com firmeza todos os avanços feitos em sua direção nos últimos anos. A autonomia tem sido sua força, e ela pretende continuar autônoma.

Essa posição assumida pela CGT, sua recusa em entrar em acordo com os partidos políticos, valeu-lhe o título de "anarquista" entre seus furiosos adversários. Entretanto, nada poderia ser mais falso. A CGT, um enorme agrupamento de sindicatos e uniões trabalhistas, não tem uma doutrina oficial. Todas as doutrinas se fazem representar dentro dela e desfrutam de igual tolerância. Um certo número de anarquistas integra o Comitê Federal; ali se reúnem e trabalham com socialistas – a maioria dos quais, deve ser observado, é tão hostil à ideia de qualquer tipo de aliança entre os sindicatos e o Partido Socialista quanto os próprios anarquistas.

A estrutura da CGT merece ser estudada com alguma atenção: diferente da estrutura de tantas outras organizações operárias, ela não é nem centralizada nem autoritária. O Comitê exerce função apenas diretiva e não monopoliza funções executivas e legislativas, como imaginam os editores e repórteres dos jornais burgueses, nem é investido de qualquer autoridade. A CGT é controlada de baixo para cima, cada sindicato é seu próprio patrão, tendo inteira liberdade para agir ou deixar de agir; nenhuma imposição externa pode impedir ou autorizar os seus atos. Na base da Confederação, portanto, está o sindicato. Mas ele não se liga diretamente à Confederação: só pode fazê-lo por intermédio da sua corporação federativa ou através das *Bourses de Travail*. A CGT é constituída pela união das federações e das *Bourses de Travail*.

As atividades desse órgão central são coordenadas por um Comitê formado por delegados das *Bourses* e das federações. Além desse comitê, existem comissões formadas por membros das duas entidades. São elas: a comissão de publicações (que edita *La Voix du Peuple*), a comissão de membros, a comissão de orçamento e a comissão das greves.

O congresso é soberano para decidir sobre as questões coletivas. Qualquer sindicato, por menor que seja, tem direito a ser representado por um delegado que ele mesmo escolhe. O orçamento da CGT é extremamente modesto, não ultrapassando a soma de 30 mil francos por ano. A prolongada agitação que culminou no grande movimento de Maio de 1906 pela jornada de oito horas não custou mais que 60 mil francos. Quando essa soma tão insignificante foi divulgada, houve espanto entre os jornalistas. O quê? Então com esses poucos milhares de francos a Confederação fora capaz de sustentar, mês após mês, uma agitação tão intensa entre as classes operárias? Mas isso se devia ao fato de que, mesmo pobre em dinheiro, o sindicalismo francês é rico em energia, dedicação, entusiasmo – e ninguém corre o risco de se tornar escravo dessas riquezas!

Não foi em pouco tempo, nem sem muito esforço, que o movimento operário francês se transformou naquilo que é hoje. Nesses 35 anos, desde a Comuna de Paris, já atravessou inúmeras fases. A ideia de fazer do proletariado, organizado em "sociedades de resistência", o agente da revolução social foi a proposta básica e central da Grande Associação Internacional da Classe Operária, fundada em Londres em 1864. Seu lema, como devem lembrar, era "A emancipação dos operários é tarefa dos próprios operários", e esse é ainda hoje o nosso lema, o lema de todos aqueles que acreditam na ação direta e são contra o parlamentarismo. Foram essas ideias de autonomia e federação, tão honradas hoje entre nós, que inspiraram no passado todos aqueles membros da Internacional que se rebelaram diante do abuso de poder do Conselho Geral e que, após o Congresso de Haia, passaram a apoiar abertamente Bakunin. Mais importante ainda, o próprio conceito de greve geral, tão popular hoje em dia, é uma criação da Internacional, que foi quem primeiro entendeu o seu poder abrangente.

A derrota da Comuna de Paris desencadeou uma terrível reação na França. O movimento operário foi pulverizado, e seus militantes assassinados ou forçados a exilarem-se. Ele conseguiria, entretanto, reorganizar-se alguns anos depois; a princípio débil e tímido, logo se fortaleceu quando o proletariado, indiferente às disputas entre as várias facções, criou novas associações de classe sob uma nova designação – sindicatos. Entregue à própria sorte, menosprezado pela própria fraqueza e pelo ciúme dos grupos rivais, o movimento sindicalista foi aos poucos adquirindo força e confiança em si próprio. Começou a crescer. A *Fédération des Bourses* foi fundada em 1892. A *Confédération Generale du Tra-*

vail, que desde o início teve o cuidado de proclamar sua neutralidade política, em 1895. Nesse meio tempo, um congresso operário realizado em Nantes, em 1894, declarou-se favorável à ideia de uma greve geral. Foi mais ou menos por essa época que um grupo de anarquistas, ao perceber finalmente que só filosofia não é suficiente para fazer uma revolução, decidiu ingressar no movimento operário que despertou, naqueles que tiveram sensibilidade para entender o significado desse gesto, as maiores esperanças no futuro. Fernand Pelloutier foi, durante esse período, o homem que melhor soube encarnar essa evolução entre os anarquistas.

Todos os congressos subsequentes acentuaram cada vez mais a separação entre a classe operária organizada e os políticos. Em Toulouse, 1897, nossos camaradas Delesalle e Pouget conseguiram que fossem adotadas táticas de boicote e sabotagem. Em 1900 foi fundada a *Voix du Peuple*, tendo como seu editor-chefe Pouget. Desde o difícil período de sua fundação, a *Confédération Generale du Travail* dá provas diárias de sua força crescente, transformando-se num poder que deve ser reconhecido tanto pelo governo quanto pelos partidos socialistas.

O novo movimento sofreu ataques terríveis do governo, apoiado por todos os socialistas reformistas. Millerand, que se tornara Ministro, tentou nacionalizar os sindicatos e fazer com que cada *Bourse* passasse a ser uma sucursal do seu ministério. Agentes pagos por ele infiltraram-se em várias organizações, numa tentativa de corromper os militantes. O perigo era realmente grande, mas foi exorcizado, graças a um acordo celebrado entre as facções revolucionárias – anarquistas, Guesdistas e Blanquistas. O acordo foi mantido e o perigo passou.

Hoje o poder da confederação, fortalecido a partir de 1902 pela entrada da *Fédération des Bourses*, o que significava a efetivação da unidade da classe operária – provém desse acordo, que deu origem ao sindicalismo revolucionário, a doutrina que vê no sindicato um órgão de transformação social e a greve geral como o meio de obtê-la.

Mas – e gostaria que meus camaradas não franceses dessem especial atenção a este ponto muito importante – nem a concretização da união da classe operária nem a coalizão de revolucionários teriam sido capazes, por si só, de levar a *Confédération Generale du Travail* ao seu atual estágio de prosperidade e influência se não tivéssemos permanecido fiéis, no exercício do sindicalismo, a um princípio básico que exclui, na prática, a possibilidade de que um sindicato venha a basear-se em opiniões: *só um sindicato para cada profissão e cada cidade.* A consequência prática da aplicação desse princípio é a neutralização política do sindicato, que não pode nem deve ser anarquista, Guesdista, Allemanista ou Blanquista mas, simplesmente, operário. No sindicato, muitas vezes as divergências de opinião, tão sutis e artificiais, passam para um segundo plano e por isso é possível chegar-se a um acordo. Na vida prática, os interesses vêm antes das ideias: pelo simples fato de que todos estão submetidos às mesmas leis salariais, os interesses dos trabalhadores são iguais, apesar de todas as disputas entre escolas e facções. E é esse o segredo do acordo que foi estabelecido entre eles, acordo que permitiu o aumento do poder do sindicalismo e fez com que no ano passado, durante o Congresso de Amiens, ele pudesse afirmar orgulhosamente a sua independência.

Eu estaria incorrendo em grave falta se não demonstrasse agora os meios de que o sindicalismo revolucionário dispõe para obter a emancipação da classe operária. Esses meios podem ser resumidos a duas palavras – ação direta. E o que é ação direta? Há muito tempo, sob influência das escolas socialistas e especialmente da escola guesdista, os operários confiavam ao Estado a tarefa de satisfazer as suas exigências salariais. Como esquecer aquelas procissões de trabalhadores, encabeçadas por representantes escolhidos que levavam aos todo-poderosos as reivindicações do quarto Estado? Mas, como essa forma de agir só lhes trouxe desilusões, eles foram aos poucos entendendo que os operários jamais conseguiriam obter qualquer vitória que não fossem capazes de impor; em outras palavras, que a máxima da Internacional que mencionei anteriormente deveria ser entendida e aplicada com maior rigor. Agir em seu próprio benefício, contar apenas com seu próprio esforço – isso é ação direta. Mas torna-se desnecessário dizer que a ação direta pode assumir as mais variadas formas.

A principal, ou melhor, a mais notável delas é a greve. Uma faca de dois gumes segundo alguns, mas não para nós, que a consideramos uma arma sólida e bem temperada que, quando bem manejada, pode atingir o coração do capitalismo. É por meio da greve que o operariado começa a participar da luta de classes e entra em contato com as ideias que surgiram com ela. É através da greve que as massas recebem sua educação revolucionária e começam a entender a sua própria força e o poder do inimigo, adquirindo confiança em si próprios e no valor das ações audaciosas.

A sabotagem é quase tão valiosa quanto a greve. Sua ideia básica poderia ser formulada da seguinte maneira: quem ganha pouco trabalha mal. Tal como a greve, a sabotagem sempre foi utilizada pelos trabalhadores, mas só nestes últimos anos é que adquiriu um significado realmente revolucionário. O método já obteve resultados significativos. Em ocasiões em que a greve demonstrou não ter força suficiente, a sabotagem conseguiu quebrar a resistência dos patrões. Um exemplo recente é a sequência da fracassada greve dos trabalhadores na construção civil de Paris, ocorrida em 1906. Os pedreiros voltaram ao trabalho resolvidos a conceder aos patrões uma paz que seria pior do que a guerra e, por um acordo tácito e unânime, começaram a diminuir o ritmo da produção. Como que por acaso, sacos de cal e cimento apareciam rasgados etc. etc. A guerra continua até hoje, e os resultados, repito, têm sido excelentes. Não só os patrões se viram muitas vezes obrigados a ceder, mas, como consequência dessa campanha que já dura vários meses, os operários da construção tornaram-se mais conscientes, independentes e rebeldes.

Mas se considero o sindicalismo como um todo, sem me deter sobre manifestações isoladas, que justificativas poderei ainda apresentar em sua defesa? O espírito revolucionário estava morrendo na França, tornando-se a cada ano mais débil. O revolucionarismo pregado por Guesde, por exemplo, era apenas verbal ou, o que é ainda pior, eleitoreiro ou parlamentar; o de

Jaurés, que conseguiu ir um pouco além nessa mesma direção, era apenas e francamente ministerial e governamental. Quanto aos anarquistas, seu revolucionarismo refugiara-se na torre de marfim da especulação filosófica. Entre tantas hesitações, tropeços e recuos, e talvez mesmo por causa deles, nasceu o sindicalismo; o espírito revolucionário renasceu e ganhou novas forças, e pela primeira vez, desde que a grande voz da dinamite fora silenciada, a burguesia tremeu.

É importante que os proletários de todos os países aprendam com a experiência sindicalista do operariado francês. E a tarefa do anarquista é assegurar-se de que essa experiência se repita em qualquer lugar onde exista uma classe operária lutando pela emancipação. Contra essa união de companheiros que produziu na Rússia, por exemplo, o aparecimento de associações anarquistas e na Alemanha e Bélgica uniões cristãs e democráticas, os anarquistas deveriam opor um sindicalismo ao estilo francês, ou seja, um sindicalismo neutro e independente. Assim como só há uma classe operária, também só deveria haver em cada indústria e cada cidade uma única organização de classe, um único sindicato. Só assim é que a luta de classes, livre dos obstáculos criados a cada momento pelas rusgas entre escolas e facções rivais, poderia expandir-se em todos os sentimentos e atingir seus objetivos prioritários.

De acordo com o que foi proclamado no Congresso de Amiens em 1906, o sindicalismo se basta a si próprio. Sei que tal afirmação jamais foi entendida, mesmo pelos anarquistas. Ela significa apenas que, tendo finalmente atingido a maioridade, a classe operária está decidida a manter a sua independência e a não confiar a mais ninguém a tarefa de promover a sua emancipação. Que defeitos poderão os anarquistas encontrar num desejo de ação expresso de forma tão sutil?

O sindicalismo não perde tempo prometendo o paraíso terrestre. Ele exige que os próprios operários lutem para conquistá-lo, assegurando-lhes que seus atos jamais serão em vão. É uma escola de força de vontade, entusiasmo e pensamentos criativos. Abre novas perspectivas e esperanças para um anarquismo que esteve durante tanto tempo fechado em si mesmo. Que todos os anarquistas ingressem no sindicalismo – isso fará com que seu trabalho se torne ainda mais produtivo e mais decisivos os golpes que aplicarem contra o regime social.

SINDICALISMO: A CRÍTICA DE UM ANARQUISTA

ERRICO MALATESTA
(in *Congresso anarquista, realizado em Amsterdã*, agosto de 1907)

Monatte concluiu que o sindicalismo é uma forma necessária e capaz de obter a revolução social. Em outras palavras, afirma que o sindicalismo se basta a si mesmo. E sendo essa, na minha opinião, uma ideia radicalmente falsa, dedicarei meu discurso a combatê-la.

O sindicalismo, ou, mais exatamente, o movimento operário (já que o movimento operário é um *fato real* que não pode ser ignorado e o sindicalismo é uma doutrina, um sistema, e não devemos confundi-los), o movimento operário, como eu dizia, sempre teve em mim um defensor resoluto mas não cego. Eu o considero um campo particularmente propício para a difusão da propaganda revolucionária e também como um ponto de contato entre os anarquistas e as massas. Não creio que seja necessário insistir nesse ponto. É preciso conceder que eu jamais fui um daqueles intelectuais anarquistas que, quando da dissolução da Internacional, retirou-se benevolentemente para uma torre de marfim, entregando-se a reflexões filosóficas, e reconhecer que, onde quer que me encontrasse – fosse na Itália, França, Inglaterra ou qualquer outro lugar –, jamais deixei de combater essa atitude de isolacionismo altivo. Ao contrário, sempre procurei levar meus camaradas em direção ao que os sindicalistas chamam de novo, embora já tivesse sido percebido e entendido pelos primeiros anarquistas ainda na Internacional.

Hoje, como no passado, eu gostaria de ver os anarquistas ingressarem no movimento de classe operário. Hoje, como ontem, sou um sindicalista no sentido de que defendo os sindicatos. Não estou exigindo sindicatos anarquistas, o que resultaria imediatamente no aparecimento de sindicatos social-democratas, republicanos, monarquistas e muitos outros e acabaria por lançar mais do que nunca a classe operária contra si mesma. Não desejo nem mesmo sindicatos vermelhos, porque não quero ter sindicatos covardes. Gostaria, isso sim, que os sindicatos estivessem abertos a todos os trabalhadores e não se deixassem influenciar mas permanecessem absolutamente livres.

Segue-se, portanto, que sou a favor de uma participação mais ativa no momento operário, sobretudo como forma de propaganda, cujo alcance poderia se tornar muito mais amplo. Mas de forma alguma essa participação deveria implicar na renúncia dos ideais longamente acalentados. Mesmo dentro dos sindicatos, é preciso que permaneçamos anarquistas, com toda a força e amplitude implícitas nessa definição. Na minha opinião, o movimento operário não é mais do que um meio – embora não há dúvida de que seja o melhor meio de que dispomos. Mas eu me recuso a aceitar esse meio como um fim e, da mesma forma, não gostaria que perdêssemos de vista o conjunto das concepções anarquistas ou, colocando o problema de forma mais simples, que não desprezássemos os meios de propaganda e agitação ao nosso alcance.

Os sindicalistas, por outro lado, têm uma certa propensão para transformar os meios em fins e para considerar as partes como sendo o todo. E desse modo, para alguns dos nossos, o sindicalismo começa a se transformar numa nova doutrina que ameaça a própria existência do anarquismo.

Entretanto, mesmo que fortaleça a própria imagem utilizando a inútil alcunha de anarquista, o sindicalismo não é nem nunca será mais do que um movimento legítimo e até mesmo conservador, sem outro objetivo senão a melhoria das condições de trabalho do operário. Para corroborar o que afirmo, bastariam as provas que nos são oferecidas pelos grandes sindicatos americanos: de organizações imbuídas de um revolucionarismo radical quando ainda não dispunham do poder que hoje desfrutam, eles foram se tornando, à medida que foram adquirindo força e riqueza, organismos totalmente conservadores, cuja maior preocupação é transformar seus membros na aristocracia das fábricas, das oficinas e das minas. Sendo agora muito menos hostis ao capitalismo paternalista do que aos operários não organizados, aquele proletariado em farrapos tão condenado pelos social-democratas. Mas nós, os outros anarquistas, não podemos esquecer esse proletariado desempregado que não para de crescer e que não interessa ao sindicalismo que chega a ver nele um inimigo, mas que é nosso dever defender, porque seus membros estão entre os que mais sofrem.

Deixem-me repetir: é preciso que os anarquistas continuem ingressando nos sindicatos antes de mais nada para difundir o anarquismo entre os operários e, depois, porque essa é a única forma de que chegue o dia – pelo qual todos esperamos – em que poderemos ter à nossa disposição grupos capazes de assumir o controle da produção. É preciso filiar-se aos sindicatos, finalmente, para lutar com energia contra essa odiosa atitude mental que faz com que os sindicatos não sintam o menor entusiasmo para defender nada além dos seus próprios interesses particulares.

O erro básico de Monatte e de todos os sindicalistas revolucionários, a meu ver, tem origem na concepção demasiado simplista da luta de classes, segundo a qual todos os interesses econômicos da classe operária são idênticos e que, no momento em que alguns operários assumem a defesa de seus próprios interesses, estarão defendendo todo o proletariado contra o capitalismo. Sugiro que a realidade é bem diferente. Tal como acontece aos membros da burguesia e a todos os homens, os operários também estão sujeitos à lei universal da competição, que é uma consequência da existência da propriedade privada e do governo e que só desaparecerá no dia em que ambos desaparecerem. Portanto, não há classes, no verdadeiro sentido da palavra, porque não há interesses classistas. No coração da classe operária, como no coração da burguesia, a competição e a luta continuam. Os interesses econômicos de uma categoria estarão sempre e inevitavelmente em oposição aos interesses de outra. E em toda a parte é possível ver operários que, tanto econômica quanto moralmente, estão muito mais próximos da burguesia do que do proletariado. Cornelissen nos deu exemplos recolhidos aqui mesmo na Holanda e há muitos anos. Será preciso que eu lembre quantas vezes, durante as greves, os trabalhadores apelam para a violência... contra a polícia e os patrões? Não! Contra os fura-greves que no entanto também são trabalhadores e tão explorados quanto eles próprios, talvez até mais humilhados, enquanto os verdadeiros inimigos dos operários, os verdadeiros obstáculos à igualdade social, continuam sendo a polícia e os patrões.

E, no entanto, a solidariedade moral pode existir entre os operários, mesmo quando não existe solidariedade econômica. Os trabalhadores que se isolam na defesa dos interesses da classe talvez não percebam, mas ela surgirá no dia em que o desejo comum de promover uma transformação na ordem social os transforme em novos homens. Na sociedade atual, a solidariedade só pode ser o resultado de uma comunhão que surge sob a égide de um ideal compartilhado. O papel dos anarquistas é despertar os sindicatos para esse ideal, orientando-os gradualmente para a revolução social, mesmo que ao fazê-lo corram o risco de prejudicar as "vantagens imediatas" que tanto parecem agradar-lhes.

É impossível negar que a ação sindicalista envolve certos perigos. O maior deles reside, sem dúvida, na possibilidade de que os militantes do movimento anarquista aceitem tornar-se funcionários do sindicato, especialmente se receberem pagamento em troca do seu trabalho. Tomemos isso como regra geral: o anarquista que se torna funcionário estável e pago está perdido para a causa, perdido para o anarquismo! A partir desse momento, ele assume um compromisso com aqueles que o pagam e, como estes não são anarquistas, o funcionário assalariado, colocado ante sua consciência e seus interesses, deve seguir os ditames da consciência e perder o emprego – ou defender seus interesses e então... adeus anarquismo!

A presença de um funcionário do governo no movimento operário é um perigo comparável apenas aos perigos do parlamentarismo: ambos levam à corrupção, e sabemos que a distância que separa a corrupção e a morte não é assim tão grande...

E, agora, consideremos a greve geral. Eu pessoalmente a aceito, em princípio, e há muitos anos venho fazendo o possível para difundi-la. A greve geral sempre me pareceu um excelente meio para iniciar uma revolução social. É preciso, no entanto, que estejamos atentos para não cair na desastrosa ilusão de que a greve geral elimina a necessidade de uma revolta armada.

Muitos afirmam que, paralisando a produção abruptamente durante alguns dias, os operários conseguirão em pouco tempo deixar os burgueses sem ter o que comer e que, mortos de fome, eles serão obrigados a ceder. Não posso imaginar nada mais absurdo. Os primeiros a morrer de fome durante a greve geral não seriam os burgueses, que dispõem de crédito e podem entrar em todas as lojas, mas os operários que têm apenas o trabalho para sustentá-los.

A greve geral, tal como é descrita, não passa de pura utopia. Ou o operário, morrendo de fome depois de três dias de greve, voltará ao trabalho de cabeça baixa e nós poderemos marcar mais uma derrota para o nosso lado; ou tentará apossar-se dos meios de produção utilizando a força. E quem estará a sua espera para impedir que isso aconteça? Soldados, policiais, além dos próprios burgueses. Tornar-se-á impossível evitar que a questão seja resolvida com tiros e bombas, transformando-se numa insurreição em que a vitória caberá ao mais forte.

Preparemo-nos, portanto, para essa revolta inevitável, em vez de nos contentarmos em ver na greve o remédio para todos os males. E não ouçamos quem nos diz que os governos estão sempre armados e são sempre mais fortes do que aqueles que se rebelam. O que aconteceu em Barcelona em 1902 é que os soldados não eram muito numerosos, mas ninguém estava preparado para a luta armada e, como os operários não tinham ainda entendido que o verdadeiro inimigo era o poder político, enviaram seus representantes ao governador para pedir-lhe que obrigasse os patrões a ceder.

Mas, mesmo quando a consideramos em termos realistas, a greve geral ainda é uma arma de dois gumes que é preciso usar com cautela. Não é possível suspender indefinidamente a obtenção dos meios de subsistência. Mais cedo ou mais tarde será necessário apossar-se das fontes que abastecem o povo e não devemos esperar até que a greve tenha se transformado numa luta armada.

Na verdade, o que deveríamos pedir ao operário não seria tanto que parasse de trabalhar, mas que continuasse a trabalhar em seu próprio interesse. Sem isso, a greve geral logo se transformará em uma fome geral, mesmo que se tivesse tido energia suficiente para confiscar imediatamente todas as mercadorias acumuladas nas lojas. Basicamente, a ideia da greve geral tem origem numa crença totalmente falsa: a crença de que, uma vez de posse dos produtos acumulados pela burguesia, a humanidade poderia continuar consumindo, sem nada produzir, por um período indefinido de meses ou anos. Tal crença inspirou os autores de dois panfletos publicados há vinte anos: *Os produtos da terra* e *Os produtos da indústria*, que trouxeram, na minha opinião, mais prejuízos do que benefícios. A sociedade não é assim tão rica quanto muitos acreditam. Kropotkin já demonstrou que, caso houvesse uma brusca paralisação dos meios de produção, a Inglaterra não teria mais do que a produção de um mês como reserva. Londres teria o que comer durante apenas três dias. Compreendo bem esse fenômeno conhecido como superprodução. Mas a superprodução pode ser anulada pelas crises que restabelecem rapidamente o equilíbrio na indústria.

Devo acabar. Lamentei, no passado, que os camaradas se isolassem do movimento operário. Lamento hoje que, caindo no extremo oposto, muitos entre nós se deixem tragar pelo mesmo movimento. Uma vez mais, a organização da classe operária, a greve, a ação direta, o boicote, a sabotagem e a própria insurreição armada são apenas meios; a anarquia é o fim. A revolução anarquista que desejamos excede os interesses de uma única classe – ela se propõe à libertação total da humanidade escravizada, tanto do ponto de vista econômico quanto político e moral. É preciso que permaneçamos atentos contra qualquer plano simplista e unilateral de ação.

Pelas forças da classe operária que coloca à nossa disposição, o sindicalismo é um excelente meio de ação, mas é preciso que não percamos de vista o único objetivo que merece o nosso esforço: a anarquia.

Quinta parte

Flores para os rebeldes fracassados

Nunca houve uma revolução ou uma sociedade totalmente anarquista, mas já ocorreram situações de insurreição que se aproximaram bastante do modelo anarquista e, durante breves períodos, experiências locais e parciais de uma sociedade organizada segundo o modelo anarquista. Essas ocasiões assumiram uma certa qualidade mística aos olhos dos anarquistas, tanto que eles ainda hoje celebram a memória dessas revoluções que, como observou um personagem anarquista em *L'Espoir*, de Malraux, são "as férias da vida".

A Comuna de Paris é a primeira dessas experiências. Ela não foi obra de anarquistas e muito menos dos marxistas. Mas os membros mutualistas da Internacional e os discípulos de Proudhon, inclusive o pintor Gustave Courbet, tomaram parte ativa no movimento junto com outras pessoas ligadas a Bakunin, como Eugène Varlin e Elisée Reclus. A ideia de uma comuna, um governo local descentralizado, era uma ideia anarquista, mas – como a discussão de Kropotkin sobre os acontecimentos de 1871 deixa bem claro – mais tarde os anarquistas criticaram os integrantes das comunas por não terem forçado a realização de mudanças mais radicais nas relações econômicas e sociais.

Na Rússia, apesar da grande reputação internacional de que gozavam Bakunin e Kropotkin, e a despeito de uma considerável influência que Bakunin exerceu sobre os partidos populistas soviéticos, o movimento anarquista sempre foi, na verdade, muito limitado, tanto que desempenhou um papel insignificante na revolução de 1917 e, embora a maior parte de seus membros tivessem lutado ao lado dos bolcheviques em outubro porque acreditavam que os sovietes eram conselhos livres, integrados por operários e camponeses, eles estavam entre os primeiros dissidentes proscritos e eliminados pela Tcheka. Só na Ucrânia, como um movimento de camponeses liderado por Nestor Makhno, é que o anarquismo desempenhou o papel de uma verdadeira força na Rússia. Mas os triunfos de Makhno foram apenas triunfos de um chefe guerrilheiro inspirado, lutando contra Vermelhos e Brancos pela autonomia local. As próprias circunstâncias de um estado de guerra permanente dificultaram qualquer progresso real no sentido de criar uma sociedade sem governo, mas, como sugere o relato de Pedro Arshinov, os makhnovistas sustentaram tanto quanto foi possível um modelo de organização social libertária.

Muito mais foi obtido na Espanha, durante os primeiros meses da Guerra Civil Espanhola, quando os anarquistas assumiram o controle quase total de grandes regiões da Catalunha, de Aragão e da Andaluzia. Em Barcelona, quase todas as indústrias tinham sido coletivizadas e eram dirigidas pelos sindicatos da CNT, a federação dos sindicatos, dominada pelos anarquistas.

Nas zonas rurais, milhares de aldeias se transformaram em comunidades livres, seguindo os ensinamentos dos professores libertários que perambulavam pelo país há duas gerações, transmitindo sua mensagem de liberdade.

As passagens que aqui reproduzimos incluem as observações de George Orwell sobre Barcelona como cidade revolucionária, dois relatos sobre vilas comunitárias, feitos por Borkenau (um observador crítico) e Gaston Leval (um defensor da causa), um poema de Herbert Read que faz das comunas espanholas um símbolo de integração social e uma famosa entrevista de Buenaventura Durruti, aquele fantástico ativista, cuja coluna anarquista tinha conseguido notáveis vitórias em Aragão; a recusa de Durruti em confiar nos governos deve ser vista no contexto de que alguns líderes anarquistas concordaram em integrar o governo republicano. Esse erro teve graves consequências, pois minou a força dos anarquistas, que reside precisamente no fato de que mantêm sua esfera de ação livre da influência do governo. As melhores discussões sobre esse problema são demasiado longas para que possamos reproduzi-las aqui, mas em *Lições da Revolução Espanhola* fazem um excelente exame do assunto.

Há pouco tempo os anarquistas puderam testemunhar a revolta de 1968 em Paris, surgindo com uma fúria espontânea, como uma espécie de levante pré-anárquico. Não resta a menor dúvida de que os grupos anarquistas desempenharam um papel bem mais ativo nesse movimento do que a maior parte das rígidas agremiações partidárias que só aderiram mais tarde, depois de muita reflexão (e a estranha e desordenada ordem de toda a situação tornou-a especialmente atraente aos olhos dos anarquistas, como revela Murray Bookchin em seu livro *Paris, 1968*). Talvez ainda mais importante do que tudo isso, a revolta de Paris demonstrou que os governos autoritários organizados podem ser até mais vulneráveis do que seus predecessores, desde que os métodos libertários sejam usados com eficiência.

A COMUNA DE PARIS, 1871

PETER KROPOTKIN
(in *A Comuna de Paris*, 1895)

No dia 18 de março de 1871, o povo de Paris levantou-se contra o governo que desprezava e detestava e declarou que Paris era agora uma cidade independente, livre e dona do seu destino.

Essa derrubada do poder central aconteceu sem a costumeira encenação teatral que normalmente acompanha as revoluções. Não houve tiros, e o sangue não chegou a correr sobre as barricadas. Quando o povo armado saiu às ruas, os governantes fugiram, as tropas abandonaram a cidade, e os funcionários civis refugiaram-se apressadamente em Versalhes, levando tudo o que podiam. O governo se evaporou como uma poça de sangue estagnado em meio à brisa da primavera, e no dia 19 de março Paris se viu livre da sujeira que a havia maculado, sem que tivesse corrido quase nenhuma gota de sangue de seus filhos. Entretanto, essa mudança assim obtida deu início a uma nova era na longa série de revoluções pelas quais os povos começavam a trocar a servidão pela liberdade. Sob o nome de "Comuna de Paris", nasceu uma nova ideia que havia de se tornar o ponto de partida para revoluções futuras.

Como acontece sempre, essa ideia não tivera origem no cérebro de um indivíduo isolado, nem era fruto das reflexões de um filósofo. Ela surgiu do espírito coletivo, nasceu no coração de toda a comunidade. Mas a princípio era algo vago e muitos daqueles que agiram e deram suas vidas para defendê-la não a viam com os mesmos olhos com que hoje a vemos. Eles não percebiam o alcance da revolução que haviam criado ou as possibilidades do novo conceito que acabavam de pôr em prática. Só depois é que começaram lentamente a entender suas consequências. Só mais tarde, quando começaram a refletir sobre o novo conceito, é que ele se tornou mais claro e preciso, e a beleza, justiça e importância dos resultados obtidos puderam ser avaliados.

Durante os cinco ou seis anos anteriores à Comuna, o socialismo ganhara novo alento graças ao rápido desenvolvimento da Associação Internacional de Operários. Em suas filiais regionais ou durante os congressos que realizava, os trabalhadores da Europa se encontravam e trocavam ideias sobre a questão social, algo que nunca tinham feito antes. Entre aqueles que percebiam que a revolução social era inevitável e que se preparavam ativamente para vivê-la, surgiu um problema que deveria ser resolvido antes de qualquer outro: "O atual desenvolvimento da indústria forçará a eclosão de uma grande revolução econômica; essa revolução abolirá a propriedade privada, fazendo com que todo o capital reunido pelas gerações pregressas passe a ser um bem comum a todos".

Após essas mudanças no sistema econômico, qual seria a melhor forma de organização política? "Não poderá ser uma agremiação apenas nacional", respondeu a Associação Internacional, "mas deve estender-se além das fronteiras artificiais e de todos os limites naturais." Logo essa ideia grandiosa apossou-se do coração e do cérebro dos homens e, embora venha sendo perseguida desde então pelos esforços conjuntos de reacionários dos mais variados tipos, permanece viva ainda hoje. E, quando as vozes dos povos em revolta tiverem removido os obstáculos que impedem o seu progresso, ela ressurgirá mais forte do que nunca...

Mas ainda faltava descobrir quais deveriam ser os elementos que iriam compor essa gigantesca associação. A essa pergunta, foram dadas duas respostas que expressavam duas correntes distintas. Uma falava em Estado popular; outra, em anarquia.

Os socialistas alemães defendiam a ideia de que o Estado deveria apossar-se de todos os recursos e riquezas acumuladas, distribuindo-as entre as associações de operários, e, mais, que estes deveriam tomar a si as atividades de produção e comércio e, de uma maneira geral, todas as atividades da sociedade.

A isso os socialistas latinos, que tinham atrás de si uma grande experiência revolucionária, responderam dizendo que seria um milagre se tal Estado pudesse um dia existir, mas que, se isso chegasse a acontecer, certamente ele acabaria por se tornar a pior das ditaduras. Esse ideal de criar um Estado todo-poderoso e bom é apenas uma cópia de algo que existiu no passado, diziam, e confrontavam-no com a ideia de um novo ideal, a anarquia, isto é, a abolição total do Estado, um sistema em que todas as formas de organização social, da mais simples à mais complexa, fossem obtidas através de federações livres, reunindo grupos populares de produtores e consumidores.

Até mesmo os socialistas mais liberais admitiram que a anarquia sem dúvida representava um tipo de organização bem superior àquela pretendida pelo Estado popular. Mas, diziam eles, o ideal anarquista é algo tão distante que não podemos perder tempo com ele agora.

Ao mesmo tempo, a verdade é que a teoria anarquista necessitava de uma forma de expressão que fosse clara e concisa, uma fórmula ao mesmo tempo simples e prática, em que pudesse demonstrar suas origens e incorporar suas concepções, onde provasse que era apoiada por uma tendência que já existia antes entre o povo. Uma federação de associações operárias e grupos de consumidores que não levasse em conta as fronteiras e se mantivesse independente em relação aos estados já existentes parecia uma ideia demasiado vaga: e mais, era fácil perceber que ela não poderia satisfazer totalmente a infinita variedade de exigências humanas. Era preciso encontrar uma fórmula mais simples, mais facilmente compreensível, que tivesse uma base firme e bem enraizada na vida real.

Se o problema se resumisse apenas a encontrar a melhor forma de elaborar uma teoria, poderíamos dizer que as teorias, como teorias, não são assim tão importantes. Mas, enquanto uma nova ideia não encontra uma forma de expressão clara e precisa, a partir de fatos concretos, tais como eles existem na realidade, ela não conseguirá apoderar-se da mente dos homens. Nenhum homem se animará a mergulhar no desconhecido se não for animado por ideias positivas e claramente formuladas que lhe sirvam, por assim dizer, como um trampolim quando chegar o momento.

Quanto a esse momento, será preciso que a própria vida o indique.

Durante cinco longos meses, Paris esteve cercada pelos alemães. Durante cinco meses, ela precisou lançar mão de seus próprios recursos vitais e de toda a força moral de que dispunha. Teve então ideia de sua capacidade de resistência e percebeu o que ela significava. Percebeu também que o bando de tagarelas que havia tomado o poder não tinha a menor ideia sobre como organizar a defesa da cidade ou sobre como promover seu desenvolvimento interno. Viu um governo que se opunha a todas as manifestações de inteligência daquela metrópole poderosa. Entendeu, finalmente, que qualquer governo é impotente para proteger-se das grandes catástrofes e incapaz de preparar o caminho para a evolução. Durante o cerco, a cidade vira seus defensores, os operários, sofrendo as mais terríveis privações, enquanto os ociosos se regalavam em meio a um luxo insolente e, graças aos esforços do governo central, presenciara o fracasso de todas as tentativas de acabar com essa situação escandalosa.

E cada vez que o povo demonstrava sinais de um desejo de libertar-se, o governo colocava novos grilhões na corrente. Essas experiências fizeram com que se chegasse naturalmente à conclusão de que Paris precisava libertar-se, tornar-se uma comunidade independente, capaz de satisfazer sozinha a todas as aspirações de seus cidadãos.

Mas a Comuna de Paris não podia ser mais do que uma primeira tentativa. Iniciada ao término de uma grande guerra, espremida entre dois exércitos prontos a dar as mãos para esmagá-la, ela não se atreveu a enveredar pelo caminho da revolução econômica. Não iniciou um processo de expropriação do capital ou de organização do trabalho. Não soube ao menos avaliar os recursos da cidade. Também não conseguiu romper com a tradição de um governo representativo, nem procurou realizar dentro da comuna o mesmo tipo de organização que, partindo do simples, chegasse ao mais complexo, e que fora instaurada externamente pela proclamação da independência da cidade e a livre associação das federações.

E, no entanto, o certo é que, se a Comuna de Paris tivesse durado mais alguns meses, ela teria sido inevitavelmente levada pelas circunstâncias em direção a essas duas revoluções.

Não esqueçamos que a classe média francesa gastou quatro anos (de 1789 a 1793) em ações revolucionárias, antes que conseguisse transformar a monarquia limitada numa república. Deveríamos pois surpreender-nos ao ver que o povo de Paris não conseguiu ultrapassar de um salto a distância que separa uma comuna anarquista de um governo de espoliadores? Além disso, não devemos esquecer que a próxima revolução que, pelo menos na França e na Espanha, deverá ser comunista, vai retomar o trabalho da Comuna de Paris no ponto em que foi interrompido pelos massacres da soldadesca de Versalhes.

A Comuna foi enfim derrotada, e sabemos muito bem como a classe média se vingou do susto que o povo lhe havia pregado ao tentar soltar as cordas que seus senhores mantinham em torno dos seus pescoços. Isso veio provar que a sociedade moderna é, na verdade, composta por duas classes: de um lado, o homem que trabalha e cede mais da metade daquilo que produz aos que detêm o monopólio da propriedade e que, no entanto, parecem indiferentes aos males que os patrões podem fazer-lhe; de outro, o ocioso, o espoliador que odeia o seu escravo e que está sempre pronto a matá-lo, como se ele fosse uma caça qualquer, um homem animado pelos mais selvagens instintos sempre que vê ameaçada a sua propriedade.

Depois de ter cercado o povo de Paris e fechado todas as vias de saída, o governo soltou sobre eles um bando de soldados embrutecidos pelo vinho e pela vida na caserna, homens que haviam sido publicamente instruídos para "acabar logo com os lobos e suas crias".

Depois dessa orgia louca, dos corpos empilhados após esse extermínio em massa, veio a vingança mesquinha, o chicote, os ferros, os golpes e insultos dos carcereiros, a quase morte pela fome, enfim, todos os requintes da crueldade. Poderá o povo esquecer esses fatos?

Derrubada mas não vencida, a comuna renasceu. Já não é mais um sonho dos vencidos, acariciando na imaginação a bela imagem da esperança. Não! A comuna se tornou hoje o objetivo visível e definido da revolução que ruge sob os nossos pés. A ideia penetrou fundo entre as massas, que a recebe com gritos de entusiasmo. Contamos com a geração atual para fazer com que a revolução aconteça dentro da comuna, para pôr um fim ao ignóbil sistema de exploração nas mãos da classe média, para livrar o povo da tutela do Estado e iniciar uma nova era de liberdade, igualdade, solidariedade.

Dez anos nos separam do dia em que o povo de Paris derrubou o traidor que subira ao poder no crepúsculo do Império; por que será que as massas oprimidas do mundo civilizado ainda hoje sentem uma irresistível atração pelo movimento de 1871? Por que a ideia representada pela Comuna de Paris ainda fascina os operários de todos os países? A resposta é fácil. A revolução de 1871 foi, antes de mais nada, uma revolução popular, feita pelo próprio povo, surgindo espontaneamente da massa e nela encontrando seus defensores, seus heróis e seus mártires. E, exatamente por ser tão "baixa", a classe média jamais pôde perdoá-la. E, ao mesmo tempo, o que a tornava tão popular era seu caráter de revolução social, uma ideia certamente um tanto vaga, talvez inconsciente, mas ainda assim um esforço no sentido de obter enfim, depois de séculos de luta, a verdadeira liberdade, a verdadeira igualdade para todos os homens. Era o levante das camadas mais baixas buscando a conquista dos seus direitos.

Muitas foram as tentativas feitas para mudar o verdadeiro significado dessa revolução, representando-a como um simples esforço para retomar a independência de Paris e desse modo constituir um pequenino Estado dentro da França. Mas nada pode ser mais falso. Paris não procurou se isolar da França, nem muito menos conquistá-la pela força das armas; a ela não agradaria a ideia de permanecer encerrada dentro de suas próprias fronteiras, como uma monja num convento: o que a inspirava não era o espírito limitado do claustro. Se ousara reclamar sua independência, se tentara evitar a interferência do poder central em seus assuntos, foi porque vira nessa independência uma forma de elaborar com tranquilidade as bases da futura organização política e de provocar uma revolução social dentro de seus próprios limites. Uma revolução que teria alterado completamente todo o sistema de produção e troca, dando-lhe como base a justiça; que teria modificado totalmente as relações humanas, colocando aí em pé de igualdade; que teria renovado a nossa moral social, baseando-a na igualdade e na solidariedade. Para o povo de Paris, a independência da cidade era apenas um meio, seu objetivo maior era a revolução social.

E esse objetivo poderia ter sido atingido se a revolução de 18 de março tivesse seguido seu curso natural, se o povo de Paris não tivesse sido trucidado pelos assassinos de Versalhes. A verdadeira preocupação do povo de Paris, desde os primeiros dias de sua independência, foi encontrar uma ideia precisa e clara, algo que pudesse ser facilmente entendido por todos e que resumisse em poucas palavras o que era necessário para que a revolução se tornasse uma realidade.

Mas uma grande ideia não pode germinar num só dia, por mais rápida que seja a elaboração e a difusão de ideias durante os períodos revolucionários. Ela precisa sempre de um determinado tempo para que possa desenvolver-se, para que penetre na massa, transformando-se finalmente em ação, e a Comuna de Paris não lhe deu tempo suficiente. Ela fracassou principalmente porque, como já observamos antes, há dez anos o socialismo passava por um período de transição. O comunismo autoritário e semirreligioso de 1848 já não conseguia conquistar as mentes mais práticas e mais livres da nossa época. O coletivismo que tentara juntar o sistema de salários com a propriedade privada era incompreensível, despido de atrativos e cheio de falhas que dificultavam a sua aplicação na prática. O comunismo livre ou anarquista recém começava a tomar forma no cérebro dos operários e ainda não tinha coragem de provocar as críticas daqueles que defendiam o governo. Estavam todos indecisos. Os próprios socialistas, sem um objetivo definido em vista, não se atreviam a lançar-se sobre a propriedade privada; eles se iludiam com a desculpa que já impedira a ação de muitos outros em épocas anteriores: "Precisamos ter primeiro a certeza de que venceremos e só depois será possível ver o que pode ser feito".

Certeza na vitória! Como se houvesse alguma forma de criar uma comuna livre sem acabar com a propriedade privada. Como se fosse possível vencer o inimigo quando as massas não estão diretamente interessadas na vitória da revolução, percebendo que ela poderá trazer bem-estar moral material e intelectual para todos! Eles tentaram consolidar a comuna e só depois tratar da revolução social, sem perceber que a única forma correta de agir seria consolidar a comuna através da revolução social.

O mesmo aconteceu com respeito ao conceito de governo. Ao proclamar a comuna livre, o povo de Paris proclamara também um princípio básico do anarquismo, ou seja, a derrubada do Estado. Mas como o conceito de anarquismo recém começava a surgir, não tardou para que fosse contido, e logo o velho princípio da autoridade ressurgiu e o povo se outorgou um Conselho nos moldes dos conselhos municipais já existentes.

Entretanto, se admitimos que a existência de um governo central que regule as relações entre as comunas é algo totalmente desnecessário, por que deveríamos admitir que necessitamos dele para regular as relações mútuas dos vários grupos que constituem a comuna? E, se deixamos que as próprias comunas diretamente interessadas decidam sobre as questões que interessam várias cidades ao mesmo tempo, por que recusar esse direito aos vários grupos que compõem cada comuna? Assim como nos parece desnecessária a existência de um governo fora da comuna, deveríamos também perceber a inutilidade de um governo dentro dela.

Mas em 1871, o povo de Paris, que já derrubou tantos governos, recém fazia a sua primeira tentativa de revolta contra o próprio sistema: consequentemente, deixaram-se levar pela admiração fetichista que os governos inspiravam então e criaram o seu próprio governo.

O resultado todos conhecem. Paris enviou seus filhos mais dedicados para a Câmara Municipal. Lá, perdidos entre pilhas de velhos documentos, obrigados a legislar quando o instinto lhes dizia que deveriam estar agindo entre a massa, obrigados a discutir quando era necessário agir, a acomodar-se quando a melhor política teria sido lutar e, finalmente, perdendo a inspiração que só é renovada pelo contato contínuo com as massas, eles se viram reduzidos à impotência. Paralisados pela distância que os separava do povo – o centro e coração da revolução –, eles próprios acabaram paralisando a iniciativa popular.

Assim, a Comuna de Paris, fruto de um período de transição, nascida sob a mira das armas prussianas, estava destinada a desaparecer. Mas, pelo seu caráter eminentemente popular, ela deu origem a uma nova série de revoluções, e, pelas ideias que lançou, tornou-se a precursora de todas as revoluções sociais. O povo aprendeu a lição e, quando surgirem mais uma vez na França os protestos das comunas revoltadas, ele já não esperará que o governo tome atitudes revolucionárias. Quando tiverem se libertado dos parasitas que os devoram, tomarão posse de toda a riqueza social disponível de acordo com os princípios do comunismo anarquista. E, quando tiverem abolido totalmente a propriedade privada, o governo e o Estado, irão se organizar livremente, de acordo com as necessidades indicadas pela própria vida. Rompendo as correntes, derrubando seus ídolos, a humanidade marchará em direção a um futuro melhor, desconhecendo senhores e escravos e venerando ainda os mártires que pagaram com seu sofrimento e o seu sangue naquelas primeiras tentativas de emancipação que iluminaram a nossa marcha pela conquista da liberdade.

O ANARQUISMO DE MAKHNO NA PRÁTICA

PETER ARSHINOV
(in *História do movimento makhnovista de 1918 a 1921*, 1923)

É necessário ressaltar aqui o fato histórico de que a honra de ter aniquilado a contrarrevolução denikinista pertence quase inteiramente aos makhnovistas. Se os insurrectos não tivessem destruído as linhas que supriam a artilharia denikinista, é provável que os Brancos tivessem entrado em Moscou em dezembro de 1919. A batalha entre Brancos e Vermelhos perto de Orel foi relativamente insignificante. Na verdade, ao sul as forças de Denikin já haviam iniciado a retirada antes mesmo dessa batalha, o que fora provocado exatamente pela derrota da sua retaguarda. Todas as operações militares subsequentes dos denikinistas tinham o único objetivo de proteger a retaguarda e retirar as armas e munições. Sem encontrar quase nenhuma resistência, o Exército Vermelho avançara pela estrada que, passando por Orel e Kursk, chega às margens do Mar Negro e do Mar de Azov. Tal como acontecera um ano antes, logo após a queda de Hetman, ele conseguira entrar na Ucrânia e no Cáucaso por caminhos já livres da presença do inimigo.

Preocupações exclusivamente militares absorviam quase todas as forças makhnovistas. O estado de guerra que vigorava na região era totalmente desfavorável ao desenvolvimento de qualquer atividade criativa. Mesmo assim, também nesse terreno os makhnovistas demonstraram grande iniciativa e capacidade de trabalho. Em primeiro lugar, por onde quer que andassem, tratavam logo de esclarecer um grande equívoco: a possibilidade de que pudessem ser tomados por um novo partido ou poder. Tão logo entravam nas cidades, apressavam-se a deixar bem claro que não estavam representando qualquer autoridade e que seus exércitos não pretendiam forçar ninguém a assumir qualquer tipo de compromisso. Seu único objetivo era proteger a liberdade do povo operário.

E essa liberdade, diziam os makhnovistas, estava nos próprios camponeses e operários e não lhes poderia ser tirada. Cabia a eles construir aquilo que julgassem necessário. Os makhnovistas poderiam apenas auxiliá-los, aconselhando-os e colocando ao seu dispor os recursos militares ou intelectuais de que necessitassem, mas em nenhuma circunstância poderiam indicar-lhes o caminho.

Alexandrovsk e as regiões vizinhas foram os primeiros lugares em que os makhnovistas permaneceram por um período mais longo. Logo após a chegada, convidaram a população operária a participar de uma conferência geral reunindo todos os trabalhadores da cidade. Durante a conferência, forneceram um minucioso relatório sobre a situação militar da região e sugeriram que os operários organizassem a vida da cidade e o funcionamento das fábricas utilizando suas próprias forças e suas organizações, que deveriam agir baseadas em ideias trabalhistas e igualitárias. Os operários aceitaram entusiasticamente todas essas propostas, mas hesitaram em colocá-las em prática, perturbados em primeiro lugar pelo que elas tinham de novo, mas mais perturbados ainda pela proximidade da frente de combate, o que os fazia temer que a situação da cidade pudesse tornar-se incerta e instável. A primeira conferência foi logo seguida por um segundo encontro, no qual foram discutidos os problemas que teriam que enfrentar para organizar a vida da comunidade de acordo com os princípios de autogestão. As discussões foram animadas, contando com a participação da massa de operários, que se mostravam entusiasmados com a ideia, mas encontravam dificuldades para colocá-la em prática. Os ferroviários foram os primeiros a tomar algumas medidas concretas. Constituíram uma comissão encarregada de organizar a rede ferroviária da região, estabelecendo um minucioso plano para o deslocamento dos trens, transporte de passageiros, formas de pagamento etc. A partir desse momento, o proletariado de Alexandrovsk dedicou-se sistematicamente à tarefa de criar órgãos para levar adiante a autogestão.

Pouco depois desses primeiros encontros, realizou-se em Alexandrovsk, no dia 20 de outubro de 1919, um congresso regional de camponeses e operários, com a presença de 200 delegados, dos quais 180 eram camponeses e os restantes, operários. O congresso tratou de: a) questões militares (a luta contra Denikin); o esforço para reforçar e manter o exército rebelde; b) problemas relativos às atividades criativas da região.

O congresso continuou por quase uma semana e se caracterizou por um extraordinário entusiasmo por parte dos presentes, o que pode ser atribuído a uma série de circunstâncias. Em primeiro lugar, a volta do vitorioso exército makhnovista revestia-se de enorme importância para os camponeses da região, já que quase todas as famílias tinham um ou dois de seus membros entre os insurrectos. Mas ainda mais importante era o fato de que o congresso se desenrolou dentro de um espírito de total liberdade. Não havia qualquer autoridade maior exercendo sua influência sobre os congressistas. Além disso, entre os participantes estava o anarquista Voline que, para surpresa dos camponeses, expressou de forma clara e lúcida todos os desejos e pensamentos que estes não conseguiam formular. A ideia de sovietes livres que funcionassem para atender aos verdadeiros interesses da população operária; a questão das relações diretas que deveriam ser estabelecidas entre os camponeses e os trabalhadores urbanos baseadas na troca do produto do seu trabalho; a organização efetiva de um sistema social sem um governo central e de uma sociedade baseada na igualdade nas cidades e no campo – todas essas ideias foram abordadas por Voline e representavam exatamente os desejos dos camponeses. Era exatamente assim que os camponeses imaginavam que deveria ser uma revolução...

Ao fim do encontro, os camponeses estavam decididos a colocar em prática todas as decisões do congresso. Os delegados levavam cópias das resoluções tomadas para difundi-las por toda a região... Mas infelizmente as massas operárias sofrem a constante ameaça da pior de suas inimigas – a autoridade. Os delegados mal tinham tido tempo de retornar aos seus lares quando a cidade foi ocupada pelas tropas de Denikin, vindas do norte após uma marcha forçada. E, embora desta vez a invasão fosse apenas a agonia de um inimigo já moribundo e durasse pouco tempo, ainda assim ela conseguiu paralisar o trabalho construtivo dos camponeses num momento vital. E como, além disso, outra autoridade igualmente hostil à liberdade – os bolcheviques – também se aproximasse da cidade, vinda do norte, a invasão causou um mal irreparável à causa dos trabalhadores, tornando impossível não apenas a realização de um novo congresso mas impedindo que as decisões tomadas durante o primeiro pudessem ser executadas.

As condições existentes na cidade de Ekaterinoslav, ocupada pelo exército insurrecto à época do congresso, eram ainda menos propícias à realização de qualquer atividade construtiva no campo econômico. As tropas de Denikin, que haviam sido expulsas da cidade, conseguiram aquartelar-se na margem esquerda do rio Dnieper e, durante um mês inteiro, bombardearam a cidade. Cada vez que a seção cultural do exército revoltoso conseguia organizar um encontro de operários, os denikistas, sempre bem informados, bombardeavam a cidade exatamente nos pontos escolhidos para o encontro. Era portanto impossível realizar um trabalho sério e sistemático de organização, e apenas algumas reuniões puderam ser programadas no centro e nos subúrbios da cidade. Entretanto, os makhnovistas conseguiram publicar um jornal diário...

Por toda a região liberada, os makhnovistas eram a única organização com força suficiente para impor sua vontade ao inimigo. Mas jamais utilizaram esse poder com o objetivo de dominar ou de adquirir influência política; nunca empregaram a força contra aqueles que apenas se opunham a eles política ou ideologicamente. Era contra seus inimigos militares, contra aqueles que conspiravam para roubar a liberdade de ação dos operários e camponeses, contra a engrenagem do Estado e as prisões que se dirigiam os esforços do exército makhnovista. As prisões são o símbolo da servidão do povo. Elas foram construídas para subjugar o povo, os operários e camponeses. Através dos séculos, em todos os países, a burguesia sempre lançou mão da execução e do encarceramento para esmagar o espírito de rebelião ou de resistência das massas. E nos nossos dias, nos Estados comunistas e socialistas, as prisões abrigam principalmente o proletariado da cidade e do campo. Um povo livre não necessita de prisões. Onde quer que elas existam, o povo não é livre. As prisões representam uma ameaça constante para os trabalhadores, uma violação da sua consciência e da sua vontade e um sinal visível da sua condição de escravos. Era assim que os makhnovistas definiam sua atitude em relação às prisões. Coerentes com essa atitude, onde quer que chegassem, eles demoliam as prisões. Em Berdyansk, a prisão foi dinamitada diante de uma enorme multidão que tomou parte ativa na destruição. Em Alexandrovsk, Krivoi-Rog, Ekaterinoslav e em outras cidades, os makhnovistas derrubaram ou queimaram as prisões. Em toda a parte os trabalhadores assistiam à destruição, cheios de entusiasmo.

É para nós motivo de grande satisfação poder afirmar que os makhnovistas sempre respeitaram os princípios revolucionários de liberdade de escrever, falar, pensar e reunir-se em agremiações políticas. Em todas as cidades ocupadas, eles começaram por levantar as proibições que existiam e por eliminar todas as restrições que um ou outro poder sempre impunha contra a imprensa e as organizações políticas.

Declaravam imediatamente que todos tinham total liberdade para falar, escrever, reunir-se e formar associações de qualquer tipo. Durante as cinco ou seis semanas que os makhnovistas permaneceram em Ekaterinoslav, surgiram cinco ou seis jornais das mais variadas correntes políticas: o *Narodovlastie* (Poder do Povo), socialista-revolucionário de direita; o *Znamya Vosstanya*

(Estandarte da Revolta), de esquerda; o *Zvezda* (Estrela), bolchevique, e outros. Os bolcheviques não mereciam ter direito à liberdade de imprensa e à livre associação, já que, por onde quer que passassem, eles destruíam essas liberdades da classe operária e também porque a organização que mantinham em Ekaterinoslav tivera uma participação direta na criminosa invasão da região de Gulyai-Polye em 1919. Teria sido até um ato de justiça inflingir-lhes um castigo severo. Mas, para que não fossem feridos os conceitos de liberdade de expressão e de reunião, os bolcheviques não foram perturbados e puderam desfrutar, tal como todas as outras tendências políticas, de todos os direitos que constavam nos estandartes da revolução proletária.

A única restrição que os makhnovistas julgaram necessário impor aos bolcheviques, aos revolucionários de esquerda e outros defensores do Estado era a proibição de que fossem constituídos "comitês revolucionários" que procuravam impor uma ditadura sobre o povo. Logo depois que os makhnovistas ocuparam Alexandrovsk, os bolcheviques se apressaram a organizar *Revkoms* (Comitês Revolucionários), procurando estabelecer através deles o seu poder político e desse modo governar a população. Os membros do *Revkom* chegaram ao ponto de propor a Makhno uma divisão de esferas de ação, entregando-lhe o poder militar e reservando ao Comitê completa liberdade de ação e toda autoridade política e civil. Makhno aconselhou-os a procurar qualquer profissão útil, em vez de tentar impor sua vontade aos operários. Chegou mesmo a ameaçar, afirmando que, se os membros do *Revkom* tentassem tomar qualquer atitude autoritária contra a população operária, mandaria matá-los. Em Ekaterinoslav, um *Revkom* semelhante fora dissolvido da mesma maneira. Dentro desse contexto, a atitude dos makhnovistas era completamente justificada e coerente. Para que pudessem proteger a liberdade de expressão e a organização da imprensa, era preciso que tomassem medidas contra uma formação que procurava sufocar essa liberdade, eliminar outras organizações e impor sua vontade e sua autoridade ditatorial sobre os operários.

E quando, em novembro de 1919, descobriu-se que o comandante do Terceiro Regimento Makhnovista insurrecto, Polonsky, estava implicado nas atividades de uma dessas organizações autoritárias, ele foi executado junto com outros culpados.

Eis o texto dos makhnovistas que trata da liberdade de imprensa e do direito de livre associação:

> 1. Todos os partidos, organizações e tendências socialistas têm o direito de propagar suas ideias, teorias, pontos de vista e opiniões livremente, tanto por escrito quanto verbalmente. Não será permitida qualquer restrição à liberdade de imprensa e expressão socialistas e não haverá perseguições nesse terreno.
>
> Observação: Não será permitida a publicação de comunicados militares, a menos que tenham sido fornecidos pelos editores do órgão central dos revolucionários, o Put'k Svobode.
>
> 2. Ao conceder a todos os partidos e organizações políticas inteira liberdade de propagar suas ideias, o Exército Makhnovista deseja informar a todos os partidos que qualquer tentativa de preparar, organizar e impor qualquer forma de autoridade sobre a classe operária não será permitida pelos revolucionários insurgentes, já que tal ato não tem qualquer relação com a livre propagação de ideias.
>
> Ekaterinoslav, novembro, 5, 1919
> Conselho Militar Revolucionário
> Exército Insurgente Makhnovista

OS ANARQUISTAS NA GUERRA CIVIL ESPANHOLA

BUENAVENTURA DURRUTI em entrevista com PIERRE VAN PAASEN
(*Toronto Star*, setembro de 1936)

Para nós, é uma questão de esmagar o fascismo de uma vez por todas.

Nenhum governo do mundo combate o fascismo até a morte. Quando a burguesia vê que o poder lhe escapa das mãos, recorre ao fascismo para manter-se. Há muito o governo liberal da Espanha poderia ter retirado o poder dos seus elementos fascistas. Mas, em vez disso, contemporizou, transigiu e perdeu tempo. Mesmo agora, neste exato momento, existem homens deste governo que querem facilitar as coisas para os rebeldes. Nunca se pode saber, não é mesmo? – o atual governo ainda pode vir a precisar dessas forças rebeldes para acabar com o movimento operário...

Sabemos o que queremos. Para nós, não importa que haja uma União Soviética, por cuja paz e tranquilidade Stalin sacrificou os operários da Alemanha e da China. Queremos a revolução aqui na Espanha agora, imediatamente, e não talvez depois da próxima guerra na Europa.

Estamos hoje dando muito mais preocupações a Stalin e a Hitler com a nossa revolução do que todo o exército vermelho da Rússia. Para a classe operária alemã e italiana damos o exemplo de como tratar com o fascismo.

Não espero que nenhum governo do mundo dê ajuda a uma revolução libertária. Talvez os interesses conflitantes dos vários imperialismos possam ter alguma influência sobre a nossa luta. É possível. Franco está fazendo o que pode para arrastar a Europa para o conflito. Ele não hesitará em lançar a Alemanha contra nós. Mas não esperemos qualquer ajuda, nem mesmo do nosso governo.

(Pierre Van Paasen interrompe para dizer: "Se vencerem, estarão sentados sobre um monte de ruínas".)

Mas nós sempre vivemos em cortiços e buracos nas paredes. Saberemos como arranjar-nos durante algum tempo. Pois não devem esquecer que também sabemos construir. Fomos nós que construímos os palácios e as cidades na Espanha, na América e em toda a parte. Nós, os operários, saberemos construir outros para tomar o lugar dos que forem destruídos. E ainda melhores. Não temos medo de ruínas. Nós herdaremos a terra. Quanto a isso, não há a menor dúvida. Os burgueses podem fazer explodir e destruir o seu mundo antes de abandonarem o palco da história. Nós trazemos um novo mundo em nossos corações. E esse mundo está crescendo a cada minuto que passa.

BARCELONA, 1936

GEORGE ORWELL
(in *Homenagem a Catalunha*, 1938)

Isto aconteceu em dezembro de 1936, há menos de sete meses da data em que escrevo e, no entanto, parece ter acontecido há muito mais tempo. Acontecimentos mais recentes apagaram estas lembranças mais completamente do que tinham apagado da nossa memória fatos ocorridos em 1935 e até 1905. Eu tinha chegado à Espanha com a ideia de escrever artigos para os jornais, mas logo me juntara à milícia, pois naquele momento e naquela atmosfera essa parecia a única coisa a fazer. Os anarquistas mantinham controle quase absoluto sobre a Catalunha, e a revolução ainda continuava com força total. Alguém que estivesse lá desde o começo, provavelmente já em dezembro ou janeiro, teria percebido que o período revolucionário estava chegando ao fim, mas para um recém-chegado vindo da Inglaterra, o aspecto de Barcelona era ao mesmo tempo assustador e surpreendente. Pela primeira vez eu via uma cidade onde a classe operária estava no comando. Praticamente todos os edifícios, fosse qual fosse o seu tamanho, ostentavam bandeiras vermelhas ou os estandartes vermelhos e negros dos anarquistas. Podiam-se ver, rabiscados em todas as paredes, o símbolo da foice e do martelo e as iniciais dos partidos revolucionários; quase todas as igrejas haviam sido saqueadas, suas imagens queimadas e por toda a parte ainda continuava a demolição sistemática dos templos, realizada por turmas de operários. Todas as lojas e cafés tinham cartazes anunciando que eram agora de propriedade coletiva e até os engraxates tinham sido coletivizados e suas caixas pintadas de vermelho e negro. Garçons e balconistas encaravam a gente de frente e nos tratavam de igual para igual. Formas servis e cerimoniosas de tratamento tinham desaparecido temporariamente. Ninguém mais dizia *señor* ou *don* ou até mesmo *usted* – todos se tratavam por "camarada" e "tu" e diziam *salud* em vez de *buenos días*. As gorjetas já haviam sido proibidas desde o tempo de Primo de Rivera, e uma das minhas primeiras experiências foi o sermão que ouvi de um gerente de hotel quando tentei dar uma gorjeta ao ascensorista. Não havia mais carros particulares, todos requisitados pelas forças militares, e os ônibus, táxis e outros veículos circulavam pintados de vermelho e negro. Por toda a parte, cartazes revolucionários resplandeciam em seus vermelhos e negros brilhantes, fazendo com que os cartazes publicitários que ainda restavam parecessem borrões de lama. Multidões circulavam pela Ramblas, a larga avenida central da cidade, para cima e para baixo, sem parar, enquanto os alto-falantes transmitiam canções revolucionárias durante todo o dia e até altas horas da noite. E o mais estranho era o aspecto desta multidão. Era como se a classe mais abastada tivesse deixado de existir: a não ser por um pequeno número de mulheres e por grupos de estrangeiros, não havia ninguém que se pudesse considerar "bem-vestido". Quase todos usavam roupas grosseiras de trabalho, macacões azuis ou variações em torno do uniforme das milícias revolucionárias. Era tudo bastante estranho e, ao mesmo tempo, comovente. Havia muita coisa que eu não chegava a entender e, sob muitos aspectos, nem sequer gostava do que via, mas senti imediatamente que aquela era uma situação pela qual valeria a pena lutar. Acreditava que as coisas eram o que pareciam ser, isto é, que a cidade agora pertencia aos operários e que a burguesia ou tinha fugido, ou fora assassinada ou passara voluntariamente para o lado dos operários. Não percebia que numerosos membros da alta burguesia estavam apenas escondidos, fazendo-se passar por proletários. E, ao mesmo tempo, sentia-se no ar aquela atmosfera perversa, típica da guerra. A cidade parecia sombria e desarrumada, estradas e edifícios mal conservados, ruas mal iluminadas pelo medo de ataques aéreos, as lojas com aspecto miserável e quase vazias. Não havia quase carne, era praticamente impossível conseguir leite, faltavam carvão, açúcar, gasolina e, pior do que isso, o pão era cada vez mais escasso. Já naquela época, as filas diante das padarias se estendiam por quadras inteiras. E no entanto, pelo que se podia ver, o povo parecia satisfeito e cheio de esperança. Não havia desemprego, e o custo de vida ainda se mantinha extremamente baixo; quase não se viam pessoas miseráveis e nenhum mendigo, com exceção dos ciganos. Acima de tudo, havia a crença na revolução e no futuro uma sensação de que, de repente, havia começado uma nova era de igualdade e liberdade para todos. Os seres humanos estavam tentando agir como seres humanos, não como peças da engrenagem capitalista. Nas barbearias (pois quase todos os barbeiros eram anarquistas) era possível ver cartazes que anunciavam, em tom solene, que os barbeiros já não eram mais escravos. Nas ruas, cartazes coloridos faziam apelos, pedindo que as prostitutas deixassem de ser prostitutas. Para qualquer pessoa que pertencesse à calejada e irônica civilização dos povos de língua inglesa, havia algo de patético na maneira pela qual aqueles espanhóis idealistas aceitavam literalmente todas as frases cheias de lugares-comuns da revolução. Naquele tempo, as mais ingênuas canções revolucionárias, falando na fraternidade operária e na maldade de Mussolini, eram vendidas nas ruas por alguns tostões, e eu muitas vezes vi um miliciano semianalfabeto comprar uma dessas canções e, depois de soletrar com dificuldade a letra e identificá-la, começar a cantá-la usando a melodia apropriada.

UMA COMUNA ANDALUZ

FRANZ BORKENAU
(in *Arena espanhola*, 1937)

6 de setembro

Passamos a noite em Pozoblanco com alguns jornalistas espanhóis que, embora não tivessem qualquer dúvida quanto aos desastrosos resultados obtidos naquele dia, continuavam enviando aos seus jornais telegramas cheios de elegância e otimismo. Um deles chamou a minha atenção para o setor sul da frente cordovesa, não do ponto de vista militar, mas sob o aspecto político e psicológico. Fiz bem em seguir o seu palpite. No fim da tarde, entrávamos em Castro del Río depois de uma viagem longa e cansativa. Castro, um *pueblo* andaluz típico, populoso e miserável, é um dos mais antigos centros anarquistas da Andaluzia. Seus grupos filiados à CNT já existem há 26 anos e desde a derrota sofrida pela *guardia*. Os anarquistas são agora a única organização que ainda se mantém. A revolução em Castro começou quase da mesma maneira como havia começado em Pozoblanco: uma revolta, de início bem-sucedida, que uniu a *guardia*, os *caziques* e os ricos contra a República, levou ao cerco da cidade pelos próprios habitantes e à quase inanição da *guardia*. Logo veio a rendição e o inevitável massacre. Os rebeldes, cujas linhas principais estavam há poucos quilômetros da cidade, tinham atacado duas vezes desde então, mas sem sucesso. Todas as entradas estavam fortemente protegidas por barricadas e eram vigiadas com uma competência técnica pouco comum. E, assim, os anarquistas locais tinham tido tempo suficiente para instalar seu paraíso anarquista que, sob muitos aspectos, assemelhava-se ao paraíso criado pelos anabatistas de Münster em 1534.

O ponto principal do regime anarquista instituído em Castro é a abolição total do dinheiro. A barganha foi suprimida, e a produção não sofreu grandes transformações. As terras de Castro, agora expropriadas, pertenciam a três dos maiores magnatas da Espanha, que naturalmente não viviam nelas. O *ayuntamiento* local não fora absorvido pelo comitê, como aconteceu em toda a Andaluzia, mas dissolvido, tendo o comitê tomado o seu lugar e introduzido uma espécie de sistema de sovietes. O comitê tomou conta das propriedades rurais e passou a administrá-las. Elas nem chegaram a ser fundidas numa só, mas continuaram a funcionar separadamente, utilizando o trabalho dos antigos empregados. Naturalmente os salários pagos em dinheiro foram abolidos e não seria correto dizer que tivessem sido substituídos por pagamento em espécie. Não há qualquer tipo de pagamento: os alimentos consumidos pelos habitantes da região saem diretamente das lojas.

Com a adoção desse sistema, o abastecimento da aldeia tornou-se extremamente deficiente, mais ainda – arrisco-me a dizer – do que provavelmente era antes, mesmo nas condições de miséria em que – sabemos – viviam os *brazeros* andaluzes. O *pueblo* tem a sorte de cultivar também trigo e não apenas azeitonas, como tantos outros *pueblos* da região, pois assim garantem pelo menos que haja pão. Além disso, a vila possui também grandes rebanhos de ovelhas, expropriados junto com as propriedades, que dão um pouco de carne. Ainda existe uma loja que vende cigarros. Mas é só. Tentei em vão conseguir um copo de café, vinho ou limonada para beber, mas o bar da aldeia havia sido fechado, por considerarem que seu comércio era nefando. Dei uma olhada nas lojas: estavam tão vazias que se podia prever para muito breve o início de um período de escassez e fome. Mas os habitantes locais pareciam sentir um certo orgulho da situação em que viviam. Agradava-lhes, disseram, saber que já não se podia beber café. Pareciam considerar a extinção desses hábitos supérfluos como uma forma de progresso moral. Esperavam obter os poucos artigos que só poderiam vir de fora, especialmente roupas, pela troca direta, usando para isso o excedente da safra de olivas (embora ainda não tivessem tomado qualquer providência concreta para arranjar essa troca). O ódio que sentiam pelas classes altas parecia ter bases morais, muito mais do que econômicas. Eles não queriam passar a desfrutar os confortos daqueles a quem tinham destituído, mas livrar-se dos seus luxos, que a seus olhos pareciam apenas vícios. A ideia que faziam da nova ordem que deveria vigorar dali em diante era totalmente ascética.

UMA COMUNA EM ARAGÃO

GASTON LEVAL
(in *As organizações coletivistas da Revolução Espanhola*, 1971)

Situada ao norte da província de Teruel, Mas de las Matas é a principal cidade do cantão que leva seu nome e que é composto por dezenove pequenas cidades. Tinha uma população de 2.300 habitantes. As mais importantes localidades vizinhas eram Aquaviva, com 2 mil habitantes, Mirambel (1.400), La Ginebrosa (1.300).

Em maio de 1937, só havia seis cidades inteiramente coletivizadas, quatro quase totalmente, e cinco outras onde a coletivização era de 50%. Três outras estavam a ponto de se tornarem coletivas, e só uma cidade ainda hesitava. Mas logo o grau de coletivização das cidades da região atingiu 100%.

Aqui o movimento de libertação precedera o movimento sindicalista. Era uma região de pequenas propriedades, o que não favorecia o aparecimento de associações de assalariados. E em Mas de las Matas, onde, graças à irrigação, a vida era relativamente confortável – se comparada à das vilas vizinhas, que quase não tinham água e onde a vida era muito difícil –, as ideias libertárias começaram a deitar raízes já no início do século, não tanto em questões classistas quanto por razões de consciência.

Os grupos que se criavam para lutar contra a exploração do homem pelo homem, pela igualdade e pela justiça social e contra a submissão ao Estado eram inspirados, antes de mais nada, por razões humanitárias. Os homens que lideravam a organização coletivista do cantão pertenciam à última geração de idealistas desse tipo.

Sob a monarquia, predominavam as tendências liberais. A República de 1931 conseguiu provocar algumas mudanças, mas tão suaves que desgostaram a maioria do povo, e, em consequência, eles tenderam para a esquerda revolucionária. Em 1932, foi criado o primeiro sindicato da CNT, e no dia 8 de dezembro do mesmo ano, num golpe que se estendeu por todo o Aragão e uma grande parte da Catalunha, foi proclamado o comunismo libertário. A Guarda Civil, agora a serviço da república, como antes estivera a serviço da monarquia, levou dois dias para esmagar essa primeira tentativa, e o sindicato foi fechado às vésperas das eleições legislativas de fevereiro de 1936, que deu a vitória à Frente Popular. O sindicato foi então imediatamente reorganizado.

Cinco meses depois, os fascistas locais foram derrotados sem luta e lá pelo meio de setembro nossos camaradas lançaram a ideia de uma coletiva agrícola, iniciativa que foi aceita por unanimidade durante uma reunião do sindicato. Tornou-se necessário então constituir grupos separados. Logo circulou uma lista daqueles que já tinham se alistado por vontade própria e quinze dias depois já havia duzentas famílias inscritas. Na época da minha visita este número tinha aumentado para 550 de um total de seiscentas famílias que constituíam a população da cidade. As cinquenta famílias restantes pertenciam à UGT socialista e obedeciam às instruções dadas pelos seus líderes.

Esse mesmo princípio foi aplicado em todo o cantão. Os camponeses tanto podiam ingressar na coletiva ou continuar cultivando suas terras individualmente. Os vários estágios de socialização atingidos pelas diferentes cidades eram prova dessa liberdade de escolha.

Nenhuma dessas vilas tinha um regulamento escrito. Simplesmente, a cada mês a assembleia dos membros de cada coletiva indicaria para a comissão, constituída por cinco membros eleitos, as linhas gerais que deveriam ser seguidas em relação a cada um dos problemas discutidos livremente durante a reunião.

Apesar disso, minhas lembranças de Mas de las Matas estão ligadas, inconscientemente é claro, à feliz Icaria de que tanto falavam os utópicos, especialmente Etienne Cabet. A fisionomia e o comportamento das pessoas, a atitude das mulheres sentadas na soleira de seus lares ou tricotando e conversando diante de suas casas era tranquila e feliz. Era possível adivinhar que a base de tudo isso era um bom sistema de vida. Tentemos descobrir que sistema era esse.

Em Mas de Las Matas formaram-se 32 grupos de trabalhadores, todos mais ou menos do mesmo tamanho, que era determinado pelas tarefas que deveriam ser executadas ou pela extensão das terras a cultivar, limitada pelo caprichoso cerco das montanhas. Cada grupo cultivava um pedaço de terra irrigada e outro de terra seca, pois desse modo o trabalho, mais ou menos pesado ou agradável, era distribuído igualmente entre todos.

Como a região era abençoada pela presença de água, era possível cultivar grande quantidade de legumes e frutas. As outras vilas menos afortunadas podiam cultivar apenas cereais, especialmente milho – nove quintais métricos, por hectare, talvez até menos – e oliveiras. Em todas as coletivas do cantão, os grupos de trabalhadores escolhiam seus representantes e nomeavam suas comissões administrativas. E, como os representantes de Mas de las Matas que sempre davam o exemplo se reuniam todas as semanas para organizar o trabalho a ser feito, as outras vilas logo adotaram um sistema semelhante. Como em toda a parte, os esforços eram coordenados com muita frequência.

Por ocasião da minha visita, ainda não tinham encontrado uma forma de aumentar a área cultivada. As terras irrigadas eram totalmente aproveitadas, mas as terras secas, até então usadas para alimentar o gado, tinham sido reservadas para o plantio de cereais e, com esse objetivo em mente, os camponeses começavam a recolher as ovelhas às encostas das montanhas agora disponíveis, onde havia vegetação suficiente para alimentá-las. Ao mesmo tempo, começou-se a aprontar a terra para a semeadura de aveia, milho e centeio...

Aumentar o rebanho era tarefa bem mais fácil: as ovelhas sofreram um aumento de 25%, as matrizes suínas aumentaram de 30 para 60% e as vacas leiteiras passaram de 18 a 24% (não havia na região pastagens adequadas para a criação de gado). Comprou-se uma grande quantidade de leitões na Catalunha, que foram distribuídos entre a população, já que não havia tempo de construir pocilgas coletivas, embora o trabalho devesse começar a qualquer momento.

Enquanto isso, cada família criava um ou dois porcos que seriam depois carneados numa operação conjunta, sendo a carne salgada e distribuída de acordo com as necessidades de cada família.

Mas a produção não ficava limitada à agricultura e à criação de animais. Na principal cidade do cantão, como em todas as mais importantes cidades coletivizadas de cada região, e em outras cidades também, fosse qual fosse o seu tamanho, logo começaram a surgir pequenas indústrias: construção civil, fábricas de sapatos e botas, de roupas, chinelos, beneficiamento de carne etc. Tal como acontecia em Graus e em muitos outros lugares, essas especializações constituíam uma parte do que era chamado de "coletiva geral" que funcionava para o benefício de todos.

Se acontecia da seção agrícola necessitar comprar determinados implementos, ela faria uma solicitação através do seu representante para a comissão administrativa, que lhe forneceria um comprovante dirigido aos trabalhadores em metal, aos quais seriam explicadas as suas solicitações. Ao mesmo tempo, a ordem era registrada no livro de contabilidade da seção de engenharia. Se uma família necessitasse móveis, também entraria em contato com a seção administrativa, que lhe forneceria uma ordem a ser apresentada ao representante dos fabricantes de armários ou aos carpinteiros (todos os marceneiros pertenciam a um único sindicato). Tal era o mecanismo através do qual as atividades de cada grupo de produtores eram controladas, bem como os gastos feitos por cada família.

Nenhuma coletiva do cantão usava qualquer tipo de moeda oficial (pesetas) ou regional.

A socialização do comércio foi uma das primeiras etapas, mas o trabalho ainda não estava concluído. Quando visitei a cidade, havia ainda dois merceeiros recalcitrantes, cujo negócio andava mal devido à falta de mercadorias. Mas, de uma maneira geral, as mercearias municipais também tinham substituído o antigo sistema de distribuição.

Examinemos agora mais atentamente o funcionamento de uma vila coletivizada. É difícil escrever as palavras que possam descrever de forma adequada esse movimento em larga escala que se constitui na socialização agrícola. Em Mas de las Matas, como em todas as cidades coletivizadas, viam-se por toda a parte cartazes em vermelho e negro afixados não apenas em todas as oficinas, lojas, hotéis e assim por diante, mas também nos depósitos cantonais que abrigavam os produtos químicos, cimento e matérias-primas para diversas indústrias, e onde os coletivistas de outras vilas do cantão vinham reabastecer seus estoques de acordo com as normas estabelecidas por seus representantes nas reuniões fraternais.

Na loja de um antigo e abastado comerciante fascista, agora desaparecido, havia pilhas de tecido destinado aos habitantes do cantão. Mais adiante, uma seção de mercadorias diversas, onde eram fornecidos recibos e comprovantes aos indivíduos que os solicitassem e onde os pedidos de cada família eram registrados num arquivo.

Na destilaria do cantão – uma iniciativa nova – eles extraíam álcool e ácido tartárico dos resíduos das uvas enviadas por todas as vilas da região. Estas tinham instituído uma comissão administrativa para a destilaria, que se reunia periodicamente. Ao visitar a destilaria, mostravam-nos os aperfeiçoamentos técnicos que haviam sido introduzidos para produzir álcool a 90°, necessário para a medicina e para as operações cirúrgicas realizadas na frente de batalha.

Nas oficinas dos alfaiates, homens e mulheres ocupavam-se em cortar e costurar roupas sob medida para os camaradas que as haviam encomendado. Nos cabides, trajes de lã ou de veludo cotelê, cada um com uma etiqueta onde podia ser lido o nome do consignatário, esperavam a vez de serem costurados nas máquinas.*

As mulheres compravam carne em açougues revestidos de mármore. O pão, que antigamente tinha de ser feito em casa pelas donas de casa já assoberbadas de trabalho, era agora sovado e assado nas padarias comunais.

Nos cafés, todos tinham direito a dois copos de chicória (era só o que havia), dois refrescos e duas limonadas por dia.

Visitando os arredores, se descobria uma estufa onde se cultivavam milhares de mudas de verduras e vegetais que seriam depois distribuídas por todo o cantão, administrada por uma família que havia enriquecido nesse ramo de negócio mas que fora uma das primeiras a aderir à coletiva.

---

* Para uma família composta de pai, mãe e dois filhos, com idades entre seis e catorze anos, havia um fornecimento anual de roupas equivalente a 280 pesetas, o que representava duas ou três vezes mais do que qualquer camponesa teria gasto com roupas anteriormente.

Nas oficinas das costureiras, não só eram feitos os vestidos para as mulheres, mas, tal como acontecia em muitas outras cidades, moças aprendiam a costurar para si próprias e para as famílias que viriam a ter.

Uma placa atrai a nossa atenção: "Livraria Popular". Na verdade é uma biblioteca, em cujas estantes podiam ser encontrados de seis a dez exemplares de livros sobre sociologia, literatura, obras gerais sobre assuntos culturais ou científicos ao alcance de qualquer pessoa, até mesmo dos individualistas. Havia também uma grande quantidade de livros de textos (história, geografia, aritmética), livros de estórias, novelas ou coletâneas para jovens e adultos; e livros de exercícios, muito bem impressos, que ensinavam desenho e tinham excelentes exemplos que serviam como modelo, tudo baseado nas mais modernas técnicas de ensino.

E, embora fosse o espírito e a prática da solidariedade que inspirassem a conduta e o comportamento de todos, aqui também cada família recebia um pequeno pedaço de terra onde plantar verduras, frutas e criar coelhos. Isso servia para completar o suprimento de alimentos destinados a cada um que, de qualquer forma, não era rígido.

As coisas eram feitas de tal modo a permitir que todos tivessem possibilidade de escolha. Dessa forma, o racionamento não era sinônimo de submissão à burocracia.

A escala de consumo – alimentos, roupas, sapatos etc. – fora previamente marcada no carnê da família. Mas, depois de uma resolução tomada no Congresso de Caspe, pensou-se ser preferível o uso de um livreto fornecido pela Federação das Coletivas, regional para todas as coletivas, com o fim de evitar diferenças excessivas que dependiam do grau relativo de prosperidade ou pobreza das vilas e até mesmo dos cantões.

Assim, quando o pano foi racionado, não foi porque naquela região do Aragão as coletivas não tivessem recursos necessários para comprá-lo... Eles em geral possuíam mercadorias em quantidade suficiente, em especial o milho, para trocar por pano, máquinas e tudo mais que fosse produzido na Catalunha, onde predominavam as indústrias de manufaturados. Mas o esforço de guerra tornava a situação mais difícil. E, além disso, o custo do milho, da carne, das verduras e do óleo fornecido de graça para sustentar os que lutavam na frente de combate era enorme. Também se forneciam mercadorias – sem pagamento – para Madrid, cercada pelas tropas fascistas. E havia também o fato de que muitas regiões onde o processo de socialização fora mal executado, ou que não dispunham de matéria-prima para fabricar determinados artigos, não conseguiam honrar os compromissos assumidos com o sistema de trocas.

A assistência médica e os medicamentos eram gratuitos. E havia, além da biblioteca pública de que falei antes, uma outra administrada pelo Sindicato da Juventude Libertária. O comparecimento à escola era obrigatório até a idade de catorze anos. Num grupo de *masias* (fazendolas) nas encostas das montanhas, distante da vila, criou-se uma escola para crianças mais velhas que nunca antes tinham sentado numa classe escolar. E em Mas de las Matas, improvisou-se mais duas salas de aula, com cinquenta alunos em cada sala, cuja educação foi confiada a duas jovens que haviam feito um curso de estudos avançados em Saragoça e Valência.*

As diversões públicas eram gratuitas, tanto para os coletivistas quanto para os individualistas.

Com base num acordo que vigorava em todo o Aragão, bem como em Castela e o Levante, nenhum coletivo poderia fazer negócio por conta própria. Assim se evitava o perigo da especulação que poderia surgir naquele período agitado pela guerra, bem como a competição que frequentemente se manifestava entre as fábricas coletivizadas de Barcelona, especialmente as que pertenciam à indústria têxtil.

Essas medidas de natureza moral corriam paralelas ao sentido de organização que se manifestou na maior parte das

---

* Cinquenta crianças parece muito, mas, em vista do atraso do sistema educacional da Espanha, esse número representava um avanço. O importante era ensinar o povo a ler a qualquer preço. Eu mesmo tive (na década de 20) 52 alunos, com idade entre cinco e quinze anos na escola "racionalista" de Corunha, onde tive que fazer as vezes de mestre-escola improvisado, cumprindo a tarefa até que Primo de Rivera ordenasse o fechamento desses estabelecimentos de ensino.

vilas socializadas. Cada vila coletiva comunicava ao comitê do cantão uma lista de mercadorias excedentes e uma lista com os artigos de que necessitava. Assim, cada vila no cantão de Mas de las Matas tinha um relatório atualizado nos livros mantidos na cidade principal, no qual ficavam registradas as mercadorias recebidas e fornecidas. Ao mesmo tempo, o comitê cantonal sabia exatamente os estoques de vinho, carne, óleo, milho, batatas, beterrabas – muito cultivadas em Aragão – disponíveis em cada uma das cidades.

Além disso, se a vila que fornecia óleo não necessitasse do vinho que lhe era fornecido, poderia solicitar outras mercadorias. Essas lhe seriam fornecidas, e os excedentes da vila enviados para Mas de las Matas onde ficariam reservados para uma troca ocasional com outras coletivas do cantão. Era uma espécie de câmara de compensação. Assim, era possível efetuar trocas a qualquer momento, dentro e fora da vila, utilizando o Armazém Geral ou o depósito comunitário.

Esse sistema de compensação era executado sem a menor reserva, pois o espírito de especulação tinha desaparecido. Qualquer vila que estivesse atravessando um período particularmente difícil e não tivesse nada para trocar não estava por essa razão condenada à pobreza ou a fazer empréstimos cujos juros e restituições comprometeriam gravemente a sua situação econômica nos próximos anos.

Nos cantões independentes o problema não se apresentava nesses termos. Assim, por exemplo, em Mas de las Matas os principais recursos econômicos de Seno e de La Ginebrosa tinham sido destruídos naquele ano por tempestades de granizo. Num regime capitalista, isso traria como consequência privações terríveis, e até mesmo a emigração para alguns dos homens da região. Num regime onde a justiça fosse rígida, empréstimos feitos em condições tão difíceis poderiam se transformar num peso permanente, fazendo com que vivessem com a corda no pescoço. Mas, num regime de solidariedade libertária, a dificuldade era repartida pelo esforço de todo o cantão. Alimentos, legumes, sementes, tudo lhes era dado fraternalmente, sem hipotecas e sem que precisassem contrair dívidas. A revolução tinha criado uma nova civilização.

UMA CANÇÃO PARA OS ANARQUISTAS ESPANHÓIS

HERBERT READ
(in *Trinta e cinco poemas*, 1940)

Ninguém faz o limão dourado,
ele cresce numa árvore verde
Um homem forte de olhos de cristal
é um homem que nasce livre

Os bois passam debaixo da canga
os cegos vão aonde a gente quiser levá-los
Mas o homem que nasce livre tem seu próprio caminho
e uma casa no alto da colina
E homens são homens que cuidam da terra
e mulheres são mulheres que tecem
Cinquenta são os donos dos limoeiros
e nenhum homem é escravo

PARIS, 1968

MURRAY BOOKCHIN
(in *O anarquismo pós-escassez*, 1974)

A qualidade da vida cotidiana

A rebelião de maio-junho de 1968 foi um dos mais importantes acontecimentos que ocorreram na França desde a Comuna de Paris em 1871. Ela não só sacudia as bases da sociedade burguesa na França, como levantou problemas e apresentou soluções de uma importância sem precedentes para a sociedade industrial moderna, merecendo ser estudada e discutida em profundidade pelos revolucionários de todo o mundo.

A rebelião de maio-junho aconteceu num país industrializado e orientado para o consumo – menos desenvolvido que os Estados Unidos, mas pertencendo basicamente à mesma categoria econômica. A revolta destruiu o mito de que a riqueza e os recursos da moderna sociedade industrial podem ser usados para neutralizar todas as formas de oposição revolucionária. Os acontecimentos de maio-junho demonstraram que as contradições e antagonismos do capitalismo não são eliminados pela estratificação e por formas avançadas de industrialismo, mas apenas transformados em forma e caráter.

O fato de que a revolta pegou a todos de surpresa, mesmo os mais sofisticados teóricos dos movimentos marxistas, situacionistas e anarquistas, ressalta a importância dos acontecimentos de maio-junho e suscita a necessidade de examinar as origens da inquietação revolucionária da sociedade moderna.

As inscrições que podiam ser lidas nos muros de Paris – "Poder para a imaginação", "É proibido proibir", "A vida sem tempos mortos", "Trabalho, nunca" – representam uma análise mais profunda dessas origens do que todos os volumes cheios de teorias herdadas do passado. A revolução revelou que chegamos ao fim de uma era e ao início de novos tempos. As forças que hoje motivam a revolução – pelo menos no mundo industrializado – já não são simplesmente a escassez e a necessidade material, mas também *a qualidade da vida cotidiana, a necessidade de liberação da experiência e a tentativa de controlar o próprio destino.*

Não importa que as inscrições dos muros de Paris tivessem sido feitas no início, por uma pequena minoria. Por tudo o que vi até agora, parece claro que os grafites (que hoje enchem vários volumes) incendiaram a imaginação de muitos milhares em Paris. Eles conseguiram expor a coragem/nervo revolucionário da cidade.

Um movimento majoritário espontâneo

A revolta foi um movimento majoritário no sentido de que fez um corte longitudinal por todas as camadas da sociedade francesa, envolvendo não apenas estudantes e operários, mas técnicos, engenheiros e funcionários em quase todos os níveis da burocracia estatal, industrial e comercial. Atingiu profissionais liberais e trabalhadores, intelectuais e jogadores de futebol, artistas de televisão e operários do metrô. Chegou a penetrar na força policial da cidade, e é quase certo que afetou também a grande massa de soldados alistados no exército francês.

A rebelião foi iniciada basicamente pelos jovens. Ela começou entre os estudantes universitários e depois foi apoiada pelos jovens operários industriais, pelos jovens desempregados e pelos "jaquetas de couro" – a assim chamada delinquência juvenil das cidades. Deve-se salientar especialmente a participação dos estudantes de segundo grau e dos adolescentes, que frequentemente demonstraram mais coragem e determinação do que os seus colegas universitários. Mas a revolta afetou os mais velhos, também: funcionários burocráticos, trabalhadores braçais, técnicos e profissionais. Embora tivesse sido catalisada pelos revolucionários conscientes, especialmente por grupos de afinidade anarquista, de cuja existência ninguém suspeitava nem mesmo vagamente, o fluxo, o movimento de rebelião foi espontâneo.

Ninguém incitou à revolta, ninguém chegou a organizá-la e também ninguém conseguiu controlá-la.

Durante a maior parte daqueles dias de maio e junho, houve uma atmosfera de festa, um despertar da solidariedade, um desejo de ajudar-se mutuamente, de expressar a própria individualidade, algo que não era visto em Paris desde os dias da Comuna. As pessoas estavam literalmente redescobrindo – ou talvez reconstruindo – a si próprias e aos outros. Em muitas cidades industriais, os operários entupiam as praças, hasteavam bandeiras vermelhas, liam avidamente e discutiam cada panfleto que lhes caísse nas mãos.

Milhares de pessoas foram atacadas por uma febre de viver, um renascer de sentimentos que nem sonhavam possuir, de uma alegria e um entusiasmo que nunca pensaram poder sentir. As línguas ficaram mais soltas, os ouvidos e os olhos adquiriram mais acuidade. Cantava-se e muitas das velhas canções ganharam novas letras, mais irreverentes. Os pátios das fábricas se transformavam em salões de baile.

As inibições sexuais que paralisavam a vida de tantos jovens franceses foram destruídas em poucos dias. Esta não era uma revolta solene, um golpe de Estado burocraticamente planejado e manipulado por um "partido de vanguarda", mas algo espirituoso, satírico, criativo – e justamente aí estava a sua força, a sua capacidade de mobilizar e contagiar as pessoas.

Muitos conseguiram transcender as estreitas limitações que obstruíam sua visão social. Para milhares de estudantes, a revolução veio desmistificar o pretensioso sentimento de classe, como se os estudantes constituíssem uma casta privilegiada, o que na América é expresso pelos exames classificatórios e pelo empolado sociologês dos documentos analíticos. Cada operário que se integrava aos comitês de ação em Censier deixava de ser um operário, como tal, para tornar-se um revolucionário. E era precisamente com base nessa nova identidade que pessoas que tinham passado a vida em universidades, fábricas e escritórios podiam encontrar-se livremente, trocar experiências e engajar-se em ações comuns sem preconceitos contra seu meio social ou suas origens.

A revolta tinha criado o ponto de partida de sua própria sociedade, sem classes nem hierarquia. Sua tarefa básica era estender os seus domínios a todo o país, a cada recanto da sociedade francesa e só conseguiria fazê-lo se o princípio de autodeterminação pudesse ser aplicado em todas as suas formas – as assembleias gerais e seus modelos administrativos, os comitês de greve nas fábricas – a todas as áreas da economia e da própria vida. Quem melhor parece ter entendido essa necessidade não foram os operários das indústrias mais tradicionais, onde as CGTs controladas pelos comunistas exerciam sua poderosa influência, mas os das indústrias modernas, de tecnologia mais avançada, como a eletrônica. (Desejo salientar que essa é uma conclusão puramente especulativa a que chegamos depois de ouvir uma série de episódios esparsos, mas bastante significativos, relatados por jovens militantes dos comitês de ação integrados por estudantes e operários.)

Autoridade e hierarquia

Um dos aspectos mais importantes da revolta de maio--junho foi a luz que ela lançou sobre a questão da autoridade e da hierarquia.

A esse respeito, ela representou um desafio não só aos processos conscientes dos indivíduos, mas aos seus mais arraigados hábitos inconscientes e aos condicionamentos impostos pela sociedade. Não creio que seja preciso discutir aqui que tais hábitos são instilados no indivíduo desde os primeiros anos de vida – no ambiente familiar, na educação recebida no lar e na escola, na organização do trabalho, do lazer e da vida cotidiana. Esta amoldagem da estrutura do caráter, segundo normas criadas a partir de arquétipos de obediência e comando, constitui a própria essência daquilo a que chamamos de socialização da juventude.

A mística da organização burocrática, de hierarquias e estruturas impostas e formais impregna os movimentos mais radicais em períodos não revolucionários. A extraordinária suscetibilidade da esquerda aos impulsos autoritários e hierárquicos revela que o movimento radical está profundamente enraizado naquela mesma sociedade que aparentemente deseja destruir. Sob esse aspecto, quase todas as organizações revolucionárias são uma fonte potencial de contrarrevolução, e esse potencial só pode ser reduzido se a organização revolucionária for estruturada de tal modo que seu modelo espelhe as formas diretas e descentralizadas de liberdade pregadas pela revolução e se a organização revolucionária promover a adoção de uma personalidade e um modo de vida realmente livres. Só assim o movimento revolucionário será capaz de integrar-se na revolução, sendo absorvido pelo novo modelo social democrático assim como a linha cirúrgica acaba desaparecendo, absorvida pela ferida que cicatriza.

A ação revolucionária destrói todos os laços que mantêm autoridade e hierarquia unidas na ordem social existente. A participação direta do povo na arena social é a própria essência da revolução, forma mais avançada de ação social, assim como a ação direta em épocas "normais" é uma preparação indispensável para a ação revolucionária. Em ambos os casos, o que ocorre é uma substituição da ação social, a partir das camadas mais baixas, pela ação política dentro da estrutura hierárquica já estabelecida. Em ambos os casos, há uma transformação molecular de "massas", classes e níveis sociais, que passam a ser apenas indivíduos revolucionários. É necessário que essa nova condição se torne permanente para que a revolução possa ser bem-sucedida – do contrário ela se transformará apenas numa contrarrevolução mascarada de ideologia revolucionária. Cada fórmula, cada organização, cada programa "testado e aprovado" deve dar lugar às exigências da revolução. Não há nenhuma teoria, programa ou partido que possa valer mais do que a própria revolução. Entre os mais sérios obstáculos ao sucesso da revolta de maio-junho estavam não apenas De Gaulle e a polícia, mas as rígidas organizações de esquerda – o Partido Comunista, que sufocou qualquer espécie de iniciativa em muitas fábricas, e os grupos trotskistas, que conseguiram criar um péssimo clima durante a assembleia geral na Sorbonne. Não me refiro aqui aos inúmeros indivíduos que se identificavam romanticamente com Che, Mao, Lenin ou Trotski (e muitas vezes com todos eles a um só tempo), mas daqueles que perdiam totalmente a identidade, a iniciativa e a vontade própria, entregando-se a organizações hierárquicas submetidas a uma rigorosa disciplina. Por mais bem-intencionadas que fossem essas pessoas, sua tarefa era "disciplinar" a revolta, ou, mais precisamente, retirar dela seus aspectos revolucionários, introduzindo hábitos de obediência e autoridade que suas organizações haviam assimilado da ordem estabelecida. Esses hábitos, estimulados pela participação em organizações muito bem estruturadas – organizações modeladas, na verdade, naquela mesma sociedade que os revolucionários afirmam querer destruir –, levavam ao aparecimento de estratégias parlamentares, "panelinhas" secretas e tentativas de controlar as formas revolucionárias de liberdade criadas pela revolução. Isso tudo fez com que surgisse, durante a assembleia da Sorbonne, um sonho venenoso de manipulação. Muitos dos estudantes com que falei estavam absolutamente convencidos de que esses grupos estariam dispostos a destruir a assembleia se não pudessem "controlá-la". Esses grupos não estavam preocupados com a vitalidade das novas formas criadas pela revolução, mas apenas com o crescimento de suas próprias organizações. Tendo criado formas autênticas de liberdade nas quais todos podiam expressar livremente os seus pontos de vista, a assembleia estaria plenamente justificada se tivesse decidido banir do seu meio todos os grupos organizados de forma burocrática.

Um dos grandes feitos do Movimento 22 de Março é o fato de que conseguiu integrar-se de tal forma às assembleias revolucionárias que acabou por desaparecer quase totalmente como organização independente, conservando apenas o nome. Nas suas próprias assembleias, os integrantes do 22 de Março baseavam todas as suas decisões no consenso unânime, que permitia a livre expressão de todas as tendências que o movimento abrigava, para testar na prática a sua validade. Tal tolerância não prejudicou em nada a sua "eficácia"; esse movimento anárquico fez mais para catalisar a revolta do que qualquer outro grupo, segundo observações feitas por quase todos os que observaram a sua atuação. O que distingue o Movimento 22 de Março e outros grupos, tais como os anarquistas e os situacionistas, de todos os outros grupos é o fato de que eles não trabalhavam para tomar o poder, mas sim para destruí-lo.

A dialética da revolução moderna

Os acontecimentos de maio e junho na França revelam de maneira viva e dramática a extraordinária dialética da revolução. A miséria cotidiana de uma sociedade é acentuada pela possibilidade de obtenção da liberdade. E quanto maior for esta possibilidade, mais intolerável se tornará a miséria cotidiana. Por essa razão, o fato de que a sociedade francesa seja hoje mais afluente do que em qualquer outra época de sua história não é muito importante, pois afluência, em sua forma burguesa extremamente distorcida, indica simplesmente que já há condições materiais para a liberdade e que as possibilidades técnicas para uma nova vida, mais livre, atingiram a plena maturidade.

É evidente que essas possibilidades vinham rondando já há muito tempo a sociedade francesa, ainda que não fossem percebidas pela maioria das pessoas. Os gráficos que revelam o crescimento brutal do consumo são um indício da tensão existente entre a realidade medíocre da sociedade francesa e as possibilidades liberadoras de uma revolução, do mesmo modo que uma dieta demasiado farta e uma obesidade excessiva revelam a tensão que existe dentro de um indivíduo. Chega finalmente um momento em que a dieta, por melhor que seja, perde todo o encanto, um momento em que a obesidade social se torna intolerável. Ninguém pode prever o exato momento em que isso acontece. No caso da França, esse momento chegou com as barricadas do dia 10 de maio, um dia que sacudiu a consciência de todo o país e fez com que os operários se perguntassem: "Mas, afinal, se os estudantes, aqueles 'filhos da burguesia', podem fazer isso, por que nós não podemos?".

A França passava por um processo molecular, completamente invisível mesmo para os revolucionários mais conscientes, um processo que culminou numa ação revolucionária precipitada pelas barricadas. Depois do dia 10 de maio, a tensão entre a mediocridade da vida cotidiana e o potencial de uma sociedade liberada explodiu, provocando a maior greve geral da história.

A extensão da greve demonstra que quase todas as camadas da sociedade francesa estavam profundamente descontentes e que a revolução não era apoiada apenas por uma determinada classe, mas por todos aqueles que se sentiam esbulhados, repudiados e logrados no seu direito a uma vida melhor. O impulso revolucionário partiu de uma classe que, mais do que qualquer outra, deveria ter se adaptado à ordem estabelecida – os jovens. Pois eram justamente os jovens que tinham sido alimentados com a papa da "civilização" gaullista, que não tinham sentido na pele o contraste entre as características relativamente atraentes da civilização anterior à guerra e a mediocridade da nova civilização. Mas a papa não funcionou. Sua capacidade para cooptar e atrair é, na verdade, bem menor do que suspeitava a maioria dos críticos da sociedade francesa. A sociedade alimentada com tal papa não teve condições de opor-se ao impulso para a vida que surgiu, especialmente entre os jovens.

Não menos importante, a vida dos jovens na França, tal como ocorrera na América, não tinha sofrido os percalços dos anos de depressão econômica nem da busca de segurança material que moldara a vida dos mais velhos. Os jovens viam a realidade da vida francesa tal como ela era – mesquinha, feia, egoísta, hipócrita e espiritualmente aniquiladora. Este único fato – a revolta dos jovens – é a mais terrível prova da incapacidade do sistema para manter-se em seus próprios termos.

A espantosa decadência interna da sociedade gaullista, uma decadência muito anterior à revolta, assumiu formas que não se ajustam a nenhuma das fórmulas tradicionais de "revolução", sempre voltadas para os aspectos econômicos da questão. Muita coisa já foi escrita sobre o "consumismo" da sociedade francesa, no sentido de que ele seria uma forma poluidora de mobilização social. O fato de que objetos, *mercadorias*, estivessem tomando o lugar das lealdades tradicionais, favorecidas por Igreja, escola, família e meios de comunicação, deveria ser visto como uma prova de que a desintegração social era muito maior do que se suspeitava. O fato de que a tradicional consciência de classe do operariado estivesse enfraquecendo deveria ser uma prova de que se estavam criando condições propícias para uma grande revolução *social* e não uma simples revolução entre classes minoritárias. O fato de que os valores lumpens viessem sendo adotados pela juventude francesa na maneira de vestir, na música, na arte e no estilo de vida deveria ser um indício de que, por trás da fachada de protesto político convencional, amadurecia o potencial para a "desordem" e a ação direta.

Por um extraordinário giro de ironia dialética, o processo de "desaburguesamento" acontecia exatamente no momento em que a França tinha atingido níveis nunca antes registrados de afluência material. Fosse qual fosse a popularidade pessoal de De Gaulle, ocorria na França um processo de "desinstitucionalização" precisamente quando o capitalismo estatal parecia mais entrincheirado na estrutura social do que em qualquer outra época recente. A tensão resultante do confronto entre a realidade mesquinha e as possibilidades de libertação aumentava no momento em que a sociedade francesa parecia mais inerte do que em qualquer outro período desde a década de 20. O processo de alienação acontecia no exato instante em que as verdades da sociedade burguesa pareciam mais seguras do que em qualquer outro momento na história da república.

O que importa é que as questões que contribuíam para a ocorrência de inquietações sociais tinham mudado qualitativamente. Os problemas já não estavam ligados à sobrevivência, à penúria e à renúncia, mas à vida, à abundância e ao desejo. Tal como acontecera ao "sonho americano", o "sonho francês" ruía e se desmistificava. A sociedade burguesa tinha dado tudo o que era capaz de dar nos únicos termos em que poderia "dar" alguma coisa – uma quantidade excessiva de bens materiais de valor discutível, adquiridos graças a um trabalho embotante e sem sentido. Foi a própria experiência (e não os "partidos de vanguarda" ou os "programas testados e aprovados") que se transformou no agente mobilizador e na fonte de criatividade da rebelião de maio-junho. E é assim que deveria ser. Não só é natural que uma rebelião aconteça espontaneamente – essa é uma característica comum a todas as grandes revoluções da história –, como é também natural que ela se desenvolva espontaneamente. Isso não significa que os grupos revolucionários devam permanecer silenciosos diante dos acontecimentos. Se tiveram ideias ou sugestões, sua responsabilidade será apresentá-las. Mas utilizar os modelos sociais criados pela revolução com o objetivo de manipular os fatos, agir secretamente pelas costas da revolução, não confiar nela e tentar substituí-la pelo "glorioso partido" é uma irresponsabilidade criminosa e imperdoável. Ou a revolução consegue, eventualmente, absorver todas as organizações políticas ou os organismos políticos se tornam fins em si mesmos – origens inevitáveis da burocracia, da hierarquia e da servidão humana.

Diminuir a espontaneidade de uma revolução, interromper o movimento contínuo entre a mobilização e a emancipação de cada indivíduo isolado, remover os indivíduos do processo para interpor entre eles organizações e instituições políticas emprestadas do passado é o mesmo que corromper os objetivos liberalizantes da revolução. Se a revolução não começa por baixo, se não aumenta a "base" da sociedade até se transformar na própria sociedade, então ela não passa de um mero *coup d'état*. Se não produz uma sociedade em que cada indivíduo é capaz de controlar a sua própria rotina, em vez da rotina controlar cada indivíduo, então é uma contrarrevolução. A liberação social só pode ocorrer quando ocorre simultaneamente uma liberação do indivíduo – se o movimento de "massa" é também um movimento individual que envolve um alto grau de individualização e de autoconhecimento.

No movimento molecular vindo de baixo, que prepara as condições para que a revolução possa ocorrer; na mobilização de cada indivíduo, que coloca a revolução em marcha; na atmosfera de alegria que consolida a revolução – em todas essas etapas sucessivas, há sempre um processo contínuo de individualização, um processo durante o qual o poder se acaba, ocorre a expansão da experiência pessoal e uma liberdade quase esteticamente em harmonia com as possibilidades do nosso tempo. Perceber esse processo e articulá-lo, catalisá-lo e determinar as próximas tarefas práticas, manejar com firmeza os movimentos ideológicos que procuram "controlar" o processo revolucionário –, essas são, como bem mostraram os acontecimentos na França – as responsabilidades básicas de um revolucionário nos dias de hoje.

Sexta parte

Educação

A educação sempre mereceu uma atenção especial dos anarquistas, em parte porque sempre lhes pareceu uma das áreas em que poderiam dar início ao processo de transformação social, enquanto esperavam as transformações gerais da sociedade. Reconhecem, como fez Godwin quando escreveu sobre "Os males do ensino nacional", que poderoso instrumento ela poderia ser nas mãos de governantes inteligentes e decididos. Reconhecem também até onde ela é capaz de estimular a livre conscientização, sem a qual é impossível esperar que ocorra qualquer mudança básica na sociedade.

Godwin não foi um pioneiro apenas ao reconhecer a ameaça implícita no ensino controlado pelo Estado; ele foi também um dos primeiros a defender a ideia de uma educação totalmente livre. Nunca chegou a criar uma escola com base nessas ideias, embora tivesse tentado, mas escreveu extensivamente sobre o assunto, especialmente no *The Inquirer*, e o trecho que intitulamos "A educação pelo desejo" é um dos primeiros e melhores relatos sobre como é possível ensinar utilizando as inclinações naturais do aluno.

Mais recentemente, Paul Goodman envolveu-se com o ensino de vários níveis, e as sugestões que faz no trecho "Alternativas para uma deseducação" ilustram o ponto de vista flexível que muitos anarquistas modernos adotam com respeito a uma educação liberal numa sociedade ainda não livre.

Finalmente, nas últimas décadas, Herbert Read surgiu como o mais conhecido e influente de todos os teóricos anarquistas que tratam dos problemas da educação. Em *Educação pela arte* ele desenvolveu a tese de que as qualidades sociais necessárias a uma vida livre podem ser mais bem desenvolvidas estimulando-se a capacidade estética das pessoas do que se colocarmos desde muito cedo toda a ênfase num ensino baseado na informação, e vê a educação desenvolvida nesse sentido como um poderoso agente de transformação social. O extrato *Raízes da arte*, que publicamos, é um resumo bastante eficaz das opiniões de Read sobre o assunto.

OS MALES DE UM ENSINO NACIONAL

WILLIAM GODWIN
(in *Investigação sobre a justiça política*, 1793)

Os danos que podem resultar de um sistema nacional de ensino estão, em primeiro lugar, no fato de que todos os estabelecimentos públicos trazem em si a ideia de permanência. Talvez pretendam guardar e difundir todas as formas de conhecimento que possam trazer algum benefício à sociedade, mas esquecem que há muita coisa ainda por conhecer. Mesmo que tenham sido extremamente úteis à época de sua criação, é inevitável que se tornem cada vez mais desnecessários com o decorrer do tempo.

Dizer apenas que são desnecessários seria, porém, expressar de maneira demasiado débil todos os seus deméritos, pois na verdade eles procuram impedir ativamente os voos da imaginação e fixar na mente do homem crenças que já deveriam ter sido abandonadas. Observa-se que os conhecimentos ministrados nas universidades e em outros estabelecimentos dedicados ao ensino costumam estar com pelo menos um século de atraso em relação aos conhecimentos que existem entre os membros descompromissados que integram a mesma comunidade política. No momento em que qualquer forma de conduta ganha um caráter oficial, ela adquire uma característica que lhe é peculiar, a aversão a qualquer tipo de mudança. Um golpe mais violento poderá obrigar seus condutores a abandonar um velho sistema filosófico, trocando-o por outro menos obsoleto, mas logo se agarrarão a esta segunda doutrina com a mesma obstinação com que se agarravam à primeira. O verdadeiro crescimento intelectual exige que a mente atinja, tão rapidamente quanto for possível, o mesmo nível de conhecimento já existente entre os membros mais esclarecidos da comunidade e, a partir daí, parta em busca de novos conhecimentos. Mas o ensino público sempre gastou todas as suas energias na defesa dos preconceitos; ele ensina aos seus alunos não a coragem de examinar cada proposição com o objetivo de testar sua validade, mas a arte de justificar qualquer doutrina que venha a ser criada. Estudamos Aristóteles, Tomás de Aquino, Bellarmine ou o chefe de Justiça Coke, não para que possamos detectar os erros de suas afirmações, mas para que nossas mentes sejam totalmente impregnadas pelos absurdos que contêm. Essa é uma característica comum a todos os estabelecimentos de ensino público e, até mesmo nas limitadas escolas dominicais, as mais importantes lições nos falam numa veneração supersticiosa à Igreja da Inglaterra e em como é preciso inclinar-se diante de qualquer homem que ostente um belo casaco. Tudo isso se opõe frontalmente aos verdadeiros interesses da humanidade e deve ser esquecido antes que possamos pretender atingir a sabedoria. Uma das características inerentes à mente humana é a sua capacidade para crescer. E, no momento em que o indivíduo resolve manter-se fiel a determinados princípios, levado por razões que agora escapam mas que foram importantes no passado, ele está renunciando a uma das mais belas qualidades do homem. Pois o instante em que desiste de indagar é o instante em que morre intelectualmente. Deixa de ser um homem para tornar-se o fantasma de alguém que já não mais existe. Não pode haver maior loucura do que pretender separar uma doutrina dos fatos que provam a sua validade. Se já não cultivo o hábito de lembrar a existência dessas provas, minhas crenças deixam de ser uma percepção para tornarem-se um preconceito. Elas poderão me influenciar como preconceitos, mas já não conseguirão me estimular como verdadeiras apreensões da verdade. A diferença que existe entre um homem assim conduzido e outro que mantém a mente em constante atividade é a mesma diferença que existe entre a covardia e a coragem. O homem que é um intelectual no verdadeiro sentido da palavra delicia-se em recordar as razões que o convenceram e em repeti-las aos outros para que eles também possam ser convencidos, ao mesmo tempo que se tornam cada vez mais claras e explícitas em sua própria mente; e acrescenta a isso ainda uma disposição para examinar as objeções que possam surgir, pois não tem qualquer orgulho em persistir no erro. De que vale o homem que não é capaz de dedicar-se a esse saudável exercício? Assim, parece que nenhum erro pode ser mais terrível do que aquele que nos ensina a considerar qualquer juízo como final, não sujeito a revisões. O mesmo princípio que se aplica aos indivíduos pode ser aplicado às comunidades. Não há nenhuma proposição, por verdadeira que pareça no presente, que possa ser tão valiosa a ponto de justificar a criação de um estabelecimento oficial para difundi-la entre a humanidade. É preferível fazer os homens lerem, conversarem e meditarem a ensinar-lhes qualquer tipo de credo ou catecismo, seja ele moral ou político.

Em segundo lugar, a ideia da criação de um ensino nacional não leva em conta a verdadeira natureza da mente humana. Tudo que o homem fizer por seu próprio esforço será bem feito; tudo aquilo que seu vizinho ou seu país pretenderem fazer por ele será um erro. Nossa sabedoria está em incitar os homens a agir por si próprios, não em mantê-los num estado de perpétuo aprendizado. Aquele que aprende porque deseja fazê-lo ouvirá as instruções que recebe e aprenderá o seu significado. Aquele que ensina porque deseja fazê-lo cumprirá suas tarefas com entusiasmo e energia. Mas, no momento em que uma instituição política tomar a seu cargo a tarefa de indicar o lugar que cada homem deve ocupar, todos passarão a desempenhar suas funções com indiferença e preguiça. Há muito se observa que as universidades e os estabelecimentos dedicados ao ensino são notáveis por sua apatia. As normas de administração pública me concedem o poder de destinar as minhas propriedades a determinados propósitos teóricos, mas seria ocioso julgar que eu também posso legar minhas opiniões da mesma forma com que lego os meus bens materiais. Removam os obstáculos que impedem o homem de perceber e perseguir os objetivos que são realmente proveitosos para ele, mas não tentem libertá-lo das atividades necessárias à busca desses objetivos. Só é possível dar o verdadeiro valor às coisas que eu mesmo consegui ganhar, àquilo que obtenho apenas porque desejo obter; tudo o que me for concedido sem que eu peça poderá fazer de mim um indolente, jamais um ser respeitável.

É uma completa loucura pretender dar aos outros os meios para que obtenham a felicidade, sem que eles próprios tenham que fazer o menor esforço para consegui-la. Toda proposta de ensino nacional está baseada numa suposição que, embora refutada inúmeras vezes, tem- nos sido impingida das mais variadas formas: a de que toda a verdade que não receba o apoio oficial do governo não serve ao propósito de tornar o povo mais esclarecido.

Em terceiro lugar, todo projeto nacional de ensino deveria ser combatido em qualquer circunstância pelas suas óbvias ligações com o governo, uma ligação mais temível do que a velha e muito contestada aliança da Igreja com o Estado. Antes de colocar uma máquina tão poderosa nas mãos de um agente tão ambíguo, cumpre examinar bem o que estamos fazendo. Certamente o governo não deixará de usá-la para reforçar sua própria imagem e suas instituições. Mesmo que pudéssemos supor que os agentes do governo não fariam isto que, a seus olhos, deve parecer não apenas inocente mas até louvável, ainda assim o mal não deixaria de ser feito. Sua visão como criadores de um sistema de educação não poderá deixar de ser semelhante àquela que adotam como políticos, e os mesmos dados que utilizam para levar avante a sua atuação de homens de Estado serão utilizados como base para o ensino patrocinado por eles. Não é verdade que a nossa juventude deva ser educada para venerar a Constituição, por melhor que ela seja; a juventude deve ser ensinada a respeitar a verdade acima de tudo, e a Constituição apenas enquanto ela corresponder àquilo que, na sua opinião, livre de qualquer influência, julgar ser a verdade. E provável que nenhum sistema nacional de ensino, mesmo que tenha sido adotado em pleno apogeu do despotismo, possa abafar para sempre a voz da verdade, mas não há dúvida de que um tal sistema seria a mais terrível e profunda contribuição jamais criada pela imaginação humana para atingir esses objetivos. É razoável supor que existam erros mesmo nos países onde a liberdade triunfou e que o sistema nacional de ensino seria a melhor forma de perpetuar esses erros e fazer com que todas as mentes sejam moldadas segundo um único modelo – como geralmente confundimos más condições de trabalho com mau comportamento. Alguns refugiados russos que levavam vidas medíocres e infelizes no estrangeiro, ao voltar para casa e descobrir na Revolução um campo propício para o desempenho de suas atividades, realizaram um trabalho brilhante, tornando-se extraordinários organizadores, construtores de ferrovias e criadores de indústrias. Entre os russos mais conhecidos no exterior, atualmente, estão alguns homens que eram considerados incompetentes e lerdos quando viviam sob condições que não lhes permitiam desenvolver suas habilidades nem aplicar corretamente toda a sua energia.

Tal é a natureza humana: a eficiência ao desempenhar uma determinada tarefa significa que temos a inclinação e a capacidade para desempenhá-la; a diligência e o zelo indicam interesse. É por essa razão que encontramos tanta ineficiência e tanta preguiça hoje em dia. Pois, na verdade, quem está no lugar certo? Quem trabalha naquilo que gosta e que realmente lhe interessa?

EDUCAÇÃO PELA VONTADE

WILLIAM GODWIN
(in *The Enquirer*, 1797)

A liberdade é a mais desejável de todas as vantagens sublunares. Seria, portanto, de bom grado que eu transmitiria conhecimentos sem infringir, ou tentando violentar o menos possível, a vontade e o julgamento da pessoa a ser instruída.

Repito: desejo despertar num determinado indivíduo a vontade de adquirir conhecimentos. A única forma capaz de despertar num ser sensível a vontade de realizar um ato voluntário é exibir-lhe os motivos que justificam esse ato.

Há duas espécies de motivos: os intrínsecos e os extrínsecos. Os motivos intrínsecos são aqueles que surgem da própria natureza inerente ao objeto recomendado. Os extrínsecos são aqueles que, não tendo uma ligação constante ou inalterada com a coisa recomendada, estão associados a ela ou por acidente ou pelo desejo de um indivíduo.

Assim, eu tanto posso recomendar um tipo de conhecimento demonstrando as vantagens que necessariamente estarão ligadas à aquisição desse conhecimento ou serão consequência dela, ou posso recomendá-lo de forma despótica, por meio de persuasão ou de ameaças, demonstrando que sua aquisição contará com a minha aprovação e que a recusa de adquiri-lo provocará a minha contrariedade.

A primeira classe de motivos é, sem dúvida, a melhor. Ser levado a agir estimulado por tais motivos é condição pura e verdadeira do ser racional. Agir assim reforça a capacidade de julgamento e provoca um sentimento de independência. Faz com que o homem seja capaz de decidir por si e é o único método que pode fazer dele, verdadeiramente, um indivíduo – não uma criatura cuja fé está implícita, mas alguém capaz de exercitar sua própria compreensão.

Se alguma coisa é verdadeiramente boa, fácil será provar as suas vantagens. Mas, se não conseguires demonstrar a sua excelência, podemos suspeitar – com razão – que não estás capacitado para julgá-la. Por que não poderei eu decidir por mim mesmo sobre o valor de algo que só conseguirei obter com o meu próprio esforço?

Será necessário que uma criança aprenda determinados fatos antes que possa ter ideia do seu valor? É provável que não exista nada suficientemente importante que mereça ser apreendido por uma criança. O verdadeiro objetivo da educação juvenil é fazer com que, ao chegar aos 25 anos, o jovem seja dotado de uma mente regulada, ativa e pronta para aprender. Qualquer coisa capaz de inspirar hábitos de trabalho e observação será capaz de atender a esses propósitos. E não seria possível encontrar alguma coisa capaz de satisfazer essas condições, cujos benefícios possam ser entendidos por uma criança e que ela seja levada a desejar aprender? Estudar pela vontade de aprender é uma atividade; sem essa vontade, não passa de uma caricatura de uma atividade real. Que, na nossa pressa e ansiedade para educar, não esqueçamos jamais os verdadeiros objetivos da educação.

O melhor método de ensino será, portanto, sempre que houver condições para praticá-lo, aquele que garanta que todos os conhecimentos adquiridos pelo aluno sejam precedidos e acompanhados pela vontade de adquiri-los. A melhor motivação para aprender é a percepção do valor da coisa aprendida. A pior, mesmo que não seja necessário decidir se devemos ou não recorrer a ela, será a coação e o medo. Há um motivo entre esses dois, menos puro do que o primeiro mas não tão desagradável quanto o último: a vontade, uma vontade que não tem origem na excelência intrínseca do objeto, mas nos atrativos que o professor possa ter anexado a ele...

Nada pode ser adaptado com tanta felicidade para remover as dificuldades do ensino do que fazer com que o aluno seja primeiro levado a desejar o conhecimento e depois facilitar a sua tarefa, removendo os obstáculos do seu caminho com tanta frequência e tão logo ele julgar necessário.

Este é um plano cujo objetivo é mudar inteiramente o ato de educar. Toda a formidável máquina até agora utilizada seria posta de lado. Rigorosamente falando, deixariam de existir até mesmo os personagens indispensáveis: aluno e mestre. Pois o aluno, tal como o mestre, estuda porque deseja fazê-lo, avançando segundo um plano por ele mesmo criado ou que passa a ser seu no momento em que o adota. Tudo revela a presença da independência e da igualdade. Tal qual o menino, o homem também não hesitará em consultar alguém que saiba mais do que ele sempre que as dificuldades se apresentarem. O fato de que seja quase sempre o menino a consultar o homem e não o oposto deve ser visto mais como um acidente do que como um fato importante. Até mesmo isso poderia desaparecer se nos lembrássemos que o pior dos juízes pode muitas vezes – por força da variedade das coisas que aprendeu – dar informações valiosas ao mais esclarecido. Entretanto, é preciso que o homem consulte o menino naturalmente, não segundo um plano preestabelecido ou com o objetivo de convencê-lo de que ele é o que na verdade não pode ser. Há três grandes vantagens nesse tipo de educação. A primeira delas é a liberdade. Três quartos da escravidão das limitações hoje impostas à juventude desapareceriam de um só golpe.

A segunda, a capacidade de julgar, seria fortalecida pelo seu exercício constante. Os meninos já não mais aprenderiam as lições como papagaios. Ninguém aprenderia sem uma razão capaz de justificar, a seus próprios olhos, os motivos que os levavam a aprender. E seria talvez até conveniente se lhes fizessem indicar frequentemente quais seriam esses motivos. Os próprios alunos decidiriam por si mesmos se tinham ou não entendido aquilo que liam. Saber como e quando fazer uma pergunta é uma das coisas mais importantes num aprendizado. Muitas vezes os jovens passariam por cima de dificuldades, desprezando os preâmbulos absolutamente necessários, mas logo a própria natureza da coisa aprendida não tardaria a fazer com que voltassem atrás, induzindo-os a examinar mais uma vez os tratados que não tinham estudado antes. Com esse objetivo, seria conveniente que os temas de seus estudos juvenis fossem discutidos muitas vezes e que um menino comparasse seu progresso e os conhecimentos adquiridos com os de um companheiro. Não há nada que desperte com tanta força para as nossas próprias falhas quanto essa forma de detectar a nossa ignorância.

Em terceiro lugar, estudar sozinho é o método mais certo para adquirir o hábito do estudo. O cavalo que anda em círculos em torno do moinho e o menino que tem suas dificuldades resolvidas antecipadamente e que é levado pela mão não são ativos.

Não creio que uma roda que gire cinquenta vezes por minuto seja verdadeiramente ativa. A atividade é uma qualidade mental. Se, portanto, eu desejar criar hábitos de atividade, é melhor que deixe o menino solto pelos campos da ciência, para que ele mesmo encontre o seu caminho. Sem aumentar suas dificuldades, ele que fique sozinho durante alguns momentos e que lhe seja permitido perguntar antes de receber a informação. Este sistema não pretende aumentar as dificuldades que todo o jovem encontra, mas diminuí-las: seu objetivo é criar uma inclinação pelo estudo e sabemos que um temperamento disposto faz com que todo o fardo pareça mais leve.

E, finalmente, este sistema tem uma tendência a produzir nos jovens, depois que se tornam homens, o amor pela literatura.

Os métodos atuais de educar produzem um efeito contrário, exceto em alguns poucos felizardos que, pela rapidez com que avançam e pelas distinções que obtêm, talvez consigam escapar da influência geral. Mas, na maioria dos casos, a memória da nossa escravidão fica irremediavelmente associada aos estudos que fizemos e é só depois de muito esforço que conseguimos fazer com que essas coisas, que durante tanto tempo foram objeto da nossa repulsa, passem a merecer outra vez nossa atenção voluntária.

ALTERNATIVAS PARA A DESEDUCAÇÃO

PAUL GOODMAN
(in *Deseducação compulsória*, 1962)

O sistema de educação obrigatória tornou-se uma armadilha universal que não traz nenhum benefício. Muitos jovens, tanto da classe pobre quanto da média, viveriam muito melhor se ele simplesmente deixasse de existir, mesmo que então deixassem de receber qualquer espécie de ensino. Estou curioso para saber os resultados de um estudo feito no condado de Príncipe Eduardo, na Virgínia, onde durante alguns anos as crianças negras não frequentaram a escola.

Mas o que seria dessas crianças? Para muitas delas, tanto as mais pobres quanto as que pertencem à classe média, o ambiente doméstico é pior do que qualquer escola e as ruas ainda piores, de uma forma diferente. Nossas cidades e subúrbios não são exatamente locais onde os adultos dão atenção aos jovens, preparando-os para uma vida viável. Além disso, alguns jovens, especialmente aqueles que deixaram abertamente o sistema, abandonando a escola, têm o corpo e o espírito tão doentes que é necessário que recebam algum tipo de consolo e atendimento, seja nas escolas, nas instituições recreativas dos bairros pobres, nos acampamentos etc.

Há várias alternativas possíveis... e aqui apresento meia dúzia delas, que podem ser aplicadas ao tema em discussão, isto é, ao sistema de ensino como armadilha compulsória. Em princípio, sempre que uma lei começa a fazer mais mal do que bem, a melhor coisa a fazer é abrandá-la ou tentar passar sem ela.

1. Eliminar totalmente a escola para algumas classes. Essas crianças deveriam ser escolhidas em lares que vivem sob condições toleráveis, embora não devam ter, necessariamente, um bom nível cultural. Deverão ser vizinhos e suficientemente numerosos para que possam fazer companhia uns aos outros, de modo que não se sintam apenas "diferentes" do grupo. Será que mesmo assim conseguirão aprender os rudimentos do ensino? Essa experiência não chegará a lhes causar qualquer dano do ponto de vista acadêmico, pois há provas concretas de que qualquer criança normal consegue recuperar num período que vai de quatro a sete meses – desde que tenha bons professores – o trabalho que realizaria nos sete primeiros anos letivos normais.

2. Faça com que algumas classes não tenham aulas no prédio da escola. Forneça os professores e utilize a própria cidade como se fosse uma escola – suas ruas, bares, lojas, cinemas, museus, parques e fábricas. Certamente, é muito mais coerente ensinar utilizando – sempre que possível – exemplos concretos dos conteúdos dados do que criar uma abstração desses conteúdos e trazê-la para dentro da sala de aula como parte do "currículo".

Tais classes não deveriam ter mais do que dez crianças para cada professor. A ideia – tirada do modelo de ensino usado entre os atenienses – não é muito diferente do trabalho realizado com gangues de jovens, mas não deve ser aplicada em delinquentes nem utilizar qualquer aspecto da ideologia desses grupos.

3. Em linhas mais ou menos semelhantes, mas utilizando também o prédio da escola, empregar alguns adultos não envol-

vidos profissionalmente com o ensino – o farmacêutico, o dono da loja, o mecânico – como as pessoas mais capacitadas a introduzir os jovens no mundo dos adultos. Dessa forma, poderemos fazer uma tentativa de vencer a barreira que separa os jovens dos mais velhos na moderna sociedade urbana, ao mesmo tempo que estaremos diminuindo a autoridade absoluta dos educadores profissionais. E não há dúvida de que essa experiência seria muito útil e gratificante para todos os adultos envolvidos. (Inicia-se um programa semelhante utilizando voluntários na cidade de Nova York e em outros sistemas de ensino.)

4. Faça com que o comparecimento às aulas não seja obrigatório, como em Summerhill, de A. S. Neill. Se os professores forem bons, logo as ausências tenderão a diminuir; se forem ruins, devem descobrir isso. A lei da presença obrigatória à escola serve para manter os filhos longe dos pais, mas não deve ser utilizada como uma armadilha para aprisionar essas crianças. Uma ótima variação dessa ideia é o regulamento criado por Frank Brown, da Flórida: ele permite que as crianças se ausentem da escola por uma semana ou um mês para que possam dedicar-se a um projeto realmente estimulante ou a uma viagem a terras que não conhecem.

5. Descentralize a escola urbana (ou não construa mais grandes prédios escolares), dividindo-a em pequenas unidades, entre 20 a 50, em lojas ou clubes disponíveis. Essas pequenas escolas, equipadas com toca-discos, máquinas de tipo fliperama, poderiam combinar atividades recreativas e sociais, jogos, discussões e o ensino formal. Em ocasiões especiais, as pequenas unidades poderiam ser reunidas num auditório comum ou num ginásio, para que tivessem ideia da comunidade maior à qual pertencem. Da mesma forma, creio que valeria a pena dar uma nova oportunidade à velha escolinha rural, agora em condições urbanas mais modernas, e ver como funciona: isto é, reunir um grupo de crianças – de 25 a 30 – de várias idades numa mesma sala de aula, em vez de dividi-las por níveis segundo a idade.

6. Usar uma parte dos recursos da escola, enviando as crianças para pequenas fazendas economicamente marginais

durante alguns meses do ano. O ideal seria enviar talvez seis crianças de várias classes sociais, para que fossem atendidas por um fazendeiro cuja única obrigação seria alimentá-las e não bater nelas; seria preferível, naturalmente, que pudessem participar dos trabalhos no campo. Isso não só daria dinheiro para o dono da fazenda como seria parte de um programa bastante necessário no sentido de equilibrar o percentual de habitantes da zona rural, fazendo com que atinja de 30% a 70% (atualmente, menos de 8% das famílias vivem no campo). É bem possível que algumas crianças vindas da cidade acabassem preferindo esse outro estilo de vida e assim estaríamos criando um novo tipo de cultura rural...

Basicamente, nenhuma educação é certa: o ideal é crescer num mundo onde valha a pena viver. E, na verdade, nossa atual e excessiva preocupação com os problemas da educação demonstra que os adultos de hoje não vivem neste mundo. A juventude pobre da América não ascenderá socialmente até a classe média apenas por frequentar as mesmas escolas que a classe média frequenta. Por uma questão de justiça, tanto os negros quanto os integrantes de outros grupos sociais deveriam ter as mesmas oportunidades de ensino que o resto da população jovem, mas esperar demais dessa educação é uma quimera – e temo que possa causar terríveis desilusões. Mas a juventude classe média também não escapará da crescente exploração e da *anomie* de tais escolas.

Uma educação decente tem como objetivo principal preparar o indivíduo para um futuro melhor, em que um espírito diferente anime a comunidade e em que seja possível criar novas ocupações que não sirvam apenas para obtenção de *status* e salários.

Sofremos as consequências de um estilo de vida, e talvez de uma religião, que não deram certo. Embora provavelmente, como afirmei, o aumento da automação no futuro provocará uma diminuição de empregos ligados à fabricação de equipamentos e um aumento das profissões de serviço e de lazer, surpreendentemente, no entanto, a mentalidade de produção em massa e de contabilidade de caixa característica da fabricação foi transportada, sem sofrer qualquer adaptação, para as novas atividades ligadas às profissões de serviço e ao lazer!

A arregimentação e os créditos e graus atribuídos nas escolas para estimular a competição característica da pequena burguesia são típicos de todo o resto.

Minha ideia é que a automatização deve ser acelerada o mais rapidamente possível, onde ela for relevante – tomando o cuidado de amortecer os transtornos que poderão ocorrer no mercado de trabalho e proporcionando um seguro social adequado. Mas o espírito e o método de automação, sua logística, as reações de comando e o trabalho burocrático ligados a ele são inteiramente irrelevantes para os serviços humanos comunitários, para as comunicações, a cultura da comunidade, a iniciativa cívica, a educação e a recreação. Como exemplo um tanto especial, mas não totalmente destituído de importância que ilustre o que estou querendo dizer, acredito que deveria haver uma produção em massa de aparelhos de TV tão automatizada quanto fosse possível, produzindo um bom modelo, sem grandes luxos, por um preço acessível, mas que a programação da TV – exceto por alguns serviços de âmbito nacional – deveria ser feita sob medida, adaptada a cada região e tão apoiada na iniciativa popular e artística totalmente livre quanto fosse possível.

Os perigos de um futuro altamente tecnológico e automatizado são bastante óbvios. É possível que nos tornemos uma sociedade submetida a uma lavagem cerebral, integrada por um bando de consumidores ociosos e frívolos. É possível que continuemos nessa corrida inútil e altamente competitiva, totalmente absorvidos por um trabalho incessante e sem sentido que terá como única consequência um aumento totalmente desnecessário do Produto Nacional Bruto. Em qualquer dos casos, é possível que ainda assim continue a existir um grupo de párias que deva ser eliminado. Para contrabalançar esses perigos e criar cidadãos ativos, competentes e cheios de iniciativa, capazes de criar uma cultura e uma recreação dignas, precisamos de um tipo de ensino muito diferente deste que hoje temos.

Grande parte dele deveria ter uma utilidade imediata, em vez de ser algo vazio, que visa apenas à obtenção de *status*. Aqui cabe lembrar os gastos no setor público, defendidos por Myrdal,

Keyserling, Galbraith e muitos outros, no sentido de que o dinheiro gasto em melhoramentos urbanos, serviços comunitários e na reabilitação rural deveria proporcionar também maiores oportunidades educacionais. (Sempre que esses economistas colocam a educação bem no alto – e muitas vezes em primeiro lugar na lista das prioridades –, não percebem que tais gastos serão provavelmente inúteis e talvez até provoquem transtornos ainda maiores na economia.) E eu diria o mesmo sobre a ideia de Galbraith para que sejam criadas mais estradas.

De uma maneira geral, a educação deve ser voluntária e não obrigatória, pois não se conseguirá obter mais liberdade, a menos que haja uma motivação intrínseca. Sendo assim, as oportunidades educacionais devem ser variadas e diversificadas. É necessário diminuir e não expandir o atual sistema educacional monolítico. Eu sugeriria que, segundo o modelo da lei criada para dar oportunidade de educação aos soldados americanos que voltavam da Segunda Guerra Mundial, façamos uma experiência, entregando o dinheiro para custear a educação diretamente aos adolescentes, para que eles o empregassem em qualquer projeto educacional plausível, desde viagens de estudo até iniciativas individuais. Isso provocaria também, naturalmente, uma proliferação de escolas experimentais.

Diferente do atual regime inflexível, nossa política educacional deveria permitir que os alunos abandonassem os cursos e facilitar seu retorno aos bancos escolares para que os jovens tivessem oportunidade e tempo de descobrir a si próprios, estudando apenas quando se sentissem prontos para isso. Essa é uma valiosa ideia de Eric Erickson sobre a necessidade de uma moratória também na vida, apoiada pela concepção antropológica de Stanley Diamond e outros de que a nossa sociedade negligencia as crises de crescimento de seus integrantes.

A educação deve estimular a independência de pensamento e expressão, e não o conformismo. Devemos contrapor, por exemplo, às comunicações em massa – e é absolutamente necessário que o façamos, na verdade trata-se até de uma necessidade constitucional – mecanismos capazes de garantir a liberdade de milhares de veículos de comunicação independentes – desde pequenos jornais e teatros, à imprensa alternativa e teatros locais que, com orientação profissional adequada, poderiam proporcionar excelentes oportunidades de ensino e emprego para adolescentes cheios de talento.

Finalmente, o ensino moderno deve voltar-se, inevitavelmente, para a ciência. Isso não significa, necessariamente, que o número relativamente pequeno de técnicos ou os raros cientistas criativos devam receber uma educação formal, mas sim fazer com que um grande número de cidadãos comuns pudesse se sentir à vontade num ambiente altamente tecnológico e não alienado das máquinas que utiliza, ignorantes como consumidores mas capazes de julgar, de alguma forma, a política científica do governo e de desfrutar a beleza humanística da ciência e, acima de tudo, de entender a moral de um sistema de vida voltado para a ciência.

UMA ABORDAGEM ESTÉTICA DA EDUCAÇÃO

HERBERT READ
(in *Os fatos básicos sobre a arte*, 1955)

Tenho afirmado repetidas vezes que a sensibilidade é a qualidade humana subjacente a todos os processos que envolvem habilidade, todas as realizações que revelem bom gosto estético; e disse também que o primeiro requisito de qualquer civilização que tenha pretensões a possuir valores culturais é a criação de um sistema de educação e ensino que seja capaz não apenas de preservar a sensibilidade natural da criança, mas de fazer dela a base do desenvolvimento mental. Volto agora a essa questão básica.

Em todas as tentativas que fizemos para definir o lugar que a arte ocupa na sociedade, lutamos continuamente contra a ideia de que a arte é algo não natural, de que o artista é um indivíduo raro e excêntrico, que tem muito pouco a ver com o homem comum. Mas só os grandes artistas é que são diferentes, só o gênio é que é excêntrico. A apreciação da forma, a percepção do ritmo e da harmonia, o instinto capaz de criar coisas belas e funcionais – essas são as características normais do ser humano, inatas mais do que adquiridas e que certamente estão presentes na criança desde os primeiros anos de vida. Ensinamos arte às crianças – ou talvez nem cheguemos a fazê-lo –, mas não percebemos que as crianças são, de qualquer modo, artistas. Tão inevitável como o fato de que caminham, cantam, falam e jogam, elas são também artistas. A arte é apenas um dos métodos que os homens utilizam para expressar-se – o método que lança mão do traço expressivo, da cor expressiva ou da forma plástica. Assim como há uma arte selvagem e uma arte adulta, há também uma arte infantil. Nosso erro é presumir que essa atividade infantil, cuja existência seria impossível negar, é apenas uma tentativa ingênua e desajeitada de imitar a atividade adulta. Em toda a atividade infantil há sempre um elemento de imitação, mas o que a criança deseja não é imitar por imitar, e sim comunicar alguma coisa utilizando uma linguagem comum. O impulso sempre presente em todos os trabalhos infantis é uma necessidade subjetiva interna, não um reflexo semelhante ao do macaco, um "macaquear", como dizemos, do comportamento adulto.

É importante admitir a veracidade dessa observação, pois dessa admissão dependerá a escolha entre ensinar as crianças a imitar os padrões adultos ou reconhecer que elas têm padrões próprios, compatíveis com seu nível etário e com suas necessidades de expressão, que gradualmente evoluem, para formar círculos cada vez maiores de experiências vividas. Essa é a distinção básica que deve ser feita em todas as formas de ensino, de uma maneira geral, mas no momento estou preocupado apenas com o efeito que poderá ter na nossa atitude em relação às atividades estéticas das crianças.

Estamos prontos a admitir que a arte lida com as emoções, talvez também com a intuição e a inteligência, e que deveríamos entender que não se trata apenas do desenvolvimento de uma capacidade independente, nem da maturação gradual de uma habilidade. Devemos pensar na analogia do amor: o amor da criança é uma coisa e, embora os analistas tenham nos tirado a crença na sua completa inocência, ainda assim sabemos que a infância, a adolescência e a maturidade representam vários estágios do desenvolvimento da emoção do amor, que diferem quanto à sua natureza. Mesmo que possamos ser iludidos pela aparente linha de continuidade representada pelo fato de que cada ser tem uma personalidade singular, sabemos que a transição de uma para outra etapa de desenvolvimento emocional é muitas vezes repentina e cataclísmica. A criança que ontem estava ligada aos pais por laços de afeição passa a ser vítima de uma paixão que a transforma num novo ser.

A arte de uma criança é a arte de um ser humano, com percepção, emoções, reações e fantasias que diferem, quanto à sua natureza, das percepções, emoções, reações e fantasias do adulto. Assim, em vez de aplicar critérios adultos para julgar a arte infantil, estaríamos agindo mais cientificamente se a comparássemos à arte dos selvagens e dos homens primitivos em geral. Muitas das observações feitas sobre a arte primitiva podem ser aplicadas à arte infantil. Em ambos os casos, estamos tratando com aquilo que Lévy-Bruhl chamou de estado mental pré-lógico, e as muitas características comuns a ambas as formas de arte têm origem nesse fato. A arte infantil deve ser interpretada não como a débil tentativa que a criança faz para imitar as formas plásticas de expressão praticadas pelos adultos civilizados, mas como uma forma de expressão direta e sem sofisticação encontrada pela própria criança para expressar seu mundo sensível. Uma vez adotada essa atitude em relação à arte infantil e entendido o lugar que essas formas de expressão plástica ocupam na vida emocional da criança, nossos métodos de ensino devem sofrer uma transformação radical, e o lugar que a arte ocupava na estrutura da educação passa a assumir um significado totalmente diferente...

Permitam-me que comece dizendo exatamente o que não pretendemos fazer. Não pretendemos afirmar que estamos ensinando as crianças a observar com exatidão os objetos externos. Não estamos tentando aguçar seus poderes de observação, classificação e memorização. Todas essas atividades pedagógicas são deixadas a cargo do professor de ciências, e concordaríamos até em afirmar que, assim como se ensina a escrever e a contar, seria necessário também ensinar um certo tipo de desenho ou de representação gráfica junto com a observação científica, pois essa é uma forma necessária de anotação e registro e uma habilidade que poderá ser útil durante a segunda etapa da educação.

Em segundo lugar – e esta é uma observação importante – não estamos tentando formar artistas profissionais. Tornar-se pintor ou escultor competente, no sentido profissional do termo, exige um treinamento longo e árduo e esse tipo de instrução vocacional deve ser dado (como acontece atualmente) por instituições especializadas. Ensinamos as crianças a falar, mas não esperamos que todas se transformem em oradores; ensinamo-las a ler, mas não pretendemos que sejam todas poetas. Da mesma forma, ensinamo-las a desenhar, pintar e modelar sem qualquer expectativa de que a arte se tornará, necessariamente, a única vocação de suas vidas.

O que ensinamos às crianças é uma determinada maneira de expressão. Sons, palavras, linhas, cores – tudo é matéria-prima com a qual a criança deve aprender a se comunicar com o mundo exterior. Ela também tem ao seu dispor certos gestos que pode combinar com sons, palavras, linhas e cores. Na sua dificuldade – pois a princípio a criança encontra grandes dificuldades para se fazer entender – ela usará tudo que lhe cai nas mãos, num esforço total para expressar seus sentimentos e desejos íntimos. Naturalmente, pais e professores envidam todos os esforços para entender os sinais verbais que a criança faz: ouvimos os primeiros balbucios do bebê, tentamos transformá-los em palavras. Com que paciência guiamos e estimulamos seus esforços, primeiro para falar e depois para escrever! Mas a criança dispõe também de uma outra linguagem, uma linguagem de linhas e cores e pode muitas vezes usá-la para expressar coisas que ainda não consegue expressar verbalmente. Através de sinais e de símbolos, ela tenta expressar suas emoções e desejos, suas percepções e devaneios por meio de representações aproximadas dos objetos. Mas com muita frequência seus esforços nesse sentido não são estimulados pelo professor e muito menos pelos pais. E essa atividade, que deveria florescer naturalmente, tão naturalmente quanto a fala, é desencorajada e acaba se atrofiando. A criança torna-se então visualmente *embotada*, uma palavra que originalmente significava *estúpida*.

Mas, se encorajamos a criança a desenvolver sua comunicação visual, sua linguagem de imagens, abrem-se para ela novas formas de expansão e crescimento. Poderíamos dizer que uma de nossas metas – talvez a mais importante delas – deveria ser a de dar à criança a confiança e habilidade necessárias para que desenvolvesse um meio de expressão que, embora novo, é bastante natural. Deveríamos fazer com que o uso da linguagem dos símbolos se tornasse um hábito tão utilizado quanto o da linguagem de sinais; deveríamos atribuir ao alfabeto pictográfico a mesma importância que é dada ao alfabeto fonético. Mas nossa meta secundária é encorajar a criança a revelar a sua personalidade, as suas características inatas. Tanto para os pais quanto para os mestres, o desenho de uma criança pode transformar-se numa janela que se abre para a mente da criança.

Entretanto, há mais coisas a descobrir, além da psicologia da criança. À medida que vamos reunindo e estabelecendo as correlações que existem nas imagens plásticas produzidas pelas crianças, aprendemos muito sobre a infância em geral, sobre suas características comuns e o seu desenvolvimento mental. E finalmente – embora em minha opinião não menos importante – aprendemos muito sobre a natureza estética, sobre o lugar que a arte ocupa na vida e na evolução da humanidade. Pois o que essas crianças fazem não é apenas criar linhas e cores, mas criar linhas, cores, formas e volumes instintiva e naturalmente significativos. Aprendemos, em resumo, que os elementos básicos da arte – aqueles fatores que a tornam emocionalmente eficaz – lhe são concedidos pela própria natureza e pelas necessidades do homem, e não são uma criação de sua consciência ou do seu intelecto...

Algo que ficou provado além de qualquer dúvida é que a capacidade estética é uma característica inata e que é possível fazer com que floresça nos ambientes menos propícios – tanto nas sombrias favelas dos bairros operários quanto nos belos cenários de escolas como Eton e Winchester. É claro que, à medida que vão crescendo, sua percepção se nutre de forma mais ou menos consciente no ambiente em que vivem e esse ambiente começa a se refletir na temática de seus trabalhos. Mas apenas na temática, pois o estilo consegue se desenvolver independente do conteúdo. O importante não seria tanto o ambiente em que a criança vive, mas o método de ensino a que é submetida.

Se me perguntassem agora qual foi o método de ensino que foi capaz de produzir os trabalhos que acabo de exibir, minha responsabilidade só poderia ser dada em termos muito vagos. Eu mesmo não sou professor e não gosto de impor nada àqueles que realizam essa tarefa tão difícil. Mas costumo observar os professores e avaliar os resultados dos métodos que empregam: vejo que certos métodos obtêm resultados que considero bons, outros chegam a resultados que me parecem maus e outros ainda não chegam a qualquer resultado. É sempre mais fácil descrever os métodos que dão maus resultados do que aqueles que são bem-sucedidos, pois esses últimos são infinitamente sutis e incertos. Os maus resultados são sempre uma consequência da utilização de métodos demasiado conscientes e deliberados, onde a disciplina é imposta por alguém que age como um sargento instrutor. Os bons resultados, aparentemente, são obtidos pelo uso de qualquer método ou sistema de palpites e sugestões entre mestre e alunos, e a disciplina que sem dúvida existe, e DEVE existir, tem origem na própria atividade e é, na verdade, uma espécie de concentração nos instrumentos e materiais utilizados, uma absorção em atos concretos. O bom professor não é um ditador, mas um aluno que possui uma técnica mais avançada do que a de seus companheiros, tem mais consciência da meta a ser alcançada e dos meios que devem ser empregados para alcançá-la. Deve ser alguém que trabalhe com as crianças, compartilhando seus sentimentos, estimulando-as e dando a elas algo que é uma riqueza que não tem preço – a confiança em si mesmas.

Pois na verdade é o medo que impede que a criança seja um artista – o medo de que seu mundo particular de fantasia possa parecer ridículo aos olhos do adulto, o medo de que seus signos e símbolos não sejam adequados. Elimine o medo da criança e terá libertado todo o seu potencial de desenvolvimento emocional e a sua maturidade.

Essa não é, evidentemente, a etapa final da educação. Depois de libertar a criança do medo é preciso ir mais além, é preciso levá-la para o mundo mais positivo da cooperação.

Você libertou a criança do medo através da simpatia e da compreensão com que a tratou, essas mesmas qualidades devem ser usadas para estabelecer laços humanos e sociais até que a criança seja capaz de realizar-se no mundo adulto. Esse é o objetivo amplo da educação, mas não conheço nenhum método tão capaz de permitir que esse objetivo seja atingido quanto aqueles que são, num sentido concreto, criativos. Como indivíduos, criamos para comunicar: criamos uma linguagem oral utilizando sons; uma linguagem pictórica utilizando linhas e cores. Mas qualquer linguagem, mesmo a linguagem da arte, é uma criação comunitária; ela representa um sistema aceito de sinais que deve ser usado por todos. A arte é um compromisso. Não deveria ser privilégio exclusivo de uma classe, de um pequeníssimo grupo de *conoisseurs* e artistas, mas parte integrante da vida de todos nós; tal como acontecia na Antiga Grécia, na Idade Média; e deveria estar na nossa vida bem cedo, ainda no estágio de formação da personalidade, como uma função natural dos relacionamentos humanos, como a linguagem da cor e da forma, tão universal e inocente quanto a linguagem das palavras.

Num sentido óbvio, a arte é uma disciplina imposta pelos instrumentos e pelo material que utiliza – uma criança não consegue usar um lápis ou a pena, um pincel ou uma roda de oleiro sem descobrir que, se quiser expressar o que deseja, a mão e o olho devem trabalhar instintivamente em uníssono. Assim, a arte produz uma integração dos sentidos a que chamamos de habilidade e que é um dos objetivos básicos de qualquer sistema de ensino...

Mas a arte também é uma disciplina num outro sentido ainda mais profundo. Há no próprio processo de percepção e no processo complementar de expressão uma tendência instintiva para formar.

A perfeição formal de quase todos os trabalhos primitivos, obtida sem qualquer sistema de ensino, tem sido objeto de espanto e admiração. A arte destituída de qualquer sofisticação de crianças que ainda não receberam nenhum tipo de instrução tem a mesma característica de organização formal: não apenas no equilíbrio da composição e na ênfase seletiva dos detalhes mais importantes, mas no traço expressivo e na harmonia de cores.

A expressão natural tem sua própria forma instintiva, e isso pareceria sugerir que a meta da educação deveria ser apossar-se desse senso inato de disciplina para desenvolvê-lo e amadurecê-lo, e não impor à criança um sistema de disciplina que poderá ser estranho à sua natureza e nocivo ao seu desenvolvimento.

Quando o desenvolvimento mental da criança tiver sido retardado ou impedido e seu psiquismo tiver sido distorcido (com consequências definitivamente neurotizantes, que podem levar até mesmo à delinquência), há vários indícios que sugerem que a prática de uma arte criativa pode ter um efeito terapêutico, fazendo com que a criança readquira gradualmente seu equilíbrio psicológico. As reivindicações cada vez mais enérgicas para que seja dado um maior destaque à educação artística não são provocadas apenas pelo desejo de utilizar a arte como um meio de dar à criança uma personalidade mais equilibrada: a integração que se deseja obter é a integração da criança com o grupo e com a comunidade em que vive. Nunca nos atrevamos a pesquisar as possíveis ligações entre o estado caótico da nossa civilização e o nosso sistema de ensino. Se nossas escolas estivessem formando personalidades que pudessem ser descritas como equilibradas, integradas e harmoniosas, certamente não admitiríamos viver num estado de permanente desunião e desconfiança mútua. Deveríamos, portanto, reexaminar toda a nossa tradição de ensino desde a Renascença e ter a coragem de perguntar a nós mesmos se, de uma maneira geral, ela foi capaz de produzir indivíduos cuja serenidade lhes permitia viver harmoniosamente. É possível que nos víssemos forçados a admitir que na nossa exclusiva preocupação em acumular conhecimentos científicos deixamos de cultivar as qualidades humanas ligadas aos aspectos emocionais e integrativos do ser humano e criamos monstros desumanos, alguns com órgãos de inteligência gigantescamente aumentados, outros completamente atrofiados. Não faço afirmações científicas: apenas constato que em certas áreas ainda não tivemos coragem suficiente para questionar as pressuposições de nossas tradições acadêmicas e que ao mesmo tempo essas pressuposições estão claramente ligadas ao caráter da nossa civilização.

Espero ter deixado bem claro que aquilo que chamo de desenvolvimento de uma percepção estética equilibrada não é um fim em si mesmo. Nosso objetivo é o mesmo de Platão – a integridade moral e intelectual da humanidade – e, tal como Platão, também considero que a arte é um dos meios de atingir tal objetivo.

Sétima parte

Visões de um mundo novo

Uma das crenças básicas dos anarquistas é a de que o homem, ainda preso por cadeias mentais, não é capaz de imaginar o mundo onde irão viver os seres livres. Talvez os esboços experimentais sobre como será o mundo após a revolução, reunidos por Kropotkin em seu livro *A conquista do pão*, sejam a abordagem mais direta já feita sobre o assunto, embora as *Notícias de nenhum lugar*, de William Morris – escritas por um socialista libertário –, se aproximem, tanto quanto seria possível desejar, do tipo de sociedade que a maior parte dos anarquistas desejaria.

Entretanto, os anarquistas chegaram a discutir muitos aspectos do mundo futuro e, através daquilo que escreveram, é possível obter uma visão bastante aproximada da sociedade que a maior parte deles teria aceito.

Escrevendo sobre os destinos da revolução, Proudhon – no trecho intitulado "A velha sociedade – e a nova" – demonstra como as normas da nova sociedade seriam diferentes daquelas que vigoravam no mundo em que vivia. Godwin descreve o tipo de situação que poderia resultar da dissolução do governo, antevendo uma estrutura integrada por pequenas vilas (ou comunas) reunidas em torno de uma instituição centralizadora bastante frágil. O que ele diz, basicamente, tal como fez Tolstói no fragmento que reproduzimos, é que o homem é capaz de organizar sua própria vida muito melhor do que qualquer governo que decidisse tomar a si esta tarefa. Michael Bakunin analisa o papel que a autoridade deveria desempenhar: essencialmente, ela seria uma autoridade baseada num conhecimento superior, reconhecido depois de um exame, mas à qual não se permitiria jamais que se transformasse num poder político.

O novo mundo, como sugere Proudhon em *Revolução e nação*, significará o fim de todos os países e das divisões que existem entre eles. Mas isso não poderá ser obtido pela ação de um supergoverno e sim deve ter origem, como sugerem Colin Ward em *Federação sem topo* e George Woodcock em *Reflexões sobre a descentralização*, na decomposição da ordem política em unidades locais, plenamente responsáveis pelos seus atos e tendo como base o verdadeiro federalismo.

Uma vez resolvidos os problemas do poder, a ordenação da nova sociedade deverá ser feita basicamente em termos econômicos, na organização da produção e do consumo. De uma maneira geral, como já demonstraram os fragmentos já reproduzidos aqui e como já sugeriu James Guillaume em *A organização da produção*, os anarquistas defendem um modelo flexível, no qual alguns operários trabalhariam individualmente e outros se agrupariam em sindicatos, controlando seus locais de trabalho e distribuindo a produção de acordo com os outros sindicatos ou com suas comunas, que seriam associações de homens e mulheres baseadas em modelos residenciais. Uma das questões frequentemente levantadas pelos críticos desse tipo de modelo de trabalho voluntário relaciona-se com os problemas que poderiam ser provocados por trabalhadores ociosos ou pela baixa qualidade da produção. A eles, Alexander Berkman dá respostas anarquistas, embora deva ser dito – como fez William Morris de forma inequívoca – que numa sociedade bem planejada todo o trabalho que agora nos parece tedioso passará a ser feito pelas máquinas, as novas escravas.

Uma vez revistas as prioridades, não há dúvida de que a produção pode ser organizada de uma forma muito mais racional do que até agora acontece, de sorte que os artigos essenciais possam ser facilmente produzidos e seja assegurado um maior período de lazer para a prática de trabalho criativo...

Permanece ainda o problema da distribuição justa: os primeiros anarquistas, como Proudhon e Josiah Warren, acreditavam que deveria haver uma relação entre a distribuição dos bens e a produtividade de cada um e, por essa razão, criaram um sistema de troca tendo como base graus de produção que, como explica Warren em *O armazém do tempo*, tentou colocar em prática tanto nas atividades comerciais da zona urbana quanto nas comunidades menores.

James Guillaume, um dos primeiros discípulos do anarquista Bakunin, escrevendo sobre *Câmbio e distribuição*, em 1876, pensou que, de início, seria necessário um sistema de câmbio tal como o que fora criado por Proudhon, mas que eventualmente esse sistema evoluiria, passando a ser feita a distribuição de acordo com as necessidades. Kropotkin tornou-se um defensor entusiasta do comunismo-anarquista, e em seu famoso panfleto *O sistema salarial* defende a tese de que deveriam ser rejeitados todos os sistemas baseados no pagamento de salários aos trabalhadores, insistindo na ideia de que a livre distribuição da produção seria o único sistema justo e factível numa sociedade que não desejasse regredir, voltando à desigualdade e ao autoritarismo.

Quanto ao problema do crime numa sociedade livre – que só poderia ocorrer sob a forma de infração contra a pessoa ou a liberdade dos indivíduos –, Kropotkin acredita que deve haver alguma forma de repressão capaz de controlar a ação de indivíduos reconhecidamente violentos, embora afirme que uma atitude amistosa em relação a eles é a única possibilidade de cura.

Kropotkin é – pelo menos entre os anarquistas – um dos primeiros a reconhecer a importante posição que o homem ocupa no mundo da natureza e as responsabilidades que daí decorrem. Diferentes da maior parte dos socialistas, os anarquistas nunca sentiram grande atração pela tão louvada sociedade afluente do século XX. Sempre houve entre eles a ideia de que talvez fosse necessário simplificar o modelo econômico e social e aceitar níveis mais baixos de vida, em troca de uma existência mais livre e até mesmo da própria sobrevivência da sociedade e Proudhon – como aconteceu com Paul Goodman depois dele – defendia a pobreza honrada.

"Não é bom para o homem viver em meio ao conforto", declarou Proudhon. "Devemos, ao contrário, sentir sempre o aguilhoar da necessidade... A pobreza é um bem, e devemos pensar nela como sendo a fonte de todas as alegrias. A razão exige que vivamos com ela – frugalmente, alterando nossos prazeres, trabalhando assiduamente e subordinando todos os nossos apetites à justiça" (in *Escritos selecionados de Proudhon*, editado por Stewart Edwards, 1969).

É essa percepção dos anarquistas que Murray Bookchin desenvolve quando declara, no trecho que intitulamos "Anarquismo e ecologia", que "uma sociedade anarquista... transformou-se na precondição básica para a prática dos princípios ecológicos". Pois, na verdade, o anarquismo é a única corrente do mundo moderno suficientemente desligada da preocupação com o lucro e o poder, e capaz, por isso mesmo, de encarar objetivamente e com sensibilidade o homem inserido no mundo da natureza como um ser não melhor nem pior do que os outros, mas diferente deles.

A VELHA E A NOVA SOCIEDADE

PIERRE-JOSEPH PROUDHON
(in *Ideias gerais sobre a revolução do século XIX*, 1851)

Homem, *A Família*, SOCIEDADE

Um indivíduo, ser sexual e social, dotado de razão, amor e consciência, capaz de aprender pela experiência, aperfeiçoar-se pela reflexão e ganhar a vida pelo trabalho.

O problema é organizar os poderes deste ser de forma tal que ele seja capaz de permanecer em paz consigo mesmo e possa extrair da natureza que lhe foi dada o maior bem-estar possível.

Sabemos como as gerações anteriores à nossa resolveram este problema:

Eles tomaram emprestado à família – segundo componente da humanidade – o princípio que só a ela se aplica – A AUTORIDADE – e, pelo uso arbitrário desse princípio, construíram um sistema artificial, variável de acordo com os períodos e os climas, que entretanto era considerado natural e necessário à humanidade. Esse sistema, que poderia ser chamado de Sistema de Ordem através da Autoridade, era dividido a princípio em Sistema de Autoridade Espiritual e de Autoridade Temporal.

Depois de um breve período em que reinou absoluto e de longos séculos em que lutou para manter a supremacia, o clero parece ter finalmente desistido de reclamar seu direito ao poder temporal; o papado, com todo o seu exército – que os jesuítas e os irmãos leigos manteriam, se pudessem –, foi destituído e impedido de gerir as questões relativas aos simples interesses humanos.

Durante esses dois últimos anos, o poder espiritual tem tentado reassumir essa supremacia. Para tanto, formou uma coalização com o poder secular, ambos contra a revolução, e barganha com ele em termos de igualdade. Acabaram os dois por reconhecer que as diferenças que os separavam tinham origem num mal-entendido; que, sendo seus objetivos princípios e dogmas absolutamente idênticos, deveriam repartir entre si o governo, ou, melhor, que um deveria ser o complemento do outro, formando ambos uma autoridade única e indivisível.

Tal seria pelo menos a conclusão a que teriam chegado a Igreja e o Estado, se as leis que regem o progresso da humanidade tornassem possível essa conciliação e se a revolução já não tivesse feito soar a hora final para os dois.

Seja como for, seria desejável que, para convencer-nos, colocássemos de um lado as ideias básicas do sistema político-religioso (a filosofia, que durante tanto tempo traçara uma linha separando o espiritual do temporal, não deveria mais estabelecer qualquer diferença entre ambos), e, de outro, as ideias que norteavam o sistema econômico.

Portanto o governo, ou, melhor dizendo, a Igreja e o Estado indivisivelmente unidos, têm como dogmas:

1. a maldade inerente à natureza humana;

2. a inevitável desigualdade da fortuna;

3. a permanência de lutas e guerras;

4. a irremediabilidade da pobreza.

De onde se deduz:

5. a necessidade de que haja governo, obediência, resignação e fé.

Uma vez admitidos esses dogmas, como ainda hoje acontece quase universalmente, estaremos estabelecendo as formas de autoridade. Elas são:

a) a divisão dos povos em classes ou castas, subordinadas umas às outras, e graduadas de forma a constituir uma pirâmide em cujo topo aparece, como uma divindade sobre o seu altar, a AUTORIDADE;

b) centralização administrativa;

c) hierarquia judicial;

d) polícia;

e) veneração;

Nos países em que predominam os princípios democráticos, acrescentaríamos ainda ao que foi descrito acima:

f) a separação de poderes;

g) a intervenção do povo no governo, através do voto de seus representantes;

h) as inúmeras variações dos sistemas eleitorais, desde a Convocação por Estados, que predominou durante a Idade Média, até o sufrágio direto e universal;

i) a dualidade das Câmaras Legislativas;

j) a votação das leis e a aceitação de novos impostos;

l) o governo pela vontade da maioria.

Tal é, em termos gerais, o plano de construção do poder, independentemente das modificações introduzidas em cada uma das partes que o compõem; é o que acontece, por exemplo, com o poder central, que tanto pode ser monástico, quanto aristocrático ou democrático...

Deve ser observado que o sistema governamental tende a se tornar cada vez mais complexo, sem que com isso tenha se tornado mais sério ou mais eficiente e sem oferecer maiores garantias à pessoa ou à propriedade. Essa complexidade tem origem, em primeiro lugar, numa legislação sempre incompleta e insuficiente; em segundo lugar, na multiplicidade de funcionários governamentais, mas, acima de tudo, na conciliação de dois elementos antagônicos, ou seja, as iniciativas do executivo e a aprovação popular.

Coube à nossa época estabelecer inequivocamente que essa forma de barganha, que o progresso dos séculos acaba por tornar inevitável, é o mais seguro indício de corrupção, decadência e da próxima dissolução da autoridade.

Qual é o objetivo dessa organização?

Manter a ordem na sociedade através da consagração e institucionalização da obediência do cidadão ao Estado, da subordinação dos pobres aos ricos, das massas à classe privilegiada, do operário ao ocioso, do leigo ao sacerdote, do homem de negócios ao soldado.

Até onde nossa memória alcança, sabemos que a humanidade sempre se organizou dentro do sistema acima descrito, que constitui a ordem política, eclesiástica e governamental. Todos os esforços no sentido de dotar o poder de uma aparência mais liberal, mais tolerante e mais social fracassaram – tais esforços foram até mais infrutíferos quando tentaram dar ao povo uma maior participação no governo, como se as palavras Soberania e Povo, que pretendiam unir, fossem tão naturalmente antagônicas quanto liberdade e tirania.

Durante 6 milhões de anos a humanidade foi obrigada a viver – e a civilização a se desenvolver – sob esse sistema inexorável, no qual a primeira palavra é "desespero" e a última, "morte".

Que poder secreto foi capaz de sustentá-lo? Que força permitiu que sobrevivesse? Que princípios, que ideias tiveram o poder de renovar o sangue que corria esmagado pelo peso da autoridade eclesiástica e secular?

O mistério está agora esclarecido.

Sob a máquina governamental, à sombra das instituições políticas e fora das vistas dos estadistas e do clero, a sociedade cria, lenta e silenciosamente, seu próprio organismo e constrói uma ordem nova, que é a expressão de sua vitalidade e autonomia e a negação da velha política e da velha religião.

Essa organização, tão necessária à sociedade quanto incompatível com o atual sistema, tem os seguintes princípios:

a) a perfeição ilimitada do indivíduo e da raça;

b) a honorabilidade do trabalho;

c) a igualdade da fortuna;

d) a identidade de interesses;

e) o fim dos antagonismos;

f) a universalidade do conforto;

g) a soberania da razão;

h) a absoluta liberdade do homem e do cidadão.

Relaciono abaixo as principais formas de atividade:

1) divisão do trabalho, segundo a qual a classificação do povo passará a ser feita por indústrias e não por castas;

2) o exército será substituído pelo poder coletivo e por associações operárias;

3) a lei será substituída pelo comércio e por uma forma concreta de CONTRATO;

4) haverá igualdade na permuta;

5) competição;

6) crédito, que passará a girar em torno da ideia de lucro, assim como a hierarquia governamental gira em torno da obediência;

7) haverá equilíbrio de valores e propriedades.

O velho sistema sustentado pela autoridade e pela fé baseava-se, fundamentalmente, no direito divino. O conceito de soberania do povo, introduzido posteriormente, não chegou a mudar a sua natureza; e, diante das conclusões a que chegou a ciência, seria um engano – penso eu – manter a distinção entre a monarquia absoluta e a constitucional, ou entre esta e a república democrática. Há já um século que a soberania do povo tem se limitado a combater pela liberdade, sem grandes resultados. Fazer o povo soberano à imagem do rei-homem foi um erro de nossos antepassados ou talvez um plano inteligente, pois, à medida que a revolução vai sendo mais bem entendida, essa mitologia desaparece e com ela desaparecem também todos os vestígios do governo e o próprio conceito de governo.

Baseado na prática espontânea do trabalho, de acordo com as razões sociais e individuais, o novo sistema é o sistema de direitos humanos. Opondo-se à autoridade arbitrária e essencialmente objetivo, ele não permite a criação de partidos, nem de seitas; é um organismo que se basta e não admite restrições, nem dissidências.

Não há qualquer possibilidade de fusão entre o sistema político e o econômico, entre o sistema de leis e o de contratos; é necessário optar entre um e outro. O touro, enquanto touro, não pode ser uma águia; nem o morcego pode ser, a um só tempo, morcego e caracol. Da mesma forma, enquanto a sociedade mantiver sua forma política, por menor que seja, ela não poderá organizar-se segundo o modelo econômico.

Como harmonizar a iniciativa local com os interesses da autoridade central, ou o sufrágio universal com uma hierarquia de funcionários burocráticos; o princípio de que ninguém deve obediência a uma lei que foi sancionada sem o seu consentimento, com o direito da maioria?

Qualquer escritor que entendesse essas contradições e tentasse conciliá-las provaria ser não um filósofo audacioso, mas um miserável charlatão. Essa absoluta incompatibilidade entre os dois sistemas, tantas vezes provada, ainda não convenceu àqueles que, embora admitindo os perigos da autoridade, ainda assim agarram-se a ela como a única forma de manter a ordem, não vendo, fora dela, senão o vazio e a desolação.

Tal como o enfermo da comédia ao qual diziam que, se quisesse curar-se, a primeira coisa a fazer seria livrar-se dos médicos, eles insistem em perguntar como seria possível um homem sobreviver sem um médico e a sociedade, sem governo. Eles farão um governo tão republicano, benévolo e igualitário quanto for possível, erguerão todas as formas cabíveis de garantia contra ele, irão subestimá-lo e chegarão quase a atacá-lo para apoiar a autoridade dos cidadãos. Eles nos dizem: "Vocês são o governo! Vocês irão governar-se, sem presidentes, representantes ou delegados. De que se queixam, pois?". Mas viver sem qualquer forma de governo, abolir toda a autoridade, de forma absoluta e sem qualquer restrição, estabelecer a anarquia pura, parece-lhes algo ridículo e inconcebível, uma trama contra a república e contra a nação. "Que outra coisa iriam colocar no seu lugar todos aqueles que falam em abolir o governo?", perguntam.

Nós sabemos a resposta. Como acabamos de mostrar, substituiremos o governo por uma organização industrial. No lugar de leis, colocaremos contratos. Não haverá mais leis votadas pela maioria, nem mesmo por unanimidade. Cada cidadão, cada cidade, cada sindicato industrial fará suas próprias leis.

No lugar de poderes políticos, colocaremos forças econômicas. Em lugar das velhas classes sociais: nobres, burgueses e camponeses ou de patrões e operários, colocaremos a designação geral e os departamentos especiais do trabalho: agricultura, manufatura, comércio etc.

A força pública será substituída pela força coletiva. O exército permanente, pelas associações operárias. Em vez de polícia, teremos a identidade de interesses. Em vez de centralização política, centralização econômica.

Percebem como é possível que haja ordem sem funcionários encarregados de mantê-la? Uma ordem baseada numa profunda união intelectual?

Aqueles que não conseguem imaginar que possa existir união sem uma engrenagem de legisladores, promotores públicos, procuradores gerais, funcionários de alfândega que a sustente não sabem o que é a verdadeira união!

Pois aquilo a que dão o nome de união e centralização não é mais do que um caos perpétuo, servindo de base a uma ditadura infindável; é usar a situação de caos progressivo em que se encontram as forças sociais para justificar a ditadura – uma ditadura que é, na verdade, a causa do caos.

Cabe-nos, por nossa vez, perguntar que necessidade teríamos de um governo, quando fizemos um acordo? Será que o Banco Nacional, com suas várias agências, não é uma garantia de união e de centralização do poder? Será que o acordo firmado pelos trabalhadores rurais e que serve para regular o pagamento, comercialização e a indenização das propriedades rurais não cria uma união nacional?

Por outro lado, as associações industriais criadas para gerir as grandes indústrias não são também fatores de união? E a constituição de valor ou, como nós a chamamos, o contrato dos contratos, não será ela a mais perfeita e indissolúvel forma de união?

E se for necessário procurar um exemplo em nossa própria história para convencê-los, por que não falar no mais belo monumento da convenção, o sistema de pesos e medidas, que há mais de cinquenta anos constitui a pedra angular da unidade econômica que deverá substituir a unidade política?

Portanto, jamais voltem a perguntar o que iríamos colocar no lugar do governo, nem o que será de uma sociedade sem governo, pois eu lhes asseguro que no futuro será bem mais fácil encontrar sociedades onde não haja governo.

Neste momento, a sociedade se parece a uma borboleta recém-saída do casulo, que sacode suas belas asas ao sol antes de começar a voar. Diga-lhe que se arraste para dentro de seu invólucro de seda, ordene-lhe que despreze as flores e que fuja da luz!

É impossível fazer uma revolução utilizando apenas fórmulas. Os preconceitos devem ser atacados na base, derrubados, transformados em pó; seus efeitos nocivos devem ser explicados e demonstrada a sua natureza ridícula e odiosa. A humanidade só é capaz de acreditar nos seus próprios testes e fica feliz quando eles não lhe queimam os miolos ou não lhe secam o sangue.

Tentemos, pois, através de uma crítica aberta, tornar esse teste do governo algo tão conclusivo que o absurdo dessa instituição conseguirá penetrar em todas as mentes, e a anarquia, que agora é temida como a peste, será aceita como algo benéfico...

A DISSOLUÇÃO DO GOVERNO

WILLIAM GODWIN
(in *Inquérito sobre a justiça política*, 1793)

Dois deveriam ser os objetivos do governo – a supressão da injustiça e a defesa contra os inimigos externos. O primeiro, que poderia por si só reclamar nossa atenção ininterrupta, é alcançado de forma satisfatória e a tal ponto que permite a instituição de um júri cuja tarefa é decidir sobre os delitos cometidos por indivíduos dentro da comunidade e sobre questões e controvérsias relativas à propriedade. Seria bem fácil para o criminoso escapar dos limites de uma jurisdição tão mesquinha; e a princípio poderia parecer necessário que as cidades e distritos vizinhos tivessem um governo semelhante, ou que estivessem ao menos dispostos, fosse qual fosse a sua forma de governo, a cooperar conosco para afastar ou reformar qualquer indivíduo cujos hábitos de vida representassem uma ameaça para toda a comunidade. Mas não haveria necessidade de qualquer contrato escrito e menos ainda de que existisse uma autoridade central para atender a esse objetivo. Sabemos que o desejo de justiça e a defesa de interesses mútuos têm o poder de unir os homens mais fortemente do que qualquer pacto ou contrato assinado. E, enquanto isso, a necessidade de infligir um castigo ao criminoso para puni-lo teria cessado – se é que alguma vez existira.

Tornar-se-iam cada vez mais raros os motivos que justificariam um delito, poucas as circunstâncias agravantes e supérfluas todas as formas de punição. O principal objetivo do castigo é reprimir um membro perigoso da comunidade, e esse objetivo seria atingido pela vigilância mútua que cada um dos membros de um círculo limitado exerceria sobre a conduta dos outros membros e pela seriedade e bom senso que caracterizaria a censura dos homens, da qual seriam banidos todo o mistério e empirismo.

Nenhum indivíduo seria suficientemente teimoso para persistir no erro, desafiando o sóbrio julgamento daqueles que o cercassem. E, se o fizesse, seria levado ao desespero ou, melhor ainda, ao castigo. Ver-se-ia forçado a mudar sua conduta por uma força semelhante à do chicote.

Este artigo contém um esboço do novo modelo político. Seria irracional qualquer controvérsia que porventura surgisse entre duas paróquias*, uma vez que qualquer questão de limites

* Sendo o termo "paróquia" aqui utilizado sem qualquer relação com sua origem, mas pelo fato de que é uma palavra que descreve determinada porção de território, de extensão ou população limitada, que o costume tornou familiar.

poderia ser solucionada pelo emprego dos princípios mais óbvios da conveniência, os quais não poderiam deixar de indicar-nos a qual distrito deveria pertencer a área de terras em litígio. Nenhuma associação de homens – desde que se deixassem guiar pelas normas da razão – poderia ter qualquer interesse em aumentar seu território. E, se desejássemos manter a lealdade de nossos associados, reforçando os laços que os unem a nós, não poderíamos adotar método mais seguro do que aquele que nos leva a agir seguindo os ditames da justiça e da moderação. E se tal método porventura fracassa é porque foi aplicado em alguém que, seja qual for a sociedade a que pertence, logo se revelará indigno dela. O dever de punir os criminosos não depende da aquiescência do criminoso, mas é provocado pela necessidade que a sociedade tem de defender-se daqueles que a atacam.

Mas, por mais irracional que possa parecer essa disputa entre paróquias numa sociedade como a que descrevo, nada impede que ela ocorra. Torna-se necessário, portanto, adotar certas medidas para enfrentar as dificuldades provocadas por tais emergências, dificuldades que, pela sua natureza, se assemelham àquelas provocadas por uma invasão estrangeira que só poderá ser enfrentada pela união de vários distritos dispostos a defender e, em certos casos, a forçar a aplicação dos ditames da justiça. Diante desses dois casos – o primeiro, a disputa entre paróquias; o segundo, a invasão estrangeira – que o interesse comum determina sejam imediatamente combatidos pela união de todos, cabe-nos fazer uma observação bastante óbvia: a de que, pela sua própria natureza, elas só ocorrem esporadicamente, e portanto as medidas tomadas para enfrentá-los não precisam ter, a rigor, um caráter de permanência. Em outras palavras – a manutenção de uma assembleia nacional permanente, como a que existe hoje na França, não seria desejável em períodos de tranquilidade, podendo até mesmo ser prejudicial.

E, para que possamos fazer um juízo mais exato, lembremos algumas das principais características associadas à constituição de uma assembleia nacional.

• • •

Em primeiro lugar, a existência de uma assembleia nacional introduz na sociedade os males de uma unanimidade fictícia. Guiado por tal assembleia, o povo deve concordar com as resoluções por ela tomadas, caso contrário a assembleia não seria mais do que uma excrescência inútil. Mas a unanimidade é um objetivo impossível – não se deve esperar que os inúmeros indivíduos que compõem uma nação possam refletir sobre uma grande variedade de questões importantes sem que formem diferentes juízos. Na verdade, as questões colocadas diante de uma tal assembleia são decididas pelo voto da maioria, e a minoria, depois de denunciar o erro, a loucura e a injustiça das medidas adotadas com toda a eloquência de que é capaz e todo o seu poder de raciocínio, vê-se de certa forma obrigada a colaborar na execução dessas medidas. Nada poderia contribuir mais decisivamente para o embotamento da capacidade de compreensão e do caráter da humanidade. Nada mais capaz de transformá-la numa massa tímida, hipócrita e corrupta. E todo aquele que não tem o hábito de decidir exclusivamente a partir de sua própria compreensão dos fatos acaba por perder a energia e a simplicidade inerentes à sua natureza. Aquele que contribui com seu próprio esforço, ou com seus bens, para apoiar uma causa que ele acredita injusta, logo perderá a capacidade de discriminar e a bela retidão de caráter que são os principais ornamentos da razão.

Em segundo lugar, as assembleias nacionais produzem um certo tipo de unanimidade real que não é natural e pode ter efeitos nocivos. Uma mente saudável é aquela que, liberta dos grilhões, pode desenvolver-se em harmonia com as impressões independentes e individuais que a verdade imprimir nela. Quão grande poderia ser o desenvolvimento intelectual dos homens se eles não fossem prejudicados pelos preconceitos da educação e não se deixassem seduzir pela influência de uma sociedade corrupta, mas se acostumassem a seguir sem medo as indicações da verdade, por mais inexploradas que fossem as regiões e inesperadas as conclusões a que ela os levasse! Não podemos prosseguir nessa jornada que nos levará à felicidade, enquanto não nos entregarmos à corrente que nos fará chegar até onde ela está. Essa âncora que a princípio nos parecia ser a nossa garantia de salvação provará ser, afinal, um dos meios para deter o nosso avanço. Espera-se que, se nos for dada total liberdade para questionar, acabaremos chegando, através dela, a um certo tipo de unanimidade; e, se nos fosse dado viver num Estado livre, essa liberdade se tornaria a cada hora mais visível. Mas toda espécie de unanimidade provocada pelo fato de que o homem tem parâmetros visíveis de conduta, aos quais deve adaptar seus sentimentos, é uma unanimidade enganadora e perniciosa.

Em numerosas assembleias, um milhão de circunstâncias influenciam o nosso julgamento, independentemente das razões e das evidências que nos são apresentadas. Nenhum homem perde de vista os possíveis efeitos que as opiniões que ele professa poderão ter sobre o seu sucesso. Todo homem estabelece algum tipo de ligação com um partido ou uma seita. Seu raciocínio é perturbado a cada passo pelo temor de que seus associados possam repudiá-lo. O efeito desses temores pode ser facilmente observado no atual estado em que se encontra o parlamento britânico, onde homens de inegável e abrangente talento, influenciados por três motivos, são levados a defender com toda a sinceridade os mais grosseiros e desprezíveis erros.

Em terceiro lugar, todos os debates que ocorrem na assembleia são distorcidos e perdem a coerência pela necessidade de que sejam resolvidos através do voto. Pela sua própria natureza, o debate e a discussão se constituem no instrumento perfeito para o desenvolvimento da inteligência e da capacidade de raciocínio, mas perdem essa característica salutar no instante em que são submetidos a essa infeliz circunstância que determina a obrigatoriedade do voto. O que poderia ser mais irracional do que exigir que uma discussão, cujo objetivo principal é quase sempre o de esclarecer de forma sutil a mente humana, torne-se definitiva ao fim de uma sessão? Quando isso ocorre, tudo muda. O orador já não procura obter uma convicção permanente mas um efeito transitório. Prefere explorar os nossos preconceitos a fazer com que exercitemos nossa capacidade de julgamento. E o que poderia ter sido um inquérito paciente e proveitoso transforma-se em confusão, tumulto e precipitação.

Outra circunstância que tem origem no sistema de decisão através do voto é a necessidade de desenvolver um tipo de discurso capaz de atingir mais rapidamente as emoções do público e que melhor se adapte às ideias preconcebidas dos que o ouvem. O que se poderia imaginar de mais ridículo do que o espetáculo proporcionado por um grupo de seres racionais que, reunidos durante várias horas, ocupam seu tempo a pesar partículas gramaticais e a ajustar vírgulas? Pois tal é a cena constantemente observada em clubes e sociedades privadas. No parlamento, essas questões são geralmente resolvidas antes que o assunto venha a público, o que não impede que às vezes ocorra que após acrescentar várias emendas ao projeto original (para melhor atender aos interesses corruptos de certas autoridades), reste ainda a tarefa hercúlea de dar àquele caos uma forma inteligível e gramaticalmente correta.

O resultado é depois arranjado, constituindo-se num flagrante insulto à razão e à justiça o fato de que a decisão sobre o que é ou não é certo seja feita através da contagem dos votos dos presentes. Desse modo, tudo aquilo que nos ensinaram a considerar sagrado é decidido, na melhor das hipóteses, pelas piores cabeças da assembleia ou, como frequentemente acontece, pela influência das intenções mais corruptas e desonrosas.

E, por último, as assembleias nacionais jamais poderiam contar com nossa aprovação se lembrássemos por um só instante do absurdo dessa ideia fictícia que faz com que a sociedade seja encarada como um indivíduo dotado de senso moral. É em vão que pretendemos nos opor às leis impostas pela natureza e pela necessidade. Por mais que tentemos enganar-nos, uma multidão de homens será sempre uma multidão de homens e não haveria força capaz de uni-los intelectualmente, a menos que possuíssem todos o mesmo grau de inteligência e percepção. Mas, enquanto cada homem tiver suas próprias ideias, a única maneira de concentrar as forças da sociedade seria fazer com que um só homem assumisse a liderança sobre seus semelhantes por um período mais – ou menos – prolongado, utilizando o poder das massas (quer fosse ele material, quer fosse aquele que depende do valor do caráter) de uma forma mecânica, tal como empregaria a força de um instrumento ou de uma máquina.

Todos os governos correspondem, em menor ou maior grau, àquilo que os gregos chamavam de tirania. A diferença está em que nos países despóticos a mente é atingida por uma usurpação uniforme, enquanto que nas repúblicas ela mantém um certo grau de independência e atividade e a usurpação se adapta mais facilmente às flutuações de opinião.

A presunção da sabedoria coletiva está entre as mais tangíveis formas de impostura. Os atos da sociedade não poderão jamais desprezar as sugestões dos membros que a integram. Cabe aqui indagar se a sociedade, considerada como agente, pode realmente ser considerada igual a cada um dos indivíduos que dela fazem parte. Cabe-nos examinar as razões que nos fazem supor que o líder dessa sociedade será sempre escolhido entre os seus elementos mais sábios, e aqui, sem nos determos a examinar o que nos leva a essa suposição, encontramos duas razões óbvias capazes de convencer-nos de que, seja qual for o grau de sabedoria inerente àquele que exerce a liderança. Nada impede que os atos que ele pratique em nome da sociedade sejam não só menos virtuosos e perfeitos do que os que poderia vir a praticar caso ocupasse uma posição menos formal e não se visse pressionado por tantas responsabilidades. Pois, em primeiro lugar, há muito poucos homens que, conscientes de que poderiam transferir sua responsabilidade pessoal sempre que agissem em nome da sociedade, não se aventurariam a tomar medidas ditadas por razões menos diretas e justificáveis do que aquelas que escolheriam adotar caso agissem em seu próprio nome. Em segundo lugar, todos os homens que agem em nome da sociedade logo se veem privados da energia e entusiasmo que talvez tivessem, caso pudessem manter a sua individualidade. Mas devem arrastar atrás de si uma multidão de aliados, cujos humores devem ser consultados e cujo lento raciocínio deve ser respeitado. É por essa razão que tantas vezes vemos homens de extraordinário gênio que, ao ingressarem na agitação que caracteriza a vida pública, transformam-se em líderes medíocres.

Esses argumentos nos autorizam a concluir que, por mais necessárias que possam ser as assembleias nacionais – ou, em outras palavras, as assembleias criadas com o objetivo de ajustar as diferenças surgidas entre os vários distritos e deliberar quanto à melhor forma de repelir as invasões estrangeiras – e por mais que precisemos recorrer a elas em certas ocasiões, deveríamos lançar mão delas tão parcimoniosamente quanto nos fosse possível. Elas não deveriam ser constituídas senão em circunstâncias extraordinárias – como ocorreu ao tempo dos ditadores da Roma Antiga – ou deveriam manter reuniões periódicas – uma vez por ano, por exemplo – com a possibilidade de permanecer em sessão por mais tempo, mas por período limitado, para melhor ouvir as queixas e sugestões de seus constituintes. Essa última deveria ser a forma preferida. Muitas das razões acima expostas pretenderam demonstrar que a própria eleição só deve ser utilizada quando a ocasião assim o exigir. Não haveria provavelmente qualquer dificuldade para sugerir novos expedientes capazes de permitir a criação de assembleias nacionais regulares. E seria bastante condizente com os hábitos e experiências adquiridas no passado que houvesse uma eleição geral sempre que um determinado número de distritos a solicitasse. Seria também desejável, por uma questão de igualdade e de rígida simplicidade, que, quer reunisse 2 ou 2 mil distritos, uma assembleia tivesse um número de representantes proporcional ao número de distritos que a tivessem solicitado.

Seria difícil negar que as mais vigorosas objeções que foram reiteradamente feitas contra a democracia tornam-se insignificantes quando confrontadas com a forma de governo aqui sugerida. Será difícil encontrar nele qualquer pretexto para desencadear tumultos e para permitir a tirania de uma elite ébria de poder, a ambição política de uns poucos e o ciúme inquieto e as desconfianças de muitos. Aqui nenhum demagogo seria capaz de descobrir qualquer ocasião que lhe propiciasse transformar a massa no instrumento cego através do qual conseguiria atingir os seus objetivos. E, vivendo numa sociedade assim, poder-se-ia esperar que os homens entendessem a sua boa fortuna e procurassem conservá-la. A principal razão que permitiu que tantas vezes o homem se tornasse vítima inocente nas mãos dos vilões é a natureza misteriosa e complexa do sistema social em que ele vive. Uma vez eliminada a charlatanice dos governos, mesmo o mais rude dos cidadãos poderia descobrir os artifícios que o malabarista utiliza para enganá-lo.

• • •

Resta-nos refletir sobre o grau de autoridade de que deveria ser investido essa espécie tão diferente de assembleia nacional que concordamos em introduzir no nosso sistema de governo. Deverão seus integrantes emitir suas ordens aos diferentes membros da confederação? Ou bastaria que os convidassem a cooperar com eles em benefício da comunidade e convencê-los, por meio de discussões e de discursos, da sensatez das medidas que se propõem adotar? A princípio talvez seja necessário adotar a primeira alternativa, mas logo será suficiente apenas lançar mão da última.*

O Conselho Anfictiônico da Grécia não dispunha de qualquer outra forma de autoridade senão daquela que emanava do caráter pessoal de cada um de seus integrantes. À medida que o espírito de partido ia sendo destruído e que se acalmava a agitação provocada pela revolta popular e que a máquina política se tornava cada vez mais simples, a voz da razão acabaria por ser ouvida. Um apelo feito pela assembleia aos vários distritos não deixaria de obter a aprovação unânime dos homens sensatos, a menos que contivesse algo tão evidentemente questionável a ponto de que se tornasse desejável o seu fracasso.

Essa observação nos leva um passo adiante – por que não fazer com que a mesma distinção entre ordens e convites que

---

* Tal é, pelo menos, a ideia de *Viagens de Gulliver*, que parece ter incluído, mais do que qualquer autor surgido antes ou depois dele, os verdadeiros princípios da justiça política. Foi realmente uma infelicidade que um trabalho de tão inestimável sabedoria não tenha conseguido comunicar sua mensagem à humanidade, o que pode ser atribuído ao estilo algo brincalhão em que foi escrito.

acabamos de defender nas assembleias nacionais seja aplicada também a determinadas assembleias e júris nos vários distritos?

A princípio seria lícito supor que seria necessário lançar mão de um certo grau de autoridade e de violência. Mas tal necessidade não seria provocada pela natureza dos homens, mas das instituições pelas quais foi corrompido. O homem não é mau por natureza. Ele não se recusaria a ouvir e a ser convencido pelas admoestações que lhe são dirigidas, nem deixaria de atendê-las se não tivesse sido acostumado a considerá-las hipócritas e a pensar que, enquanto seu vizinho, seu pai e seu governante fingiam agir movidos pelo desejo de defender seus interesses e prazeres estavam na verdade agindo em proveito próprio e às suas custas. Tais são os efeitos da complexidade e do mistério de que se reveste o governo. Simplifiquemos o sistema social, adotando as medidas recomendadas por todos os motivos, exceto aqueles ditados pela ambição e pelo desejo de usurpar a liberdade dos indivíduos; coloquemos os mais simples ditames da justiça ao alcance de todos; façamos desaparecer a necessidade de fé implícita e poderemos esperar que a espécie humana torne-se mais razoável e virtuosa. Quando isso acontecer, talvez os júris sirvam apenas para indicar a melhor forma de resolver as controvérsias, sem que seja necessário assumir as prerrogativas de ordenar a maneira pela qual serão resolvidas. Talvez seria suficiente apenas que convidassem os criminosos a abandonar sua vida de crimes. E, se suas recomendações se mostrassem inúteis em determinadas circunstâncias, os males surgidos dessas circunstâncias seriam bem menos importantes do que aqueles que têm origem na perpétua violação do direito de exercer seu próprio julgamento. Na verdade, nenhum mal poderia daí advir, pois quando fosse universalmente reconhecido o império da razão o criminoso não hesitaria em submeter-se às advertências da autoridade; ou, se resistisse, mesmo que não viesse a sofrer qualquer castigo físico, sentir-se-ia tão pouco à vontade sob o olhar vigilante do julgamento de seus pares que logo procuraria o convívio de uma sociedade mais disposta a aceitar os seus erros.

Por essas observações, o leitor já deve ter talvez antecipado a conclusão final a que chegamos: se, com o passar do tempo, os júris deixassem de decidir e se contentassem em sugerir; se fosse possível retirar o poder da força e confiar apenas na razão, seria lícito supor que acabaríamos descobrindo que não só o júri como qualquer outra espécie de instituição oficial poderia ser eliminado por não haver mais necessidade delas. Pois não será a competência de um indivíduo para ensinar seus vizinhos suficientemente reconhecida por eles, sem que se torne necessário formalizá-la através do voto? E não será o raciocínio de um só homem esclarecido valer tanto quanto o de doze? Haverá assim tantos erros a vencer e tanta obstinação em persistir neles? Vivemos um dos mais memoráveis estágios do desenvolvimento humano. Com que alegria todo ser esclarecido e amigo da humanidade espera ansiosamente pelo auspicioso tempo que trará a dissolução do governo, essa máquina brutal, única causa eterna de todos os erros da humanidade e que... incorpora toda espécie de erros à sua substância, erros que não poderão desaparecer senão quando ela for totalmente destruída!

DISPONDO DE NOSSAS PRÓPRIAS VIDAS

LEON TOLSTÓI
(in *A história de nosso tempo*, 1900)

Diz-se que sem governos não teríamos todas aquelas instituições informativas, educativas e públicas imprescindíveis a todos nós.

Mas por que deveríamos supor tal coisa? Por que pensar que indivíduos não seriam capazes de organizar suas vidas tão bem quanto aqueles a serviço do governo podem fazê-lo, não para si próprios mas para os outros?

O que vemos, ao contrário, é que atualmente as pessoas são capazes de organizar os mais variados aspectos de suas vidas incomparavelmente melhor do que poderiam fazê-lo aqueles que os governam. Sem a menor ajuda oficial, e muitas vezes apesar da interferência do governo, os indivíduos organizam toda a espécie de empreendimentos – uniões operárias, sociedades cooperativas, companhias de estrada de ferro, cartéis e sindicatos. Se é necessário arrecadar fundos para essas obras, por que deveríamos supor que indivíduos livres não podem arrecadar, voluntariamente e sem recorrer à violência, os meios necessários para levar avante qualquer empreendimento que atualmente é sustentado por meio de impostos, desde que as obras em questão sejam realmente úteis? Por que devemos supor que é impossível existir tribunais sem violência? Sempre existiram – e continuarão a existir, sem que seja necessário recorrer à violência – julgamentos, feitos por quem merece a confiança dos disputantes. Estamos de tal modo viciados pela servidão que já dura há tanto tempo, que mal podemos imaginar uma administração que não se utilize da violência. E, no entanto, isso não é verdade: as comunas russas que emigraram para regiões distantes, onde nosso governo as deixou entregues a si próprias, organizaram seu próprio sistema de impostos, sua administração, seus tribunais e suas forças policiais e conseguiram prosperar até que a violência governamental decidiu interferir. E, da mesma forma, não há qualquer razão para supor que as pessoas não possam decidir de comum acordo qual o uso que deve ser dado à terra.

Conheci muitos povos – como os cossacos do Oural – que viveram sem reconhecer o direito do indivíduo à posse da terra. E havia entre eles uma tal paz e tanta ordem como não vi em qualquer outra sociedade onde a posse da terra é defendida pela violência. Conheço também certos grupos que vivem sem reconhecer o direito de cada indivíduo à propriedade privada. Pelo que posso lembrar, os camponeses russos não aceitavam a ideia de que a terra tivesse dono. A defesa dessa propriedade através da violência patrocinada pelo governo não apenas não impede a luta pela terra, mas, ao contrário, intensifica essa luta e, em muitos casos, chega a estimulá-la.

Não fosse pela proteção à propriedade privada da terra e a consequente alta no seu preço, as pessoas não teriam que viver amontoadas em pequenos espaços, mas poderiam espalhar-se pela terra sem dono que ainda existe por todo o mundo. Mas, nas atuais circunstâncias, há uma luta incessante pela posse do solo, uma luta que utiliza armas fornecidas pelo governo através das leis imobiliárias. E, nessa luta, os vencedores jamais são aqueles que trabalham na terra, mas sempre aqueles que participam da violência oficial.

O mesmo acontece com relação ao produto do trabalho. Todas as coisas que tiverem sido realmente produzidas pelo trabalho do homem e das quais ele necessita são sempre protegidas pelos costumes, pela opinião pública, por sentimentos de justiça e reciprocidade sem que seja preciso recorrer à violência para assegurar a sua posse. Os milhares de quilômetros de florestas que pertencem a um só homem – enquanto, à sua volta, centenas de pessoas não têm combustível – precisam ser protegidos pela violência.

Isso também se aplica às fábricas e outros locais onde várias gerações de operários vêm sendo exploradas. Mais proteção ainda necessitam as centenas de toneladas de grãos pertencentes a um só indivíduo, que as mantém escondidas para vendê-las por um preço três vezes maior em épocas de escassez de alimentos. Mas nenhum ser humano, por mais depravado que seja – a menos que se trate de um homem rico ou de um funcionário do governo –, tomaria de um camponês que vive do seu trabalho a colheita do que ele mesmo plantou, ou a vaca que ele mesmo criou e da qual retira o leite para seus filhos, ou o arado, a foice, a pá que ele mesmo fez e que usa. Se fosse possível encontrar um só homem capaz de tomar de outro artigos que ele mesmo fez e dos quais necessita para viver, tal homem atrairia sobre si tal indignação de todos aqueles que vivessem em situação semelhante que dificilmente ganharia alguma coisa com tal ação. Um homem que fosse tão imoral a ponto de agir sob tais circunstâncias teria o cuidado de agir protegido por um rigoroso sistema de defesa da propriedade através da violência. Geralmente se diz que, "se apenas tentarmos abolir o direito à posse da terra e ao produto do nosso trabalho, ninguém mais desejará trabalhar sem a garantia de que poderá dispor do produto do seu trabalho". Pois nós afirmaríamos exatamente o contrário: a proteção, pela violência, de direitos de propriedade obtidos de forma imoral, hoje tão comum, se já não destruiu totalmente, pelo menos enfraqueceu consideravelmente o direito natural e inato à propriedade, sem o qual a humanidade não poderia existir e que sempre existiu e ainda existe entre todos os homens. Não há, portanto, qualquer razão para prever que as pessoas não serão capazes de organizar suas vidas sem recorrer à violência.

Naturalmente poder-se-ia dizer que cavalos e bois precisam ser orientados pela violência de seres racionais – os homens. Mas por que deveriam os homens ser guiados não por algum ser superior, mas por gente igual a eles? Por que deveriam sujeitar-se à violência de outros homens apenas porque eles estão no poder naquele momento? Quais são as provas de que esses homens são mais sábios do que aqueles sobre os quais lançam a sua violência?

O fato de que se permitam usar de violência contra outros seres humanos indica não apenas que não são mais sábios do que aqueles que se submetem as suas ordens, mas que são até menos sábios do que eles. Sabemos que o exame a que se submetem na China aqueles que pretendem o cargo de mandarin não garante que apenas os mais sábios e os melhores receberão o poder. Assim como não há qualquer garantia de que o poder seja assegurado pela hereditariedade, pelo mecanismo das promoções ou pelas eleições que acontecem em países constitucionais. Pelo contrário, o poder é sempre conquistado por aqueles menos conscientes e menos honrados

Diz-se: "Como é possível viver sem governo, isto é, sem violência?". Mas, ao contrário, deveriam perguntar: "Como é possível que seres racionais possam viver acreditando que o compromisso vital de suas vidas é a violência e não a harmonia racional?".

Há duas hipóteses possíveis: ou as pessoas são seres racionais, ou irracionais. Se são irracionais, então são totalmente irracionais e então tudo que acontece entre elas será decidido através da violência e não há nenhuma razão pela qual algumas pessoas possam ter o direito de usar a violência e outras não.

E, nesse caso, não há qualquer coisa que justifique a violência patrocinada pelo governo. Mas, se os homens são seres racionais, suas relações devem ter como base a razão, não a violência daqueles que, por acaso, detêm o poder. E, nesse caso, também não há nada que justifique a violência patrocinada pelo governo.

O QUE É AUTORIDADE?

MICHAEL BAKUNIN
(in *Dieu er l'État*, 1882, traduzido para o inglês por Benjamin Tucker com o título de *Deus e o Estado*, 1883)

O que é autoridade? Será o inevitável poder das leis naturais, que se manifesta no necessário encadeamento e na sucessão de fenômenos físicos e sociais? Na verdade, contra essas leis não só não é permitido revoltar-se como é até impossível fazê-lo. Podemos não entendê-las e até desconhecê-las, mas jamais desobedecê-las, pois elas constituem a base, a condição fundamental da nossa existência; elas nos envolvem, penetram no nosso ser, regulam todos os nossos movimentos, pensamentos e ações; e, mesmo quando julgamos estar indo contra elas, estamos na verdade apenas demonstrando sua onipotência. Sim, somos escravos dessas leis. Mas não há, nessa escravidão, nada de humilhante. Na verdade, não há escravidão, já que a escravidão pressupõe a existência de um senhor, um ser que faz as leis daqueles que comanda, enquanto essas leis não estão fora de nós mas nos são inerentes, fazem parte do nosso ser, integralmente e em todos os seus aspectos, tanto físicos quanto intelectuais e morais. É através delas que vivemos, respiramos, agimos, pensamos e desejamos. Sem elas não somos nada, não existimos. Donde, portanto, tirar o poder e o desejo de nos rebelarmos contra elas?

Em relação às leis naturais, só há uma liberdade possível ao homem: a liberdade de reconhecê-las e aplicá-las em escala cada vez mais ampla, em harmonia com os objetivos de emancipação ou humanização individual e coletiva que ele persegue. Uma vez reconhecidas, essas leis exercem sobre a massa uma autoridade que jamais é questionada. Seria preciso que fôssemos, no fundo, ou idiotas, ou teólogos ou pelo menos metafísicos, futuristas ou economistas burgueses para rebelar-nos contra a lei que diz que dois mais dois são quatro. É preciso ter fé para imaginar que o fogo não irá queimar-se, nem a água afogar-se – a não ser, na verdade, que lancemos mão de um outro subterfúgio baseado, por sua vez, em qualquer outra lei natural. Mas essas revoltas, ou melhor, essas tentativas de revolta ou essas tolas fantasias sobre uma revolta impossível são decididamente uma exceção: pois, de uma maneira geral, pode-se afirmar que a grande massa dos homens reconhece, de forma quase absoluta, o predomínio do bom senso na sua vida cotidiana, isto é, o predomínio das leis naturais aceitas por todos.

A grande desgraça é que um grande número de leis naturais, já reconhecidas pela ciência, permanece ignorado pela massa graças à vigilância desses governos tutelares que, como sabemos, só existem para o bem do povo. Há uma outra dificuldade – isto é, que a maior parte das leis naturais relacionadas ao desenvolvimento da sociedade humana, tão necessárias, invariáveis e fatais quanto as leis que governam o mundo físico, não foram ainda devidamente estabelecidas e reconhecidas pela própria ciência. Tão logo isso aconteça e, através da própria ciência, por meio de um sistema extensivo de educação e ensino populares, essas leis passem a integrar a consciência de todos, a questão da liberdade terá sido então inteiramente resolvida. Neste momento, mesmo a mais irredutível das autoridades será forçada a admitir que não haverá mais nada que justifique a permanência da organização, governo ou legislação política, três coisas que, quer emanem da vontade do soberano ou do voto de um parlamento eleito por sufrágio universal, e mesmo que esteja em harmonia com o sistema das leis naturais – que jamais aconteceu e jamais acontecerá –, são sempre fatais e hostis à liberdade das massas, pela própria circunstância de que impõem sobre elas um sistema de leis externas e, portanto, despóticas. A liberdade do homem consiste, exatamente, no fato de que ele obedeça às leis naturais porque ele próprio as tenha reconhecido como tais, não porque lhe tenham sido impostas por qualquer espécie de meios ou vontade extrínseca, seja ela divina ou humana, coletiva ou individual.

Imagine uma douta academia, integrada pelos mais ilustres representantes da ciência: imagine que essa academia tivesse sido encarregada de criar uma legislação para organizar a sociedade e que, inspirada pelo mais puro amor à verdade, tivesse escolhido apenas aquelas leis que estivessem em absoluta harmonia com as mais recentes descobertas da ciência. Pois bem, afirmo de minha parte que tal legislação e tal organização seriam uma monstruosidade, e isso por duas razões: primeiro porque a ciência humana será sempre e necessariamente imperfeita e que, comparando o que já foi descoberto com o que ainda está por descobrir, podemos afirmar que ela ainda engatinha. De modo que, se tentássemos fazer com que a vida prática dos homens, tanto a coletiva quanto a individual, fosse vivida em rigorosa e exclusiva harmonia com os últimos dados fornecidos pela ciência, estaríamos condenando a sociedade e os indivíduos a sofrer um martírio num leito de espinhos, que não tardaria a sufocá-los, já que a vida será sempre algo infinitamente maior do que a ciência.

A segunda razão é esta: uma sociedade que obedecesse às leis ditadas por uma academia científica, não porque ela própria entendesse o caráter racional dessa legislação (caso em que a própria existência da academia seria desnecessária), mas porque essa legislação, partindo da academia, lhes era imposta em nome de uma ciência que ele respeitava sem, no entanto, entendê-la, seria composta não por homens mas por selvagens. Seria uma segunda edição das missões do Paraguai, que se submeteram durante tanto tempo ao governo dos jesuítas. Uma tal sociedade iria, certamente, mergulhar rapidamente nos mais profundos estágios da idiotia.

Mas há uma terceira razão que tornaria tal governo impossível: o fato de que uma academia científica investida de poderes, por assim dizer, absolutos, mesmo que fosse integrada pelos homens mais ilustres, acabaria fatalmente por decretar sua própria corrupção moral e intelectual.

Mesmo hoje, com os poucos privilégios que lhes são concedidos, tal é a história dessas academias. Mesmo o maior dos gênios científicos, a partir do momento em que se torna um acadêmico, um *savant* oficialmente reconhecido como tal, transforma-se num ser apático, perde sua espontaneidade, seu ardor revolucionário e aquela energia selvagem que é uma das características dos grandes gênios, sempre chamados a destruir os velhos mundos decadentes e lançar os alicerces do novo mundo. Ele sem dúvida ganha, em urbanidade e em sabedoria utilitária e prática, aquilo que perde em capacidade de pensar. Numa palavra, ele se torna corrupto.

Uma das características do privilégio e de todas as posições privilegiadas é aniquilar a mente e o coração dos homens. O homem privilegiado, seja prática ou economicamente, é um homem que tem o coração e a mente corrompidos. Essa é uma lei social que não admite exceções, tão aplicável a nações quanto a classes, corporações e indivíduos. É a lei da igualdade, suprema condição da liberdade e do humanismo. O principal objetivo deste tratado é exatamente mostrar esta verdade em todas as manifestações da vida humana.

Um organismo científico ao qual tenha sido confiado o governo da sociedade logo acabaria por se dedicar não mais à ciência, mas a temas bem diferentes; e esses temas, como acontece com todos os poderes estabelecidos, estariam ligados à procura de uma fórmula capaz de garantir sua própria continuidade eterna no poder, o que poderia ser obtido se a sociedade confiada a seus cuidados se tornasse cada vez mais estúpida e, consequentemente, mais necessitada de seu governo e orientação.

Mas essa verdade, que pode ser aplicada às academias científicas, vale também para todas as assembleias constituídas e legislativas, mesmo aquelas escolhidas por sufrágio universal. Neste último caso elas podem, é verdade, renovar sua composição, mas isso não impedirá que, em poucos anos, tenha se formado um organismo de políticos, privilegiados de fato, embora não de direito, dedicando-se exclusivamente à direção dos assuntos públicos do país, acabando por constituir uma espécie de aristocracia ou de oligarquia política. Observem o que aconteceu nos Estados Unidos e na Suíça.

Consequentemente, nem uma legislação externa e nenhuma autoridade – duas instituições, a propósito, inseparáveis e tendo ambas uma tendência para promover a servidão da sociedade e a degradação dos próprios legisladores.

Deve-se entender então que eu rejeito toda a forma de autoridade? Longe de mim tal ideia! Em matéria de sapatos, por exemplo, curvo-me diante da autoridade do sapateiro; tratando-se de casas, canais ou estradas de ferro, consulto o arquiteto e o engenheiro. Para adquirir tal ou qual conhecimento específico, procuro tal ou qual sábio, capaz de melhor transmiti-lo. Mas não permito que nem o sapateiro, nem o arquiteto e nem o sábio imponham sua autoridade sobre mim. Ouço-os livremente e com o respeito que a sua inteligência e o seu caráter me merecem, reservando-me, no entanto, o direito incontestado de criticar e censurar o que disserem. Não me contento em consultar uma só autoridade: consulto várias, comparo suas opiniões e escolho aquela que me parecer mais sensata. Mas não reconheço qualquer autoridade infalível, mesmo em determinados assuntos; consequentemente, seja qual for o respeito que eu possa ter pela honestidade e a sinceridade de tal ou qual indivíduo, ninguém merece a minha confiança absoluta. Tal confiança seria fatal para a minha razão, minha liberdade e mesmo para o sucesso dos meus empreendimentos: ela me transformaria imediatamente num escravo estúpido, num instrumento da vontade e do interesse de outros.

Se me inclino diante da autoridade dos especialistas e reconheço minha disposição para seguir, até certo ponto e por tanto tempo quanto me parecer necessário, suas indicações e até mesmo suas ordens, é porque sua autoridade não me é imposta por quem quer que seja – nem pelos homens nem por Deus. De outro modo eu a repeliria com horror e convidaria o diabo a aceitar seus conselhos, seus serviços e suas ordens – certo de que me faria pagar, com a perda da minha liberdade e do meu respeito próprio, por cada fragmento de verdade envolto numa multidão de mentiras que acaso me pudesse dar.

Inclino-me diante da autoridade de certos homens porque minha razão assim ordena que eu faça. Tenho plena consciência da minha incapacidade para apreender, em todas as suas minúcias, grandes áreas do conhecimento humano. Mesmo a maior das inteligências não teria condições de apreender o todo. Daí vem a necessidade de uma divisão na tarefa de abranger vários aspectos do conhecimento, relativos tanto à ciência quanto à indústria. Dar e receber – tal é a vida humana. Cada um de nós ordena e, por sua vez, recebe ordens. Não há, portanto, nenhuma autoridade que possa ser fixa e constante, mas sim uma troca contínua, mútua, temporária e – acima de tudo – voluntária de autoridade e subordinação.

Por essa mesma razão, não posso reconhecer a existência de uma autoridade fixa, constante e universal, pois não existe o homem universal, ninguém que seja capaz de entender, com aquela riqueza de detalhes – sem a qual é impossível aplicar a ciência à vida –, todas as ciências e todos os ramos do conhecimento.

E, mesmo que fosse possível reunir toda essa universalidade num só homem, e mesmo que esse homem quisesse aproveitar-se desse poder para impor sua autoridade sobre nós, seria necessário expulsá-lo da sociedade, pois sua autoridade iria, inevitavelmente, reduzir todos os outros homens à condição de escravos e de imbecis. Não creio que a humanidade deva maltratar os gênios como até agora tem feito; mas também não acredito que deva mimá-los, menos ainda que deva dispensar-lhes qualquer privilégio ou qualquer direito especial, e isso por três razões: primeiro, porque muitas vezes tomariam um charlatão por gênio; segundo, porque através de um tal sistema de privilégios poderia transformar num charlatão até mesmo um verdadeiro gênio, desmoralizando-o e degradando-o; e, finalmente, porque, assim fazendo, estaria criando meu próprio senhor.

A REVOLUÇÃO E A NAÇÃO

PIERRE-JOSEPH PROUDHON
(in *Ideia geral da revolução no século XIX*, 1851)

Estimulado pelo Estado, o patriotismo opõe uma invencível resistência à unidade econômica: isso explica por que a monarquia jamais foi capaz de se tornar universal. Ela é, na política, o mesmo que o quadrado no círculo, ou o movimento perpétuo, na matemática – uma contradição. Uma nação consegue tolerar um governo enquanto não tiver organizado suas forças econômicas e enquanto tiver seu próprio governo, pois, nesse caso, o fato de estar submetida a um poder nacional cria a ilusão de que o princípio é válido. O governo se mantém através de uma interminável sucessão de monarquias, aristocracias e democracias. Mas, sempre que ele for externo, a nação sente-se insultada, a revolta se instala em todos os corações, e ele não tem condições de manter-se por muito tempo.

O que nenhuma monarquia, nem mesmo aquela dos imperadores romanos, foi capaz de realizar; o que o cristianismo, epítome das antigas crenças, não conseguiu criar – a República Universal – a revolução econômica criará, não pode deixar de fazê-lo. Pois a verdade é que a economia é como qualquer outra ciência: sempre, e em todo o mundo, invariavelmente a mesma; ela não depende das fantasias dos homens e das nações, nem cede aos caprichos de quem quer que seja. E, assim como não há uma física ou geometria húngara, alemã, americana, também não existe uma economia política russa, inglesa, austríaca, tártara ou hindu. Só a verdade é igual em toda a parte; só a ciência une a humanidade.

Se, portanto, todas as nações passarem a ver na ciência – e não mais na autoridade ou na religião – a suprema lei da sociedade, o árbitro soberano, sendo o alto governo totalmente desnecessário – todas as legislações do universo passarão a conviver harmonicamente. Não haverá mais patriotismo, nem mãe-pátria no sentido político que atualmente é dado a esses termos, passando eles a significar apenas locais de nascimento. O homem é um habitante do universo, seja qual for sua cor ou sua raça; cidadania é, em toda a parte, um direito adquirido. Assim como num território limitado a municipalidade representa a república e exerce a sua autoridade, cada nação do globo representa a humanidade e age em favor dela dentro dos limites impostos pela natureza. Reina a harmonia entre as nações, sem diplomacia nem conselhos de Estado; daqui por diante, nada poderá perturbá-la.

Para que serviriam as relações diplomáticas entre nações que tivessem adotado o seguinte programa revolucionário:

Extinção dos governos;
das conquistas territoriais;
das alfândegas;
da política internacional;
dos monopólios comerciais;
das expansões coloniais;
do controle de um povo por outro, de um Estado por outro;
das linhas estratégicas;
das fortalezas?

A Rússia deseja instalar-se em Constantinopla, como já se instalou em Varsóvia; em outras palavras, deseja incluir o Bósforo e o Cáucaso em sua esfera de influência. Em primeiro lugar, a revolução não permitirá que isso aconteça; e, para assegurar-se disso, começará por revolucionar a Polônia, a Turquia e tantas províncias russas quanto puder atingir, até chegar a São Petersburgo. Feito isso, o que acontecerá com as relações russas em Constantinopla e Varsóvia? Serão semelhantes às que existem em Berlim e Paris, baseadas na liberdade total e na igualdade? E o que será da própria Rússia? Ela se tornará um aglomerado de nacionalidades livres e independentes, unidas apenas pela identidade de linguagem e pela semelhança de modos de vida e condições territoriais. Sob tais condições, a conquista perde inteiramente seu significado – se Constantinopla pertencesse à Rússia, depois da revolução ela não lhe pertenceria nem mais nem menos do que se jamais tivesse perdido a sua soberania. A questão ocidental do Norte deixa de existir. A Inglaterra deseja dominar o Egito, assim como já domina Malta, Corfu, Gibraltar etc. A revolução lhe dirá que deve abster-se de qualquer tentativa de apossar-se do Egito e estabelecerá limites para a usurpação e o monopólio que ela poderá exercer. Para maior segurança, convidá-la-ia a retirar-se das ilhas e fortalezas de onde ameaça a liberdade de terras e mares. Estaríamos na verdade fazendo um juízo equivocado sobre a natureza e alcance da revolução, se imaginássemos que ela seria capaz de permitir que a Austrália e a Inglaterra permanecessem como propriedades exclusivas da Inglaterra, bem como baluartes dos quais esta se utiliza para dominar o comércio do continente. A simples presença dos ingleses em Jersey e Guersney é um insulto para a França, assim como sua exploração da Irlanda e da Índia é um insulto para a Europa; da mesma forma que seu comércio com a China é um insulto para a humanidade inteira. Tal como o resto do mundo, Albion também deve passar pela revolução. E, se for necessário forçá-la a isso, há muitas pessoas aqui que julgam ser essa uma tarefa demasiado difícil. Depois que a revolução tivesse chegado a Londres, eliminado os privilégios que seriam queimados pelo fogo e lançados ao vento, de que valeria para a Inglaterra seu domínio sobre o Egito? Valeria tanto quanto vale para nós a posse da Algéria. Todos poderiam ir e vir, comerciar livremente e planejar a exploração de seus recursos agrícolas, minerais e industriais; todas as nações desfrutariam das mesmas vantagens. O poder local só seria responsável pela manutenção da força policial, custeada pelos colonizadores e pelos nativos.

Ainda existem entre nós chauvinistas que insistem na ideia de que a França deve reconquistar suas fronteiras naturais. Eles pedem muito, ou muito pouco. A França existirá onde quer que seu idioma seja falado, sua revolução encontrar seguidores, seus costumes, arte e literatura – bem como seu sistema métrico e sua moeda – tiverem sido adotados. Isso incluiria quase toda a Bélgica, os cantões de Neufchatel, Vaud, Genebra, Savoia, uma parte do Piemonte; mas significaria a perda da Alsácia e talvez até parte da Provença, da Gasconha e da Bretanha, cujos habitantes não falam francês, sendo alguns deles partidários do clero e dos reis e contra a revolução. Mas de que serve repetir tudo isso? Foi justamente o hábito de anexar territórios, na época da Convenção e do Diretório, que fez com que as outras nações passassem a encarar a república com desconfiança e que, ao despertar em nós o gosto por Bonaparte, levou-nos ao fracasso de Waterloo. Façam a revolução, é o que lhes digo. Vossas fronteiras sempre serão suficientemente amplas e francesas, desde que sejam revolucionárias.

E a Alemanha? Será ela um Império, uma República Unitária ou uma Confederação? Diante da revolução, o famoso problema alemão, que causou tanta celeuma há alguns anos, perde sua importância; o que na verdade vem provar que nunca houve antes uma revolução. Pois o que são os Estados, tanto na Alemanha quanto em outros lugares? Uma série de ditaduras de variados graus de importância, que usam como justificativa os mesmos e invariáveis pretextos: primeiro, a proteção da nobreza e das classes mais altas contra o povo; segundo, a manutenção da independência do governo local. Contra esses Estados a Alemanha sempre demonstrou ser impotente – e sabem por quê? Porque ela limitava sua ação ao campo dos direitos políticos. Organizem as forças econômicas da Alemanha e imediatamente os círculos políticos, os eleitorados, as prefeituras, os reinos e os impérios e até mesmo as leis tarifárias desaparecerão.

A união da Alemanha será uma consequência da abolição de seus Estados. A velha Alemanha não necessita de uma confederação para uni-los, mas sim de uma lei que acabe com eles.

Entendam de uma vez: a mais característica e decisiva consequência da revolução é o fato de que, depois de ter conseguido organizar a produção e a propriedade, ela tenha sido capaz de acabar com a centralização política ou – numa palavra – com o Estado e, como resultado disso, com as relações diplomáticas entre as nações, tão logo essas passassem a aceitar o pacto revolucionário. Qualquer volta às tradições da política, qualquer angústia quanto ao equilíbrio do poder na Europa que pudesse surgir utilizando como pretexto o nacionalismo e a independência dos Estados, qualquer proposta de formar alianças, reconhecer soberanias, restaurar províncias, alterar fronteiras revelaria, por parte dos órgãos do movimento, a mais completa incapacidade para entender as necessidades da época, além de um pouco, caso pela reforma social e uma predileção pela contrarrevolução.

Os reis podem afiar suas espadas para a última batalha. A suprema tarefa da revolução, no século XIX, não é tanto a derrubada de suas dinastias quanto a destruição dos últimos vestígios da instituição. Nascidos, como foram, para a guerra, educados para a guerra, sustentados pela guerra, interna e externa, que utilidade poderão ter numa sociedade de paz e trabalho?

Daqui por diante, haverá tanto propósito em lutar quanto na recusa de apaziguar. Uma vez estabelecida em bases sólidas a fraternidade universal, não restará aos representantes do despotismo nada mais a não ser a retirada. Como é possível que eles se mostrem incapazes de perceber que esta crescente dificuldade para manter-se que começaram a sentir desde Waterloo não é provocada pelas ideias jacobinas – como foram levados a crer –, essas ideias que, desde a queda de Napoleão, começaram outra vez a agitar a classe média, graças a uma atividade subterrânea que vem se desenvolvendo em toda a Europa, ignorada pelos estadistas e que, ao mesmo tempo que desenvolve além de qualquer medida as forças latentes da civilização, tornou a organização dessas forças uma necessidade social, uma exigência inevitável da revolução.

Quanto àqueles que, após a partida dos reis ainda sonham com consulados, presidências, ditaduras, marechalatos, almirantados – também farão bem em retirar-se. Não tendo necessidade dos seus serviços, a revolução dispensa os seus talentos. O povo já não deseja mais essa pedra angular, a monarquia. Pois ele sabe que, seja qual for a terminologia usada, que seja ele feudal, governamental, militar, parlamentar, quer utilize a polícia, as leis e os tribunais ou tenha como base a exploração, a corrupção, a mentira e a pobreza, todos os sistemas são iguais. Sabem também que, ao eliminar a renda e os juros, os últimos remanescentes da velha ditadura, a revolução está, de um só golpe, livrando-se também da espada do carrasco, da lâmina da justiça, do porrete do policial, da balança do fiscal e do estilete de apagar do burocrata – todas as insígnias de um poder que a jovem liberdade deseja esmagar sob o calcanhar.

FEDERAÇÕES SEM GOVERNO

COLIN WARD
(in *Anarquia em ação*, 1975)

"O fascinante segredo de um organismo social que funciona não parece estar, portanto, na união, mas numa

estrutura cuja saúde é mantida através de mecanismos protetores que operam por medo da divisão de centenas de milhares de células e por um processo de rejuvenescimento, ambos ocorrendo sob a pele macia de um corpo que permanece aparentemente inalterado. Sempre que – por problemas de velhice ou defeitos de concepção – esse processo de rejuvenescimento pela subdivisão dá lugar a uma calcificação provocada pela união das células, estas, crescendo além dos limites fixados pelas forças divinas, começam – tal como acontece no câncer – a desenvolver grandes complexos hostis e arrogantes, que não podem ser eliminados, a menos que o organismo atacado seja finalmente devorado ou uma operação consiga restabelecer o modelo anterior."

Leopold Kohr, *O colapso das nações.*

As pessoas costumavam rir de Kropotkin quando ele citava a instituição do bote salva-vidas como exemplo do tipo de organização pretendida pelos anarquistas, mas ele o fazia apenas para demonstrar que organizações voluntárias e totalmente não coercitivas eram capazes de proporcionar uma complexa rede de serviços sem que houvesse a intervenção de uma autoridade central. Dois outros exemplos que frequentemente utilizamos para que as pessoas entendam melhor o princípio federativo – que os anarquistas consideram a forma pela qual grupos e associações locais poderiam se unir para realizar operações complexas, sem necessidade de qualquer tipo de autoridade centralizada – são os serviços postais e as ferrovias. É possível mandar uma carta para a China ou o Chile com a certeza de que ela chegará ao seu destino, graças aos acordos firmados livremente pelos serviços postais de diferentes nações, sem que no entanto exista qualquer espécie de autoridade postal centralizada.

Também é possível viajar por toda a Europa utilizando os serviços de uma dúzia de sistemas ferroviários – tanto capitalistas quanto comunistas – coordenados entre si por acordos entre diferentes companhias de estrada de ferro, sem que haja uma autoridade centralizada. O mesmo se aplica a organizações radiotransmissoras e a vários tipos de atividades coordenadas internacionalmente. Nem haveria qualquer razão para supor que os vários organismos que integram uma federação complexa não seriam capazes de funcionar de forma eficaz, tendo como base um tipo de associação voluntária. E quem teria a coragem de afirmar que os ferroviários não são capazes de prestar bons serviços sem o apoio da hierarquia burocrática, quando temos na Inglaterra mais de uma linha férrea funcionando rigorosamente dentro do horário, em coordenação com a Rede Ferroviária Britânica e operada por um punhado de amadores? Mesmo dentro da estrutura capitalista, há experiências interessantes nas quais o trabalho é organizado com base em pequenos grupos autônomos. Militantes trabalhistas encaram com desconfiança esses empreendimentos arriscados e têm suas razões, pois eles não pretendem estimular a autonomia do trabalhador mas apenas aumentar a produtividade. Servem, entretanto, para ilustrar nossa afirmação de que toda a pirâmide de autoridade hierárquica, que foi erguida tanto na indústria como em qualquer outro campo da atividade humana, não é mais que um gigantesco ardil e que, para aceitá-lo, gerações inteiras de operários foram primeiro coagidos, depois logrados e finalmente submetidos a uma lavagem cerebral.

Em termos territoriais, o grande defensor anarquista do federalismo foi Proudhon, que não pensava numa união entre alfândegas, tal como acontece com o Mercado Comum Europeu, nem numa federação de Estados ou num governo federativo mundial, mas sim no princípio básico da organização humana:

> *"Para ele, o princípio federativo deveria funcionar desde os níveis mais baixos da sociedade. A organização da administração seria iniciada a nível local e sob controle, tão direto quanto fosse possível, do povo; os indivíduos começariam o processo reunindo-se em comunas ou associações. Acima desse nível primário, a organização federativa seria menos um órgão de administração do que de coordenação entre os grupos locais. Assim, a nação seria substituída por uma*

*confederação geográfica de regiões, e a Europa se tornaria uma confederação de confederações na qual os interesses da menor de suas províncias seriam tão importantes quanto os das maiores e todas as questões seriam resolvidas por consentimento mútuo, por contrato ou por arbitragem. Em termos de evolução das ideias anarquistas, o Du Principe fédératif (1863) é um dos livros mais importantes de Proudhon, pois apresenta pela primeira vez e sob um enfoque libertário a ideia da organização federativa como alternativa para o nacionalismo político".**

Entretanto, mesmo sem querer cantar louvores ao sistema político suíço, é possível perceber que, em termos territoriais, os 22 cantões independentes da Suíça são um extraordinário exemplo de federação bem-sucedida. Uma federação constituída por unidades semelhantes, pequenas células cujas fronteiras físicas coincidem com as fronteiras linguísticas e éticas, de modo que, diferente dos inúmeros exemplos de federações malsucedidas, a confederação não é dominada por uma só unidade, mais poderosa e tão diferente das outras em tamanho e importância que provoca o desequilíbrio da união. O problema do federalismo, tal como Leopold Kohr o coloca em *A questão das nações,* não é um problema de união mas de divisão:

> *"A Europa seria demasiado grande para que pudesse constituir uma federação única: ela teria que ser uma confederação de confederações. É por essa razão que no meu último trabalho publicado (Federalismo e união na Itália) salientei que a primeira medida a ser tomada pelo direito público deveria ser o restabelecimento das confederações italianas, gregas, batavas (Países-Baixos), escandinavas e danúbias, como um prelúdio à descentralização das grandes nações, seguida por um desarmamento geral. Sob tais condições, todas as nações recuperariam*

* WOODCOCK, George. *Anarchism: A History of Libertarian Ideas and Movements* (Cleveland, 1962; Londres, 1963).

sua liberdade, e o conceito do equilíbrio de poder na Europa tornar-se-ia realidade. Isso foi previsto por todos os escritores políticos e por estadistas, mas permanecia uma ideia impossível enquanto os grandes poderes continuassem sendo os Estados centralizados. Não é surpreendente que o conceito de federação tenha ficado perdido entre os esplendores dos grandes Estados, já que ela é – por natureza – pacífica, humilde e desempenha um papel discreto na cena política". *

Os suíços talvez sejam pacíficos, humildes e discretos e poderemos até considerá-los um tanto insípidos e provincianos, mas a verdade é que há na vida nacional deles alguma coisa que nós, vivendo em países que não são nem humildes, nem modestos, perdemos. Conversando com um cidadão suíço (ou, mais precisamente, com um cidadão de Zurique, pois a rigor, era isso que ele era...) sobre a forma pela qual o sistema ferroviário inglês reduziu suas rotas, trocando-as por trajetos intermunicipais mais lucrativos, ele observou que na Suíça seria inconcebível que um vereador decidisse – como fez o Dr. Beeching na década de 60 – acabar com o sistema ferroviário do norte da Escócia. Citou o estudo de Herbert Luethy sobre o sistema político de seu país, no qual ele explica que:

> *"Todos os domingos os habitantes de várias comunidades comparecem às urnas para eleger seus funcionários, retificar tal ou qual item do orçamento, ou decidir sobre a construção de uma estrada ou uma escola; depois de votar sobre assuntos da comuna, tratam das eleições cantonais e votam questões relativas ao cantão; por último, vêm as decisões relativas aos problemas federais. Em alguns cantões o povo soberano ainda se reúne, como nos tempos de Rousseau, para discutir as questões de interesse comum. Poder-se-ia pensar que essa antiga forma de reunião não*

---

* PROUDHON, P.-J. *Du principe fédératif*, citado por Stewart Edwards, ed. *Selected Writings of P.-J. Proudhon* (Londres, 1970), p. 325.

passa de uma tradição piedosa, mantida como atração turística. Entretanto, vale a pena examinar os resultados da democracia local.

O exemplo mais simples é fornecido pelo sistema ferroviário suíço, que constitui a rede ferroviária mais compacta do mundo. À custa de muito dinheiro e muito trabalho, foi possível fazer com que essa rede atendesse às necessidades das menores vilas nos mais distantes vales – não com finalidades lucrativas, mas apenas porque esta era a vontade do povo. Essa rede é resultado de ferozes batalhas políticas. No século XIX, o movimento ferroviário democrático fez com que as pequenas comunidades suíças entrassem em conflito com as grandes cidades que tinham planos de centralização...

E se compararmos o sistema suíço ao francês que, com admirável precisão geométrica, está totalmente centralizado em Paris, de modo que o progresso e a decadência, a vida e a morte de regiões inteiras sempre estão na dependência do vínculo que se liga à capital – vemos a diferença que existe entre um Estado centralizado e uma aliança federal.

*O mapa ferroviário é um dos mais fáceis de ser lido num rápido relance, mas coloquemos agora sobre ele um outro, representando a atividade econômica e o movimento da população. Veremos então que a distribuição da atividade industrial por todo o território suíço, até mesmo nas mais longínquas áreas fronteiriças, explica a força e a estabilidade da estrutura social do país, o que impediu o aparecimento daquelas terríveis concentrações de indústrias, típicas do século XIX, com seus cortiços e seu proletariado sem raízes".**

Suspeito que os tempos mudaram até mesmo na Suíça e não cito o Dr. Luethy para fazer o elogio da democracia suíça, mas para indicar que o princípio federativo que está no centro

---

* LUETHY, H. "Has Switzerland a Future?" *Encounter*, dez. 1962.

da teoria anarquista merece uma atenção bem maior do que a que lhe é dada nos livros-texto sobre ciência política. Mesmo no contexto das instituições políticas e econômicas, sua adoção tem um efeito amplo. Se duvidam do que afirmo, consultem um mapa atualizado da Ferrovia Britânica.

O princípio federativo se aplica a todas as formas de organização humana. É possível perceber imediatamente a sua aplicação no campo da comunicação: uma rede de jornais locais que compartilham das mesmas histórias; uma rede de estações de rádio e televisão locais sustentadas por ouvintes locais (como já vem acontecendo com um punhado de estações nos Estados Unidos); serviços telefônicos locais (que já existem em Hull que, por uma anomalia histórica qualquer, mantém seu próprio serviço telefônico e proporciona aos seus clientes um atendimento um pouco melhor do que aquele que os serviços telefônicos oficiais nos oferecem).

Já se aplica também a uma série de associações de voluntários e aos grupos de pressão e hão de concordar comigo quando afirmo que os mais ativos e entusiastas entre eles são justamente aqueles em que o processo de decisão se inicia a nível local, enquanto que os outros, que dispõem de um controle centralizado, permanecem imutáveis e não mantêm contato com seus apáticos membros. Os leitores que ainda lembram do CND e do Comitê dos 100 devem recordar o episódio dos Espiões para a Paz. Um grupo de pessoas descobriu uma série de detalhes sobre as chamadas Sedes Regionais dos Governos, esconderijos subterrâneos que serviriam para assegurar a sobrevivência da elite dominante em caso de guerra nuclear. Naturalmente a publicação dessas informações foi proibida, o que não impediu que começassem a surgir em todo o país pequenos panfletos anônimos que se multiplicaram rapidamente, proporcionando um exemplo interessantíssimo de atividade federal *ad hoc* através de redes informais, integradas por indivíduos ativos. Tempos depois, publicamos algumas reflexões sobre as implicações deste fato num trabalho que apareceu em *Anarquia*.

"Uma das lições que podem ser retiradas do episódio dos Espiões para a Paz refere-se às vantagens trazidas por uma organização ad hoc, *surgindo e – se necessário – desaparecendo com igual rapidez, mas deixando atrás de si inúmeros centros de atividade, como as ondas que se formam num curso d'água depois que lá jogamos uma pedra.*

A política tradicional (tanto revolucionária quanto reformista) tem como base um dínamo central, com um cinturão transmissor que irradia o movimento. A captura desse dínamo ou sua conversão para atender a objetivos diferentes poderá determinar a ruptura total das transmissões. Os 'Espiões para a Paz' parecem ter funcionado em bases totalmente diferentes. As mensagens eram transmitidas oralmente, os documentos passavam de mão em mão. Um grupo transmitia o segredo para um segundo grupo que então assumia a tarefa de reimprimi-lo e passá-lo adiante. Uma caravana podia ser o ponto de origem de um panfleto; uma cesta de compras desempenhava muitas vezes o papel de centro distribuidor. Quando cem cópias de um panfleto são distribuídas pelas ruas, pode-se ter a certeza de que pelo menos algumas delas conseguirão chegar às mãos das pessoas encarregadas de distribuí-las.

Os contatos são feitos cara a cara. Sabemos as limitações pessoais de cada camarada: X é perito em conduzir uma reunião evitando os obstáculos processuais, mas não pode trabalhar como duplicador; Y é capaz de usar uma pequena máquina impressora, mas não consegue redigir um panfleto; Z sabe como falar em público, mas não pode vender panfletos. Cada tarefa escolhe seus próprios executores e não há necessidade de que a escolha seja feita por votação. Quem busca poder pessoal e glória não se sente atraído por ações ilegais e anônimas. A perspectiva da prisão dá origem ao complexo de líder. Cada um dos membros do grupo pode ser chamado a desempenhar tarefas-chave. Todos têm oportunidade de desenvolver múltiplos talentos, e o aparecimento de pequenos grupos de auxílio mútuo pode constituir a base de um efetivo sistema de resistência. Há importantes conclusões a retirar do que foi acima exposto – nenhuma revolução necessita de uma organização que lhe sirva de esteira transportadora, mas de centenas de milhares e finalmente de milhões de indivíduos que, reunidos em pequenos grupos, mantenham entre si contatos informais. Uma revolução precisa ter uma consciência de massa. Sempre que um grupo tomar uma iniciativa que se revela valiosa para o movimento, outros o imitarão. Os métodos utilizados devem adaptar-se ao tipo de sociedade em que vivemos.

A FLN poderia lançar mão da luta armada, pois dispunha de colinas e pequenos bosques onde os combatentes podiam encontrar refúgio. É preciso reunir condições que nos permitam enfrentar a esmagadora força física de um Estado que está hoje mais organizado do que em qualquer outra época da sua história. É preciso explorar com habilidade as inúmeras contradições internas que nele existem. As autoridades de Dusseldorf se deixaram enredar pelos seus próprios regulamentos quando os pacifistas se recusaram a colocar seus cintos de segurança. A MI5 não é capaz de imaginar qualquer forma de subversão que não tenha sido planejada por um sinistro agente comunista. É incapaz de enfrentar um movimento onde ninguém recebe ordens de ninguém.

*A autonomia e as iniciativas revolucionárias só poderão se desenvolver através da ação. A engrenagem da repressão se tornará cada vez mais centralizada e burocrática, o que só servirá para aumentar nossas oportunidades de ação."**

Esse era um tipo de federação cujos membros nem sequer se conheciam uns aos outros, mas cujas células constituintes mantinham um perfeito e íntimo entendimento. O passaporte que

* "The Spies for Peace Story". *Anarchy*, 29, julho, 1963.

permitia a qualquer um tornar-se membro da organização era simplesmente o envolvimento comum. Inúmeras organizações voluntárias, desde os escoteiros até o Automóvel Clube, começaram da mesma forma improvisada. Sua calcificação começou a partir do centro, e seu grande erro foi uma fé exagerada na centralização de poderes. Os anarquistas concluíram que toda espécie de atividade humana deve começar a partir do que é local e imediato, formando uma rede onde não haja um poder central ou um agente da autoridade, e criando novas células a partir das já existentes.

Se nos depararmos com qualquer atividade que não pareça se adaptar a esse modelo, nossa primeira indagação deveria ser: "Por que não?" e a segunda, "Como seria possível reestruturá-la para que pudesse atender às necessidades locais adquirindo autonomia e responsabilidade?"

HOMENS PREGUIÇOSOS E TRABALHO SUJO

ALEXANDER BERKMAN
(in *O que é comunismo anarquista?*, 1929)

"Mas o que fazer com o homem preguiçoso, com o homem que não quer trabalhar?", pergunta um amigo.

Essa é, sem dúvida, uma pergunta interessante e você provavelmente ficará surpreso quando eu disser que na verdade não existe essa coisa a que chamamos preguiça. Um homem preguiçoso é quase sempre um tarugo quadrado num buraco redondo, ou seja, um homem certo no lugar errado. E acabaremos descobrindo que, sempre que um camarada está no lugar errado, ele será incompetente e lerdo. Pois a chamada preguiça, bem como grande parte da incompetência, é apenas um sinal de falta de aptidão, de inadaptação. Se alguém é obrigado a fazer exatamente aquilo que não lhe agrada, por inclinação ou temperamento, certamente será um incompetente; se for forçado a trabalhar em coisas que não despertam o seu interesse, terá preguiça de fazê-las.

Qualquer pessoa que já tenha administrado uma empresa com muitos empregados pode confirmar o que acabo de dizer.

A vida numa prisão é uma prova especialmente convincente da verdade da minha afirmação – e afinal, para a maioria das pessoas, a vida moderna não passa de uma grande prisão. Qualquer carcereiro poderá dizer que os prisioneiros obrigados a desempenhar tarefas para as quais não têm nenhuma habilidade ou interesse são sempre preguiçosos e submetidos a constantes castigos. Mas tão logo esses prisioneiros rebeldes são designados para funções que satisfazem as suas inclinações, tornam-se "modelos", no dizer dos carcereiros.

A Rússia também demonstrou a veracidade dessa afirmação: ela demonstrou quão pequeno é o nosso conhecimento das potencialidades do homem e da influência que o meio exerce sobre eles – e como ainda confundimos más condições de trabalho com má conduta. Os refugiados russos que viviam sob condições miseráveis e medíocres em terras estrangeiras, ao voltarem para a Rússia e encontrarem na Revolução um campo propício ao desenvolvimento de suas atividades, realizaram um extraordinário trabalho dentro do seu campo de conhecimento, transformando-se em organizadores brilhantes, construtores de ferrovias e criadores de todos os tipos de indústria. Entre os nomes russos mais conhecidos atualmente no exterior, podemos encontrar vários que eram considerados incapazes e improdutivos quando viviam sob condições adversas, onde sua habilidade e energia não podia encontrar a melhor forma de expressão.

Pois tal é a natureza humana: a eficiência para realizar certas tarefas significa que há uma inclinação e uma capacidade especial para desempenhá-la; disposição para o trabalho significa interesse. E é por isso que há tanta preguiça e tanta incompetência no mundo atual. Pois, na verdade, quem ocupa hoje o lugar certo? Quem trabalha naquilo que realmente desperta o seu interesse?

Nas atuais condições, o homem comum não tem oportunidade de escolher o tipo de trabalho que melhor se adapta às suas aptidões e preferências. O acidente do nascimento e do nível social é que irão geralmente determinar a sua futura profissão. Dificilmente o filho de um financista se tornará lenhador, mesmo que seja muito mais hábil no manejo dos toros de madeira do que nas cifras das contas bancárias. A classe média manda seus filhos para as universidades que os transformarão em médicos, advogados ou engenheiros. Mas, se tivesse nascido numa família de operários sem condições de permitir que prosseguisse seus estudos, é provável que você aceitasse o primeiro emprego que lhe fosse oferecido ou que decidisse ingressar numa profissão que lhe desse a oportunidade de um período de aprendizado prático. É a situação particular de cada um, e não suas inclinações, habilidades e preferências, que irá determinar a sua profissão. Será portanto de estranhar que a maioria esmagadora dos trabalhadores exerce a profissão errada? Pergunte aos primeiros cem homens que encontrar se, caso lhes fosse dada a oportunidade da escolha, teriam escolhido a profissão que atualmente exercem e se, caso tivessem oportunidade de fazê-lo, não procurariam trocá-la por outra mais de acordo com suas inclinações, e noventa por cento deles admitiriam preferir um outro tipo de trabalho. Só a necessidade de ganhar a vida e a esperança de obter vantagens materiais mantêm as pessoas presas à profissão errada.

É óbvio que uma pessoa só consegue dar o melhor de si quando se interessa pelo trabalho que realiza e sente uma verdadeira atração por ele. Só assim poderá tornar-se produtivo e eficiente. Os objetos que os artesãos produziam em épocas anteriores ao capitalismo eram muito mais belos, porque feitos com amor. Como é possível esperar que o trabalho árduo e monótono nas fábricas modernas seja capaz de produzir algo que seja realmente belo? Os escravos da moderna indústria são parte de uma máquina, um simples dente de uma engrenagem sem alma, realizando um trabalho mecânico e forçado. Acrescente a tudo isso o fato de que não trabalha em benefício próprio, mas para que outras pessoas obtenham lucros de um trabalho que detesta ou que, na melhor das hipóteses, não lhe desperta qualquer interesse, sendo apenas uma forma de garantir-lhe o salário semanal. O resultado só poderia ser incompetência e preguiça.

A necessidade de realizar alguma coisa é um dos instintos básicos do homem. Observe uma criança e veja como é forte o seu impulso de agir, movimentar-se, fazer alguma coisa. É algo intenso e contínuo. O mesmo acontece com todos os homens dotados de saúde. Sua energia e vitalidade exige uma forma qualquer de expressão. Permita-lhe trabalhar em qualquer atividade por ele mesmo escolhida, e sua aplicação não conhecerá limites. É possível observar a veracidade dessa afirmação diante de qualquer operário que tiver a sorte de possuir um jardim ou um pedacinho de terra onde possa cultivar flores ou hortaliças. Mesmo cansado após horas de labuta diária, ele se atira com entusiasmo ao árduo trabalho de lidar na terra, pois tudo é feito em seu próprio benefício e por sua livre escolha.

Sob o regime anarquista, todos terão a oportunidade de se dedicar à ocupação que melhor se adaptar às suas aptidões e inclinações naturais. O trabalho passará a ser um prazer, deixando de ser – como agora é – uma escravidão mortal. Não se ouvirá mais falar de preguiça e todos os objetos criados pelo interesse e o amor daqueles que os produzem serão realmente cheios de beleza.

“Mas será que o trabalho poderá mesmo se transformar num prazer?”, perguntarão.

Hoje ele é árduo, desagradável, exaustivo e monótono. Mas quase sempre o pior não é o trabalho em si, mas as condições em que se é obrigado a realizá-lo. O horário demasiado longo, as oficinas sem as condições mínimas de conforto e higiene, o mau tratamento dispensado pelos superiores, o pagamento insuficiente etc.

Mesmo o pior dos trabalhos poderia, entretanto, tornar-se um pouco menos árduo, bastando apenas que se melhorassem as condições em que é desempenhado. Tomemos como exemplo aqueles que trabalham na limpeza da rede de esgoto. É sem dúvida um trabalho sujo e mal pago. Mas supondo que fosse possível fazer com que os operários passassem a ganhar vinte dólares por dia, em vez dos cinco que recebem para executá-lo, começariam imediatamente a achar seu trabalho menos duro e mais agradável.

Logo aumentaria o número de candidatos ao cargo, o que significa que os homens não são preguiçosos nem temem o trabalho pesado e desagradável, desde que sejam bem recompensados por desempenhá-lo. Mas esse é um trabalho considerado inferior e desprezível. Por que o consideram assim? Afinal, se não fossem esses homens dispostos a limpar as nossas ruas e sarjetas, nossas cidades seriam varridas por epidemias sem conta.

Assim, esses operários que mantêm nossa cidade limpa e em boas condições de higiene são benfeitores, mais importantes para a manutenção da saúde da população do que o próprio médico. Do ponto de vista da utilidade social, médico e funcionário de limpeza pública são colegas de profissão: o primeiro trata de nós quando estamos doentes, o segundo ajuda a evitar que isso aconteça. E, no entanto, o médico é olhado com admiração e respeito e o limpador das ruas só nos merece desprezo. Por quê? Será o seu trabalho assim tão sujo? Mas muitas vezes o cirurgião também é obrigado a fazer coisas muito mais "sujas". Então por que teimamos em desprezar o limpador de ruas? Porque ele ganha pouco.

Na nossa civilização perversa e corrompida, é o dinheiro que determina a escala de valores. São as pessoas que desempenham o trabalho mais útil que ocupam as posições mais baixas na escala social, sendo em geral mal pagas. Mas se, por alguma razão qualquer, o limpador de ruas passasse a ganhar cem dólares por dia e o médico apenas cinquenta, o "imundo" limpador imediatamente subiria na escala social, adquirindo outro *status*, e de trabalhador imundo passaria a ser um homem importante, graças ao seu salário.

Vejam, portanto, que é o que se ganha, a remuneração percebida, o nível salarial e não o mérito e o valor de cada um que determinam, sob o atual sistema de lucro, a posição que cada um ocupa na sociedade.

Uma sociedade sensata, dentro de um sistema anarquista, teria parâmetros inteiramente diferentes para julgar tais questões. Os seres humanos seriam apreciados pela sua disposição em desempenhar tarefas úteis para a sociedade.

Será possível entender as grandes mudanças que tal atitude poderia produzir? Todo ser humano desejaria obter o respeito e a admiração de seus semelhantes, pois esse é um tônico sem o qual não podemos viver. Mesmo na prisão, pude observar como o punguista mais esperto ou o assaltante e arrombador de cofres mais hábil desejam obter a admiração e a estima de seus companheiros e fazem o possível para consegui-la. A opinião do círculo de pessoas entre as quais vivemos é que vai determinar o nosso comportamento.

A atmosfera social que respiramos é que determina, em nível de profundidade, os nossos valores e atitudes. A experiência pessoal de cada um irá confirmar a veracidade das minhas afirmações, e assim não será surpresa quando eu disser que, numa sociedade anarquista, serão as tarefas mais difíceis e mais úteis que merecerão a preferência dos homens. Se pensar no que acabo de afirmar, não terá mais medo da preguiça e não quererá fugir da luta.

A ORGANIZAÇÃO DA PRODUÇÃO

JAMES GUILLAUME
(in *Ideias sobre a organização social*, 1876)

Tal como acontece com os camponeses, também os operários industriais podem ser divididos em várias categorias, e precisamos distingui-las.

Em primeiro lugar, estão as profissões que necessitam de uma quantidade de equipamento relativamente pequena, onde quase não há divisão de trabalho e onde o artesão que trabalha por conta própria produz quase tanto quanto produziria se trabalhasse coletivamente. Exemplos típicos são os alfaiates e os sapateiros.

A seguir, vêm as profissões em que um pequeno número de operários reúne seus esforços trabalhando em equipe numa pequena oficina ou numa empresa. Exemplo: os tipógrafos, marceneiros e operários de construção.

Finalmente, há uma terceira categoria de indústrias, nas quais a divisão do trabalho foi desenvolvida e aperfeiçoada e a produção em grande escala exige o emprego de maquinaria pesada e a disponibilidade de grandes capitais. É o caso das indústrias têxteis, das siderúrgicas e das minas.

Todos aqueles que pertencem à primeira categoria não sentem a necessidade do trabalho coletivo e, na grande maioria dos casos, não há dúvida de que o alfaiate ou o sapateiro preferirão continuar trabalhando sozinhos atrás do seu pequeno balcão, o que nos parece bastante natural, especialmente nas pequenas comunidades, onde muitas vezes só há um representante de cada profissão. Mesmo assim – e não querendo de forma alguma menosprezar o valor do trabalho individual – acreditamos que, sempre que possível, seria melhor trabalhar em conjunto. Quando, entre seus semelhantes, o operário é estimulado a imitá-los, a produzir mais e a trabalhar com mais alegria. Além do mais, o trabalho em equipe pode levar à crítica recíproca, sempre construtiva.

Quanto aos operários que pertencem às duas outras categorias, a própria natureza do trabalho estimula a ideia de uma associação. E, como seus instrumentos de produção não são simples ferramentas de uso individual mas máquinas cujo funcionamento exige a participação de um determinado número de operários, suas fábricas só poderão ser geridas coletivamente. Cada oficina e cada fábrica se transformará, portanto, numa associação de operários livres para se organizar de acordo com suas vontades, desde que os direitos de cada trabalhador sejam protegidos e os princípios de justiça e igualdade observados na prática... Sempre que uma indústria exigisse maquinaria complicada e trabalho coletivo, os meios de produção deveriam passar a ser propriedade comum. Mas aqui há um aspecto que deve ser considerado: esses bens, propriedade do grupo, deveriam pertencer apenas àqueles que lá trabalham ou à corporação de trabalhadores como um todo? Em nossa opinião, a segunda hipótese seria a mais correta.

Citando um exemplo hipotético: se no dia da revolução os tipógrafos de Roma se apossassem de todas as máquinas impressoras da cidade, eles deveriam imediatamente reunir-se numa assembleia geral para declarar que todas as tipografias de Roma tinham passado a pertencer a todos os tipógrafos de Roma. Depois, com a maior brevidade possível, deveriam ir além, reunindo os tipógrafos de outras cidades italianas: o resultado dessa aliança seria a concentração de todas as firmas impressoras da Itália nas mãos de uma confederação de tipógrafos italianos. Ao criar uma comunidade dessa natureza, os tipógrafos de toda a Itália teriam condições de trabalhar em qualquer cidade do país, tendo à sua disposição todos os instrumentos necessários ao exercício da profissão.

Entretanto, ao defendermos a ideia de que todos os meios de produção deveriam ser propriedade da corporação, não estamos sugerindo a necessidade de que seja criado qualquer tipo de governo industrial que se coloque acima dos grupos operários organizados em associações coletivas, com o poder de dispor a seu bel-prazer dos instrumentos de produção. É óbvio que nenhum dos membros que integram as várias oficinas estaria disposto a entregar tudo aquilo que conseguiu obter até agora nas mãos de um poder superior, tenha ele o título de sindicato ou qualquer outro. O que realmente desejam é garantir o uso recíproco, sob determinadas condições, das fábricas que conquistaram e, em troca, desfrutarão dos mesmos privilégios concedidos por seus camaradas de outras oficinas com os quais tenham celebrado pactos de solidariedade.

O TRABALHO E A MÁQUINA

WILLIAM MORRIS
(in *A fábrica como ela poderia ser*, 1884)

Quanto ao trabalho, ele será, em primeiro lugar, útil e, portanto, digno e honrado; pois não haverá a tentação de fabricar apenas brinquedos inúteis, já que não teremos mais homens quebrando a cabeça para descobrir novas formas de gastar dinheiro supérfluo e, consequentemente, não teremos também os "organizadores da produção" que, pensando apenas no lucro, prestam-se a toda a espécie de tolice, desperdiçando sua inteligência e energia a imaginar ardis para ganhar dinheiro sob a forma de quinquilharias que eles próprios desprezam. Ninguém produzirá artigos de qualidade inferior; não haverá uma população constituída por milhares de pessoas pobres, criando um mercado para artigos que ninguém desejaria comprar, se não fosse obrigado a fazê-lo; todos disporão de meios para comprar artigos de primeira qualidade e saberão rejeitar tudo aquilo que não for realmente excelente; produtos grosseiros e de baixa qualidade continuarão a ser fabricados para serem usados por um período limitado de tempo, mas proclamarão abertamente sua inferioridade; não haverá falsificações.

Além do mais, as melhores e mais engenhosas máquinas serão utilizadas sempre que necessário, mas serão utilizadas apenas para facilitar o trabalho do homem; e, na verdade, nem poderia ser diferente, num sistema de trabalho tão organizado como o que estamos imaginando...

Ora, tendo sido eliminada a fabricação de bens inúteis, sejam eles os nocivos artigos de luxo destinados aos muito ricos ou as vergonhosas imitações para os pobres, e estando nós ainda de posse das máquinas que eram antes usadas com o único objetivo de extorquir lucros, mas que agora passaram a ser empregadas exclusivamente para tornar mais fácil o trabalho humano, segue-se que cada operário poderá trabalhar menos, ainda mais porque até lá teremos eliminado todos os indivíduos que não trabalham e mais aqueles que apenas fingem trabalhar, de modo que cada membro da nossa fábrica terá sua jornada de trabalho bastante reduzida. Para sermos exatos, digamos que cada operário deverá trabalhar apenas quatro horas por dia.

Depois, poderemos admitir que será lícito ao artista – isto é, a todo aquele que exercer um tipo de atividade agradável e não servil – pretender que em nenhuma fábrica todo o seu período de trabalho – até mesmo as quatro horas obrigatórias – se limite apenas à tarefa de controlar as máquinas; fica portanto assegurado que pelo menos algumas formas de atividade – e aqui me refiro àquele trabalho necessário e na verdade compulsório – serão agradáveis; o controle das máquinas não exigirá um período de aprendizado demasiado longo; e mais: em nenhum caso será permitido que o operário permaneça durante todo o seu período de trabalho – por menor que este possa ser, como já vimos anteriormente – a controlar o funcionamento de uma determinada máquina; na nossa fábrica, o trabalho realmente estimulante, aquele que pode se constituir por si só numa fonte de prazer, será uma forma de arte. Assim, sob um tal sistema, o trabalho deixará de ser uma forma de escravidão, pois todas as atividades que puderem ser consideradas opressivas e incômodas serão realizadas por turnos e distribuídas de tal forma que deixarão de se constituir num peso, transformando-se até numa espécie de descanso entre uma e outra atividade mais estimulante ou artística.

REFLEXÕES SOBRE A DESCENTRALIZAÇÃO

GEORGE WOODCOCK
(in *Reflexões sobre política*, 1972)

Pediram-me que escrevesse sobre a descentralização na história, e me descubro olhando para a escuridão onde pequenas luzes brilham como vaga-lumes durante um segundo, desaparecendo e voltando a brilhar como as mensagens de Auden para os justos. A história da descentralização deve ser escrita quase sempre com negativas, em que os invernos e crepúsculos se sucedem às primaveras e ao alvorecer, pois é uma história que, tal como acontece com todas as crenças libertárias em geral, não tem uma sequência lógica de progresso. Não é a história de um movimento, de uma evolução. É a história de alguma coisa que, tal como a grama, tem estado conosco desde o começo da humanidade, uma coisa que pode permanecer escondida sob a terra, como os bulbos durante o inverno, e no entanto estar sempre presente, mergulhando na terra negra da sociedade humana, irrompendo de repente nos lugares mais inesperados e nas ocasiões mais estranhas.

O homem paleolítico, caçador e armazenador de alimentos, era um descentralista por necessidade, pois a terra não lhe fornecia uma quantidade de alimentos que lhe permitisse viver em grupos. E ainda hoje, em lugares tão distantes que o homem civilizado ainda não conseguiu penetrar neles, alguns homens ainda viviam até recentemente num estágio primitivo de descentralização: os aborígenes australianos, os moradores das regiões centrais de Papua, os esquimós do norte do Canadá. Esses homens conseguiram desenvolver, antes que a história os atingisse, certas formas complexas de cultura e determinadas técnicas que lhes permitiram enfrentar um sistema de vida primitivo e extremamente precário. Não era raro que criassem também extraordinárias tradições artísticas, tal como ocorreu com os selvagens das florestas do Pacífico e com alguns grupos esquimós. Mas, como no mundo em que viviam a concentração significava escassez e morte, nunca chegaram a se organizar politicamente, o que impossibilitou a formação de estruturas autoritárias. Também não chegaram a transformar a guerra numa instituição oficialmente aceita. Costumavam ajudar-se mutuamente para garantir a sobrevivência, mas isso não fazia deles anjos: praticavam o infanticídio e o costume de abandonar os velhos à própria sorte, também como uma forma de garantir a sobrevivência dos mais fortes.

Penso com emoção nesses exemplos recentes de sociedade descentralizada porque acabo de voltar da zona ártica do Canadá, onde começou, há pouco mais de dez anos, a agonia do tradicional sistema de vida dos esquimós. Agora aquela velha sociedade nômade, onde as pessoas costumavam reunir-se em grandes grupos familiares e não em tribos, está chegando ao fim: todas as antigas habilidades foram abandonadas, e suas tradições, canções e danças vão aos poucos desaparecendo da memória de sua gente. No ano passado, os esquimós caçadores de caribus construíram o que será, provavelmente, o seu último iglu, já que agora vivem em comunidades governadas pelo homem branco, onde se amontoam grupos de quatrocentas a seiscentas pessoas, vivendo em imitações das casas do homem branco e tendo como garantia a certeza de que poderão receber o auxílio da previdência social, caso não consigam ganhar dinheiro trabalhando durante o verão como operários na construção civil. Seus filhos estão sendo educados por pessoas que não conhecem a língua esquimó; os jovens já não sabem caçar e começam a surgir elites nos pequenos e apinhados cortiços ao norte da região, entre pessoas que nunca souberam antes o significado da palavra “poder”. As matilhas de cães se tornam cada vez mais raras. Agora, apenas uma entre quatro famílias ainda tem cachorros e cerca de uma em cada vinte conserva o costume de partir em longas viagens para caçar ou aprisionar animais. Tais fatos representam um símbolo da perda de liberdade de um povo que se tornou dependente, tanto física quanto mentalmente, do mundo centralizado e totalmente burocratizado que o governo canadense criou para eles desde que decidiu pôr em prática, há alguns anos, um plano para “libertar” a população do norte da “barbárie” e da insegurança.

A sorte dos esquimós, bem como a de tantas outras culturas primitivas durante o último quarto de século, prova que a antiga e primitiva descentralização praticada pelos homens da Idade da Pedra está condenada a morrer, mesmo que tenha conseguido chegar até os nossos dias. A partir de agora, o homem evitará a descentralização por sua própria vontade e pela experiência que adquiriu, já que conhece os males da centralização e aprendeu a rejeitá-los.

A centralização começou no dia em que o homem se estabeleceu pela primeira vez na terra e aprendeu a cultivá-la. Os fazendeiros se reuniam para proteger seus rebanhos e seus campos dos ataques de outros homens que ainda permaneciam nômades e errantes; para conservar e repartir a água, um bem precioso; para aplacar as divindades que tinham o dom da fertilidade, os sacerdotes que serviam essas divindades e os reis que mais tarde assumiriam o papel desempenhado tanto pelos sacerdotes quanto pela própria divindade. Os pequenos feudos presididos por reis-sacerdotes locais acabaram por transformar-se nos grandes impérios dos vales do Egito e da Mesopotâmia e, maior do que todos eles, emergiu a primeira tentativa de estabelecer um império que abrangesse todo o mundo conhecido, realizada pelos reis da Pérsia, que estabeleceram um colosso administrativo que foi o protótipo de Estado centralizado, imitado pelos déspotas do Norte da Índia, pelos deuses-reis helênicos e pelos césares de Roma.

Sabemos muito pouco sobre as razões que fizeram com que os homens permanecessem fiéis aos governantes locais e como o povo simples tentava manter o controle sobre sua vida pessoal, seus problemas e as questões que mais os preocupavam, já que viviam numa época em que a escrita era utilizada quase exclusivamente para registrar os atos dos reis e dos sacerdotes, pouco falando sobre o homem comum. Mas, se pudermos julgar pelas sociedades tradicionais e parcialmente independentes que se organizavam nas pequenas aldeias que ainda existiam na Índia quando os moghuls chegaram, e que provavelmente tinham sobrevivido a séculos de caos político e árduas lutas entre os moghuls e os guptas, parece possível supor que, quanto mais afastados vivessem dos centros de poder, mais capazes se tornavam para defender os seus direitos ao uso da terra e a decidir sobre seus próprios problemas, desde que o tributo ao senhor tivesse sido pago. Pois, afinal, foi justamente nessas pequenas comunidades que haviam sobrevivido ao império dos moghuls e dos ingleses é que Gandhi depositou suas esperanças de formar uma sociedade a partir de pequenas comunidades camponesas autônomas.

Na Europa, os historiadores vitorianos consideravam a Idade das Trevas, que sucedeu o Império Romano, como uma terra de ninguém, assolada por "hordas de bárbaros" e barões que na verdade não passavam de bandidos. Mas essas épocas representaram apenas um intervalo durante o qual, na ausência de uma poderosa autoridade central, a ânsia de descentralização reapareceu, e as aldeias e comunidades estabeleceram formas de autonomia que, em áreas mais longínquas, como os Pirineus, os Alpes e os Apeninos, conseguiram sobreviver e chegar até a época atual. À mesma Idade das Trevas pertencem as primeiras cidades-repúblicas livres da Europa medieval, que surgiram no início pela necessidade de proteção mútua numa época de desordem. Durante séculos, na Itália e na Alemanha, foram as sedes de todo o conhecimento e da arte europeia, gozando de toda a liberdade que poderia existir no mundo daqueles tempos.

Dessas pequenas comunas e vilas é que surgiu, na Suíça, a primeira federação política do mundo, baseada na proteção compartilhada por cada uma das comunidades livres contra as monarquias feudais e os ditadores da Renascença.

Algumas dessas comunas ainda existem: o cantão suíço de Appenzel continua agindo como se fosse uma democracia direta na qual todos os cidadãos participam na votação anual das leis. A cidade-Estado de San Marino, encravada no alto de uma montanha e cercada por grandes nações, ainda mantém sua independência. Mas essa sobrevivência é muito rara e deve-se mais à inacessibilidade geográfica de uma época em que os meios de transporte eram precários. À medida que as nações começaram a se formar, no fim da Idade Média, o ataque contra a descentralização começou a ser dirigido não apenas pelos monarcas e ditadores que criaram nações altamente organizadas, como a França dos Bourbon e a Inglaterra de Cromwell, mas também pela Igreja e especialmente pelas ordens monásticas mais poderosas, que em suas sedes estabeleciam regras de comportamento uniformes e uma contabilidade rígida sobre os atos dos seres humanos, que antecipava o ataque iminente às liberdades e à independência regionais e, na prática, determinava a extinção do sistema de ajuda mútua.

Isso aconteceu quando as pequenas cidades da Inglaterra e, mais tarde, de outros países europeus perderam parte da sua população durante a Revolução Agrária do século XVIII. Sem ter onde morar, o povo passou a encher as bem disciplinadas fábricas e a sofrer um processo de alienação produzido pelas novas cidades industriais, onde se haviam rompido todos os laços com o passado, e toda uma tradição de participação comum em determinadas tarefas, típica das pequenas vilas medievais, tornou-se totalmente irrelevante.

Foram esses fatos, o estabelecimento de Estados centralizados no século XVII e a centralização, que passou a ser a norma nos séculos XVIII e XIX, que fizeram com que o homem tomasse consciência pela primeira vez da necessidade de que houvesse um processo de descentralização, única coisa capaz de salvá-lo do mundo sem alma que começava a se criar em torno dele.

Gerrard Winstanley e os primeiros Diggers opunham ao Estado militarista de Cromwell sua ideia e a prática de estabelecer novas comunidades de proprietários de terras nas regiões ainda pouco habitadas da Inglaterra, comunas onde não haveria senhores e onde homens, mulheres e crianças viveriam em igualdade absoluta.

Quando a Revolução Francesa optou pela centralização, estabelecendo um Estado burocrático ainda mais rígido do que aquele que existia ao tempo dos Bourbon e introduzindo, pela primeira vez, o alistamento militar obrigatório, homens como Jacques Roux e seus companheiros, os *enragés*, protestaram em nome das comunas de Paris, que consideravam como sendo a base de uma administração democrática. Ao mesmo tempo, na Inglaterra, William Godwin, o primeiro filósofo anarquista, reconhecia os perigos de formas de governo que deixassem o poder de decisão nas mãos de homens que ocupavam o centro e o topo da pirâmide social. Na sua obra *Justiça política*, Godwin imaginava um país onde as assembleias nacionais se reuniriam esporadicamente para discutir questões urgentes de interesse nacional e onde não seria permitida a permanência de nenhum órgão permanente do governo central. Um país onde cada paróquia teria o poder de decidir sobre seus próprios problemas através de um acordo livre entre seus delegados e não mais pelo voto da maioria; onde temas controversos seriam decididos por júris que arbitrariam *ad hoc*.

Diferentes dos marxistas e dos socialistas revolucionários liderados por Augusto Blanqui, os socialistas utópicos da Inglaterra e da França, no início do século XIX, eram inspirados pela repulsa que sentiam pelas organizações industriais e políticas de caráter monolítico, pretendendo colocar suas teorias em prática em pequenas unidades comunitárias que, segundo acreditavam, poderiam ser estabelecidas antes mesmo que a sociedade – tal como existia – pudesse ter sido destruída.

Naquela época, as fronteiras da América ainda estavam no vale do Mississippi, e havia uma tendência – que perdurou até o fim da época dos pioneiros – para que as pequenas sociedades pioneiras que congregavam os caçadores de peles e os comerciantes, mineiros e fazendeiros se organizassem, formando comunidades quase totalmente autônomas, que administravam seus próprios assuntos e que, em muitos sentidos, costumavam tomar as leis em suas próprias mãos, executando um tipo particular de justiça. Nessas sociedades, em que os homens enfrentavam condições particulares de existência, constituindo organizações centralizadas *ad hoc*, os socialistas americanos e europeus, bem como vários grupos cristãos, tentariam estabelecer comunidades independentes que pretendiam ser as células de um novo mundo fraternal. Os seguidores de Cabet e Fourier, Owen e Warren, participaram de um movimento que produziu centenas de comunidades e se manteve por quase um século. A última onda desse movimento iria morrer nas costas do Pacífico, na era eduardiana, quando uma grande comunidade socialista finlandesa se estabeleceu numa remota ilha ao largo da costa da Columbia Britânica. Porém, só as comunidades religiosas que tinham outros objetivos além da simples aplicação de teorias sociais conseguiram sobreviver e ainda hoje algumas comunidades menonitas do Canadá se mantêm tão fiéis aos ideais de autonomia comunitária que começam a abandonar o país para buscar na América do Sul uma região onde ainda seja possível educar seus filhos como desejam. As comunidades leigas desapareceram, e a principal lição que nos deixaram é a de que uma organização descentralizada deve procurar deitar raízes no presente, atendendo às necessidades dos seres humanos que dela participam, em vez de manter os olhos presos num futuro utópico.

À Revolução Industrial seguiram-se outras graves crises na situação da humanidade, e todas elas produziram movimentos descentralizadores em que homens e mulheres tentaram fugir dos pesadelos da política para dedicar-se à realidade das relações humanas. A crise da luta indiana pela independência fez com que Gandhi pregasse a necessidade de construir uma sociedade humana baseada na estrutura social das aldeias. A amarga repressão da Rússia tsarista levou Kropotkin a desenvolver uma série de teorias próprias sobre uma sociedade descentralizada que integrasse a indústria, a agricultura, as habilidades manuais e intelectuais.

A Segunda Guerra Mundial provocou o aparecimento de importantes movimentos tanto entre os pacíficos ingleses quanto entre os americanos, buscando ambos criar núcleos de vida sadia num mundo cada vez mais agressivo. Um movimento ainda mais amplo de descentralização e comunitarismo surgiria na América em oposição a uma sociedade capaz de apoiar uma guerra como a do Vietnã.

É provável que no momento haja um número cada vez maior de pessoas – certamente mais do que em qualquer outro período da história – conscientemente engajadas de alguma forma numa aventura descentralizadora que expressa não apenas uma forma de rebelião contra o autoritarismo monolítico, mas a confiança na possibilidade de que possa existir um novo tipo de sociedade celular, na qual seria desenvolvida em todos os níveis a participação de todos na tomada de decisão, tal como havia sido pretendida pelos anarquistas do século XIX, tais como Proudhon e Kropotkin.

À medida que as monstruosas falhas do moderno sistema de organização centralizada, tanto política quanto econômica, foram se tornando cada vez mais evidentes; à medida que o Estado se revela como o grande inimigo de todas as formas de amor, cresce o número de partidários da descentralização, quando mais não seja porque ela se torna cada vez mais urgente. E, quanto menores forem as ligações dessa ação descentralizadora com as teorias políticas e sociais mais rígidas – especialmente com algumas teorias antediluvianas como a dos marxistas –, mais profundos e duradouros serão os seus efeitos. O solo mais fértil para a expansão da descentralização pertence provavelmente aos países como a Índia, onde ainda predomina a vida rural, ou o Japão, onde a descentralização de fábricas e a integração das economias agrícola e industrial já foram reconhecidas como um passo necessário para a sobrevivência do povo japonês. Além desses, outros lugares do mundo ocidental, onde as raízes podres do sistema vigente penetraram mais profundamente e os descentralizadores podem penetrar nele como formigas brancas. Os centros urbanos das grandes metrópoles, já agonizantes, as decadentes zonas rurais submetidas a um processo de marginalização econômica, esses são os lugares que os governos centralizados não conseguem recuperar, embora utilizem critérios de eficiência que tomaram por empréstimo aos banqueiros, já que nesse caso o lucro não seria financeiro, mas humano. Em tais áreas, as pequenas e flexíveis células operárias teriam condições de sobreviver e de continuar, a um só tempo, a tarefa silenciosa de destruição e construção celular. Mas nem todo o trabalho pode ser feito na sombra.

É preciso que outros teóricos continuem o trabalho iniciado por Kropotkin, Geddes e Mumford no passado, demonstrando o caráter de autodestruição da centralização política e mostrando como a sociedade como um todo – e não apenas seus elementos menos expressivos – pode voltar a viver uma existência saudável e pacífica, bastando apenas que destruam a pirâmide da autoridade para que o homem possa receber não as pedras do poder – qualquer que seja a sua forma –, mas o pão do amor fraternal.

O ARMAZÉM DO TEMPO

JOSIAH WARREN
(in *Detalhes práticos sobre o comércio equitativo*, 1852)

As várias invenções que de tempos em tempos foram adotadas pela sociedade e pelos homens que detêm o poder já passaram por testes suficientemente severos e imparciais, e todas elas provaram ser enganosas e ilusórias; a um exame mais apurado, descobrimos que seus erros são tantos que nenhuma delas consegue compensar a sociedade pelos males que acarretam. O fracasso total de todos os planos do governo e de todos os projetos dos legisladores e a confusão em que se encontra a nossa sociedade ensejam e justificam a proposta de que seja criada uma NOVA SOCIEDADE, diferente de qualquer coisa que tenha sido até agora tentada.

Existirão, certamente, alguns poucos indivíduos que, conhecendo bem os erros, as loucuras e misérias que os cercam e os repetidos fracassos das soluções até agora tentadas, reconhecerão imediatamente as semelhanças que existem entre o que foi dito até agora e seus próprios sentimentos. Para esses, portanto, não será necessário que eu me detenha a falar sobre a doença, nem me atreverei a chamar sua atenção para soluções meramente teóricas, mas passarei imediatamente a abordar os aspectos práticos do tema, preferindo falar nos resultados já obtidos do que no futuro incerto.

Essas experiências foram baseadas em conceitos amplamente aceitos sobre a natureza humana e em dados colhidos durante as experiências comunísticas que aconteceram em New Harmony durante os anos de 1825 e 1826, as quais poderiam ser consideradas, com justiça, como experiências de um novo mundo.

Não me deterei a pormenorizar as reflexões que nos levaram a concluir que a SOCIEDADE PRECISA SER RECONSTRUÍDA DE FORMA *A não violar a soberania de cada indivíduo. Que é preciso evitar todas as formas de acordos ou compromissos entre pessoas e interesses e todos os tipos de conciliação, ajustes e arranjos capazes de impedir que o indivíduo seja LIVRE para dispor de sua pessoa, de seu tempo e de seus bens da maneira que lhe parecer mais conveniente, desde que isso não venha a* ENVOLVER OUTRAS PESSOAS.

É preciso que haja:
individualidade de interesses,
individualidade de responsabilidade,
individualidade de decisão e, num certo sentido,
individualidade de ações.

A ideia de que cada um é soberano para decidir sobre o que lhe pertence tornou necessário que se determinasse com exatidão o que na verdade pertence a cada um. A resposta pareceria óbvia: o produto integral de seu próprio trabalho.

Isso poderia funcionar, naturalmente, se cada um de nós vivesse numa ilha isolada e fosse capaz de suprir todas as suas necessidades, podendo utilizar o sol, o ar, a água, a pedra e todos os outros minerais, a terra e os frutos que nela crescessem espontaneamente e todas as outras formas de RIQUEZA NATURAL, sem que fosse obrigado a pagar pelo uso desses privilégios. Mas como seria possível conciliar todo esse complexo emaranhado de trocas e divisões de trabalho, de forma a que o indivíduo pudesse guardar para si uma quantidade equivalente ao produto do seu trabalho? Isso só poderia ser obtido através de uma troca de equivalentes – trabalho por trabalho – e se não se atribuísse qualquer valor ao uso das riquezas naturais. Foi então que surgiu a proposta de Robert Owen, sugerindo que se trocasse hora de trabalho por hora de trabalho. Entretanto sua ideia não chegou a ser aceita, uma vez que alguns tipos de trabalho são bem mais árduos do que outros, embora tenham uma duração equivalente. E, como era preciso manter a soberania de todos os envolvidos no processo, foi decidido que cada um poderia fazer tantas exceções à regra quantas julgasse mais convenientes, desde que fossem relativamente inofensivas.

De posse dessas ideias, um indivíduo foi até Cincinnati, Ohio, depois das experiências realizadas em New Harmony, e, sem consultar seus companheiros, abriu, no dia 18 de maio de 1827, um pequeno armazém situado na esquina das ruas 5 e Elmer, com o objetivo de testar, na prática, a aplicação desses conceitos à atividade mercantil – já que esse é um ramo de negócio (especialmente o comércio a varejo) que desperta o interesse de todos os cidadãos. A ideia era esperar que a operação se tornasse bem-sucedida e próspera e, quando isso tivesse acontecido, o comerciante fecharia o armazém e compraria uma área de terra nos arredores da cidade, onde faria construir uma cidade-modelo; tudo seria feito sem grande publicidade, e maiores detalhes sobre a natureza do empreendimento só seriam dados depois que este tivesse começado a funcionar a contento. Assim, cada detalhe seria demonstrado na prática, sem deixar margem a dúvidas ou críticas capciosas, restando ao comerciante apenas o trabalho de explicar o mecanismo do projeto e ampliá-lo, multiplicando o número de cidades e vilas-modelo. Por outro lado, ao submeter essas ideias a um teste tão severo, seria lícito esperar que qualquer defeito de base ou obstáculo intransponível não previsto pelos seus autores acabaria aparecendo. Nesse caso, o proprietário estaria disposto a converter seu armazém num estabelecimento comercial igual a qualquer outro, abandonando a ideia de introduzir reformas sistemáticas no comércio, por julgá-las inúteis. E, tendo em vista a possibilidade de que tal coisa viesse a ocorrer, o comerciante decidiu não fazer qualquer pronunciamento público sobre o empreendimento.

A característica principal do armazém recém-inaugurado era a de que o pagamento do proprietário, avaliado de acordo com o esforço despendido na venda, deveria ser trocado pelo trabalho de seu cliente, medido hora por hora. Naturalmente, foi preciso desvincular o pagamento devido ao comerciante do preço real das mercadorias vendidas, já que este poderia comprar e vender cem barris de farinha no mesmo tempo que gastaria para comprar apenas um barril; e, se esse pagamento fosse debitado ao valor de um barril, ele seria pago cem vezes cada vez que vendesse cem barris. Mas, separando – ou individualizando – os dois elementos, receberia o mesmo pagamento, quer vendesse um quilo ou cem barris de farinha.

Um relógio controlava o tempo gasto em cada transação, o que eliminava a possibilidade de discussão ou dúvida sobre o valor a ser pago. Passou a ser do interesse do comprador não tomar o tempo do comerciante com reclamações e pedidos de rebaixa, já que, quanto mais o fizesse, mais avançariam os ponteiros do relógio e mais seria obrigado a pagar. Como o dinheiro não pode representar uma quantidade exata de trabalho, nem é possível fazer com que isso ocorra (já que com um dólar tanto se pode comprar 250 gramas de farinha quanto o dobro dessa quantidade) e como o preço de todos os outros artigos comprados e vendidos a dinheiro estão sujeitos às mesmas flutuações, foi decidido que o dinheiro não poderia servir como meio de troca de equivalentes. Os compradores, por sua vez, não teriam como prever a quantidade de trabalho a ser paga ao proprietário até que a compra tivesse sido concluída, sendo portanto impossível fazer com que chegassem ao armazém já munidos de qualquer artigo de valor exatamente equivalente ao da compra feita. Foi então que ressurgiu a ideia de "nota de trabalho" proposta por Robert Owen, como meio de troca entre comunidades diferentes, mas que até então jamais fora colocada em prática ou bem entendida.

Depois que o comprador tivesse recebido as mercadorias compradas e pagado seu valor ao proprietário, deveria recompensá-lo pelo seu trabalho, entregando-lhe ou uma nota de trabalho, ou um artigo qualquer, produto do seu labor. O proprietário, por sua vez, retribuiria com outra nota de trabalho, como pagamento pelo trabalho de comerciar, e o comprador então pagaria ao proprietário utilizando suas notas até que estas – as quais, tal como o dinheiro, poderiam ser divididas em quantias que variavam de um minuto a dez ou cem horas – tivessem se esgotado.

Um relatório sobre a demanda, atualizado a cada manhã ou sempre que o armazém recebesse novas mercadorias, mostrava quais os artigos que seriam recebidos pelo proprietário em troca do seu trabalho, sendo esta escolha feita de acordo com suas próprias necessidades ou com as necessidades expressas por outros.

Eis aqui uma cópia do aviso colocado no armazém:

AVISO

Todos os arranjos feitos, de tempos em tempos,
neste local, poderão ser alterados ou até mesmo
tornados sem efeito, sempre que as circunstâncias
ou novos conhecimentos adquiridos assim o exigirem.

Esses foram os únicos preparativos especiais feitos; o que houve de mais especial foi justamente aquilo que foi deixado por fazer e o que não chegou a ser feito. Evitou-se, por exemplo, criar "constituições" e qualquer outro tipo de mecanismos artificiais de "organização", evitando tudo que pudesse produzir, direta ou indiretamente, uma combinação de interesses ou uma unificação de responsabilidades; abstendo-se de ditar leis, regras e regulamentos ou de assumir o controle de qualquer outro interesse que não o do proprietário; evitando a necessidade de designar governantes, chefes etc.; ou de estabelecer regras ou credos, assumindo o controle sobre a capacidade de julgamento e a liberdade de agir de cada indivíduo.

Esquivando-se de todas as garantias, promessas e contratos que tolhessem a liberdade do indivíduo mudar de acordo com as circunstâncias. Tudo isso foi feito simplesmente em consideração ao grande, sempre presente e incontrolável instinto de conservação, o qual ensinou ao proprietário que o primeiro passo a ser dado por quem quer fazer o bem ao seu próximo é provar que não dispõe de poderes para prejudicá-lo, e fugir do poder com o mesmo entusiasmo com que até agora o perseguíamos. Entretanto, embora tivesse tido o maior cuidado para provar que não haveria a menor possibilidade de que o proprietário pudesse ludibriar seus clientes, seja pelo poder que lhe era delegado pela sua posição, seja pela utilização de qualquer operação comercial normalmente usada, tais tinham sido os efeitos das outras experiências anteriormente feitas, especialmente o recente fracasso em New Harmony, que ninguém queria dar ouvidos – a menos que se tratasse de um mero ato de cortesia – a qualquer proposta no sentido de cooperar com o projeto. Os estranhos afirmavam tratar-se de um plano visionário e utópico, ou um velho truque com novas roupagens para especular ou enganar o povo; e os amigos suplicavam e insistiam para que o proprietário desistisse definitivamente do *ignis fatuus* da reforma, voltando sua atenção para seus próprios interesses e tentando reparar os prejuízos causados pela derrota em New Harmony, deixando que outras pessoas, caso assim o desejassem, corressem os riscos de novas experiências; e ofereciam-se para ajudá-lo a iniciar um negócio lucrativo. Mas o comerciante viu que seus conselheiros não tinham a menor ideia do que ele estava pretendendo e, portanto, suas opiniões não tinham grande valor; assim, procurou um amigo e tentou convencê-lo a vir até a loja e comprar um ou dois artigos, como uma forma de aprender como deveria funcionar o empreendimento; por cortesia, o amigo concordou em ir até a loja numa hora previamente marcada, mas nunca apareceu. Ele então procurou um segundo amigo, que também prometeu vir, mas também não veio. Foi até um terceiro, que aceitou o convite, mas não compareceu ao encontro. Desesperado e magoado, decidiu procurar uma pessoa da sua própria família a quem disse: "G., você pelo menos terá de admitir que eu não estou querendo enganá-lo. Venha até meu armazém comprar alguns artigos para a sua família e, se não gostar dos resultados, poderá devolvê-los e eu restituirei o dinheiro que pagou. Deve saber, naturalmente, que ao comprar não estará entrando em nenhuma sociedade, nem comprometendo de qualquer forma a sua liberdade pessoal ou as suas propriedades. Não estará assumindo nenhuma responsabilidade pelos meus atos e, consequentemente, também não será responsável pelo sucesso do empreendimento... acabada a experiência, continuará sendo exatamente a mesma pessoa que é agora, e se lhe faço este pedido é apenas por não ter conseguido que nenhuma outra pessoa concordasse em fazer a experiência". G. prometeu vir e realmente veio, fazendo compras no valor de um dólar e cinquenta, ou seja, o produto de cerca de três horas do seu trabalho pelo equivalente a cerca de quinze minutos, que foram gastos na compra de café, açúcar, papel e outros artigos de uso diário! Não quis devolver nenhum dos artigos comprados, e assim o proprietário guardou a nota de trabalho equivalente a quinze minutos.

G. falou a seu amigo P. sobre a transação realizada, e este veio imediatamente até a loja, dizendo: "Meu Deus! Como fomos tolos lá em Harmony! Por que não conseguimos ver uma coisa tão simples? Vamos, quero comprar tais e tais artigos". Comprou artigos de uso diário num valor aproximado de cinco dólares e conseguiu economizar um dólar e cinquenta cents em mais ou menos vinte minutos! Saindo dali, contou o fato a uma conhecida, que sustentava o marido doente com seus trabalhos de agulha. Esta senhora também veio ao armazém e comprou dois remédios, cujo preço em qualquer outro lugar seria de 62 cents e meio, mas que ali lhe custaram apenas dezessete, tendo ela economizado o equivalente a cerca de dezenove horas de trabalho, e pagado ao proprietário pelo seu trabalho com dez minutos de costura! Se o proprietário tivesse recebido pelos dois artigos o preço do mercado, mais ou menos 62 cents e meio, o lucro que teria obtido em dez minutos lhe teria permitido pedir 114 vezes mais do trabalho da mulher do que ele lhe daria em troca!

A informação espalhou-se rapidamente, transmitida pelos próprios compradores, e lá pelo quinto dia o sr. F., um respeitado membro da Igreja Episcopal, veio até a loja: "O senhor não me conhece – disse ele ao proprietário –, mas meu vizinho, o sr. N., estava tentando me explicar a sua nova maneira de comerciar. Isso foi ontem à noite e eu, sem pensar muito, declarei que tudo não devia passar de uma nova forma de lograr os incautos. Mas, quando fui para a cama, não consegui dormir. Comecei a perceber que havia alguns aspectos extraordinários no que acabara de ouvir e, quanto mais pensava neles, mais impossível se tornava conciliar o sono. Passei a noite em claro e estou aqui para perguntar-lhe se disporia de algum tempo livre para explicar-me exatamente a natureza do seu empreendimento".

"Certamente que sim, senhor, e com o maior prazer, pois se a minha maior dificuldade até agora tem sido encontrar quem se interesse em me ouvir!" A seguir, traçou em linhas gerais o plano que criara, bem como o preço de vários artigos oferecidos. Ao fim de alguns minutos, o sr. F. exclamou: "Basta senhor! Não é necessário que continue! Entendi, entendi tudo! Vou mandar entregar-lhe uma pequena quantidade de milho em grão, e o senhor pagará por ela com notas de trabalho de pequeno valor. Explicarei aos meus amigos, adeus senhor, até mais ver!".

O milho foi entregue, e o proprietário pagou com notas de trabalho equivalentes a cinco ou dez minutos de tempo. A partir daquele momento, o armazém viu sua freguesia aumentar a tal ponto que, antes que se tivesse passado três meses, havia lá uma tal multidão que as coisas se tornaram bastante confusas.

O dono do armazém situado na outra esquina veio até lá: "Não consigo vender mais nada, disse ele ao proprietário. Ou faço meu armazém ficar igual a este ou fecho as portas. Gostaria que me dissesse como funciona".

"Certamente, senhor!" E o comerciante abriu um segundo "Armazém do Tempo" (pois era assim que o povo o chamava, por causa do relógio que marcava o tempo gasto pelo comerciante). O número de fregueses crescia cada vez mais, e todo o comércio a varejo da cidade começou a sofrer os efeitos desse sucesso, o que não chega a causar espanto, quando comparamos os preços cobrados nos dois armazéns com aqueles encontrados nos estabelecimentos regulares. Não é que os vendedores de gêneros alimentícios tivessem sempre lucros excessivos: apenas ocorreu que o novo sistema criou um tipo de economia totalmente desconhecido e impossível de obter pelos métodos comuns. Um varejista pode ganhar 25 cents num minuto duas vezes por dia e vender vinte outros artigos com preços tão próximos ao preço de custo que todo o seu lucro diário, descontando o aluguel e outros gastos, poderá não exceder a um dólar, mas, ao fazê-lo, não terá empregado talvez nem um quarto do tempo que passou no armazém; mas se passar todo esse tempo ocupado, cobrando os mesmos preços, seu lucro poderá chegar a ser de seis dólares diários. Nesse armazém, o proprietário passava todo o seu tempo ocupado. Além disso, não havia discussões sobre preços, nem as manobras mesquinhas e os rodeios entre comprador e vendedor que tomam tanto tempo nas operações comerciais rotineiras. Tudo isso havia desaparecido totalmente pela aplicação do simples princípio dos equivalentes, que não admite qualquer variação nos preços, depois que este tiver sido fixado, nem o vendedor tem tempo para enganar os fregueses, preparando armadilhas, lançando redes ou qualquer outra coisa do gênero, e assim o tempo que era normalmente gasto nessas operações podia ser aplicado na venda. Havia um livro de contabilidade que estava sempre à disposição dos clientes. Nele eram registrados os gastos fixos e a receita do estabelecimento; ali eram anotados os gastos com aluguel, lenha usada no aquecimento, carretos, perdas e danos, e uma percentagem regular era acrescentada ao preço de custo de cada artigo para cobrir essas despesas. Se a quantia fosse mais do que suficiente para esse fim, deveria sofrer uma redução; caso contrário, seria aumentada, mas nunca antes que essas mudanças tivessem sido anunciadas previamente. Os preços eram afixados nas mercadorias expostas para que os fregueses pudessem examiná-las e decidir por si mesmos, sem tomar o tempo do comerciante e sem que este – de acordo com a prática vigente – se visse obrigado a repetir pelo menos cem vezes por dia as mesmas respostas. Essa economia e outras mais, provocadas pelo fato de que, quanto mais tempo os fregueses tomassem do comerciante, mais teriam de pagar por ele, permitiram que o proprietário do estabelecimento vendesse tantas mercadorias no espaço de uma hora, quantas seriam vendidas normalmente em um ou dois dias e tudo isso num clima de grande cordialidade entre comprador e vendedor, pois ambos compartilhavam da certeza de que estavam empenhados em realizar um negócio justo para ambas as partes. As notas relativas a todas as compras eram feitas diante dos olhos dos fregueses, que desse modo asseguravam-se de que não tinha havido qualquer desvio ou quebra das promessas feitas e das ideias propostas e defendidas pelo comerciante. Algumas dessas notas, feitas em meio à agitação dos negócios, poderão talvez dar uma visão melhor dos aspectos práticos da operação e dos interesses dos clientes, do que qualquer descrição abstrata seria capaz de fazer:

Junho de 1827 – O sr. M. comprou:

	Preço custo	Preço comum
1 litro de brandy	37 1/2	62 1/2
1 par de sapatos de homem	90	1,50
4 libras de peixe	16	25
4 dúzias de limões	5	25
	1,48 1/2	2,62 1/2
	Lucro:	1,14

Neste caso, o comprador era um ferreiro. Dei a lista de mercadorias que adquiriu para mostrar que eram artigos bastante comuns; entretanto, ao gastar 1,48 ele economizou 1,14 em 20 minutos, os quais pagou ao comerciante com seu trabalho de ferreiro. Se tais artigos tivessem sido vendidos pelo sistema habitual, o comerciante teria ficado com o equivalente a nove ou dez horas de trabalho do ferreiro, em troca de vinte minutos do seu próprio trabalho, embora a atividade exercida pelo primeiro seja bem mais árdua e penosa do que a do comerciante. Uma viúva mãe de vários filhos que consegue sustentá-los com seu trabalho de costureira, ganhando cerca de 25 centavos por dia, comprou alguns artigos, pagou ao comerciante com uma hora do seu trabalho e economizou 1,52 – ou seja, o equivalente ao produto de seis dias de trabalho. Se tivesse comprado numa loja comum, o comerciante teria conseguido obter, pelo seu trabalho de vender, uma quantia sessenta ou setenta vezes maior!...

Aos poucos a loja foi sendo desativada, e o proprietário encerrou as atividades tendo nas mãos uma quantia quase igual à que tinha no início das operações, tendo submetido suas ideias a um teste e pagado tudo o que havia gasto durante a experiência, e nada além disso; grande parte do tempo fora gasto a responder perguntas e dar explicações que o desenvolvimento das ideias tornara necessárias; mas, em cidades já familiarizadas com o processo, essa perda de tempo já não ocorreria. Devemos ressaltar que, através de todas as ramificações do negócio, ele foi regido por princípios inteiramente novos e que tais princípios serviam realmente para esse fim, substituindo as costumeiras engrenagens das organizações, constituições, leis, regras e chefes. Não havia qualquer tipo de poder organizado e artificial que se colocasse acima do indivíduo. O voto da maioria servia apenas como uma maneira econômica de se ficar conhecendo a vontade do grupo, não como um meio de obrigar qualquer um dos seus integrantes a submeter-se a essa vontade.

O voto unânime obtido durante uma reunião não pretendia erguer-se acima ou assumir o controle das inclinações do indivíduo – toda a necessidade de tal compulsão já fora evitada pela rígida individualidade de interesses que permitia a cada um mover-se dentro de sua esfera particular de ação, tempo e modo, sem envolver a pessoa ou os interesses de terceiros.

Assim, conseguimos demonstrar que não há necessidade de erguer qualquer forma de poder que paire acima dos indivíduos.

DISTRIBUIÇÃO E TROCA

JAMES GUILLAUME
(in *Ideias sobre a organização social*, 1876)

Na nova sociedade não haverá mais comércio, tal como hoje o entendemos.

Cada comunidade estabelecerá um Banco de Troca, cujo funcionamento passaremos a explicar.

As associações de trabalhadores e os profissionais independentes depositarão seus produtos no Banco de Troca. O valor desses produtos já terá sido fixado por acordos entre as federações sindicais regionais e as diferentes comunas, com base em informações estatísticas. O Banco de Troca dará aos produtores recibos correspondentes ao valor de seus produtos; esses recibos poderão ser utilizados em todas as áreas que integrarem a federação das comunas.

Entre os produtos assim depositados no Banco de Troca, alguns deverão ser consumidos pelos habitantes da comuna e outros serão enviados para outras comunas e trocados por outros produtos.

Os produtos destinados ao consumo local serão distribuídos pelos vários mercados comunais, que por ora funcionarão nas antigas lojas e armazéns. Alguns desses mercados venderão apenas alimentos, outros apenas roupas, utensílios domésticos etc.

Os produtos para exportação serão guardados em depósitos até o momento em que possam ser enviados às comunas que deles necessitarem.

Aqui já podemos prever um protesto: alguém dirá que o Banco de Troca dá aos produtores recibos correspondentes ao valor de seus produtos antes de ter a certeza de que tais produtos serão colocados no mercado. E, se isso não acontecer, qual será a posição do Banco? Não estará arriscando a ter sérios prejuízos? Não serão essas operações um tanto ou quanto perigosas?

A isso responderemos que cada Banco de Troca planeja com antecedência o destino que dará aos produtos que receber e portanto os recibos que distribuiu não lhe causam qualquer problema.

Haverá, é claro, algumas categorias profissionais que não terão condições de levar seus produtos até o Banco de Troca. Entre elas, poderíamos citar, por exemplo, a dos operários da construção. Nesse caso, o Banco continuará desempenhando suas funções de intermediário, registrando o volume de trabalho realizado de acordo com valores previamente estabelecidos e restituindo esse valor em recibos. O mesmo acontecerá com aqueles que trabalham nos serviços administrativos da comuna: como seu trabalho não pode ser medido em artigos produzidos, mas em serviços prestados, estes também serão avaliados e seu valor devidamente pago. Mas os Bancos não se limitarão a receber a produção entregue pelos membros da comuna; também manterão contato com outras comunidades e serão responsáveis pela obtenção dos produtos que deverão vir de fora, tais como alimentos, matérias-primas, combustíveis ou artigos manufaturados. Tudo isso será vendido nos mercados comunais, junto aos artigos locais.

Os consumidores irão aos vários mercados levando seus recibos que podem ser trocados por cupons de diversos valores e com eles conseguirão adquirir, por preços uniformes, todos os artigos de que necessitarem.

Até aqui tudo o que dissemos sobre o funcionamento do Banco de Troca não difere, basicamente, das operações comerciais de compra e venda atualmente realizadas. O Banco compra a produção e vende aos consumidores. Mas acreditamos que, com o tempo, o funcionamento de um Banco de Troca sofra uma série de alterações sem qualquer prejuízo para o seu funcionamento, sendo o antigo sistema até agora utilizado substituído por um novo: a troca desaparecerá, dando lugar à distribuição pura e simples.

Acreditamos que isso poderá ocorrer assim: enquanto houver escassez de um determinado produto e este chegar ao mercado em quantidades menores do que as exigidas pelo consumo, será necessário exercer um certo controle na distribuição; a melhor maneira de racionalizar o consumo seria vender o produto aos consumidores, ou seja, liberá-lo apenas para aqueles que estão dispostos a atribuir-lhe um valor qualquer. Mas, quando a produção se tornar abundante, o que certamente irá ocorrer a partir do momento em que for organizado de forma racional, então será possível abandonar a prática da venda, que terá servido apenas como um recurso para controlar o consumo desenfreado; os mercados comunais deixarão de vender a produção, limitando-se a distribuí-la de acordo com as necessidades manifestadas pelos consumidores.

Essa substituição da distribuição pela troca poderá acontecer logo no caso de artigos de primeira necessidade, já que os esforços das associações de produtores serão dirigidos, em primeiro lugar, para garantir a ampla disponibilidade de tais artigos. Mais tarde outros objetos, hoje escassos e caros e que, em consequência, são considerados artigos de luxo, passarão também a ser produzidos em larga escala, entrando na área da distribuição e do consumo universal. Há, por outro lado, determinados objetos que são naturalmente escassos e não têm valor real – é o caso das pérolas, dos diamantes e de metais preciosos que nunca serão abundantes porque sua quantidade é limitada pela própria natureza. Tais objetos apenas deixarão de impor os altos preços que os homens lhes conferem e passarão a ser procurados principalmente por associações científicas, que os guardarão em museus de história natural ou que os utilizarão na fabricação de determinados instrumentos.

CONSIDERAÇÕES SOBRE O SISTEMA DE SALÁRIOS

PETER KROPOTKIN
(in *O sistema de salários*, 1889)

A remuneração desigual

Dissemos que a maior parte dos autores coletivistas defendem a ideia de que, num sistema socialista, toda a remuneração deveria ter como base a distinção entre a mão de obra qualificada ou profissional e a não qualificada. Sustentam que uma só hora de trabalho do engenheiro, do arquiteto ou do médico deveria valer duas ou três de trabalho do ferreiro, do pedreiro ou da enfermeira. E afirmam que a mesma distinção deveria ser feita entre trabalhadores cujas profissões exigissem um período maior ou menor de aprendizagem e os que são apenas operários não especializados.

É exatamente isso que acontece hoje na sociedade burguesa e é o que deverá acontecer também na futura sociedade coletivista. Sim, mas estabelecer tais distinções seria o mesmo que manter as injustiças que existem hoje na nossa sociedade; seria traçar de antemão uma linha separando o trabalhador daqueles que pretendem governá-lo. Seria dividir a sociedade em duas classes bem definidas: uma aristocracia esclarecida e superior e, abaixo dela, uma democracia de mãos calejadas; uma classe dedicada ao serviço da outra, trabalhando arduamente para mantê-la vestida e alimentada, enquanto esta aproveita o lazer para aprender a dominar aqueles que lhe permitem desfrutá-lo.

Seria o mesmo que tomar as características que distinguem a sociedade burguesa e ratificá-las por meio de uma revolução, transformando em norma um abuso que hoje é condenado pela própria sociedade que se desintegra.

Sabemos bem qual será a resposta ao que acabamos de afirmar: falarão em "socialismo científico". Citarão vários economistas da classe média e também Marx para provar que há boas razões que justificam a manutenção de uma escala de salários, já que a força de trabalho de um engenheiro custa à sociedade muito mais do que a "força de trabalho" do operário. Marx defendeu a necessidade de que fossem mantidas as mesmas distinções entre vários tipos de trabalho manual e nem poderia ser diferente, já que ele adotou a teoria de valores de Ricardo, insistindo na ideia de que o valor de cada produto deveria ser proporcional à quantidade de trabalho socialmente necessário para produzi-lo.

Mas nós sabemos também até onde é possível acreditar nessas teorias. Sabemos que, se o engenheiro, o cientista e o médico recebem hoje um salário dez ou cem vezes maior do que é pago ao trabalhador; se o tecelão ganha três vezes mais do que o camponês e dez vezes mais do que a operária, isso não acontece porque seus salários sejam proporcionais aos diferentes custos de produção, mas porque tais salários são proporcionais ao tamanho do monopólio da educação e da indústria. O engenheiro, o cientista e o médico estão simplesmente tirando seus lucros de um tipo especial de capital – seus diplomas e títulos –, do mesmo modo como o fabricante tira seus lucros da fábrica ou que o nobre costumava lucrar graças ao seu nascimento ou ao título que ostentava.

Quando o patrão paga ao engenheiro vinte vezes mais do que ao operário, ele apenas faz um cálculo muito simples: se o engenheiro conseguir economizar 4 mil libras por ano em custos de produção, ele lhe pagará oitocentas libras anuais para que o faça.

E, quando percebe que um de seus contramestres é um homem a quem pode explorar e que é capaz de lhe proporcionar uma economia de quatrocentas libras a mais só em mão de obra, não hesitará em lhe oferecer oitenta ou noventa libras por ano. Estará sempre disposto a gastar cem libras onde espera lucrar mil: tal é a essência do sistema capitalista. E o mesmo pode ser dito a respeito das distinções que são feitas em várias profissões.

De que adiantaria falar sobre o custo de produção da força de trabalho e dizer que um estudante que passa a juventude despreocupado e alegre na universidade tem o direito de ganhar salários dez vezes maiores do que os que são pagos ao filho de um mineiro que desde os onze anos de idade definha no fundo de uma mina? Ou que um tecelão tem o direito a salários três ou quatro vezes mais altos do que os que recebe um trabalhador rural? Os gastos necessários para formar um tecelão não chegam a ser quatro vezes maiores do que os custos para produzir um trabalhador rural. O tecelão está apenas lucrando com a posição de destaque que a indústria desfruta atualmente na Europa, especialmente se a compararmos a outras partes do mundo onde ainda não existe praticamente nenhum desenvolvimento industrial.

Ninguém chegou a fazer uma estimativa real dos custos de produção de uma força de trabalho. E, se é verdade que um vagabundo custa à sociedade muito mais do que um honesto trabalhador, ainda não se descobriu se, feitas as contas (e considerando-se a taxa de mortalidade infantil entre a classe operária, os danos provocados pela anemia e pelas mortes prematuras), um robusto operário não custará mais do que um artesão.

Esperam que acreditemos que o shilling por dia pago a uma operária londrina e três shillings que a camponesa de Auvergne ganha para ir perdendo lentamente a visão enquanto tece as suas rendas representam o custo real de produção dessas mulheres? Além disso, sabemos muito bem que elas chegam a trabalhar em troca de salários bem menores e que, se o fazem, é apenas porque – graças à nossa magnífica organização social – morreriam de fome sem esses salários ridículos.

A atual escala de salários nos parece ser consequência do sistema tributário, da interferência do governo, do monopólio e da cobiça capitalista – ou, numa palavra, do Estado e do sistema capitalista. Em nossa opinião, todas as teorias sobre salários criadas pelos economistas só foram inventadas para justificar as injustiças que existem hoje. Não devem merecer nossa atenção.

Mas certamente ouviremos que a escala de salários coletivista representa um avanço. "Tem que admitir – dirão – que é melhor ter uma classe de operários recebendo duas ou três vezes mais do que o salário normal do que ter Rothschilds que embolsam num só dia muito mais do que qualquer operário conseguiria ganhar durante um ano inteiro. Será mais um passo em direção à igualdade."

Pois a nós pareceria mais um passo para nos afastar dela. Introduzir num sistema socialista qualquer tipo de distinção entre a classe operária e os profissionais qualificados seria fazer com que a revolução ratificasse e transformasse em norma uma realidade brutal à qual nos submetemos sem no entanto deixar de considerá-la injusta. Seria agir tal qual aqueles cavalheiros que, no dia 4 de agosto de 1789, proclamaram com frases bombásticas a abolição dos direitos feudais para, no dia 8 de agosto, sancionar esses mesmos direitos ao impor aos camponeses tributos que os libertariam dos nobres. Ou como o governo russo quando, ao tempo da libertação dos servos, afirmou que a partir daquele momento a terra passava a pertencer à nobreza, quando até então fora considerado um abuso que a terra que pertencia aos camponeses fosse comprada ou vendida por particulares.

Ou, para citar um exemplo mais conhecido; quando a Comuna de 1871 decidiu pagar aos membros do Conselho Comunal a quantia de 12s e 6d por dia, enquanto nas trincheiras a guarda nacional ganhava apenas ls e 3d, certas pessoas aplaudiram essa decisão como um ato de esplêndida justiça democrática. Mas, na verdade, a comuna não fez mais do que ratificar a disparidade existente entre oficiais e soldados, governantes e governados. Um parlamento oportunista poderia ter considerado essa decisão como algo magnífico, mas para a comuna ela representou a negação das próprias ideias que defendia. Não se mantendo fiel aos seus ideais revolucionários, ela acabara por rejeitá-los.

No estágio atual da sociedade, quando vemos ministros de Estado pagando a si próprios milhões por ano, enquanto os operários têm que se contentar com menos de cem libras; quando vemos um contramestre recebendo duas ou três vezes mais do que o operário comum; e quando entre os próprios trabalhadores há toda espécie de graduações e níveis salariais que vão desde os sete ou oito shillings diários até os 3d ganhos pelas costureiras, nós condenamos o alto salário do ministro e também a diferença entre os oito shillings do artesão e os três pence da costureira. E dizemos: "Vamos acabar com os privilégios concedidos pelo nascimento ou pela educação!". Somos anarquistas apenas porque tais privilégios nos enojam.

Como poderíamos pois transformar tais privilégios em normas? Como poderíamos declarar que os privilégios da educação devem ser a base de uma sociedade justa, sem golpear duramente essa sociedade? Tudo aquilo que aceitamos hoje não será mais aceito por uma sociedade que tenha como base a igualdade. O general acima do soldado, o rico engenheiro acima do operário, o doutor acima da enfermeira são coisas que já nos revoltam. Será que conseguiremos suportá-las numa sociedade que começa apregoando a igualdade?

É evidente que não. Inspirada pela ideia de igualdade, a consciência popular irá revoltar-se contra tal injustiça, não poderá tolerá-la. Nem valeria a pena tentar.

É por essa razão que alguns coletivistas, entendendo a impossibilidade de manter uma escala de salários numa sociedade inspirada pela influência da revolução, defendem entusiasticamente a igualdade de salários. Mas conseguem apenas tropeçar em novas dificuldades, e logo a igualdade de salários que defendem se torna uma utopia, algo tão impossível de realizar quanto a escala de salários dos outros.

Uma sociedade que se apoderou de toda a riqueza social e que anunciou claramente que todos têm direito a desfrutar essa riqueza, seja qual for o papel que tenham desempenhado no passado para criá-la, será obrigada a desistir de qualquer ideia de salários, seja em dinheiro ou em notas de trabalho.

Salários iguais X comunismo livre

"A cada um de acordo com suas ações", dizem os coletivistas, ou seja, de acordo com os serviços que prestaram à sociedade. E essa é a ideia que recomendam como base para toda a organização econômica, depois que a revolução tiver criado todos os instrumentos e tudo o que for necessário para a produção de bens comuns.

Bem, se a revolução social tivesse a infelicidade de apregoar tal ideia, estaria detendo a maré do progresso humano e deixaria sem solução o gigantesco problema social que outros séculos, anteriores ao nosso, jogaram sobre os nossos ombros.

É verdade que, numa sociedade como a nossa, onde quanto mais um homem trabalhar, menor será sua recompensa, essa ideia poderia parecer, à primeira vista, um anseio injusto. Foi com ela que o sistema de salários começou, para acabar se transformando na injustiça gritante e em todas as abominações que vemos hoje. E terminou assim porque, desde o momento em que a sociedade decidiu pagar os serviços prestados com dinheiro ou qualquer outra forma de salário, a partir do momento em que afirmou que cada um teria direito apenas àquilo que conseguisse ganhar com o seu trabalho, já estava escrita a história do capitalismo (com a ajuda do Estado nesse particular); sua semente estava contida nesta ideia.

Será necessário então que retornemos ao ponto de partida, passando outra vez pelo mesmo processo de evolução capitalista? Os teóricos parecem desejar que isso aconteça; mas felizmente é impossível, a revolução será comunista ou se afogará em sangue e precisará ser refeita desde o início.

Qualquer serviço prestado à sociedade, seja sob a forma de trabalho nas fábricas ou no campo, seja em qualquer outro serviço honrado, não pode ser pago com dinheiro. Não é possível fazer-se uma avaliação exata do valor do trabalho, seja daquilo que foi impropriamente chamado de "valor de troca" ou do seu "valor útil".

Quando vemos dois indivíduos que trabalharam cinco horas por dia durante vários anos em benefício da comunidade, em ocupações diferentes mas igualmente agradáveis para ambos, poderíamos afirmar que seus esforços se equivalem. Mas esse esforço não pode ser dividido em frações, de modo a que o produto de cada dia, cada hora ou minuto de trabalho de um valha tanto quanto o produto de cada minuto e cada hora de trabalho do outro.

A rigor, poder-se-ia dizer que um homem que tenha trabalhado dez horas diárias durante toda a vida deu uma contribuição bem maior para a sociedade do que aquele que se privou de apenas cinco horas diárias de lazer ou do que jamais trocou o lazer pelo trabalho. Mas não podemos avaliar o que um homem realizou durante duas horas e afirmar que o produto dessas duas horas de trabalho vale exatamente duas vezes mais do que o produto de uma hora de trabalho de outro indivíduo, e dar a ambos uma recompensa proporcional ao esforço despendido. Fazer isso seria ignorar o que existe de complexo na agricultura, na indústria e em todos os setores da vida humana, seria ignorar em que medida todo o trabalho individual é uma consequência de esforços feitos no passado e no presente pela sociedade como um todo. Seria imaginar que continuamos na Idade da Pedra, quando na verdade vivemos na Idade do Aço.

Entre numa mina de carvão e observe aquele homem parado diante da enorme engrenagem que faz subir e descer o elevador da mina. Tem nas mãos uma alavanca com a qual pode deter ou inverter o mecanismo. Ele empurra a alavanca e, em um segundo, o elevador muda a direção da sua vertiginosa corrida, subindo ou descendo pelo poço. Seus olhos atentos não se afastam do indicador que registra a localização exata do elevador; assim que este atinge o ponto desejado, uma suave pressão de seus dedos faz com que pare instantaneamente, nem um centímetro acima ou abaixo do local certo. E basta que se acabem de encher ou esvaziar as vagonetas para que, a um leve toque na manivela, o elevador comece outra vez a subir e descer pelo poço.

Durante oito ou dez horas ininterruptas ele permanece atento. Se deixar que sua atenção se desvie, mesmo que seja apenas por um segundo, o elevador poderá despencar, destroçando as engrenagens, rompendo as cordas, esmagando homens, paralisando todo o trabalho da mina. E, se demorar três segundos além do tempo necessário para movimentar a alavanca, a produção da mina poderá sofrer uma redução de vinte a cinquenta toneladas diárias.

Pois muito bem: será este então o homem que desempenha o trabalho mais importante na mina? Ou será, talvez, aquele menino que faz soar o sino lá embaixo, dando o sinal para que o elevador suba? Ou o mineiro que arrisca a vida a cada movimento nas profundezas da terra e acabará morrendo um dia num acidente de trabalho? Ou quem sabe o engenheiro que poderia perder o veio de carvão e fazer com que os homens escavassem a rocha nua, bastando apenas que cometesse um pequeno erro de cálculo? Ou será o dono da mina, que empregou todo o seu capital no empreendimento e que talvez – contrariando todas as previsões anteriores – tenha dito um dia: "Cavem aqui e encontrarão carvão da melhor qualidade"?

Todos os homens que trabalham na mina contribuem para a extração do carvão com um esforço proporcional à força, energia, conhecimento, inteligência e habilidade que cada um deles possui. E podemos afirmar que todos têm o direito de viver, de satisfazer todas as suas necessidades e até mesmo seus caprichos – depois que as necessidades mais imperiosas de todos tenham sido satisfeitas. Mas como avaliar com precisão o trabalho que cada um deles realizou?

Além do mais, cabe indagar se o carvão que extraíram da mina deve ser considerado como sendo realmente produto do seu trabalho. Não será também o resultado do trabalho dos homens que construíram a ferrovia que levam à mina e as estradas secundárias que a partir delas chegam a várias estações? E o que dizer do trabalho daqueles que araram a terra, produzindo alimentos para os mineiros? Dos que fundiram o aço, cortaram as árvores na floresta e construíram as máquinas que consumirão o carvão e assim por diante?

Não é possível traçar uma linha rígida separando o trabalho de um homem do trabalho de outro homem. Avaliar esse trabalho pelos resultados alcançados seria um absurdo. Dividi-lo em frações e avaliá-lo pelas horas despendidas nele também seria absurdo. Resta apenas um caminho: desistir da avaliação, reconhecendo que todos os que participam do processo produtivo têm os mesmos direitos de viver e desfrutar as delícias que a vida oferece.

Considere qualquer outro ramo de atividade humana, ou a nossa vida como um todo, e diga: quem entre nós pode exigir a mais alta recompensa pelos seus atos? O doutor que descobriu a doença ou a enfermeira que, com seus cuidados, garantiu a cura? O inventor da primeira máquina a vapor ou o menino que um dia, cansado de puxar a corda que até então servia para abrir a válvula que deixava entrar o vapor, amarrou essa corda à alavanca da máquina e foi brincar com seus companheiros, sem imaginar que tinha acabado de inventar o mecanismo básico de todas as máquinas modernas – a válvula automática? O inventor da locomotiva ou aquele operário de Newcastle que sugeriu que as pedras colocadas sob os trilhos – cuja falta de flexibilidade fazia descarrilar os trens – fossem substituídas por sapatas de madeira? O condutor da locomotiva ou o sinaleiro que faz parar os trens ou abre os caminhos para que eles possam passar?

A quem devemos o cabo transatlântico? Ao engenheiro que insistiu em afirmar que o cabo podia transmitir telegramas, enquanto os sábios eletricistas declaravam ser isso impossível? A Maury, o cientista que aconselhou que os grossos cabos deveriam ser trocados por outros, tão finos quanto uma bengala? Ou a todos aqueles voluntários que passaram dias e noites no convés do Great Eastern, examinando cuidadosamente cada centímetro dos cabos e mandando retirar deles todos os pregos que alguns acionistas, num acesso de estupidez, haviam mandado cravar na camada isolante para inutilizá-los?

E, considerando agora o terreno ainda mais vasto da vida humana, com suas alegrias e tristezas, quem entre nós não conhece alguém que, em algum momento da nossa vida, nos tenha prestado um serviço tão grande e tão importante que a simples ideia de avaliar seu custo em dinheiro chega a nos encher de indignação? Tal serviço poderia ter sido apenas uma palavra, nada mais do que uma palavra dita no momento certo, ou poderiam ser meses e anos de dedicação. Como seria possível pagar tais atos, os mais importantes que alguém poderia fazer por nós, com notas de trabalho?

"As ações de cada um!" Mas se cada um de nós não estivesse pronto a dar, em quantidades infinitamente maiores do que nos poderia ser retribuído em dinheiro, notas ou qualquer outra espécie de pagamento, as sociedades humanas não teriam sobrevivido a duas gerações sucessivas e desapareceriam em menos de cinquenta anos. O que seria da raça humana se as mães não estivessem sempre prontas a sacrificar a própria vida pelo bem de seus filhos, se todos os homens não concordassem em dar alguma coisa, sem pensar em quanto ela lhe havia custado, se os seres humanos não fossem sempre mais generosos justamente quando não esperam receber nada em troca dessa generosidade?

Se a classe média marcha para a ruína, se nos encontramos hoje num beco sem saída do qual só poderemos escapar destruindo a ferro e fogo todas as instituições do passado, é apenas porque só nos permitimos dar alguma coisa para que possamos receber algo em troca; porque desejamos transformar a sociedade numa companhia comercial baseada no débito e no crédito.

E, o que é mais, os coletivistas sabem disso. Percebem vagamente que nenhuma sociedade seria capaz de colocar em prática, de forma coerente, o princípio que diz "A cada um, de acordo com as ações que realizou". Suspeitam que as necessidades do indivíduo nem sempre correspondem ao esforço que realiza.

E é por isso que De Paepe nos diz:

"Esse princípio eminentemente egoísta será abrandado por uma intervenção social cujo objetivo será a educação de crianças e dos jovens (incluindo aí sua manutenção e alimentação), por organizações oficiais de assistência aos doentes e aos loucos, asilo para velhos etc."

Até os coletivistas podem perceber que um homem de quarenta anos, pai de três filhos, deve ter necessidades bem maiores do que as de um jovem de vinte anos. Desconfiam que uma mulher que amamenta um filho e passa noites em claro à beira do seu berço não pode produzir tanto quanto um homem que tenha desfrutado de um sono tranquilo.

Parecem entender que, depois de trabalhar quem sabe arduamente pelo bem comum, um homem e uma mulher talvez já não tenham mais condições de realizar tanto quanto aqueles que passam suas horas no ambiente tranquilo dos gabinetes oficiais.

Por isso é que se apressam a amenizar o sistema que criaram.

"Mas é claro que a sociedade será responsável pela educação e alimentação das crianças!" – dizem eles. Naturalmente cuidará também dos velhos e dos enfermos. E não há qualquer dúvida de que serão as necessidades dos indivíduos, e não as ações por eles realizadas, que irão determinar a extensão do dispêndio que a sociedade deverá impor a si própria para amenizar a aplicação do princípio.

Acham que isso é caridade? Exatamente – a nossa velha amiga caridade cristã oficializada pelo Estado...

Construam novos asilos para os enjeitados, organizem um sistema de seguros contra a velhice e a doença e terão conseguido "abrandar" o sistema: "É preciso primeiro ferir para que possamos curar" – impossível fazer mais.

Assim, depois de terem repudiado o comunismo, depois de terem zombado à vontade do princípio do "a cada um, segundo suas ações", era óbvio que eles, os economistas, também acabariam percebendo que tinham esquecido alguma coisa, isto é, das necessidades daqueles que são responsáveis pela produção das riquezas. E, por essa razão, apressaram-se a reconhecer essas necessidades. Só que elas só poderão ser avaliadas pelo Estado e só ele é que irá determinar se as necessidades são realmente maiores do que as ações realizadas.

Assim, o Estado é que ficará encarregado de distribuir esmolas a todo aquele que se mostrar disposto a reconhecer sua própria inferioridade. Daí para a lei da pobreza e os asilos é apenas um passo.

Um passo apenas, realmente, pois mesmo esta sociedade madrasta contra a qual nos revoltamos julgou necessário amenizar seus conceitos individualistas fazendo certas concessões de sentido comunista, sempre sob a forma de caridade.

E é ela também que distribui refeições miseráveis para evitar que suas lojas sejam saqueadas. É ela que constrói hospitais, muitas vezes péssimos, mas frequentemente de primeira qualidade para controlar os danos provocados pelas epidemias. É ela também que, depois de pagas aos operários apenas as horas de trabalho, recebe os filhos daqueles a quem reduziu à mais extrema miséria. Também atende às suas necessidades – através da caridade.

A primeira causa da riqueza é a existência da pobreza. Foi ela que deu origem ao primeiro capital, pois, muito antes que fosse possível acumular os valores supérfluos sobre os quais as pessoas gostam tanto de falar, foi preciso que houvesse seres miseráveis, dispostos a vender sua força de trabalho para não morrer de fome. E se, no fim da Idade Média, a pobreza tinha conseguido avançar a passos tão rápidos, foi principalmente porque as invasões, as guerras, o surgimento das nações e o aumento da sua autoridade, a riqueza obtida pela exploração do Oriente e muitas outras causas de natureza semelhante fizeram com que se rompessem os laços que até então mantinham unidas as comunidades agrícolas e urbanas, levando-as a trocar a solidariedade que até então praticavam pela ideia de pagar o trabalho com salários.

Será possível que essa ideia tenha se tornado a única consequência da revolução? Teremos nós a ousadia de conferir dignidade à vitória desse princípio, dando-lhe o nome – tão caro aos famintos, aos miseráveis e aos oprimidos – de revolução social?

Não é possível que isso aconteça. Pois, no dia em que as velhas instituições forem destruídas pelo machado do proletariado, ouviremos vozes que gritarão: "Pão para todos! Moradias para todos! Que todos tenham o direito de desfrutar dos confortos que a vida oferece!"

E essas vozes serão ouvidas, e as pessoas se dirão: "Começaremos por saciar a nossa sede de viver, de sentir a alegria e a liberdade que nunca experimentamos antes. E depois que tivermos sentido o gosto da felicidade começaremos a trabalhar, fazendo com que desapareçam os últimos vestígios do governo burguês, com sua moral contabilista, sua filosofia de débito e crédito, sua obsessão pelo que é meu e teu. E, enquanto destruímos, estaremos construindo – como disse Proudhon – construindo em nome do comunismo e da anarquia."

O CRIME DO MUNDO LIVRE

PETER KROPOTKIN
(in *Nas prisões russas e francesas*, 1887)

Organizemos nossa sociedade de modo a garantir a todos a possibilidade de um trabalho regular que beneficie a comunidade, o que naturalmente implicará uma transformação radical nas atuais relações entre o capital e o trabalho. Asseguremos a cada criança o direito a uma educação sólida, tanto no que se refere ao trabalho manual quanto aos conhecimentos científicos, para que nos seus primeiros vinte anos de vida ela possa adquirir o conhecimento e o hábito do trabalho – e já não precisaremos mais de masmorras, prisões, juízes e carrascos. O homem é um produto do ambiente em que foi criado. Façamos com que cresça habituado a ocupar seu tempo com um trabalho útil; façamos com que desde muito cedo aprenda a considerar a humanidade como uma grande família, cujos membros não poderão sofrer qualquer ofensa sem que esta atinja também seus companheiros e, em última análise, a própria sociedade como um todo; façamos com que adquira o gosto pelos mais refinados prazeres que a arte e a ciência proporcionam – muito mais sublimes e duradouros do que aqueles que sentimos ao satisfazer nossas paixões menos nobres – e poderemos ter a certeza de que todas as leis que regem a moral – e são uma ratificação inconsciente de formas capazes de aprimorar a vida em sociedade – já não serão mais desobedecidas.

Sabemos que dois terços de todas as infrações são constituídas pelos assim chamados "crimes contra a propriedade" e esses casos não ocorrerão mais, ou ocorrerão em número insignificante, quando a propriedade, que é hoje privilégio de uns poucos, voltar à sua verdadeira origem – a comunidade. Quanto aos "crimes contra a pessoa", seu número já começa a decrescer rapidamente, graças ao fortalecimento de certos hábitos morais e sociais que surgem obrigatoriamente em cada nova sociedade, mas que só conseguem ser aceitos definitivamente quando o interesse comum contribui para fortalecer os elos que induzem o homem a viver em comunidade.

Mas, sejam quais forem as bases econômicas de organização da sociedade, sempre haverá nela um certo número de indivíduos cuja fúria está mais intensa e incontrolável do que a de seus semelhantes, assim como sempre existirão homens cujas paixões poderão ocasionalmente levá-los a praticar certos atos de caráter antissocial. Mas essas paixões poderão ser canalizadas para fins construtivos, sendo até possível fazer com que se tornem quase totalmente inofensivas, graças ao esforço conjunto daqueles que os rodeiam. Vivemos hoje em quase total isolamento: os homens só pensam em si próprios ou naqueles que lhes são mais próximos. O individualismo egocêntrico da vida material fez surgir um outro tipo de individualismo, igualmente egoísta e nocivo nas relações interpessoais. Mas a história demonstra que já houve comunidades onde os homens tinham ligações mais profundas do que as que atualmente existem nas nossas cidades da Europa Ocidental. A China é um exemplo disso. Lá, a grande família é a base da organização social. Nela, todos os membros se conhecem, amparam e ajudam mutuamente, não só do ponto de vista material quanto afetivo, e o número de crimes, tanto contra a propriedade quanto contra a pessoa, é surpreendentemente baixo (isso ocorre, naturalmente, nas províncias centrais, não no litoral). As comunidades agrícolas eslavas e suíças são outro exemplo: nesses pequenos agrupamentos, todos se conhecem e ajudam uns aos outros, enquanto nas nossas grandes cidades desapareceram todos os vínculos que nos uniam. A família, tal como existia na antiguidade, tendo como base uma origem comum, está em desintegração. Mas como o homem não consegue viver sozinho, começam a surgir uma série de elementos que vão dar origem a novos grupos sociais, integrados por pessoas que vivem no mesmo lugar, têm interesses comuns e perseguem os mesmos objetivos. E o desenvolvimento desses novos grupos só poderá ser apressado quando ocorrer algum tipo de mudança capaz de provocar o aumento da dependência mútua ou um maior sentimento de igualdade entre os membros das comunidades.

Entretanto, apesar do que acabamos de afirmar, ainda teremos um número limitado de pessoas cujas paixões antissociais – consequência de algum mal físico – poderão representar um perigo para a comunidade.

Deverá a humanidade condená-los à morte ou encerrá-los nas prisões por causa disso? Certamente não irá recorrer a uma solução tão perversa.

Houve um tempo em que os loucos – que se julgava fossem possuídos pelo demônio – eram tratados da maneira mais abominável que se possa imaginar. Acorrentados como animais, eram temidos mesmo por aqueles que cuidavam deles. Abrir suas correntes, deixá-los em liberdade seria considerado então uma total insensatez. Então surgiu um homem – Pinel – que teve a coragem de abrir suas correntes e oferecer-lhes palavras amigas e um tratamento fraterno. E aqueles homens, que eram vistos como seres selvagens, sempre prontos a devorar qualquer ser humano que deles se aproximasse, cercaram seu libertador e provaram que ele estava certo quando mantinha a fé nas melhores características da natureza humana, afirmando que elas continuavam a existir mesmo entre os seres cuja inteligência fora ofuscada pela doença. A partir daquele momento, vencera a causa da humanidade. O louco deixou de ser tratado como uma besta selvagem, os homens reconheceram nele um irmão.

As correntes desapareceram, mas os asilos – um novo nome para designar uma prisão – permaneceram e entre suas quatro paredes surgiu aos poucos um sistema tão terrível quanto o anterior. Foi então que os camponeses de um vilarejo belga, levados pelo bom senso e pela bondade que existia em seus corações, mostraram aos sábios e estudiosos das doenças mentais um novo caminho. Eles libertaram os doidos – abriram-lhes as portas de suas casas pobres, ofereceram-lhes um lugar à sua mesa, uma cama onde pudessem dormir, um lugar em suas fileiras para que cultivassem a terra, deixaram que frequentassem suas festas e bailes. E logo se espalhou a fama das "curas milagrosas" obtidas pelo santo a cujo nome fora consagrada a igreja de Ghell. O remédio aplicado pelos camponeses era tão antigo e tão simples – a liberdade –, que as pessoas cultas preferiam atribuir a cura à influência divina em lugar de aceitar a realidade. Mas não faltavam homens honestos e bondosos que compreendiam a força do tratamento criado pelos camponeses de Ghell, defendiam-no e dedicavam toda a sua energia à tentativa de vencer a inércia mental, a covardia e a indiferença do meio.

A liberdade e os cuidados fraternos provaram ser a melhor cura no nosso lado da supracitada e ampla fronteira "entre a insanidade e o crime". Demonstrarão ser também o melhor remédio no outro lado da mesma região fronteiriça. O progresso fica naquela direção. Tudo aquilo que nos faça chegar mais perto dela nos aproximará da solução para uma das grandes questões que não deixaram de preocupar a humanidade desde a mais remota antiguidade e que não pode ser resolvida com prisões.

ANARQUISMO E ECOLOGIA

MURRAY BOOKCHIN

(in O anarquismo pós-escassez, 1974*)*

O anarquismo não se limita apenas à ideia de criar comunas independentes. E, se me detive a examinar essa possibilidade, foi apenas para demonstrar que, longe de ser um ideal remoto, a sociedade anarquista tornou-se um pré-requisito para a prática dos princípios ecológicos. Sintetizando a mensagem crucial da ecologia, diremos que, ao reduzir a variedade no mundo natural, estaremos aviltando sua unidade e integridade, destruindo as forças que contribuem para a harmonia natural e para o equilíbrio duradouro e, o que é ainda mais importante, estaremos provocando um retrocesso no desenvolvimento do mundo natural, retrocesso que poderá eventualmente impedir o aparecimento de outras formas mais avançadas de vida.

Sintetizando a mensagem reformadora da ecologia, poderíamos afirmar que, se desejamos promover a unidade e a estabilidade do mundo natural, tornando-o mais harmonioso, precisaremos conservar e estimular a variedade. Mas estimular a variedade pela variedade seria um objetivo vazio. Na natureza, ela surge espontaneamente.

As possibilidades de sobrevivência de uma nova espécie são testadas pelos rigores do clima, pela sua habilidade em enfrentar os inimigos, pela sua capacidade de estabelecer e ampliar o espaço que ocupa no meio ambiente. Entretanto, qualquer espécie que consegue ampliar o seu território estará, ao mesmo tempo, ampliando a situação ecológica como um todo. Citando A. Gutkind, ela estará "ampliando o meio ambiente tanto para si própria quanto para qualquer outra espécie com a qual mantenha uma relação equilibrada".

Como aplicar esses conceitos à teoria social? Creio que para muitos leitores bastaria dizer que, na medida em que o homem é parte da natureza, a ampliação do meio ambiente natural implicaria um maior desenvolvimento social. Mas a resposta a essa pergunta é bem mais profunda do que poderiam supor certos ecologistas e libertários. Permitam-me retornar mais uma vez à ideia ecológica que afirma ser a diversidade uma consequência da integridade e do equilíbrio. Tendo em mente essa ideia, o primeiro passo para encontrar a resposta seria a leitura de um trecho da *Filosofia do anarquismo* de Herbert Read, onde, ao apresentar seus "critérios de progresso", ele observa que o progresso pode ser medido pelo grau de diferenciação existente na sociedade. Se o indivíduo é apenas uma unidade da massa coletiva, sua vida será limitada, monótona e mecânica. Mas, se ele for uma unidade independente, poderá estar sujeito a acidentes ou aos azares da sorte, mas ao menos poderá ter a chance de crescer e de expressar-se. Poderá desenvolver-se – no único sentido real do termo – na consciência de sua própria força, vitalidade e alegria.

Embora não tenha encontrado seguidores, as ideias de Read nos fornecem um interessante ponto de partida. O que primeiro desperta a nossa atenção é o fato de que tanto o ecologista quanto o anarquista ressaltam a importância da espontaneidade. Na medida em que é mais do que um simples técnico, o ecologista tem uma tendência a desprezar o conceito de "domínio sobre a natureza", preferindo falar em "conduzir" uma situação ecológica, em "gerir" um ecossistema, em vez de recriá-lo. O anarquista, por sua vez, fala em termos de espontaneidade social, em libertar o potencial da sociedade e da humanidade, em dar rédeas soltas à criatividade das pessoas. Ambos – cada um a seu modo – veem na autoridade uma força inibidora, um peso que limita o potencial criativo de uma situação natural e social. Seu objetivo não é cercear um domínio, mas libertá-lo. Consideram a compreensão, a razão e o conhecimento como meios para realizar o potencial de uma situação, e não como forma de substituir esse potencial por ideias preconcebidas ou de distorcer seu desenvolvimento pela utilização de dogmas.

Voltando às palavras de Read, o que vemos é que ambos, ecologistas e anarquistas, consideram que a diferenciação é uma forma de progresso. Ao falar nos progressos biológicos, o ecologista usa a expressão "pirâmide biótica"; o anarquista fala em "individuação" para designar o processo social. E, se avançarmos um pouco além de Read, observaremos que tanto o ecologista quanto o anarquista acreditam que só através da diferenciação será possível atingir uma união cada vez maior. A ampliação do todo será obtida pela diversificação e enriquecimento das partes que o integram.

Assim como o ecologista procura ampliar o alcance de um ecossistema e estimular a livre ação recíproca entre as espécies, o anarquista busca ampliar o alcance da experiência social e remover os obstáculos que possam impedir seu desenvolvimento. O anarquismo não é apenas uma sociedade sem governo, mas uma sociedade harmoniosa que procura expor o homem a todos os estímulos da vida urbana e rural, da atividade física e mental, da sensualidade não reprimida e da espiritualidade, da solidariedade ao grupo e do desenvolvimento individual, das singularidades regionais e da fraternidade universal, da espontaneidade e da autodisciplina, da eliminação do trabalho e do estímulo à criatividade. Na sociedade esquizoide em que vivemos, tais objetivos são considerados não só irreconciliáveis, como até diametralmente opostos, mas isso ocorre pela própria logística da sociedade moderna. A separação entre a cidade e o campo, a especialização do trabalho, a atomização do homem – e seria absurdo tentar acreditar que essa dualidade poderia ser resolvida sem que se tivesse ao menos uma ideia geral sobre a estrutura física da sociedade anarquista. A leitura de *Notícias de nenhum lugar*, de William Morris, e dos trabalhos de Kropotkin poderá nos dar uma noção sobre o funcionamento de tal sociedade, mas será apenas um rápido vislumbre, já que eles não consideram os progressos da tecnologia e as contribuições da ecologia após a Segunda Guerra Mundial. Este não é o local mais indicado para que nos lancemos a uma série de considerações utópicas, mas, mesmo numa discussão mais ampla, creio que é possível apresentar algumas diretrizes. E, ao fazê-lo, desejo salientar não só as mais óbvias premissas ecológicas, como as premissas humanísticas que as sustentam.

Uma sociedade anarquista deveria ser descentralizada, não apenas para que tivesse condições de criar bases duradouras que garantissem o estabelecimento de relações harmoniosas entre a natureza e o homem, mas para que fosse possível dar uma nova dimensão ao relacionamento harmônico entre os próprios homens. É provável que os antigos gregos ficassem horrorizados diante das grandes cidades que, pelo grande número de habitantes, excluem qualquer possibilidade de um relacionamento pessoal e muitas vezes até mesmo familiar entre seus cidadãos. Há uma necessidade evidente de reduzir as dimensões das comunidades humanas – em parte para resolver os problemas de poluição e transporte, em parte para que pudéssemos criar verdadeiras comunidades. Num certo sentido, seria necessário humanizar a humanidade. O uso de aparelhos eletrônicos – tais como telefone, telégrafo, rádio e televisão – como forma de intermediar as relações entre as pessoas deveria ser reduzido ao mínimo necessário. Sob alguns aspectos, a eclesia ateniense era um modelo para a tomada de decisões sociais e, ao tomar decisões coletivas, todos os membros da comuna deveriam ter também acesso a qualquer pessoa que se dirigisse à comunidade, assimilando suas atitudes, estudando suas expressões, pesando seus motivos e suas ideias durante encontros frente a frente.

As comunidades menores teriam uma economia equilibrada e vigorosa, em parte para que pudessem utilizar integralmente as matérias-primas e as fontes de energia locais, em parte para ampliar os estímulos agrícolas e industriais aos quais seus cidadãos estarão expostos. O membro da comunidade que tiver uma inclinação pela engenharia deveria ser encorajado a mergulhar suas mãos na terra, o intelectual deveria ser estimulado a utilizar os músculos, o fazendeiro deveria conhecer o funcionamento de uma fábrica. Separar o engenheiro da terra, o pensador da espada e o fazendeiro da fábrica acaba por estimular um grau de superespecialização vocacional em que os especialistas adquirem um perigoso controle da sociedade. E, o que é igualmente importante, a especialização vocacional impede que a sociedade atinja seu objetivo vital: a humanização da natureza pelo técnico e a naturalização da sociedade pelo biólogo. Sugiro que a comunidade anarquista deveria ser semelhante a um ecossistema claramente definido; diversificada, equilibrada e harmoniosa. É discutível se um tal sistema poderia adquirir os contornos de uma entidade urbana com um centro bem definido, tal como encontramos na pólis grega ou nas comunidades medievais, ou se, como propõe Gutkind, ele viria a se constituir numa série de comunidades espalhadas e dispersas. Seja como for, a escala ecológica para qualquer uma dessas comunidades seria determinada pelo menor ecossistema capaz de sustentar uma população razoável.

Uma comunidade relativamente autossuficiente, que dependesse do meio ambiente para sua subsistência, passaria a sentir um novo respeito pelas inter-relações orgânicas que garantem a sua sobrevivência. Creio que, a longo prazo, a tentativa de atingir a autossuficiência provaria ser mais eficaz do que a exagerada divisão de trabalho que existe na sociedade atual. Embora várias comunidades acabassem tendo as mesmas pequenas fábricas, a familiaridade de cada grupo com seu meio ambiente e com suas raízes ecológicas resultaria na utilização mais inteligente e cuidadosa da natureza. Creio que, longe de resultar em provincianismo, essa autossuficiência relativa criaria uma nova matriz para o desenvolvimento do indivíduo e da comuna – uma integração com a natureza que revitalizaria a comunidade.

A alternância das responsabilidades civis, vocacionais e profissionais estimularia a sensibilidade para o seu próprio ser, dando novas dimensões ao processo de autoaperfeiçoamento. Numa sociedade total, haveria a esperança de criar um homem total; uma sociedade perfeita poderia ter homens perfeitos.

Apesar de todas as suas falhas e limitações, os atenienses foram os primeiros a nos dar uma ideia dessa unidade. "A pólis foi feita para amadores", nos diz H. D. F. Kitto. "Seu ideal era fazer com que cada cidadão participasse (em maior ou menor grau, dependendo do caráter democrático ou oligárquico da pólis) de todas as inúmeras atividades – um ideal claramente inspirado na generosa concepção do *arete*, a total superioridade, a atividade total. Ela implica no respeito pela unidade e pela singularidade da vida e, em consequência, no repúdio à especialização; implica também o desprezo pela eficiência – ou melhor, o ideal de atingir a eficiência –, ou melhor, o ideal de atingir a eficiência absoluta, que não existe apenas em setores isolados da vida, mas que é a própria vida." E, embora certamente pudesse ter aspirações bem maiores, nenhuma sociedade seria realmente anarquista se não tivesse conseguido atingir esse estado de espírito.

E se algum dia tivermos conseguido ter na prática uma verdadeira comunidade ecológica, ela produzirá um sensível desenvolvimento na diversidade natural, formando um todo harmônico e equilibrado. E, estendendo-se pelas comunidades, regiões e continentes, veremos surgir diferentes territórios humanos e diferentes ecossistemas, cada um deles desenvolvendo suas próprias potencialidades e expondo seus membros a uma grande variedade de estímulos econômicos, culturais e de conduta. Encontraremos então uma estimulante e por vezes dramática variedade de modelos comunitários – marcados aqui por uma série de adaptações arquitetônicas e industriais a ecossistemas semiáridos, ou a outros situados em pradarias ou em zonas cobertas por florestas. Seremos testemunhas de um intercâmbio criativo entre o indivíduo e o grupo, a comunidade e o meio ambiente, a humanidade e a natureza. A atitude mental que atualmente organiza as diferenças entre seres humanos e outras formas de vida segundo uma determinada hierarquia, definindo os fatores externos em termos de sua "superioridade" ou "inferioridade", será substituída por uma nova atitude, uma visão ecológica da diversidade. As diferenças que existem entre as pessoas serão respeitadas e até mesmo estimuladas como elementos capazes de enriquecer a unidade da experiência e do fenômeno. O relacionamento tradicional, que opõe o sujeito ao objeto, sofrerá uma transformação qualitativa, e o "exterior", o "diferente", o "outro" passarão a ser encarados como partes de um todo, que será tanto mais rico quanto maior for a sua complexidade. Esse sentido de unidade refletirá a conciliação de interesses entre os indivíduos e entre a sociedade e a natureza. Libertos de uma rotina monótona e opressiva, das inseguranças e repressões, da carga de um trabalho demasiado penoso e de necessidades falsas, dos obstáculos colocados pela autoridade e das compulsões irracionais, os indivíduos estarão finalmente, pela primeira vez na história, numa posição que lhes permitirá realizar seu potencial como membros da comunidade humana e do mundo natural.

Os anarquistas: Suplemento biográfico

ARSHINOV, Peter (1887-1937) – Peter Arshinov era um operário metalúrgico da Ucrânia que entrou para o Partido Bolchevique em 1904, voltando-se para o anarquismo depois da revolução de 1905-1906. Participou de atos terroristas, foi feito prisioneiro e fugiu para a França, voltando à Rússia em 1909; tendo sido apanhado quando transportava armas trazidas da Áustria, voltou a ser aprisionado em Moscou, quando conheceu Nestor Makhno. Ambos foram libertados no início da Revolução de 1917, e em 1919 Arshinov juntou-se a Makhno na Ucrânia e dedicou-se ao trabalho cultural na área controlada pelo exército makhnovista. Saindo da Ucrânia em 1921, escondeu-se em Moscou e lá escreveu *História do movimento makhnovista*.

BAKUNIN, Michael Alexandrovich (1814-1876) – Bakunin, o mais brilhante entre todos os anarquistas, pertencia a uma rica família de proprietários de terras na Rússia. Alguns membros da família de sua mãe tinham participado do levante dezembrista de 1825, mas de início a rebelião de Bakunin teve caráter filosófico, quando ele descobriu Hegel e Fichte. Foi Herzen que iniciou a sua conversão ao radicalismo político, e mais tarde, em 1843, quando completava seus estudos filosóficos na Europa, ele se tornou um revolucionário graças à influência de Wilhelm Weitling e Proudhon. Durante os anos de 1848-1849, tomou parte ativa nas rebeliões que ocorreram em Paris, Praga e Dresden; capturado após o fracasso da rebelião de Dresden, esteve preso em prisões da Saxônia e da Áustria, tendo sido entregue posteriormente à polícia do tsar. Depois de um longo período de internamento na fortaleza de Pedro e Paulo, onde o escorbuto provocou a perda de seus dentes, foi enviado para a Sibéria, conseguindo mais tarde fugir para o Japão e de lá para os Estados Unidos e Europa. Participou de uma fracassada revolta na Polônia e, tendo abandonado definitivamente suas ideias pan-eslávicas, desenvolveu uma série de teorias anarquistas e fundou uma organização política secreta, a Aliança da Social Democracia. Em 1868 juntou-se à Internacional e liderou a corrente que se opunha a Marx; foi oficialmente expulso da Internacional em 1872, mas muitos membros oriundos da Itália, Espanha, Bélgica, França e Suíça saíram com ele, fundando uma organização independente, a chamada Internacional St. Imier. Na década que se iniciou em 1870, Bakunin tomou parte nas revoltas de Lyon e Bolonha, acabando por morrer em Berna, onde foi sepultado. Sua obra escrita é vigorosa, mas muito mal organizada; o próprio Bakunin confessou a Herzen que não tinha qualquer noção de arquitetura literária, e só muito raramente conseguia concluir qualquer trabalho mais longo do que um artigo. Era um ativista, e talvez a sua mais importante contribuição à causa tenha sido como fundador do movimento anarquista histórico, que acabaria com a destruição das organizações anarcossindicalistas espanholas, ocorrida em 1939.

BERKMAN, Alexander (1870-1936) – Membro de uma próspera família judia de Vilna, alguns dos parentes de Berkman eram revolucionários socialistas, e o próprio Berkman foi expulso do ginásio por ter escrito um ensaio ateísta. Fugiu da Rússia em 1887, aos dezessete anos, e cinco anos mais tarde tentou contra a vida de Henry Frick, tendo sido condenado a vinte anos de prisão e cumprido integralmente a pena. Mais tarde, junto com Emma Goldman, participou da agitação antimilitarista durante a Grande Guerra e em 1919 foi deportado para a Rússia. Ao chegar lá, tentou a princípio trabalhar com os bolcheviques, mas a maneira cruel com que Trotski esmagou a Revolta de Kronstadt acabou por desiludi-lo, tendo voltado para a Europa Ocidental, onde escreveu *O mito bolchevique*, *Memórias de um anarquista na prisão* e *ABC do comunismo anarquista*, entre outros. Refugiado na França, onde vivia na mais completa miséria, acabou cometendo suicídio em 1936.

BOOKCHIN, Murray (1921-2006) – Escritor estado-unidense. Autor de muitos artigos sobre problemas urbanos e ecológicos e também sobre o anarquismo, Bookchin foi professor na Universidade Alternativa de Nova York e um dos editores de *Anarchos*. *Anarquismo pós-escassez* é um dos seus mais importantes livros.

BORKENAU, Franz (1900-1957) – Escritor e publicitário austríaco, filho de um juiz, Borkenau se converteu ao comunismo na década de 20 e trabalhou para a Comintern até 1930, quando abandonou o partido. Nunca chegou a ser um anarquista, mas, durante as duas visitas que fez à Espanha, a primeira em fins de 1936 e a segunda em 1937, revelou-se um observador arguto das atitudes e realizações anarquistas, como revela o seu livro *A arena espanhola*.

BOURNE, Randolph (1886-1918) – Bourne foi um intelectual americano que escrevia sobre temas literários para várias revistas, como *The Dial*, *The Seven Arts* e *The New Republic*, tornando-se conhecido pelas suas qualidades de crítico mordaz. Morreu ainda muito jovem, aos 32 anos, vítima da gripe. Não chegou a publicar nenhum livro, mas um ensaio, "O Estado", que deixara inacabado ao morrer, tornou-o conhecido. Seus melhores ensaios foram reunidos em um livro editado por Carl Resek: *Os intelectuais e a guerra. Ensaios*, 1915-1919.

COMFORT, Alex (1920-2000) – O escritor inglês Alex Comfort foi poeta, romancista, gerontologista e defensor da liberação sexual. Escreveu sobre assuntos ligados aos seus interesses anarquistas, revelados de forma direta numa série de ensaios, panfletos e livros, dos quais o mais importante é *Autoridade e delinquência no Estado moderno*, que é, basicamente, um estudo sobre a criminologia do poder.

COURBET, Gustave (1819-1877) – Pintor, líder da escola realista francesa, Courbet era compatriota e amigo de Proudhon, de cujas ideias compartilhava, e também membro da Internacional. Colaborou com Proudhon num livro, *Du principe de l'art*, uma das primeiras discussões libertárias sobre as implicações sociais da arte, que completou após a morte do amigo. Courbet participou ativamente da Comuna de Paris, em 1871, tendo permanecido preso por um breve período em consequência disso. Mais tarde, foi injustamente acusado como responsável pela destruição da Coluna Vendôme, ocorrida durante a Comuna, tendo sido multado em quantia de tal modo elevada que se viu obrigado a fugir para a Suíça, onde morreu.

DURRUTI, Buenaventura (1896-1936) – Durruti foi o mais famoso entre todos os ativistas militantes, tão numerosos no movimento anarquista espanhol. Nunca escreveu, nem chegou a fazer qualquer contribuição à teoria do anarquismo, mas tinha uma personalidade envolvente que até Malraux admirava. Era um homem disposto a arriscar tudo pela causa. Quando jovem, trabalhou como mecânico na estrada de ferro e, depois de participar ativamente da greve de 1917, fugiu para a França de onde voltaria mais tarde para filiar-se à CNT e ao anarquismo. Integrava um grupo terrorista que assaltava bancos para financiar a causa, tendo participado de vários atentados – o mais notável deles contra o arcebispo de Salamanca, assassinado durante a missa. Vivendo quase todo o tempo ora na prisão, ora no exílio durante a monarquia e a república, depois de 1932 Durruti participou dos combates contra os generais franquistas em Barcelona. Mais tarde liderou a coluna que entrou em Aragão, onde conseguiu recuperar grande parte do território nas mãos do inimigo. Conduziu seus homens para que lutassem em defesa de Madri e lá morreu, atingido por um tiro dado pelas costas. Seu assassino nunca foi identificado.

EIKHENBAUM, Vsevolod Mikhailovich (1882-1945) – Mais conhecido pelo seu pseudônimo revolucionário, Voline, Eikhenbaum foi um poeta russo, filho de um próspero médico de Voronezh. Filou-se ao Partido Social Revolucionário em 1905, durante a Revolução, e foi mandado para o exílio, mas conseguiu fugir para a França onde, em 1911, se tornaria um anarquista. Mais tarde iria para os Estados Unidos, trabalhando na equipe do *Golos Truda*, órgão da União Operária Soviética. Posteriormente chegaria a Kharkov para auxiliar na organização da Federação Nabar e, quando os bolcheviques iniciaram a perseguição aos anarquistas, juntou-se ao exército de Makhno. No início de 1920, foi aprisionado pela Tcheka e finalmente libertado, tendo-lhe sido permitido deixar a Rússia depois que os delegados do Congresso Internacional do Comércio Vermelho intercederam por ele em 1921. Depois de passar algum tempo em Berlim, partiu para a França, onde viveu escondido durante todo o período de ocupação nazista, morrendo pouco depois da Liberação. Durante o exílio, escreveu sua obra-prima, *A Revolução desconhecida*, na qual descrevia aspectos da Revolução não revelados pelos bolcheviques.

GODWIN, William (1756-1836) – Godwin pertencia a uma família de ministros dissidentes e começou sua carreira como pastor rural. Tendo perdido a fé, tentou fundar uma escola, mas, não o conseguindo, tornou-se escritor profissional, profissão que não abandonou até o fim de uma vida prejudicada pela extrema pobreza e pelo ostracismo político. Os problemas do governo, trazidos à tona pela Revolução Francesa, e a reação conservadora contra essa revolução na Inglaterra levaram-no a escrever sua obra-prima *Inquérito sobre a justiça política*, uma crítica ao modelo autoritário que é, na verdade, a primeira exposição completa sobre a doutrina anarquista. Mais tarde, publicaria no *The Enquirer* um trabalho sobre a necessidade de uma educação mais livre, e uma outra obra sua, *Caleb Williams*, é uma novela sobre o mesmo tema até hoje admirada pelos críticos. Em 1797, casou-se com Mary Wollstonecraft, que morreria pouco tempo depois ao dar à luz uma menina que viria a ser Mary Shelley, esposa do poeta Shelley; além de seu genro, Shelley seria também seu discípulo e seu benfeitor financeiro em muitas ocasiões difíceis. Homens como Coleridge, Lamb e, mais tarde, Bulwer Lytton foram amigos de Godwin, que é uma figura destacada da história da literatura inglesa e também da história do pensamento anarquista.

GOLDMAN, Emma (1869-1940) – Saindo da Rússia em 1886, aos dezessete anos, Emma Goldman chegou aos Estados Unidos onde se casou muito jovem. Infeliz no casamento, Emma – assim como inúmeros outros imigrantes judeus da época – passou a trabalhar nas oficinas de costura das confecções de Nova York. Influenciada por Johann Most, acabaria por se tornar anarquista. Rompeu com ele em 1892, quando ele criticou a tentativa de assassinato de Henry Frick, praticada por Alexander Berkman, companheiro de Emma. Tornou-se ela própria uma importante figura do anarquismo, oradora, defensora dos direitos da mulher, do controle da natalidade e do direito de falar livremente. Deportada em 1919, logo teve uma amarga desilusão com o regime bolchevique, deixando a Rússia em 1921. A partir daí, atribui-se a missão de expor ao mundo a ditadura bolchevique, passando o resto de sua vida a viajar pela Inglaterra, pelo Canadá (onde estabeleceu residência em Toronto) e pela Espanha durante a Guerra Civil. Sua biografia, *Vivendo a minha vida*, revela uma personalidade intensamente voltada para o próprio ego.

GOODMAN, Paul (1911-1972) – Goodman nasceu em Nova York e, embora seus compromissos como professor o levassem a várias regiões dos Estados Unidos, manteve sempre os vínculos que o ligavam à cidade, mesmo quando defendia a descentralização e as virtudes da pobreza, o que o tornou extremamente popular entre os jovens da década de 60. Suas experiências em educação experimental e psicoterapia deram origem a alguns trabalhos que se inserem entre os clássicos do anarquismo contemporâneo, entre eles *Crescendo no absurdo* e *Communitas*, um livro sobre organização urbana que escreveu em colaboração com seu irmão Percival.

GUILLAUME, James (1844-1916) – Guillaume passou a interessar-se pelo anarquismo quando ainda estudante em Zurique e mais tarde, quando trabalhava como tipógrafo em Neuchatel, tornou-se um dos membros mais importantes da Federação do Jura da Primeira Internacional. Adotando as crenças anarquistas, ligou-se a Bakunin, sendo também expulso da Internacional durante o Congresso de Hague em 1872. Participou ativamente da fundação da Internacional de St. Imier e teve um papel decisivo na conversão de Kropotkin ao anarquismo, trabalhando com ele como agitador anarquista na Suíça. A partir de 1880, Guillaume afastou-se do anarquismo participante, voltando à ativa vinte anos depois, quando se integrou ao movimento anarcossindicalista. Os quatro volumes que publicou durante esse período – *L'International: documents et souvenirs* – são a mais importante fonte de informações sobre a Internacional considerada sob o ponto de vista do anarquismo.

HENRY, Émile (1872-1894) – Henry nasceu na Espanha, filho de um Communard então no exílio. De volta a Paris com sua família tornou-se um estudante brilhante e foi admitido na renomada École Polytechnique. Mas, atraído pelos ensinamentos anarquistas, abandonou os estudos e decidiu dedicar-se inteiramente a um trabalho de propaganda através da ação. Colocou uma bomba nos escritórios de uma companhia de mineração famosa pelos métodos antigrevistas que utilizava; descoberto a tempo, o mecanismo explodiu ao ser retirado do local, matando vários policiais. Henry não foi descoberto e em 1849 voltaria a colocar uma bomba, dessa vez num café, o Terminus, matando uma pessoa e ferindo várias outras. Esse ataque contra pessoas inocentes conseguiu deixar até mesmo os anarquistas chocados, mas Henry justificou-se à luz fria da lógica durante seu julgamento e não demonstrou qualquer arrependimento até o momento da sua execução na guilhotina.

HERZEN, Alexander (1812-1870) – Embora jamais tivesse se declarado oficialmente anarquista e lutasse durante grande parte da sua vida pelo estabelecimento de uma democracia constitucional na Rússia, Herzen mantinha ligações pessoais com vários anarquistas e compartilhava de muitas de suas teorias. Foi amigo pessoal de Bakunin desde 1840 e financiou sua viagem para a Europa Ocidental. Foi também amigo de Proudhon, financiando a publicação de seus diários em 1848-1849. Foi durante largo período o mais poderoso opositor individual do tsarismo no exílio, especialmente através dos artigos que publicava no *The Bell*, que ele mesmo editava em Londres e que circulava em toda a sociedade russa. Não confiava em nenhuma forma de governo, nem acreditava no modelo democrático ocidental. Tinha porém grande fé no poder dos camponeses e na capacidade de organização das massas.

KROPOTKIN, Peter Alexeyevich (1842-1921) – Nascido em Moscou e pertencendo a uma família nobre e tradicional, os Príncipes de Smolensk, descendentes de Rurik, o Grande Príncipe de Kiev na Idade Média, Kropotkin ainda menino atraiu a atenção do tsar Nicolau I e passou a integrar o seleto Corpo de Pagens. Já oficial, servindo na Sibéria, seus interesses científicos levaram-no a realizar explorações de grande importância para a geografia da região. Suas experiências na Sibéria aguçaram uma tendência já existente para a rebelião. Desligou-se do exército, tornou-se geógrafo e mais tarde abandonaria a ciência para tornar-se um anarquista. Ingressou na Internacional em 1872, na Suíça, e voltou à Rússia para realizar um trabalho clandestino de propaganda. Aprisionado, conseguiu fugir espetacularmente para a Europa Ocidental, onde fundou e editou um jornal, *Le Révolté*, até ser novamente preso na França em 1882. Em 1885 seria libertado, depois de um amplo movimento de protesto apoiado por escritores, cientistas e acadêmicos. Passou os trinta anos seguintes na Inglaterra, onde escreveu suas obras mais importantes: *A conquista do pão*, *Ajuda mútua*, *Memórias de um revolucionário* e *Campos, fábricas e oficinas*. Voltou à Rússia durante a Revolução de 1917, mas, desiludido com a ditadura dos bolcheviques e sem qualquer influência sobre os acontecimentos, passou seus últimos anos dedicado a escrever mais um livro, *Ética*, que deixou inacabado ao morrer. Escreveu também muitos panfletos e, embora tivesse abandonado a pesquisa científica, seu espírito transparece em todos os seus trabalhos.

LEVAL, Gaston (1895-1978) – Gaston Leval recusou-se a lutar na Grande Guerra, fugindo para a Espanha a fim de escapar ao serviço militar. Lá integrou-se ao movimento sindicalista e tornou-se tão popular que foi escolhido para integrar a delegação espanhola que compareceu ao Congresso Internacional do Sindicato Vermelho de Trabalhadores, realizado em Moscou em 1921. Durante a ditadura de Primo Rivera, deixou a Espanha, trocando-a pela Argentina, onde permaneceu de 1923 a 1936. Voltando à Espanha, decidiu que a sua contribuição à Revolução Espanhola seria observar atentamente as experiências de transformação social que se realizavam em várias cidades e vilas espanholas e registrá-las para a posteridade. Esse trabalho de observação deu origem a uma série de panfletos e ao seu trabalho mais importante *As coletivas durante a Guerra Civil Espanhola*. Nesses últimos vinte anos, Leval, que voltou à França depois da anistia concedida aos que se recusaram a lutar na guerra, concedida após a Segunda Guerra Mundial, passou a editar um jornal mensal, o *Cahiers de l'Humanisme Libertaire*.

MAKHNO, Nestor (1888-1934) – Makhno nasceu em Gulyai--Polye, pequena cidade da Ucrânia que seria mais tarde o centro de sua atividade guerrilheira. Trabalhou nas grandes propriedades rurais da região, tendo se convertido ao anarquismo durante a Revolução de 1905. Iniciando a atividade revolucionária, foi preso em 1908 por participar de atos terroristas e só seria liberado em 1917, quando retornou a Gulyai-Polye para organizar o soviete local. Quando os austríacos e alemães invadiram a Ucrânia, em 1918, Makhno organizou as ações de guerrilha contra o inimigo e aos poucos foi criando o exército revoltoso que teria importante participação na luta contra os Exércitos Brancos de Denikin e Wrangell em 1920. Os bolcheviques estavam dispostos a beneficiar-se com as proezas militares de Makhno sem, no entanto, permitir que ele fizesse da Ucrânia uma região independente sob o anarquismo. Assim, imediatamente após a derrota dos Brancos, o Exército Vermelho se voltou contra ele. Makhno conseguiu resistir durante vários meses, mas finalmente foi obrigado a fugir para a Romênia em 1921. Lá foi aprisionado, mas conseguiu escapar para a Polônia onde foi detido e acusado de ações criminosas contra a Polônia, jamais provadas. Libertado em 1923, permitiram-lhe que fosse para Paris, onde morreu pobre e quase sem amigos. Foi ao tempo de Makhno que o anarquismo conseguiu se tornar um movimento importante na Rússia, embora tivesse um caráter basicamente regional e ucraniano.

MALATESTA, Errico (1853-1932) – Filho de uma família abastada do sul da Itália, o estudante de medicina Malatesta ingressou na Primeira Internacional e sofreu a influência pessoal de Bakunin. Abandonou a profissão para dedicar os últimos sessenta anos de sua vida à agitação anarquista, tanto em sua terra natal, a Itália, quanto em países tão distantes e tão diferentes entre si quanto a Turquia e a Argentina. Participou de insurreições na Bélgica, na Espanha e na Itália. Totalmente absorvido pela ação ativista e tendo que ganhar a vida como eletricista, não chegou a escrever nenhuma obra importante, mas seus artigos e panfletos – *Anarquia* é o mais conhecido entre os leitores da língua inglesa – estão entre o que de melhor existe na literatura anarquista. Passou os últimos anos de sua vida na Itália e durante o regime fascista foi mantido sob prisão domiciliar. Tal era o medo que inspirava às autoridades da época que, ao morrer, seu corpo foi jogado numa vala comum para impedir que seu túmulo se transformasse num símbolo e no ponto de partida para as agitações dos dissidentes.

MORRIS, William (1834-1896) – Poeta e artesão inglês, Morris é geralmente considerado um socialista e na verdade foi sempre o que declarou ser. Pertencia à ala libertária extremada do socialismo e trabalhou com os anarquistas tanto na Liga Socialista quanto na redação de *Commonwealth*; era amigo íntimo de Kropotkin, e em sua obra *Notícias de nenhum lugar* descreve um tipo de sociedade sem governo que se aproxima bastante do anarquismo utópico.

ORWELL, George (1903-1950) – Exceto por um breve período durante os primeiros anos da década de 30, Orwell nunca chegou a se considerar anarquista, embora fosse um socialista libertário. Lutou na milícia do movimento marxista dissidente (POUM) durante a Guerra Civil Espanhola. Durante os dias de maio de 1937, combateu ao lado dos anarquistas contra os comunistas em Barcelona e talvez por isso seus artigos sobre o anarquismo aplicado à sociedade espanhola durante a Guerra Civil tenham um tom extremamente bem informado e simpático à causa anarquista.

PELLOUTIER, Fernand (1867-1901) – Durante sua curta, mas extraordinária vida, Fernand Pelloutier tornou-se uma das figuras mais importantes na história da classe operária francesa. Começou a vida como jornalista e filiou-se ao Parti Ouvrier Français, de tendência marxista, mas logo se aborreceu com o dogmatismo de seus líderes e voltou-se para o anarquismo. Em 1895, tornou-se secretário da Fédération des Bourses du Travail, o equivalente aos conselhos sindicalistas locais nos países de língua inglesa, e a partir de então desenvolveu uma teoria anarcossindicalista segundo a qual os sindicatos poderiam servir, ao mesmo tempo, como um meio de levar avante a luta para obter a transformação social e como modelo para o mundo comunista e livre do futuro.

PROUDHON, Pierre-Joseph (1809-1865) – Proudhon era filho de camponeses da região de Franche-Comté. Seu pai era um tanoeiro e proprietário de uma taberna. Proudhon iniciou a vida como tipógrafo e mais tarde trabalhou como representante de uma firma transportadora com sede em Lyon. Foi aí que manteve seus primeiros contatos com os socialistas e começou a desenvolver teorias próprias sobre um sistema sem governo, baseado numa organização econômica cooperativista e na liberação do crédito da agiotagem que o controlava. Em 1840 publicou *Qu'est-ce que la propriété?*, onde se declarou pela primeira vez anarquista. O livro foi elogiado por Marx, que se transformaria mais tarde no grande crítico das ideias de Proudhon. Durante a revolução de 1848-1849, Proudhon tornou-se deputado independente da Assembleia Nacional e fundou um Banco do Povo para demonstrar na prática as suas teorias sobre crédito livre e editou uma série de diários altamente críticos, começando com *Le representant du peuple*, que lhe valeu uma longa temporada na prisão sob o reinado de Napoleão III. Posteriormente um outro livro, *De la justice*, levou a que fosse julgado e exilado na Bélgica. De volta a Paris, suas críticas corajosas fizeram dele um líder respeitado entre os operários, e um grupo de discípulos seus, os mutualistas, teve participação ativa na criação da Primeira Internacional.

Seu livro póstumo, *De la capacité politique des classes ouvrières*, forneceu a base teórica para o anarcossindicalismo. Bakunin chamava-o de "Mestre de todos nós!".

READ, Herbert (1893-1968) – Nascido numa longínqua fazenda em Yorkshire, Read jamais deixou de ser um camponês típico da região dos vales ao norte da Inglaterra. Suas experiências como um dos oficiais que sobreviveram milagrosamente aos combates da Primeira Guerra Mundial deixaram-lhe como herança um profundo ódio da guerra e uma profunda falta de confiança em qualquer sistema de governo. Tornou-se poeta, crítico, conferencista e editor. Escreveu um romance extraordinário, *The green child*, e uma autobiografia igualmente límpida, *Anais da inocência e da experiência*. Foi anarquista desde a juventude até a morte e, embora sempre agisse à margem do movimento anarquista organizado, escreveu alguns clássicos libertários, entre eles *Poesia e anarquismo*, *A filosofia do anarquismo* e *Educação pela arte*, no qual fala sobre um tipo de educação que é na verdade um método para criar, às escondidas, os anarquistas do futuro.

SPOONER, Lysander (1808-1887) – Spooner foi um advogado e libertário de Massachusetts que dedicou seus conhecimentos e toda a sua energia para combater os abusos do Estado contra a liberdade do indivíduo. Antes da Guerra Civil Americana, escrevera sobre a inconstitucionalidade da escravidão; depois, escreveria sobre a inconstitucionalidade da constituição. Sua oposição ao Estado assumia muitas vezes formas bastante práticas – quando combatia o monopólio postal, por exemplo, ele chegou a criar um sistema postal particular que teve tanto sucesso que, embora não conseguindo acabar com o monopólio postal, acabou por forçar uma considerável redução nas tarifas postais. Sua concepção de democracia era tão direta e tão participante que seria virtualmente impossível distingui-la do anarquismo.

STIRNER, Max (1806-1856) – Johann Kaspar Schmidt foi um professor alemão e exercia sua profissão numa academia para moças em Berlim. Escreveu um único livro: *The ego and his own*. Esse anarquista que era, ao mesmo tempo, um individualista extremado, tinha profundas ligações com os jovens hegelianos radicais que se reuniam em torno de Arnold Ruge e Bruno Bauer. Schmidt adotou o pseudônimo Max Stirner como seu *nom-de-plume*. Vítima de um casamento infeliz, ele se tornaria um tradutor de aluguel nos seus últimos anos de vida, e seu livro, que iria influenciar Nietzsche, foi o único trabalho importante que deixou.

THOREAU, Henry David (1817-1862) – Nascido em Concord, no Estado de Massachusetts, Thoreau para lá voltou depois de concluir seus estudos em Harvard, no ano de 1837, e, a não ser por algumas viagens ocasionais a outras regiões da Nova Inglaterra, a pequena e tranquila cidade dos transcendentalistas sempre foi o microcosmo de sua vida, pensamento e obra. Seu livro mais famoso, *Walden*, era um ensaio sobre um afastamento das complexidades da vida moderna, tal como Thoreau a via em 1840. Além do período passado em Walden Pool, que o inspirou a escrever o livro, o principal acontecimento da vida de Thoreau foi provavelmente o fato de ter permanecido na prisão por uma noite por ter-se recusado a pagar seus impostos como forma de protesto à guerra contra o México, provocada por razões territoriais. Não foi mais que um pequeno martírio que entretanto deu origem ao ensaio sobre desobediência civil que iria inspirar não só as gerações posteriores de rebeldes americanos como o líder hindu Gandhi. Por elevar as razões individuais acima das razões de Estado e a consciência individual acima das lealdades nacionais, Thoreau se coloca entre os verdadeiros anarquistas.

TOLSTÓI, Leon (1828-1910) – Tolstói já era um grande romancista (autor de *Ana Karenina* e *Guerra e paz*) e um rico proprietário rural (com uma passagem pela vida militar como oficial do exército russo) quando, aos cinquenta anos, abandonou seu passado para tornar-se um pacifista cristão, procurando viver exatamente como viviam os camponeses russos. Jamais se intitulou anarquista, desejando evitar a conotação de violência que vislumbrava nessa designação, mas tinha opiniões sobre o governo e a autoridade que eram tipicamente anarquistas e foi profundamente influenciado pelas ideias de Proudhon. Em 1910, aos 81 anos, ele decidiu finalmente romper todos os laços que o ligavam ao passado e abandonou o lar, morrendo logo em seguida na estação da estrada de ferro de Astapova.

TUCKER, Benjamin (1854-1939) – Tucker talvez tenha sido o mais eloquente dos anarquistas americanos. De 1881 a 1908 publicou em Boston o dinâmico *Liberty*, no qual colaboraram vários ilustres escritores da época, entre eles G. B. Shaw. Tucker conseguia manter a publicação graças ao seu salário de engenheiro. Sua obra mais importante foi *Em vez de um livro*, mas também escreveu vários ensaios não incluídos na coleção, sendo o mais importante deles "Socialismo de Estado e anarquismo", do qual reproduzimos um trecho. Tal como Kropotkin, Tucker também apoiou os aliados durante a Segunda Guerra Mundial, o que acabou por afastá-lo de seus camaradas anarquistas, e desde o início do conflito fechou-se num quase total silêncio até sua morte, ocorrida em Monte Carlo, em 1939.

WALTER, Nicolas (1934-2000) – Teórico anarquista britânico contemporâneo, escreveu vários artigos polêmicos para publicações libertárias, tais como "Anarquia", "Liberdade" e outros. Durante alguns anos integrou a equipe de editores do suplemento literário do *Times*.

WARD, Colin (1924-2010) – Converteu-se ao anarquismo quando integrava as forças armadas, durante a Segunda Guerra Mundial, e, assim que deu baixa no exército, iniciou um período de participação ativa nas atividades anarquistas por duas décadas. Foi um dos editores do jornal *Liberdade* e mais tarde fundou *Anarquia*, que foi, durante a década de 60, um dos melhores periódicos libertários já publicados em língua inglesa e talvez o melhor em qualquer outro idioma. Colin Ward foi também professor e arquiteto e teve vários trabalhos publicados sobre planejamento urbano e assuntos correlatos. *Anarquia em ação* (1973) é seu livro mais importante.

WILDE, Oscar (1854-1900) – O fato de que Wilde aceitasse o anarquismo se deve, em parte, à inclinação expressa por todos os escritores e artistas rebeldes da década iniciada em 1890, de ver no anarquismo a expressão política de suas atitudes, mas tinha origem num interesse pessoal pelo movimento. Wilde era um grande admirador de William Morris e Kropotkin que, segundo ele, levara uma vida quase perfeita. *A alma do homem sob o socialismo* foi sua obra mais nitidamente anarquista, e seu interesse pela atividade social revolucionária foi demonstrado também numa de suas primeiras peças, *Vera, ou os niilistas*. Anos mais tarde, suas experiências pessoais o levariam a escrever *A balada do cárcere de Reading*, uma extraordinária denúncia poética contra a prisão e o castigo.

WOODCOCK, George (1912-1995) – Nascido no Canadá, Woodcock foi para a Inglaterra ainda menino e ali viveu até sua volta ao Canadá em 1949. Iniciou-se na vida literária como poeta, publicando seus trabalhos nas pequenas revistas literárias tão populares na década de 30. O pacifismo levou-o ao anarquismo (como negar a violência implica também em negar a coerção); a amizade que manteve com Marie Louise Berneri foi uma das principais causas que o levou ao ativismo anarquista entre 1940-1949, quando era um dos editores de *War Commentary* e *Liberdade* e também fundador do magazine libertário *Agora*. Entre os quarenta livros que escreveu, encontramos biografias de anarquistas como Kropotkin, Proudhon e Wilde e quase-anarquistas como Aldous Huxley e George Orwell; seu *Anarquismo* é uma das mais importantes histórias sobre o movimento e as ideias libertárias já publicada em língua inglesa.

NOTA BIBLIOGRÁFICA

Não se pretende fazer aqui uma bibliografia completa sobre o anarquismo, já que nos últimos anos aumentou extraordinariamente o número de títulos sobre o tema. Os trabalhos mais importantes – e outros não tão importantes – estão relacionados na Introdução a este volume e nas notas de rodapé acrescentadas aos vários textos escolhidos. Uma bibliografia abrangente de tudo o que foi publicado sobre o anarquismo até o fim da década de 60 pode ser encontrada no meu próprio livro, *Anarchism*, cuja edição mais recente apareceu em 1975. Essa lista avança por um período de dez anos em um livro de Nicolas Walter, *Anarchism in print – Yesterday and after – a Bibliographical Note*, que se constitui num dos ensaios que integram um pequeno mas utilíssimo simpósio sobre movimentos libertários contemporâneos, intitulado *Anarchism Today* (1971) e editado por David Apter e James Joll.

Creio ser útil, entretanto, indicar livros recentes e facilmente encontráveis que poderão alargar os horizontes daqueles interessados no tema que tenham lido este livro e desejam aprofundar-se na história do anarquismo e conhecer as obras dos principais anarquistas.

Em primeiro lugar, estão os livros sobre a história geral do anarquismo, entre os quais poderíamos incluir o meu próprio *Anarchism* (1962) *The Anarchists*, de James Joll (1964); *Anarchism*, de Daniel Guérin, sobre o anarcossindicalismo (1970) e *The Anarchists*, de Roderick Kedward 1971), um relato extremamente popular e muito bem ilustrado.

Entre as obras que tratam do anarquismo em vários países: *The Russian Anarchists* (1967), de Paul Avrich, e dois outros livros sobre o movimento na Rússia: *The Unknown Revolution*, de Voline (a edição mais completa data de 1975), e *Roots of Revolution*, de Franco Venturini, que esclarece vários aspectos dos vínculos que ligavam o anarquismo ao populismo russo; *Histoire du mouvement anarchiste en France 1880-1914* (1955); e, tratando da ligação entre o anarquismo e a arte na França durante a segunda metade do século XIX, *The artist an Social Reform*, de Eugenia Herbert (1961); *The Chinese Anarchist Movement*, de Robert Scalopino e George Yu (1961); *The Gentle Anarchists: A study of the Sarvodaya Movement for Non-Violent Revolution in India*, de G. Ostergaard e Melville Currell (1971); *The Italian Socialist Movement*, de Richard Hostetters, que inclui uma série de informações sobre os primeiros tempos do anarquismo na Itália (1958). Com relação à Espanha, ainda não foi escrita a história definitiva do movimento anarquista espanhol em língua inglesa; enquanto isso não acontece, o melhor relato continua sendo encontrado em *The Spanish Labyrinth* (1943) que deveria ser lido tendo-se ao lado o capítulo intitulado "The Andalusian Anarchists", da obra de E. J. Hobsbawm *Primitive Rebels* (1959); sobre o papel que os anarquistas desempenharam na Guerra Civil Espanhola, os melhores relatos estão em *Lessons of the Spanish Revolution*, de Vernon Richards 1972), e *Collectives in the Spanish Revolution*, de Gaston Leval (1975).

Biografias e semibiografias de anarquistas: *Michael Bakunin*, de E. H. Carr (1937); *Bakunin: The Father of Anarchism*, de Anthony Masters (1974); *The Anarchist Prince: A Study of Peter Kropotkin*, de George Woodcock e Ivan Avakumovic (1950); *Pierre-Joseph Proudhon*, de George Woodcock (1956); *Rebel in Paradise* (1961), a biografia de Emma Goldman escrita por Richard Drinnon e Herbert Read; *The Stream and the Source*, de George Woodcock (1974).

Alguns clássicos anarquistas foram reeditados recentemente, entre eles *Mutual Aid*; *Fields, Factories an Workshops*; *Memoirs of a Revolutionist* e *The Conquest of Bread*, de Kropotkin;

Trying my life, de Emma Goldman, *Anarchists Essays*, da mesma autora; e *God and the State*, de Bakunin; *What is Poverty?*, de Proudhon; *ABC of Anarchism*, de Alexander Berkman. Como há um número relativamente pequeno de obras de Bakunin e Proudhon traduzidas para o inglês, vale a pena examinar três volumes recentemente publicados que contêm uma seleção bastante representativa dos trabalhos desses dois autores: *Michael Bakunin: Selected Writings*, editado por Arthur Lehning (1973); *Bakunin on Anarchy*, editado por Sam Dolgoff (1971); e *Selected Writings of P.-J. Proudhon*, editado por Stewart Edwards (1969). E, como também Malatesta quase não foi traduzido para o inglês, seria interessante consultar *Errico Malatesta: his life and ideas*, compilado e editado por Vernon Richards (1965).

O autor

George Woodcock nasceu em Winnipeg, Canadá, em 1912 e foi para a Inglaterra ainda criança, onde permaneceu até 1949. Ensinou inglês na Universidade de Washington e também Estudos Ingleses e Asiáticos na Universidade de British Columbia, mas deixou de lecionar em 1963, dedicando-se então totalmente a escrever. Editou vários jornais e panfletos incluindo *Now*, *War Commentary* e *Freedom* e foi um dos editores-fundadores do jornal americano *Dissent*. George Woodcock ganhou muitos prêmios literários e em 1973 recebeu o Prêmio Molson, o mais importante prêmio canadense por realizações nos campos da arte e humanística. Publicou mais de trinta livros, incluindo *The Crystal Spirit* (1966), um estudo sobre George Orwell, *Anarchism* (1970) e biografias de Kropotkin, Proudhon, Wilde, Gandhi e Huxley.

Morreu em 1995. No final da sua vida aderiu à causa da independência do Tibete. Viajou para a Índia, estudou o budismo, tornou-se amigo do Dalai Lama e fundou a Sociedade de Ajuda aos Refugiados Tibetanos. Em 1998 foi publicada a sua biografia *The Gentle Anarchist: a life of George Woodcock*, escrita pelo jornalista e escritor canadense George Fetherling.

lepmeditores

www.lpm.com.br

o site que conta tudo

IMPRESSÃO:

PALLOTTI
GRÁFICA

Santa Maria - RS | Fone: (55) 3220.4500
www.graficapallotti.com.br